JN234055

観光の経済学

M.T. シンクレア
M. スタブラー 著

小沢 健市 監訳

学文社

THE ECONOMICS OF TOURISM
by M.Thea Sinclair and Mike Stabler
Copyright © 1997 by M.Thea Sinclair and Mike
Stabler. All rights reserved.

Japanese translation rights arranged with
Routledge, a member of the Taylor & Francis Group
through The Asano Agency, Inc. in Tokyo.

編者まえがき

観光の経済学

　世界の最も重要な活動の一つに観光がある．それは何百万という人びとを含み，開発途上にある国ぐに，および先進工業諸国において，膨大な額に上る貨幣と雇用創出を含んでいる．だが，観光の多くの側面は無視されてきた．

　本書は，経済的視点から，観光への理解に一役かっているといえるかもしれない．著者は，観光需要，観光企業が国内およびグローバルな文脈の中でどのように運営しているか，そして観光の目的地への効果といったような問題を検討することによって，経済的概念と技術がいかにその問題に応用され得るかを説明している．

　特に注意が払われるのは，観光が環境に対してもつ意味合い，そして観光と観光が依存している資源両方の持続可能性を追求するための手段の識別に関連する市場の失敗である．

　観光の経済学は，観光需要，企業と市場，それらのグローバルな相互関係，および観光活動への環境の基本的な貢献といった複雑性に新たな洞察を与え，観光と経済学の彩なす分野の理解しやすい学際的な分析を提供している．

　M. Thea Sinclair はケント大学における経済学の Senior Lecturer であり，観光リサーチセンターの所長である．

　Mike Stabler はレディング大学で空間および土地経済学センターのビジティング・フェローであり，観光研究および政策の部門のジョイント・ディレクターである．

B. グッドール（レディング大学）編

目　次

編者まえがき　　　　　　　i
図表目次　　　　　iii
謝　辞　　　　iv
第1章　経済分析の範囲と限界　　　　　1
第2章　観光需要のミクロ的基礎　　　　18
第3章　観光需要の経験的研究　　　　40
第4章　観光供給の理論と市場構造　　　　68
第5章　市場構造，市場成果そして観光企業の戦略　　　　115
第6章　国際的文脈における観光　　　　154
第7章　観光と環境問題　　　　190
第8章　環境評価と持続可能性　　　　225
第9章　結　論　　　266
　参考文献　　　276
　監訳者　あとがき　　　　303
　索　引　　　307

図表目次

図

第2.1図	消費,有給労働および無給時間	21
第2.2図	観光と他の財の消費	23
第2.3図	補完としての観光目的地	24
第2.4図	代替としての観光目的地	25
第2.5図	所得増加の観光消費への効果	27
第2.6図	価格下落の観光消費への効果	28
第2.7図	価格下落と所得増加の観光消費への効果	29
第2.8図	観光消費の異時点間選択	30
第2.9図	借入と貸出を伴った異時点間観光消費	31
第2.10図	利子率上昇の予算線への効果	33
第4.1図	完全競争市場における企業の生産	71
第4.2図	独占企業の生産	73
第4.3図	完全競争的産業と独占による短期と長期の生産	75
第4.4図	未規制および規制自然独占の長期生産	77
第4.5図	独占的競争市場における企業の短期・長期の生産	78
第4.6図	ある寡占企業による生産	80
第4.7図	異なった需要の価格弾力性をもつ消費者間での価格差別	107
第5.1図	サービス産業に適用された構造-行動-成果パラダイム	126
第5.2図	アメリカにおける航空部門の集中（上位25社の旅客輸送数を基にして）	136
第5.3図	広告：支配戦略があるケース	143
第5.4図	価格決定問題	145
第5.5図	参入阻止戦略	148
第7.1図	環境経済学の範囲と内容	199
第7.2図	経済的最適概念の観光への適用	210
第7.3図	最大持続可能なイールドの バイオエコノミック・モデルの観光利用への適用	212
第8.1図	経済的環境的最適の概念	247

表

第3.1表	南地中海の国ぐにの観光支出弾力性	57
第3.2表	南地中海の国ぐにの有効価格弾力性	57
第4.1表	主要観光市場	82
第5.1表	SCP枠組みによるイギリスとアメリカのツアーオペレーター部門	128

謝　辞

　われわれは Mark Casson, Brian Goodall および Ian Gordon の洞察力あるコメントと励ましに対して，そして図を編集し本書のほとんどをタイプしてくれた Abi Gillett, Emma Robinson および Carol Wilmshurst に感謝したい．

第1章 経済分析の範囲と限界

序

　本書の目的は，観光が最近の文献が示唆する以上に経済分析に敏感に反応することを論証することであるが，そのために，観光経済学の広範にわたる分野の文献に関する論評や批判的評価を提供し，あわせて将来の研究に有益な方向性を示唆するために経済的概念が用いられる．したがって，本書は基本的な経済学の概念や理論を，専門家でない人びとへの入門として提供することを狙いとした単なる教科書として考えられてはいない．本書の試みはそれをはるかに超え，観光に対するより記述的で，広範かつ実践的な研究アプローチの理論的基礎を強化する可能性を示し，観光現象を説明し予言するための経済学の潜在能力を示している．経済分析の主流派やその代替的学派からの方法論を用いて観光を検討することによって，これまで経済学の文献では無視されてきた，主要かつ経済的重要性が高まりつつある活動について新たな材料を提供する．実際，本書の合目的性は，経済理論のより進んだ応用を観光に導入することであり，それゆえ，原理の入門的説明を超えている．たとえば，観光客の支出決定，観光市場の構造，そしてその中での意思決定の性質，観光企業間の国境を超えた連携，観光による外貨発生の効果とその範囲，環境資源の貢献，および持続可能な観光のための政策への関連性はまだ十分には研究されていないこともあり，いっそうの経済分析から恩恵を受けるであろう．

　経済的概念，理論および方法の適用は，他の商品とは区別される観光の特性と原理としての経済学の中心となる要素双方に関連する基本的な問題を提起する．観光は，輸送，宿泊および自然資源を含めて一連の消費される財・サービスから構成され，通常，確かめることなく購入されるという点において異なっており，サービス活動としてさえ異なっている．自然および人工資源は全投入のかなりの部分であるから，魅力的で自由に利用可能な環境に結びついた正の便益と，汚染という負の効果（正および負の外部性）といった重要な価格づけされない部分を含む一連の産業や市場を包摂している．したがって，しばしばさまざまな国にみられる観光の一般

的とはいえない複合的性質は,特別な分析を必要とする.

経済学の特徴はいろいろな考え方をする学派が存在することにあり,経済学者間の意見の不一致傾向はほとんど自明なものである.しかし,観光分析へのその主題の重要性や関連性を阻害することとは別に,論争は,受け入れられた教義を再吟味する意思を表明するのと同程度に健康的であると受け取られるべきである.したがって,本書のもう一つの目的は,概念上,理論上,そして方法論上の性質,並びに本質的な性質をもつ観光の問題を調査するために用いられる理論やアプローチの範囲について読者の注意を喚起することである.ある程度まで,経済学の範囲内での論争はその発展の反映であり,それはさらに,不断に変化する経済内で生ずる問題を反映している.観光は条件の変化によって素早く変化する活動である.したがって,経済学者が認める問題の多くは,また,観光分析の問題でもある.

長期にわたる論争が経済学の中で起きている.その理由は,主流派の多くの人たちの思考システムや分析上の方法が均衡の達成を強調してきたからである.この局面の主題は,関連する制約上の仮定が,受け入れられた正当な説を狭くしており,現実世界の問題を制限していると考える人たちによって批判されてきた.たとえば,伝統的な消費者行動の概念は,経済心理学,動学や不均衡状態を考えているオーストリー学派によって提起されているように,別の見方をする人びとによって問題とされている企業や市場の伝統的理論によって挑戦を受けている.当該分野における広範なアプローチ(Greenaway et al., 1996 によって論評されている)は,主題の内と外にある概念,理論,方法などの交互交配とともに,多元的研究態度が要請されることを示唆している.

観光の分析は,いろいろな方法論上の枠組みを用いて,経済的概念や理論を応用する機会を提供する.この意味で,観光は,研究分野における代替的学派の思考体系の適切性を評価し,経済的概念および方法の逞しさをテストする有用な手段である.他方,経済分析は観光のより大きな理解に貢献する.というのは,この分野で長い間研究してきた人びとが指摘するように(Sessa, 1984),適切な研究の欠如のために,主題の多くの側面が不十分な理論的枠組みに苦しめられているからである.同様に,その主題のもとに書かれた多くの著作は,方向の確たる意味をもたず,方法論上も洗練されていないといった懸念が表明されてきたし(D.G. Pearce and

Butler, 1993), それはマネジメントや開発政策に有害な結果をもつことになる.

　本書は観光分析に厳密性の必要を認め, これを達成する手段として経済学を用いているが, 観光がもっぱら経済活動として扱われるべきであるとの主張には, 賛成できない. D.G. Pearce and Butler (1993) が観光を研究してきたおのおのの分野が主題の概念上および方法論上の収集箱をもたらすと主張するとき, 彼らとはある程度同意できる. このようなアプローチは, 分析の範囲や幅を制限するだろう. 経済学者は, 他の分野の研究者と同様, 観光の性質を与えられたものとして, いくつかの側面の分析がその政治的, 物理的, 社会的文脈を認める, 多次元的アプローチを必要とするということを受け入れなければならない. したがって, 研究の発見を専門家の理論に繋げると同時に, 幅広く受け入れられる理論を作り上げる必要がある. 考察下の状況に当てはめるために方法論が修正を余儀なくされると主張することは, また, 理に適っている. 観光は独特な性格をもち, 研究分野の分析道具を再評価させる特定の分析上および政策上の問題を産み出す. たとえば, いつ休暇をとるかなどは, 友達や家族との協議で行われ, それゆえ, 個人の意思決定に基づく主流派消費者需要の理論は, 個人やグループの社会的文脈をも考慮しなければならない. 供給側では, 観光は, 自然資源および人工資源に依拠している. このことは, 自由に利用でき, 過度の利用を通じた質の低下に潜在的に左右される環境資源の評価に関連する問題を生じさせる. 経済学に関連した問題領域は, 持続可能性および持続可能な開発と経済成長の間での考えられるトレードオフに与えられるますます重要な地位である.

　本書の重要な目的は, 本書を, 経済学に精通した読者だけでなく, 経済学の概念や方法に不慣れな読者にも, できるだけ近づきやすいものにすることであった. このために, 理論と分析的アプローチは, 経済学あるいは多くの記述統計学の専門用語や方法を過度に利用することなく議論されている. そこで扱われるトピックスは, 選定されたものに限られている. 選定に際しての2つの重要な要素は, 願わくば, 第1に, 包括的な観光分析に関連する主要な分野, 第2に, 観光において鍵となる問題の認識を含ませるというものである. したがって, 扱われるトピックスは, 国内外を問わず, 需要, 供給, 市場構造, 価格づけ, 産出, 成長および環境に及んでいる. 強調すべきことは, 経済学による観光研究への貢献が, 最も重要であるため

に，そのふさわしい場として，観光現象における定量可能な変数の役割を検討することである．本書における観光の分析は，たとえそれが比較的同質の消費者たちによって購入される非合成商品で，他の財とよくにているとしても，最初は経済的概念が観光を検討するために用いられるという点において，単純なものからより複雑なものへと推移していくことに注意することが重要である．それ以上の複雑さは徐々に導入され，観光のいろいろな成分に注意が払われる．最初は閉鎖経済で，次に，国際的な関連で，そして価格づけされない観光資源の問題，最後に，関連する市場の失敗が考察される．本章の以下の部分では，観光分析の発展があとづけられ，経済的観点から最近の研究に関連づけられる．これは，本書の出発点の役割を果たしている．

観光分析の発展

Gray (1966) を例外として，1970年代までは観光の分析はほとんど行われていない．当時はまだ，多くの研究は無批判的に記述される傾向にあり，定義された目標と技術は十分なものではなかった (D.G.Pearce and Bluter, 1993)．数多くの研究分野が観光分析に採用されたし，現在も採用されている．その主なものは，文化人類学，社会生態学，経済学，地理学，政治学，社会心理学，そして社会学である．研究されてきた主なテーマは，文化，経済，観光の環境および社会的効果，発地と目的地の間の旅行パターンとモード，経済発展と観光の関係，観光者の動機と行動，トレンド予測と計画の実際的側面，マネジメントとマーケティングである．経済的研究への言及は後に行われるので，その議論はしばらくおいておくことにする．観光の文献に関する包括的な論評は，他の文献で行われている（たとえば，Sheldon, 1990 ; Eadington and Redman, 1991 ; Sinclair, 1991a ; Van Doren et al., 1994) ので，これ以上の試みはなされない．しかしながら，文献を特徴づけている主題の展開に関する貢献の性質を簡単に考察することは意味のあることであろう．

ほとんどの専門誌の論文は観光の特定の側面を扱っているが，それはケーススタディで，話題を特定の分析的枠組みや理論に関連させてはいない．実際，観光専門誌の文献には，奇妙なことに論争がない．だが注目に値する一つの例外は，GrayとSessaとの間で1980年代の初期に行われた意見交換である (Gray, 1982, 1984 ;

Sessa, 1984). しかし, 重要なことではあるが, これは直接に観光分析に向けられたのではなくて, 経済学の観光への貢献に関するものであった. 専門誌の文献において, 人はしばしば, ある主題の分析における進歩を認めているが, 観光問題の重要な議論や分析的発展は書物で生じている. あらゆる分析は特定の理論および特定の概念や方法に基づいている (Tisdell et al., 1988; D.G. Pearce, 1989). たとえば, 旅行パターンやモードの分析では地理学的分析枠組みが支配的である. 他方で, 経済以外での需要の研究は心理学的ないし社会心理学的な方法によって支えられている. それゆえ, 特定の問題を提言し, より分析的な枠組みを展開することによって, 文献に貢献する数多くの研究が出現している.

いくつかのテキストは, 観光のいろいろな部門の構造や運営について述べている. よく知られた例は Burkart and Medlik (1989) による書物で, 1980年代には研究業績への以下のような貢献の波が押し寄せた. 代表的なテキストは Cleverdon and Edwards (1982), Hodgson (1987), Holloway (1994) と Lundberg (1989) である. これらの出版物はそれほど分析的ではなく, 一般に, かつ専門的でない読者向けに書かれている. 1980年代の後半になると, 分析の焦点はより鋭くなる. 当時のテキストとしては McIntosh and Geoldner (1990), Ritchie and Geoldner (1987) および S.L.J. Smith (1989) が現れた. 1990年代の流れは論文集かあるいは編纂されたテキストであり, そのいくつかは基本的に学問の状態の論評である. 実務家に具体的に示す狙いをもっているとしても, Witt and Moutinho (1994) の書物は多くの章を現在関心がある観光の側面への有用な紹介にさいている. 他の出版物は, 分析と実証の両方を扱っている. 典型的な例としては Sinclair and Stabler (1991), Johnson and Thomas (1992a, 1992b) そして Seaton (1994) のものがある. Cooper (1989, 1990, 1991) および Cooper and Lockwood (1992) は, いろいろな分野の展望からいくつかの観光のトピックスの有用な論評を提供している. このような論文集への貢献の厳密性に関しては, いちじるしい格差がある. 特に, 実務家の関心を反映した強い応用に向けられた内容があるものではそうである.

Johnson and Thomas (1992a) は, 需要に焦点を当て, 観光者の類型化, 動機, 活動の選択と需要の決定因, 予測モデルを扱い, いくつかの定量的見通しを含めている. Johnson and Thomas (1992b) の貢献はより応用的で政策指向的であり, 主

に観光の経済や環境へのインパクトを考察している．包含されるトピックスは比較できないものであり，観光の分析的発展には一般に関連はない．Seaton（1994）によって編纂されたものは Johnson and Thomas によって編纂されたものと似ているが，論文の性質には大きな幅がある．にもかかわらず，観光の研究を行う人びとによって鍵となるトピックスと考えられるものの指示がハッキリとみて取れる．論じられるより一般的なトピックスは，開発，ビジネス，マーケティングと調査，人的資源管理，環境と観光，そして社会である．これらは極端に広いカテゴリーである．そこには，注目すべき脱落がある．たとえば，開発に関する章のほとんどは分析的基礎を省き，論文の大多数は特定のケーススタディに関心がある．同様に，観光事業を扱う節では，ギャンブル，博物館と遺産，チャーター旅行，航空運賃の設定そして情報技術といったような側面を考察しており，それらの問題はトレンドと政策含意に関心を示しているようである．消費者行動のトレンドと事業戦略とはマーケティングと市場調査の議論の中のテーマとしてあらわれる．人的資源管理と環境に関する節では，企業が観光によって引き起こされる環境破壊の問題の高まりに直面して，彼らの生育可能性を維持する手段とトレーニングそれぞれに関心をもつ実際上の問題に焦点を当てている．観光および社会の調査は，ビジター-ホストの相互関係および社会-文化的変化に関するケーススタディにほとんど完全に絞られる．

　Cooper によって編纂された書物は，特定のテーマが最初から同一化されており，章の多くがそれらと関連しているという点で，より凝集されている．そのシリーズは，特にレクリエーションとホスピタリティ管理における実際的問題に関心があるが，休暇の選択や消費者行動，需要予測，都市観光，スポーツ，開発，マーケティング，競争性，環境問題，インパクト分析や観光統計を含む広い範囲にわたる追加的トピックスを考察している．科学的な研究者は彼らの分野の理論的方法論的姿勢をもっている．他方，民間部門の著者，たとえば，ホスピタリティ，施設提供やマーケティング部門の著者は，管理への利用の解を要請している実際問題を議論する傾向がある．そのため，引き出される一般的な結論は，編纂された論文集が科学的研究者と実務家の関心を示しているが，概念上，理論的，方法論上の問題の掘り下げた分析を提供してはいないということである．

　主にマネジメントやマーケティングに関する，より応用的特徴をもつテキストが

観光文献の支配的特徴である．かなり初期の例では，Wahab (1975) による観光ビジネスの問題の範囲と性質に関連する見方が代表的なものである．応用観光研究の発展をあとづける典型的な例は，Hawkins et al. (1980), Foster (1985), Ritchie and Goeldner (1987), Laws (1991), および，Witt and Moutinho (1994) である．多くの学生がすでに観光の経歴をつんでいるものとして，多数のテキストが理論的な基礎の確立よりもむしろ，日々のビジネスの関心に関連するのも驚くことではない．マーケティングは，著者の多くが民間部門で働いていた場合の事例である．よく知られたテキストは Holloway and Plant (1988), Jefferson and Lickorish (1988) と Middleton (1988) によるものである．マーケティングに特に焦点を合わせた例では，ホスピタリティに関しては Buttle (1988), Goodall and Ashworth (1988) は歴史的遺産，海浜リゾート，旅行代理店とツアーオペレーターをカバーしており，Jefferson (1990) は観光案内所に関心をもち，Pattison (1992) は鉄道産業に，S. Shaw (1987) は航空輸送に関心をもっている．

　よりアカデミックな読者に向けられ，強い理論的基盤をもっている論文集は，空間的要因，観光の経済的，環境，社会，および政治インパクト，観光者の行動，計画と開発に焦点を当てている．開発のパターンと発地-目的地の双方を考慮している空間文献への比較的初期の貢献は，Robinson (1976) のものであった．Lozado (1985), Mill and Morrison (1985), D.G. Pearce (1987, 1989), そしてS.L.J. Smith (1983) による後のテキストはこれら2つの関連するテーマを踏襲し続けた．旅行をモデル化する試みは，D.G. Pearce (1987) によって巧く評論されている．それは年代順に C.K. Campbell (1967), Yokeno (1968), Plog (1973), Miossec (1976), Britton (1980), Thurot (1980), および Lundgren (1982) で，彼らは観光モデル発展への重要な貢献者である．Page (1994) は，特に観光の輸送を考え，輸送改善の観光への効果，なかんずく，ドーバー海峡トンネルについては，Page and Sinclair (1992a, 1992b), Page (1993), Sinclair and Page (1993), そして Vickerman (1993) によって論じられた．

　観光のインパクトは，相当に関心をひいている分析領域である．経済学者によるテキストの考察をしばらく延期すると，その分野へのいくつかの注目すべき貢献は Mathieson and Wall (1982) のものであり，彼らは観光の経済的，物理的そして社

会的効果を分析した．Jafari（1987），Murphy（1985a）およびS.L.J. Smith（1989）は社会的要因を研究し，Cohen（1978）とShelby and Heberlein（1984）はそれぞれ物理的環境と輸送能力に集中し，OECD（経済協力開発機構，1981a，1981b）は環境に関心を示している．D.G. Pearce（1989）は，観光から生じる多くの形態のインパクトの評論を提供している．

　観光および環境，そして，もう一つの観光，文化観光，エコツーリズムおよびグリーンツーリズムそして持続可能性といったような多くの側面に関する文献は，1980年代の中頃以来，徐々に発表されてきているが，それらは，経済成長によって生ずる問題への認識の高まりと経済成長に伴う観光の拡大と平行している．この問題の考察は広く2つの方向へ向かっている．第1は，観光行動とその環境へのインパクトであり，その分析への価値ある貢献者はKrippendorf（1987），Elkington and Hailes（1992），Cater（1993），そしてWheeller（1994）である．第2は，持続可能な発展の達成を目的としたイニシアチブと観光企業に焦点を当てることに関連している．ビジネスによる任意の活動に多くの注意が払われ，文献の多くは実務家から出されたものか，実務家に向けられている．たとえば，Beioley（1995），Dingle（1995），Eber（1992），Hill（1992），IBE（商業倫理研究所，1994），国際商業会議所（ICC，1991），WTTC（1994）である．それらでは，マネジメントと実務のための処方箋に力点が置かれている．科学的な文献はより厳密となり，原理を引き出す努力がなされている．と同時に，持続可能性を達成するために実行可能な政策を示す努力がなされている．たとえば，C. Smith and Jenner（1989），Cater（1993），Wight（1993），Cater and Lowman（1994），Goodall and Stabler（1994），Murphy（1985a），および，Hunter and Green（1995）である．

　発地における需要の決定因と目的地での活動の決定因の両方において，観光者の行動は，研究のもう一つの焦点である．経済学的ではない文献は，休暇を取る動機と旅行の目的に集中する傾向にある．それら文献の基本的な貢献は，社会学者，心理学者，そして社会心理学者および地理学者によってもなされている．観光者の動機や行動の分析の初期の未熟な業績はGrinstein（1995）のものである．Gray（1970）は，"ワンダーラスト"や"サンラスト"という用語を観光者の範疇や休暇を取る目的として導入した．Plog（1973，1987）はまた需要の動機づけモデルで優れてい

る．Crompton (1979) は実証研究で動機という観念を展開した．それは後の著者たち，たとえば，Dann (1981), Graburn (1983), Iso-Ahola (1982), Leiper (1984) によって研究された．行動に関しては，P.L. Pearce (1982) や Pizam and Calantone (1987) による代表的な研究がある．動機や行動の有益な論評は，D.G. Pearce and Butler (1993) によって提供されている．

観光開発，計画および政策立案については，広範囲には研究されていない．比較的初歩の貢献は de Kadt (1979), Lea (1988), Williams and Shaw (1988), Page and Sinclair (1989), Dieke (1993a, 1993b), Sinclair et al. (1994), D. Harrison (1995) のものがある．D.G. Pearce (1989) はその主題のすぐれた概説をしている．観光計画への興味は最近の現象である．多分，目的地間の競争に直面して観光計画がより体系的である必要があるという認識が高まってきていることのみならず，観光の成長が環境や社会文化のインパクトのゆえに制限される必要があるとの認識からである．観光計画に関する文献には Gunn (1988), Getz (1986, 1992), Inskeep (1991) があり，地域観光協力についての議論があったが，たとえば，Teye (1988), Dieke (1995) をあげることができる．

観光文献の検討については，研究主題の側面に付随した拡大とともに，研究のより厳密な展開が途上にあるのは明らかである．しかし，より立入った観光の分析が要請され，特定の問題のより以上の検討が必要であることは明らかである．その目的への歩みは，G. Shaw and Williams (1994) によって開始され，彼らは，観光の重要な問題を明確に考察し始めている．彼らが論じているように，現在では，観光文献は区分された形で発展してきており，分野間の接点はまれであり，観光の多くの側面が経済学者によって無視されてきたことを認めている．観光における経済問題は余暇の商品化や私有化が増加する傾向から生ずるものとみられている．Shaw and Williams は観光が輸出収入を生み，経済成長や多様化を容易にすることを認めている一方，彼らは，観光は緊急の環境問題を引き起こしており，観光者や民間部門に提供する場の再構築を，経済的にも，物理的にも，社会的にも開始していると考えている．観光はまた，ライフスタイルの変化や社会分化の付随にともなって，訪問者によって魅力的と考えられる創造や活動の社会的構築を含んでいる．観光の目的地へのインパクトは，企業や個人の課税およびインフラ整備への支出に対する

合意から公共部門の経済学の領域に観光を入り込ませることになる．彼らの結論では，観光は，たとえば，生産物サイクル，労働プロセスの変化，増加しつつある観光供給の集約化，そして国境を超えた企業の統合といった他の経済部門を特徴づける多くの特徴をもっている．

　可能な研究上の含みから将来のトレンドを推測するに当たって，Shaw and Williams は，文化観光やグリーンツーリズムを選好する消費者によって，企業の活動が大きく引き出されるであろうことを示唆している．彼らは，マス市場とは対照的に，後者の観光消費を分極化した市場と見なしている．それらは，観光地を，広範囲にわたる資本，労働市場，公共政策の効果とともに再構築への方向に向かわせる．Shaw and Williams は，観光問題は個々別々に行われるものではなく，全体としての社会科学に有効なものより広い文脈の中に組み込まれなければならないと主張する Greenwood (1976), Burkart and Medlik (1989) のような初期の研究者の見方を強調している．提起される多数の問題は観光に関する経済学の文献を評価することと関連しており，そこに注目が集まっている．

観光の経済分析

　観光の経済分析に関する文献は，奇妙にもアンバランスである．そこでは，いくつかのトピックス，なかんずく，需要，予測，そして観光のインパクトについての乗数研究に関して数多くの研究が行われている．一方，他の分野にはほとんど注意が払われていない．需要と観光における支出については，多様な国際的発地と目的地について研究されている．たとえば，Gray (1966) はアメリカとカナダの国際的旅行を考察し，Barry and O'Hagan (1971) はアイルランドの観光客支出を研究し，O'Hagan and Harrison (1984) はヨーロッパにおけるイギリスの支出の研究を行っている．Bechdolt (1973) および Witt (1980) は一連の外国での休暇に対する需要をモデル化した．Pack *et al.* (1995) は，イギリスにおける国際観光需要の変化する空間的集中の度合いと分散を調査している．需要の研究は，一般に休暇支出の水準やパターンを決める変数，すなわち，所得，相対価格，為替相場と交通費の相対的重要性の予測を含んでいる．さまざまな国ぐにと期間における観光需要についての多くの研究は Archer (1976), Johnson and Ashworth (1990), Sheldon (1990),

Sinclair (1991a) によって論じられている．一方，Witt and Martin (1989) は観光需要予測への別のアプローチを検討した．にもかかわらず，現在進められている観光需要に関する研究のほとんどは明確な論理的支柱を欠いている．

　需要に関する文献とは対照的に，供給は観光の経済的研究におけるいちじるしく欠落している部分である．観光生産の構造に関する一連の説明は提供されてきているし，観光供給の特定の分野は研究されてきた．たとえば，集中は McVey (1986)，Go (1988, 1989)，統合は Randall (1986)，Bote Gomez et al. (1991)，Bote Gomez and Sinclair (1991)，そして特定の分野の市場構造，なかんずく，観光運営は Sheldon (1986, 1994)，Fitch (1987)，N. Evans and Stabler (1995) である．Figuerola (1991) はミクロ経済学的視点から観光企業の運営を検討した．しかし，これまで観光供給の首尾一貫した理論は存在していない，事実上その決定因，その変化に対する反応度あるいは生産に投入される資本，労働，環境の補完性あるいは代替性に関する数量的研究も存在していない．したがって，研究は記述的なものを超えるものはほとんどなかったのである．分析が冗長となるような関連領域は価格の決定に関連している．だが，ヘドニック価格形成モデルは，合成財として，パッケージ休暇の価格競争における観光の複雑性をいささか考慮に入れようとしている（Sinclair et al., 1990 ; Clewer et al., 1992）．

　観光の所得へのインパクト，そしてある場合には雇用へのインパクトは，多くの観光目的地に対して検討されてきている．Archer（たとえば，1973, 1989），Sadler et al. (1973)，Sinclair and Sutcliffe (1978, 1988a, 1988b, 1989a) は，乗数のモデル化分野での分析並びに応用における貢献をしている．革新的研究は，Henderson and Cousins (1975)，Varley (1978)，Johnson and Thomas (1990) によるものを含んでいる．観光の雇用効果についての経済分析は少なく，Vaughan and Long (1982)，Goodall (1987)，Johnson and Thomas (1990) による研究が例外的に存在するにすぎない．公式の機関は，経済開発に関心をもっている．国連開発計画（UNDP）は，発展途上国における観光の所得と雇用発生能力に関心をもってきたし，乗数モデルを用いた数多くの研究からの発見を考察下の地域の適切な政策提言の評価に結びつけている．観光の効果に関する理論的な一般均衡モデルは Copeland (1991) によって展開され，続いて，Adams and Parmenter (1995) が観光の拡大に伴う構

造上の影響を示すために計算可能な一般均衡（CGE）モデルを推計した．Zhou et al. (1997) は，CGE と投入産出分析を用いて，ハワイにおける観光の経済効果を推計した．

多国籍企業や企業間の国境を超えた連携の他の形態（Dunning and McQueen, 1982a ; Sinclair et al., 1992）のような観光の国際的な側面，交易条件（Curry, 1982），観光からの外貨獲得の不安定性（Sinclair and Tsegaye, 1990），そして観光および経済発展の間の関係（Bryden, 1973 ; Varley, 1978 ; Britton, 1982 ; Aislabie, 1988a ; Bachmann, 1988 ; Theuns, 1991 ; D. Harrison, 1992 ; Oppermann, 1993 ; Dieke, 1995 ; Sinclair, 1997a）は多少注目を浴びている．研究の主な焦点は外貨獲得と国際収支（UNCTAD, 1973 ; English, 1986 ; G. Lee, 1987）と，それゆえ，より正確な統計の必要性，より正確な国際収支勘定への観光の貢献であった．若干の例外はある（Gray, 1970, 1982 ; Socher, 1986 ; Vellas, 1989）が，国際貿易の理論を利用した国家間観光の流れの説明にはほとんど注意が払われていない．

経済学がほとんど取り上げてこなかった観光の他の側面は，環境，財政政策，そして規制に関するものである．観光と環境に関する文献は拡大しつつあるが，ほとんどの研究が経済学の強固な基礎を欠いており，文化的，物理的，社会的側面に集中しているかあるいは持続性に鑑みてビジネス主導に集中している．経済学者は，余暇とレクリエーションに注意を向ける傾向にある．そのパイオニア的な研究は Clawson（Clawson and Knetsch, 1966）に始まっている．それは特に価格づけられない財・サービスの評価の問題である．Walsh (1986) と Hanley and Spash (1993) には有用な概観が含まれている．明示的に観光に焦点を当てている研究は特定のトピックスに集中してはいるが，その数は限られている．たとえば，Wanhill (1980) は，人気のあるアトラクションで混雑を緩和することを要求する蓋然性を検討し，2年後に，観光の資源費用を評価した（Wanhill, 1982）．

公害，資源枯渇，自然や人工的環境の破壊そして持続可能性に関する環境経済学の発展は，観光のようなサービス部門には簡単な言及に止まっている（D.W. Pearce et al., 1989 ; Pearce and Turner, 1990 ; Turner et al., 1994）．自然および人工資源の便益の評価に注目が集まっており，それは最も適切な方法による多くの文献を集めている．たとえば，コンティンジェント・バリュエーション，ヘドニック価格形成，

および，トラベルコスト・モデルである．コンティンジェント・バリュエーション方式についての標準的なテキストはR.C. Mitchell and Carson (1989)．一方，ヘドニック価格形成は，歴史的建物，遺跡，およびアメニティ資源に応用されてきている．たとえば，Willis and Garrod (1993a) そしてパッケージ休暇についてはSinclair et al. (1990)．トラベルコスト法は，レジャーアメニティを評価するために最も利用されたアプローチであり，30年もの間にわたり数多くの例が存在している (Clawson and Knetsch, 1966；Burt and Brewer, 1974；Cheshire and Stabler, 1976；McConnell, 1985；Willis and Benson, 1988；Willis and Garrod, 1991；Bockstael et al. 1991；Hanley and Ruffell, 1992)．コンティンジェント・バリュエーションとトラベルコスト・モデルの観光への数少ない応用例は，Brown and Henry (1989) のそれである．Sinclair (1992a) は，観光，開発，そして環境に関する経済学関連文献の概観を提供し，Brooks et al. (1995) やStabler (1995a) は，都市経済の再生において，観光のそれとともに，都市管理とその役割に関する研究において主な経済的方法を概観している．

公共部門の経済学は事実上，国および地域経済への観光のインパクト，そして国および地域の財政政策が環境への有害な効果を和らげる潜在的能力あるいは要請されているインフラとサービスに資金を組み入れることを無視している．しかし，実行可能な課税形態に関する研究にはいくつかの例がある．宿泊税 (Mak and Nishimura, 1979)，税のタイプ (Fish, 1982；Bird, 1992)，資産効果 (Hughes, 1981；Weston, 1983)，そしてホテルルーム占有税，催し物および消費（売上）税 (Fujii et al., 1985) に関する貢献がある．いろいろな税のアイデアは国内で研究されてきた．それは国レベルで適用される．課税は観光の費用を増すが，補助金や助成金は供給を刺激するために採用される．こうした流れの中でWanhill (1986) は資本助成金，進行中の運営助成金と税の軽減の役割を調査している．規制もまた，観光の反動を変える手段である．たとえば，環境への観光の望ましくない効果は重要であり，それらを扱うための他の手段で規制に関する研究が環境の分野でなされてきている．しかし，研究は，製造業と価格に基づいた手段と比較して規制の有効性とに集中している．たとえば，Tietenberg (1988)，Turner (1988)，Opschoor and Vos (1989)，Opschoor and Pearce (1991)，Opschoor and Turner (1993)，O'Riordan (1992)，

Stavins (1988), そして Turner et al. (1994) である.

　1980年代の初期の間に, Gray (1982, 1984), Sessa (1983, 1984) は観光の分析への経済学の貢献を振り返り, 方法論上のアプローチの鍵となる制約を検証している. 経済的仮定と仮説の専門雑誌上でので批判的な検討の必要性, 空間の文脈におけるその理論の弱点, そして研究がより体系的である必要性である. Gray はまた観光による自然資源公共事業の広汎な利用ならびに一時的で空間的な需要の変動は, 経済的方法の有効性に関して問題を生じさせると論じている. いっそうの観光研究におけるテーマの概観は Aislabie (1988b) によって行われた. 彼は, 主に, 観光と経済開発, 社会へのインパクトと環境および公共政策のための関連した意味合いに集中した. Aislabie は, 観光研究の主な欠点を深みの欠如として検証し, 一般化を可能にさせるために検証されかつ同意された命題に不十分な結合があったと論じている. 彼は, トピックスの多くを観光分析への経済的貢献に中心的なものと考えた. いわば, 生産の組織, 市場を通じた需要と供給の一致, 価格形成, インパクトの方法論, 予測, そして発展途上国の観光である. しかし, 彼は観光の理解を妨げる特定の分野に光を当てた. それは, 不完全情報の文脈において, 不正確な統計によって合成された明確な定義の欠如, 生産物特性の複雑性, 不安定な需要, 超過収容能力とピークロードの問題, 価格づけとマーケティングによって産み出された難しさといったようなものである. Aislabie は観光が独特の, そして鋭い分析上の難しさをもつ市場構造によって特徴づけられることを認識していた. そしてこれらのトピックスが伝統的分析に耐えられるようにみえても, 研究がその分野をいちじるしく前進させることに失敗してきたと指摘している.

　1990年代初期から中期まではほとんど変化はなかった. 観光経済学の教科書, たとえば, Bull (1991), Cooper et al. (1993), Burns and Holden (1995), Lundberg et al. (1995), Tribe (1995) が刊行されてきたが, それらは, 経済学の観光への深く掘り下げた応用であることを要求してはいない. それらの書物は基礎となるテキストとして有用である一方, 主題の関連と応用は完全には示されず, 単純な需要と供給分析, 市場構造の概要そして価格弾力性および所得弾力性のような予測と価格づけに大きく限定されている. 経済分析が観光の特定のトピックスのみを扱ってきたことには反対である. 本書は, それを心に抱いてきた.

本書の範囲

　本書は，経済学と観光の双方で中心的問題と認められるものを反映している．そのアプローチは，国際的そして環境上の文脈の中で観光を検討する前に，代替的な分析上の枠組みを用いて，観光の需要と供給を考えることにある．本書の目的は，経済分析の最近の発展へ読者を案内することと，説明的な例を通じて観光の問題とそれらの関連性を示すことにある．当初，分析は，その構成要素を吟味することなく，集計的商品として観光を考えることによって，既存の観光文献を跡づける．したがって，第2章と第3章は，発地と目的地の国民性によるものを分割するだけで，観光需要の理論と応用を考える．第2章では，経済的概念が観光需要と所得および相対価格の文化への効果ならびに観光需要の時間的測定を説明するために用いられる．観光者の意思決定における社会的環境が，また，分析され，そして経済心理学による休暇取得の動機づけの研究のような，主流派理論からはずれた発展が検討される．所得，相対価格，為替相場の変化，そしてエキスポのような1回限りのイベントに対する需要の反応を推計するために用いられたモデルは第3章で説明され批判的に検討され，需要予測のための方法との関連が示される．それ以上の研究のための示唆，特に，ミクロ経済学水準での示唆がなされる．

　第4章と第5章は観光供給に当てられ，サービス部門の活動として，経済学で見過ごされる傾向にある供給面の特性を認めている．議論は，観光を一つの商品とみることを止め，その代わりに，宿泊や輸送のような要因の検討をすることによって追加的な複雑性を分析に導入する．第4章の初めでは，企業および市場の伝統的な経済分析の説明が提供されるが，それは観光供給の競争的構造への洞察を提供する．宿泊の主な分野，仲介者（旅行代理店やツアーオペレーター），そして輸送が検討され，観光供給を特徴づける数多くの面が検討される．これらの面と観光市場の複雑な構造が伝統的な分析によって与えられる説明への付加を必要としている．したがって，第5章では，観光供給の構造と運営を記述し，理解するための別のアプローチが考察され，それは広く産業経済学のパラダイムの文脈の中で考えられている．集中と参入・退出の条件に特別な言及がなされており，ツアーオペレーター部門が説明のための事例として検討されている．最近の分析上の発展が導入され，企業の

戦略と相互関連を説明するために観光市場に関連づけられる．観光市場の動態的で不均衡の性質を反映するために，特別の注意がゲームの理論に払われている．これら観光供給の性質は，伝統的分析の関連について，特に，観光市場の複雑な構造に関して厳しくテストされる．

第6章では，観光の需要と供給を考えるに当たり，議論は国際の場に広げられる．その章の初めの部分は国際観光の説明を考えている．比較優位の理論が概説され，競争的市場条件の中で観光への洞察を提供する．不完全競争市場での観光生産物の一連の質に対する需要，規模の経済と範囲の経済，観光生産物の分化，研究・開発を通じた競争と観光企業の国際的な相互依存等の関連が次に論じられる．国際的ホテルチェーンのような，巨大な多国籍企業の支配がますます増加していくことの説明が与えられる．第6章の第2の部分では，国際観光のいくつかの経済効果が検討され，そこでは，所得と雇用の発生，外貨準備と成長が含まれる．

第7章と第8章では，観光における環境問題を考える．特に，消費者の関心と持続可能な発展の原理に言明された付随的な性質に照らして．前章の経済的分析は，多くの観光資源や環境汚染といったような形での市場の失敗という公共財（無償で利用可能で入手しやすい）的性質を考慮するために拡張される．重要な環境問題の概観は第7章において経済的観点から与えられる．そこでは，一般的持続可能性と観光の持続可能性の概念の発展があとづけられる．資源利用と観光活動のインパクトを評価する分析的枠組みが提案され，鍵となる環境問題が識別される．持続可能性の目的を支える保全の経済学の要素が，そこで説明され，観光における生産資源，エネルギー，人工資源および自然資源の利用に関連づけられる．第8章では，観光の非市場的環境の便益と費用を測定するための経済学的方法，そして持続可能性を達成するための装置が説明され評価される．市場の失敗の経済学的概念が定義され，資源保善と環境保護に従って観光市場に干渉を加えることの正当性として論じられる．装置の効果と政策含意が概観される．本書の最後の章では，前章に含まれた一連の問題の検討と分析の含意に関心がある．

時間および空間の通常の制約により，数多くの重要なトピックスに対する注目は大雑把なものにすぎない．これらは観光の空間的側面，労働市場，移民と人口移動，観光と経済開発，そして観光の分配効果を含んでいる．マーケティングおよびマネ

ジメントに関する観光の実際的側面は，特に考慮されてはいない．公共部門の財政と規制機能に言及され，いくつかの計画内容が概説されてはいるが，深くは検討されていない．その重要性は認めつつも，商用観光にはほとんど注意が払われてはいない．これらの分野のすべてが，これからの研究に豊富な機会を提供している．

第2章 観光需要のミクロ的基礎

序

　人びとの支出予算の中で，観光の相対的かつ絶対的重要性はいちじるしく高まっており，観光者自身の厚生のみならず彼らが滞在する地域の住民にとっても重要性をもっている．大量の観光者と彼らの支出規模は，所得，雇用，政府収入，国際収支，観光目的地域の環境や文化に重大な影響を及ぼしている．需要の減少は生活標準の低下や失業の増大をもたらし，一方，需要の増加はより高い雇用，所得，産出そしてあるいはインフレーションを生じさせ，環境の質や持続可能性を脅かすかもしれない．さらに，観光企業は収入や利潤の変化に直面し，政府は税収や支出の変化を経験している．したがって，観光需要は，経済のすべての部門──個人や家計，私企業や公共部門──に影響を及ぼしているのである．

　観光需要のいちじるしい水準およびその反動は，観光者の意思決定過程の性質をよりよく理解するための強力な事例を提供している．そうするためのさらなる理由は，観光需要に関して定式化される政策が究極的にはそれを説明し評価するために用いられている諸理論の妥当性に依存するということである．不適当な理論的枠組みに需要の経験的研究を組み込むことは，観光需要を推計するために用いられる方程式の不正確な特定化や需要の決定因の変化に対する反応度の偏った尺度をもたらし得る．そのような尺度に基づいたあらゆる政策手段もまた誤った方向へ導かれるように思われる．

　したがって，本章は観光者の意思決定の下にある経済理論をミクロ経済的レベルで検討するが，一方，第3章は需要を推計し予測するために用いられているモデルを説明し評価することに集中するであろう．2つの章の議論は，観光需要の過去の経済分析とはこれまでになされてきた多くの経験的研究を評価するために用いることが可能な理論的枠組みを提供するという点で異なっている．それはまた，観光需要を推計するための適切なモデルの定式化のための基礎，したがって，より正確な結果やより適切な政策含意のための基礎を提供するはずである．その議論は，消費

者行動に関する経済学文献の最近の発展，特に国レベルでのより集計的な関係や異時点間選好についてのミクロ経済的基礎を導入する．

　本章の理論的分析では，消費者が実行したいと思っているが，支払能力によって裏打ちされない観念的需要よりもむしろ，彼らが支出する意思がありかつ支出することができる額としての有効観光需要を含めて，定量的に測定できる変数が強調される．これは，測定不可能な定性的変数が重要でないということを意味しない．事実，経済心理学における研究はいくつかの認知変数を考慮し，主流派経済学は期待が重要な役割を演じうることを認めている．しかしながら，測定可能な"本質的な"変数が注目の焦点である．なぜならば，これこそが経済学が最も貢献しなければならない領域であるからである．したがって，2つの章でとられるアプローチはデータを用いて行われる観光需要の非経済学的分析を補完する．

　本章の最初の部分は，観光需要を理解するための経済理論を説明する．まず，雇用，所得，消費財そして無給時間との間の関係が検討される．これは，ある人の観光を含めたすべての消費財・サービスの説明を提供する．次に，他の財・サービスと比較してどのくらい観光を購入すべきかについての選択が論じられ，さらに分析は一方のタイプの観光が他のタイプを補完するのかそれとも代替するのかというケースを含めて，種々のタイプの観光の間での選択を考察するために拡張される．所得や相対価格の変化が観光需要へ及ぼす効果が検討され，ついで支出のタイミングについてのいくつかの決定因が説明される．本章の最初の部分の理論的説明が多少とも技術的なように思われるとしても，それは応用研究のための厳密な基礎を提供するために重要である．明確な理論的支柱なしに行われる経験的研究は，偏った帰結を生み出し，当該領域における政策含意を誤った方向へ誘導するかもしれない．本章の第2節は，観光の意思決定の社会的文脈を考慮することによって個人への初期の強調から離れ，他の学問分野からの洞察が観光の経済分析にどう貢献し得るかを示している．観光需要の理論と経験的研究の間の関係は，第3章で論じられるであろう．

観光需要における最適選択

消費，有給労働および無給時間

　観光需要の鍵となる決定因は，人びとの選好と彼らの支出予算の両方である．自宅から離れて休暇に支出すべきかどうかを考えているある個人は，観光や他の財・サービスへの支出に利用可能なある貨幣額あるいは予算をもっている．予算の規模は，期間当たり有給労働に個人が支出する時間数（労働供給），時間当たり所得，そして財・サービスを購入するために利用可能な可処分所得をもたらす所得税率に依存する．人びとは無給時間と有給労働の間にトレードオフ関係をもっている．ある人びとはより多くの有給労働から生ずるより多くの所得を選好するが，一方，他の人びとは余暇や家計内活動のためにより多くの無給時間をもつことを選好し，したがって，有給労働にはより少ない時間しか費やさない．彼らがより多くの有給労働を行い，より少ない無給時間をもつならば，彼らの所得水準は上昇するが，余暇や家計内労働は諦められる．反対に，より多くの余暇をとることは所得を減少させる．しかしながら，所得はしばしば余暇活動をするために必要とされ，それゆえ後者がある転嫁された"価格"あるいは機会費用をもつならば，ある緊張が存在する．有給労働と無給時間のそれぞれの組み合わせは，財・サービスに支出される種々の稼得額，あるいは予算を提供する．有給労働の無給時間に対する最も高い比率は，通常，最大の潜在的消費価値に対応する最大の予算を提供し，最も低い比率は，最小の予算を提供する．

　ある個人がもつであろう消費と無給時間の種々の組み合わせは，第2.1図の線CBUによって描かれている．縦軸には消費の価値が測られ，横軸には，左から右へ読むときには無給時間の増加（あるいは右から左へ読むときには有給時間の増加）が測られている．点OCは，当該個人が達成できる最大の消費を示しており，それは考えられる最大の時間を有給労働に費やすことから生ずる．有給労働をしない人はBによって示される消費と無給時間の組み合わせをもち，OC*は，その個人が失業者であるが，たとえば，失業手当てによって獲得する消費の価値である．CとBの間の位置は，中間的組み合わせを示している．線CBUは予算線として知られており，その傾きは報酬率を示している．したがって，たとえば，賃金率が上昇す

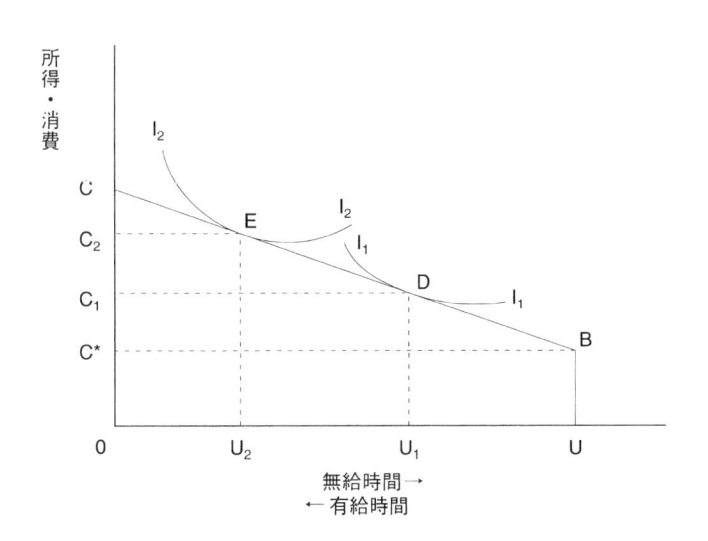

第2.1図　消費，有給労働および無給時間

るならば，その傾きはより急になる．

　人びとはまた，消費財や無給時間から満足ないし効用を獲得する．たとえば，ある人は，わずかな消費財と大量の無給時間からの効用と同じ効用をより多くの消費財とより少量の無給時間から，あるいはそれら2つの中間的な組み合わせから同じ効用を獲得するかもしれない．ある所与の満足水準を提供する消費と無給時間の種々の組み合わせは，第2.1図の曲線 I_1I_1 と I_2I_2 によって描かれている．その曲線は，その人がある所与の曲線上のどの点でも無差別であるために，無差別曲線として知られている．というのは，彼がそれによって示される財・サービスの数量のあらゆる選択から同じ満足を獲得するためである．グラフの原点から曲線が離れれば離れるほど，消費と無給時間のより高い組み合わせに，それゆえ，より高い満足に対応し，それらの少ない組み合わせは低い満足に対応する．

　経済学者は人びとが可能な最大の満足を欲し，これは，彼らの選好した達成可能な消費財と無給時間の組み合わせから，彼らに提供される有給労働と無給時間の組み合わせを選択することによって獲得されると仮定する．一個人の選好した位置はDであるが，それは無差別曲線 I_1I_1（その人の選好によって決定される）と予算線との接点によって決定され，当該個人の消費 OC_1 と無給時間 OU_1（有給労働時間

第2章　観光需要のミクロ的基礎　　*21*

UU_1 をもつ) の最適な組み合わせを示している. 異なった選好をもつ個人は, 消費と無給時間の代替的組み合わせをもつであろう. たとえば, その個人は, 消費と有給労働の無給時間に対する高い比率から, 曲線 I_2I_2 によって描かれているように, 同じ満足水準を得るであろう. したがって, 個人の最適位置は, 所与の選好と時間当たり所得の下で, OC_2 の消費とより低い無給時間の価値 OU_2 (そしてより高い有給時間 UU_2) に対応する E になるであろう. もちろん, ある人は彼の選好した消費と無給時間の組み合わせを選択することができない状況, たとえば, パート労働ないし残業の可能性がないために週38時間労働しなければならない状況や, 組織化された労働時間によって特定の準最適位置に制約される状況が存在する. さらに, 彼は経済の悪化のために追加的無給時間をとらされるか, あるいは無給時間 OU と消費 OC^* の下で過剰労働者にさえなるかもしれない.

したがって, 観光と他の財への支出のために利用可能な額は当該個人の有給労働 (労働供給) と彼の消費 (有給労働によって可能になる) と無給時間の間の選好から生ずる所得あるいは予算である. したがって, 消費と労働供給は結合して決定され, 同時に考慮されなければならない. 労働に対する報酬の変化は, 人びとの消費と無給時間の変化をもたらす. たとえば, 賃金率の上昇あるいは所得税の減少は, より高い所得とより大きな消費を, そしてより多くのあるいはより少ないまた同じ無給時間の量をもたらすであろう. これは, ある個人に, 時間当たり有効報酬の増加が無給時間に代えてより高い有給労働とより高い消費を代替させるためである. すなわち, 代替効果である. 反対に, 個人は, ある所与の有給労働時間からより高い稼得額をより多くの財を購入するために用いることが可能であるが, 一方, 同時により多く無給時間をとるであろう. すなわち, 所得効果である. 正味の効果は, 個人の選好に依存して, 彼は消費を増加させることができるが, 一方, より多くの, またはより少ないあるいは同一の無給時間をもつであろうということである. 代替効果と所得効果の観光への応用は, どの程度まで人びとが他の財・サービスに対して観光を需要するかという議論に従って考察されるであろう.

他の財・サービスと比較した観光に対する需要

観光に対する需要は, 支出のために利用可能な総予算 (上で述べたように, 個人

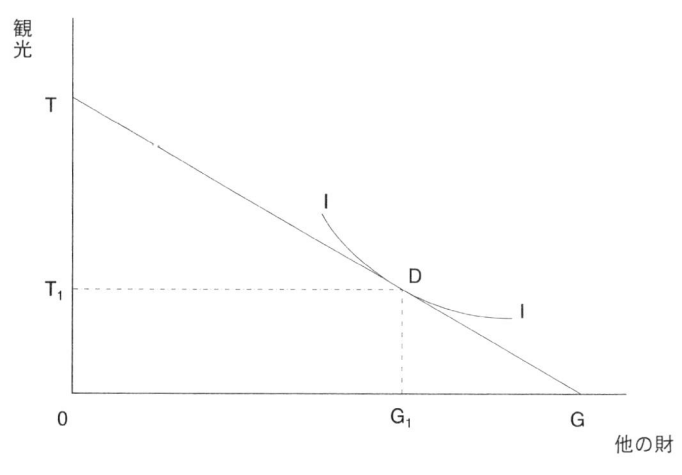

```
            観光
             |
           T |＼
             | ＼
             |   ＼
             |    ＼  I
             |      ＼ |
          T₁ |- - - - -D
             |         | ＼ I
             |         |   ＼
             |         |     ＼
           0 |_____|_____＼____
                       G₁        G   他の財
```

第2.2図　観光と他の財の消費

の労働供給あるいは失業給付）と他の財・サービスと比較した観光に対する選好に依存する．一方では，個人は彼の予算のすべてを観光に配分することが可能であり，他方では，予算を観光に配分せず，予算のすべてを他の財に配分する．これら双方の間で，観光と他の財の組み合わせの範囲が実行可能である．すべての可能な組み合わせは予算線によって与えられ，その傾きは財・サービスの相対価格によって示され，それは第2.2図のTGによって描かれている．点OTはある人が予算のすべてを観光に支出する場合に消費されるであろう観光の大きさであり，OGは観光への支出が存在しなかった場合に消費されるであろう他の財の大きさであり，そして線TGはすべての組み合わせを示している．消費することが可能な観光と他の財の大きさは観光と他の財の相対価格に依存し，それゆえより安い観光価格はより多くの観光を可能にするが，高価格の場合には観光需要量は少なくなる．相対価格の変化の効果は，以下で論じられるように，予算線の傾きの変化によって示される．

人が購入を決定する観光と他の財の組み合わせは，それぞれの個人の選好に依存する．たとえば，観光と他の財の代替的組み合わせは，第2.2図の無差別曲線 II によって描かれているように，少ない観光消費と他の財の多い消費が，多い観光消費と他の財の少ない消費と同じ満足を提供し得るように，同一の満足水準を消費者に提供し得る．人びとはその予算を，満足を最大化する組み合わせを選択することに

よって，観光と他の財の間に配分する．これは点 D であり，ここで無差別曲線は予算線に接し，OT_1 の観光と他の財の OG_1 の消費をもたらす．観光に強い選好をもつある個人は点 D の左側の組み合わせを消費するのに対して，他の財を消費することに熱心な人は D の右側で TG に接する無差別曲線をもつであろう．

人びとは，他の財に比べて彼らが選好した観光の組み合わせのみならず，彼らが選好した種々の観光のタイプの組み合わせをも決定しなければならない．たとえば，ある観光者は，彼の観光予算のすべてを友人や親戚への訪問に，あるいは，予算のすべてを海外の新しい場所での休暇に支出することが可能であるし，またはそれら2つのある組み合わせを選択することもできる．最適位置は再びその人の予算と選好に依存し，予算は満足を最大化するように種々の観光のタイプの間に配分される，と再び仮定される．友人や親戚への訪問および海外での休暇の最適な組み合わせは，第2.2図と同じような図形を用いて描くことができるが，第2.3図に示されているように，両軸には種々の観光のタイプが測られる．もちろん，実際には，2つ以上の組み合わせが存在するが，これらは，図形的にではなく，数学的に示すことができる．

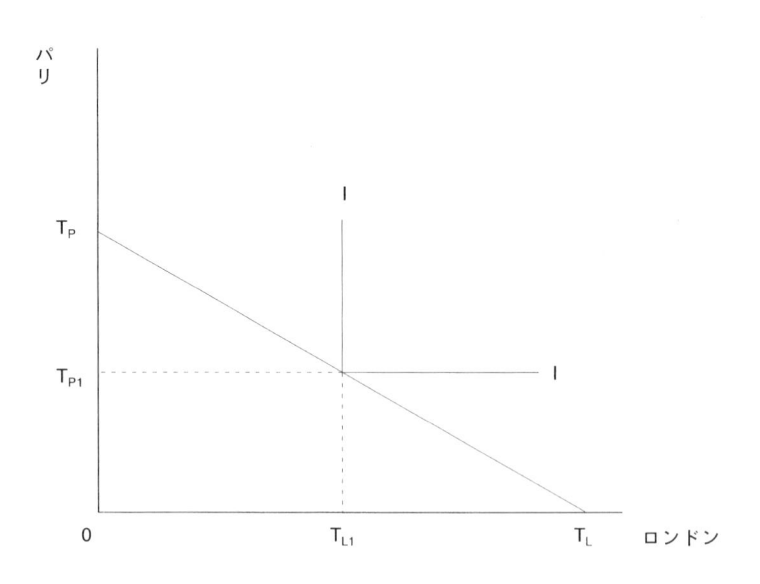

第2.3図　補完としての観光目的地

いくつかの観光のタイプが存在する場合，ある人は観光のタイプのある組み合わせを選択するかもしれない．しかしながら，これは，観光の一つのタイプが他方に代替されるかそれとも他方と補完的になるときに生ずるであろう唯一の結果ではない．たとえば，ヨーロッパへ旅行する何人かのアメリカ人観光者は種々のヨーロッパの国ぐにの観光目的地を代替と見なすよりもむしろ観光者の経験の補完的なものとみなしている．それゆえ，たとえば，ロンドンとパリは補完的とみなされるかも知れず，支出の一定割合がそれぞれに配分される．このケースは第2.3図に描かれており，ここで予算線 T_PT_L は種々の観光支出の組み合わせが2つの目的地にどう配分され得るかを示しているが，L字型の無差別曲線 II はその人が予算の決められた割合をそれぞれの目的地に配分したいと思うものを示している．

　代替としての観光目的地のもう一つのケースは，第2.4図に描かれているように，シドニーとニューヨークでの休暇に当てはまるであろう．予算線 T_ST_{NY} は，2つの休暇目的地の相対価格を示しているが，種々の予算の割合がそれぞれの目的地での観光に配分されるであろうことを再び示している．しかしながら，無差別曲線 I_BI_B は，個人Bが2つの目的地を代替目的地とみなしていること，そしてニューヨー

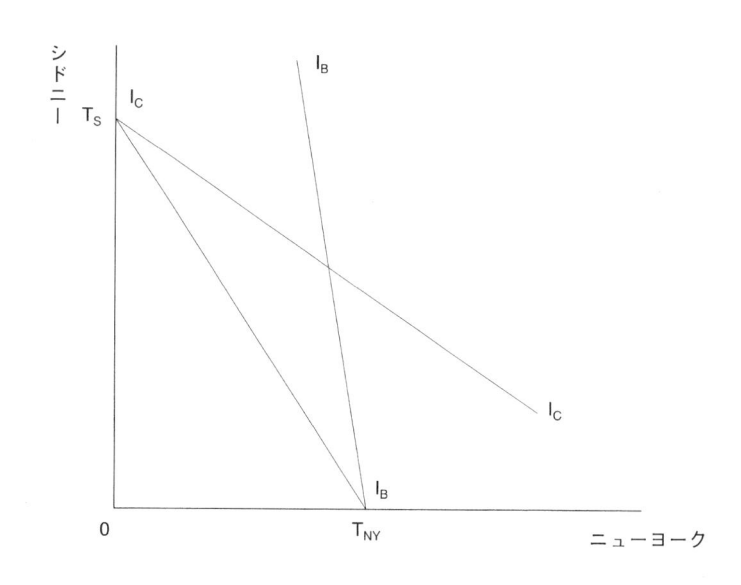

第2.4図　代替としての観光目的地

クを選好された目的地として選択していることを示している．しかしながら，もう一人の個人Cもまた2つの目的地を代替目的地とみなしているが，無差別曲線 I_cI_c によって描かれているように，異なった選好をもっており，ニューヨークよりもむしろシドニーを選択している．どの程度まで，観光あるいは観光目的地の種々のタイプが代替的であるかそれとも補完的であるかについての知識は，観光計画やマーケティングにおいては特に有益であるが，これは，観光の文献ではほとんど研究されていない問題である．

所得と価格の変化の観光需要に及ぼす効果

観光需要が基本的に所得，価格そして情報によって影響され，需要の変化がこれらの変数のそれぞれからどの程度生じるかについての経済学者の立場はまた，観光供給者と政策立案者の両方にとって重要である．初めに，これらの変数のそれぞれの効果を別々に検討することが有益である．一定の相対価格の下で所得が増加するという場合，観光のほとんどのタイプやほとんどの観光目的地に及ぼす効果は，正であるように思われる．したがって，所得の増加は観光購入の増加をもたらし，所得の増加はほとんどの他の財・サービスに対する需要に及ぼす効果と同じである．すなわち，観光に対する需要が所得と正比例の関係にあるために，それは**正常財**である．しかしながら，マス市場目的地における観光のように，所得の増加が需要の減少をもたらすことが考えられるのであり，この形態の観光は**劣等財**であることを意味している．これは，カリブ海での海浜休暇がコスタ・ブラヴァでの海浜休暇に対する代替である場合には妥当するであろう．

2つの効果は第2.5図に描かれている．縦軸には観光が，横軸には他の財が測られている．線 TG と T'G' はそれぞれ所得の増加前と増加後の予算線であり，予算線は，観光と他の財の相対価格一定という仮定のために，平行である．無差別曲線は個人の選好を説明するために書き入れられている．観光が正常財であるならば，選好は無差別曲線 I_2I_2 によって描かれ，それゆえ需要が OT_1 から点Eの OT_2 へ増加する．無差別曲線 I_3I_3 によって示されているように，観光が劣等財であるならば，所得の増加は OT_1 から点Fの OT_3 へ観光の減少をもたらす．需要が所得と正比例関係にありかつ比例以上に増加するならば，その財は，**奢侈財**として知られ

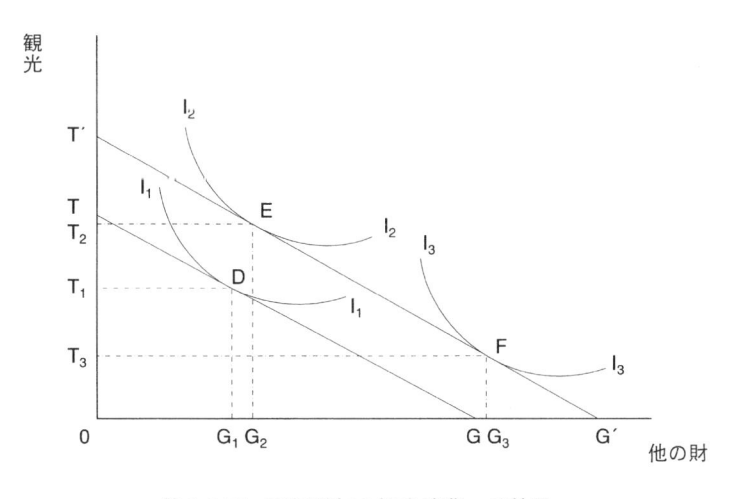

第2.5図 所得増加の観光消費への効果

ており，需要が比例以下にしか増加しないならば，それは**必需財**として知られている．弾力性の概念のタームでは，奢侈財に対する需要は所得の変化に関して弾力的であるといわれるが，一方，必需財に対する需要は非弾力的である．

考察されるべき第2のケースは，所得を一定に維持する場合，相対価格の変化が観光需要におよぼす効果に関心がある．需要と価格は通常反比例の関係にあるため，価格の下落は通常需要の増加に結びつけられ，逆に，価格の上昇は需要の減少に結びつく．観光価格下落の効果は，第2.6図に描かれている．観光はいまやより安価になっているから，個人の予算はいまやOTのかわりに最大の観光OT'を購入することができる．一方，購入できる他の財の最大の量は，それらの価格が一定のままであると仮定されているから，OGで一定のままである．価格下落後に購入できる観光と他の財の組み合わせは，線T'Gによって与えられる．観光と他の財のもとの最適な組み合わせとその後の最適な組み合わせは，第2.6図においてはそれぞれ点DとEであり，それゆえ，観光価格の下落は需要と満足の増加をもたらし，そのとき個人は価格下落前のOT_1とOG_1と対照的にOT_2の観光とOG_2の他の財を購入する．2つのよく似た観光形態の間での選択を考えることも可能であり，その場合には，一方の価格が他の価格に比して変化する．したがって，たとえば，イギリス人は地中海の2つのリゾート，一方はフランスで他方はイタリアでのリゾー

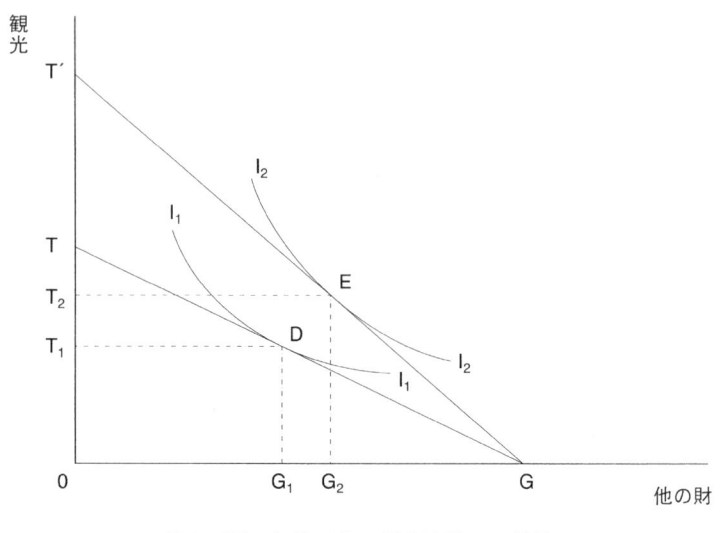

第2.6図　価格下落の観光消費への効果

ト休暇の一つをじっくり考えるかもしれないが，ポンドに対して，リラは不変のままであるがフランス・フランが価値を高めるならば，イタリアのリゾート休暇が選択されるであろう．

　第2.7図のように，観光の所得効果と価格効果の両方を同じ図形に描くことが可能であるが，それは第2.5図と第2.6図をうまく結びつけたものである．たとえば，観光が他の財と比較してより安価になるような観光価格の変化が存在し，その人の予算線がTGからT'Gへシフトすると仮定しよう．最適消費点は初めは点Dであった．所得が一定に維持される場合，相対価格の変化の効果は，新しい予算線T'Gと同じ傾きをもち，したがって新しい相対価格の下で，もとの無差別曲線I_1I_1に接する破線PPを引くことによって論証される（その破線はもとの無差別曲線に接するから，満足と所得は一定である）．相対価格の変化の効果は，DからSへの移動によって与えられる．この効果は，観光価格の下落が人びとに他の財を比較的安価な観光に代替させるために，代替効果として知られており，それゆえ観光需要は増加し，他の財に対する需要は減少する．

　第2の効果は，実質所得の変化のそれである．すなわち，観光はいまや安価であるから，人は実質値で表わすとベターオフされている．彼は，実質所得のすべての

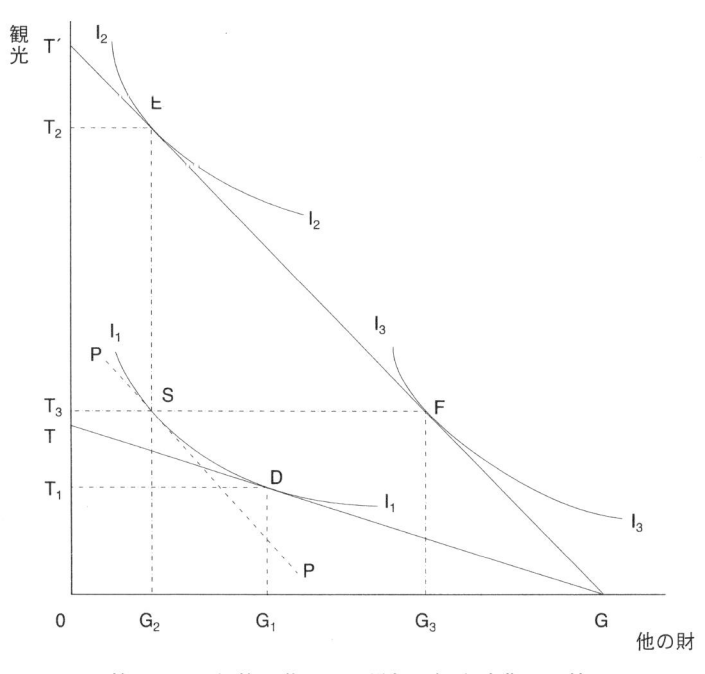

第2.7図 価格下落と所得増加の観光消費への効果

増加を観光に，あるいは他の財に，あるいはまたそれぞれにいくらかずつ支出する選択権をもっている．その人が実質所得増加分のすべてを観光へ支出することを選択するならば，所得効果は第2.7図のSからEへの移動によって描けるであろうし，そこでは OT_2 の観光と OG_2 の他の財が購入される（PPはT'Gと平行であるから，価格比率は一定に維持され，それゆえ所得の増加の効果だけが考慮されるに過ぎない）．所得の増加のすべてが他の財に支出されるならば，所得効果はSからFになり，その場合 OT_3 と OG_3 がそれぞれ購入される．彼が観光と他の財の両方をより多く需要することを選択するならば，最適点はEとFの間のどこかになる．相対価格の変化の正味の効果は，それぞれ，DからEへの移動あるいはDからFへの移動かそれともDからEとFの間のある点への移動である．したがって，観光需要は増加するが，一方，他の財の需要は，個人の選好に応じて，減少するか，一定のままであるか，あるいは増加する．

以上の議論から先へ進む前に，相対価格の変化から生ずる代替効果は，第2.7図

で論証されているように，所得（購買力）が一定に維持される場合に定義されるということは注目に値する．代替効果のもう一つの定義は，所得よりもむしろ効用が一定に維持されるとき，相対価格の変化から生ずる需要の変化を考慮する．後者の場合，観光に対する需要は（非補正的よりもむしろ）補正的需要として知られている．なぜなら，人は彼の満足水準を同じままに維持することを可能にすることによって相対価格の変化に対して"補正されている"といわれるからである．

時間にわたる観光需要

消費のタイミングに関する人びとの選択は異時点間選択として知られており，ますます経済学者の注目を浴びている（たとえば，Hockman, 1974 ; Obstfeld, 1990 ; Deaton, 1992）．たとえば，2期間が考慮されるならば，ある個人は，彼が期間1に獲得するすべての所得を当該期間内に支出し，初期消費を最大化するために将来（期間2）にそれをまったく支出しないことを選択するであろう．代替的に，将来の支出と消費を増加させるために最初の期間に支出も消費もしないことを選ぶことができる．これらの可能性は，第2.8図に描かれている．

個人は，期間1にY_1の所得をそして期間2にY_2の所得をもち，期間1にY_1

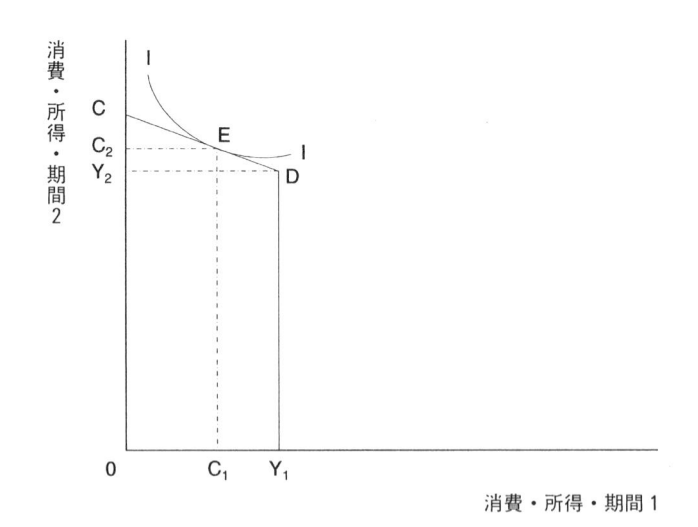

第2.8図　観光消費の異時点間選択

のすべてを観光と他の財に支出することが可能であり，期間2に Y_2 のすべてを観光と他の財に支出することも可能である．このケースにおいて，最適消費点は，Dになるであろう．他方，個人が第2期により多く消費するために，第1期により少なく消費することを決定するかもしれない．その後の期間の消費を最大化するために，第1期に何も消費しないことを選択する個人というような極端なケースにおいては，最適消費点はCになるであろう．初期に全所得額以下に支出し，その後より多く支出することから利用可能な消費可能性の範囲は，線CDによって与えられる．2期間内に選択される消費の組み合わせは，個人の選好に依存する．これらは無差別曲線によって描かれ，このケースにおいては同一の満足水準を提供する各期間における消費の組み合わせを示している．第2.8図の例において，個人は点Eでの消費を選択し，その後の期間により多くの消費，すなわち OC_2 を消費するために期間1にはより少ない観光と他の財，すなわち OC_1 を消費する．

　このケースは，人びとが彼らの現行の消費を増加させるために借り入れることができる可能性あるいは将来により多く消費するために貸し付けることもできるとい

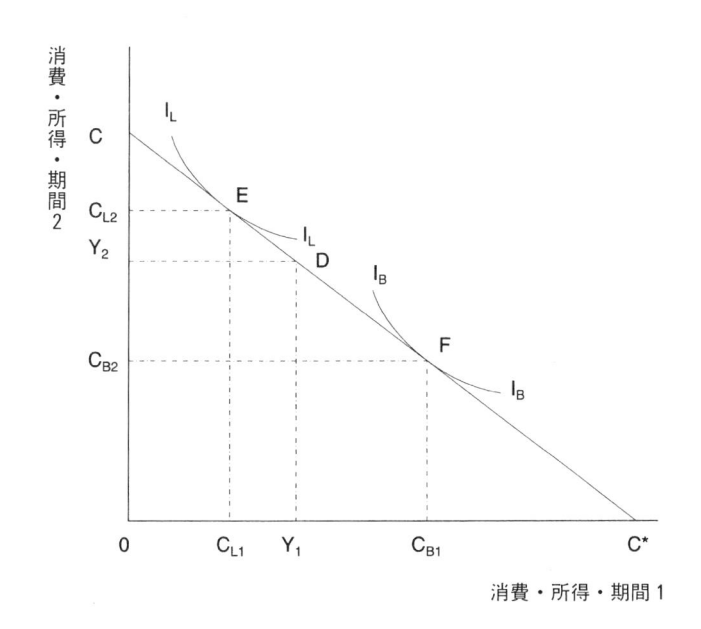

第2.9図　借入と貸出を伴った異時点間観光消費

う可能性を無視している．借入と貸付を導入すると，第2.9図の予算制約 CDC* によって描かれているように，利用可能な異時点間消費の組み合わせの範囲は増加する．線 CD は第2.8図の同じ線よりもより傾きは急であるが，それは，現行所得の貸付から獲得される利子を通じて，ある個人がより高い将来所得を獲得することが可能であり，したがってより多くの将来消費を獲得することが可能になるからである．個人は，第1期に消費を増加させるために借り入れることも可能であり，線 DC* は借入によって達成可能な（より高い）第1期の所得と消費と（より低い）第2期の所得と消費の組み合わせを示している．線 CDC* は個人が貸付あるいは借入によって達成可能な第1期と第2期のあらゆる消費可能性を，OC* は第1期の最大の消費と第2期のゼロ消費という極限的ケースを，OC は反対の極限的ケースを示しており，そして CC* は中間的な組み合わせを示している．無差別曲線 $I_B I_B$ は，初期により多く消費するために借り入れを選択する個人を描いているが，一方，$I_L I_L$ は第2期の彼の所得と消費を増加させるために，貸し付けを選択する個人を描いている．

　この分析には，利子率とインフレ率の変化が人びとの異時点間消費を変化させ，現在より少なく，そして後により多く消費するインセンティブを提供し，また逆のことも成立するために，若干の複雑さが存在する．たとえば，第2.10図において，観光と他の財に対する初期予算線は CC* である．利子率の上昇は将来所得の増加を認めることによって将来消費の可能性を増大させ，借入の費用を増加させることによって現在消費の可能性を減少させる．新しい予算線は，その図では C'C*' である．利子率上昇の効果は，代替効果と所得効果に分解されるであろう．前者は常に負である．すなわち，利子率の上昇が人びとに（より高価な）現在消費を（より安価な）将来消費に代替させるために，反比例の関係が存在する．所得効果は，より高い利子率によって可能となるより高い所得が現行の消費に正の効果を一般にもつために，正である．すなわち，その関係は正である．借入側にとって，利子率上昇の現行の消費に及ぼす純効果は負であるが，貸付側にとって，その純効果は，代替効果と所得効果の相対的大きさに依存して，したがって，その効果の純効果に依存して，正でも負でもあり得る．低いインフレは実質利子率の上昇をもたらすから，インフレの低下が現行の消費に利子率の上昇によってもたらされる効果と同じ効果

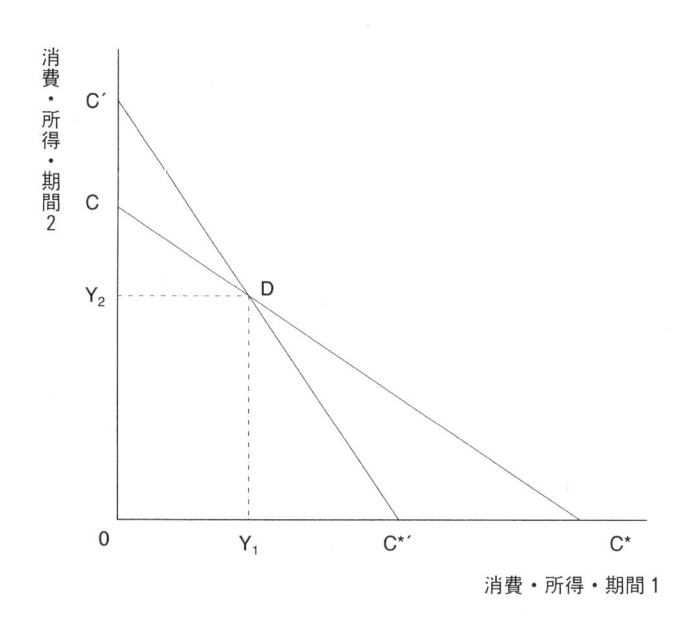

第2.10図　利子率上昇の予算線への効果

をもつということに注目することは興味があることでもある．その結果は，集計的インフレ率の変化が観光と他の財の相対価格の変化を伴う場合には，付加的な代替効果と所得効果が考慮されなければならないために，より複雑なものになる．

観光の意思決定の社会的文脈

　支出のための予算と人びとの選好の両方が，上でみたように，観光需要のもとにある重要な変数である．需要を決定する際の支出の役割は，観光需要の単一方程式や方程式モデルの体系で検討されてきた．しかしながら，伝統的需要理論は，社会的環境の文脈の中でどの決定がなされるかを説明していない．その代わり，所得の消費と貯蓄への配分，そして消費者が購入する生産物の選択に関して個人の利己心（self-interest）に研究が集中している．

　個人の強調は初期の文献の中に反映されている．たとえば，個人がある活動を行うための動機を創り出すとの見解を示したMaslow（1954, 1968）の命題は，1970年代と1980年代に休暇を購入する動機に関する研究の基礎を形成し，動機についての

非経済的研究は，たとえば，Gray（1970），Plog（1973），schmoll（1977），Crompton（1979）および Dann（1981）によって行われている．動機づけの研究が恩恵を得るのは，より強く焦点を合わせることによってであり，提起される仮説のいくつかの経験的検証が行われているとしても，旅行の理由や旅行目的地およびマーケティングの含意に注目がほとんど集中している．

動機の理論的研究に流れている共通のテーマは，個々人の日々の労働や国内の制度からの逃避と旅行することによってのみ満たすことができる新しい経験を求める個々人の欲求である．研究の方向は，観光の形態や観光者のタイプの分類へ導いている．Gray（1970）の"ワンダーラスト"の範疇は逃避欲求を示唆しており，一方，彼の"サンラスト"の範疇は自国の環境では経験することができない欲求を意味している．Polg（1973）は，彼の観光者のサイコグラフィック・セグメントにおいて，単なる旅行動機よりもむしろ行動上の次元を考察した．彼は，観光者の行動パターンが心理的要因によって決定され，それゆえ"アロセントリック"はより冒険的で自己実現的であるのに対して，"サイコセントリック"はよく知られた安心できる場所や社会的相互作用を選好すると論じた．Iso-Ahola（1982）は，Schmoll（1977），Crompton（1979）そしてDann（1981）による初期の理論的モデルを，3つの基本的な旅行動機，すなわち逃避，異なった物理的環境における心理的便益の追求や社会的相互作用を識別することによって，広範に取り扱っている．もう一つの研究部門は期待を組み込むモデルの形をとり（たとえば，Rosenberg, 1956 ; Fishbein, 1963），それは特定の財・サービスの消費が個人の満足水準の増加をどの程度もたらすかを研究した．

社会心理学者，またあるケースでは地理学者による非経済的動機の研究は，観光需要の経済モデルの発展に2つの点で有益な貢献をしている．第1に，彼らは，経済学者が市場での財・サービスへの支出によって顕示される選好から観察し得るに過ぎない行動の理由を説明しようとしていることである．この点において，動機の研究は，観光需要の水準とパターンのより正確な説明と予測を行う助けになる．第2に，そのアプローチは，意思決定の社会的文脈へ注意を向け，かつ観光消費に対する選好と嗜好の決定に光を当てている経済学の比較的最近のかつ経験志向的な分野——実験経済学と経済心理学——である．これらのアプローチは，観光需要と行

動を説明するために他の学問分野が行う貢献を認めているが，ある経済的枠組みの中で設定され，観光者の消費行動を説明し予測するのに役立ち得るのである．実験経済学と経済心理学の貢献は，観光需要を決定すると考えられる変数の範囲とその分析方法の両方を拡大することにあり，したがってそのアプローチは一般に演繹的よりもむしろ機能的である．さらに，それらが提供している多くの洞察は，主流派経済モデルの中に組み込まれている．実験経済学は，消費者の意思決定を研究するために実験を志向することによって科学の研究室の方法を真似ており，特に，重要な相互依存関係に関するデータがそうでなければ利用可能でないような状況にとって適切なものである．経済心理学は，効用最大化理論では十分に説明されないかあるいはうまく考察できない知覚，情報への接近，態度，期待，動機，選好や嗜好が測定のために重要であるが，測定方法に影響されやすい．

経済心理学者は，決定がなされるプロセスの説明には意思決定の社会的文脈の研究が必要であると論じている．社会的環境がミクロ経済レベルでの生産物の消費や選択の水準ならびにマクロレベルでの消費や貯蓄の気風に強く影響すると論じている．Duesenberry (1949) は，Liebenstein (1950) の賛同をえたが，ある特定グループの消費水準やパターンが現行ないし将来の所得よりも他の所得グループ，通常より高い所得グループによる消費水準やパターンによって決定されることを示唆した．デモンストレーション効果の概念は，参考グループに注目し，彼らの消費パターンを真似ることを示している．ここで，経済心理学は，社会学（グループ理論）からのアイデアと社会心理学（態度に関する仮定）からのアイデアを組み込み，分析的焦点をミクロ経済レベルへ移している．

これらの見解に対する支持は，観光の成長という歴史的文脈に言及することによって提供される．Veblen (1899) の眩示的消費の理論およびLiebenstein (1950) のスノッブおよびバンドワゴン効果は，いかに低所得グループが富者の休暇パターンに追随しているかを説明している．アロセントリックおよびサイコセントリックといったような観光者のタイプの分類，そしてリゾートのライフサイクルは，社会的参考グループの影響を反映するかもしれない．アロセントリックで革新的な観光者は新しい経験を求め，多少とも冒険的な観光者は，一般に，もっぱら低所得グループにおいてではないとしても，引き続きこの行動を真似している．このような嗜好の変

化は，観光行動のパターンの変化へ導いている．たとえば，いくつかのマスマーケット目的地に対する需要は，リゾートサイクルの下降曲面を描いているイギリスの伝統的な海浜リゾートで観察されているように，減少している．したがって，社会的要因は，消費者によってなされる他の消費単位との比較を含めて，より心理学的にそしてより社会学的基礎に基づいたアプローチにおいて重要なものとみなされている．

経済心理学や社会学は，経済的社会化を行動パターン，選好および嗜好の重要な決定因であると考えている．経済的社会化（Stacey, 1982；Jundin, 1983）は，いくつかの段階で子どもたちが導入され，貨幣や所有についての知識から社会的差異化や社会－経済的理解へ，子どもたちの消費に関するスキルの発展の仕方に関心がある．消費者の社会化という概念は，子どもたちの消費水準やパターンに対する態度を形成するに当たって，鍵となる個々人，たとえば，両親の特別な役割を考えている．性差の役割についての関係や消費決定に対する家族内での相互作用のプロセスもまた重要である．

研究は，消費者の意思決定における配偶者の役割が考えられる購入に対して考察される財・サービスそしてそれぞれのパートナーの見解が特に影響力があるときの意思決定過程の段階に関して異なっていることを示している．ほとんど財・サービスにおいて，項目とそれに結びついた必要とされる情報が技術的に複雑になればなるほど，ますますその決定は男性支配的になるように思われる（H.L. Davis, 1970；Burns and Ortinau, 1979）．しかしながら，社会グループ内でのあるいは社会グループ間での非耐久および耐久観光消費過程についての研究はまったく存在しない．休暇の決定に関して，Filiautraut and Ritchie (1980) は男性の意見が支配する傾向があることを見出したが，Qualls (1982) は決定が両親によって一緒に行われることを見出した．

Kirchler (1988) は，彼の休暇の意思決定に関する論評において，消費に影響をおよぼす他の変数が年齢，ライフサイクルの段階，階層そして所得と国籍であることを示した．伝統的な役割をもった老齢の家計においては，消費決定は家長によって管理された．中流所得家計においては，より多くの消費が家族一緒に行われた．社会的階層に関していえば，低層階層と上層階層においては，意思決定はより男性

支配的であった．データによって行われた2～3の研究の驚くに当たらない結論は，経済力をもつ人が支出の開始，その過程そして結果を支配するが，社会経済的状況の変化においては異なった人びとがこの位置を占めている．

　実験経済学は，観光需要と行動の社会的文脈を反映する消費主体内の，並びにその主体と他の社会グループの間の相互作用過程として，休暇支出の決定に光を当てることを可能にする．方法的にはゲーム理論を組み入れることが可能であり，その考えられる結果は参加者の目標と戦略によって決定される．たとえば，海浜での休暇を購入したいと思っているある家計の1人以上の構成員は共謀するかもしれないし，一方，より積極的な文化的経験を求める他の構成員は代替的目標を達成しようとして彼らと交渉するかもしれない．Kent (1990) は，支配的立場を占める家計のある構成員の付加的次元によって，意思決定の過程を検討するために準実験的アプローチを用いた．そのような立場は，グループの他の構成員に利用できない情報の所有を通じて達成されるかもしれないしいっそう強められるかもしれない．

　リスクと不確実性という状況における意思決定は，実験経済学と主流派経済学の両方の範囲内にあり，別荘への資本費用といったような，いちじるしい支出を伴い，長期間におよぶ休暇の決定に適用することができる．これらの決定は，将来所得，相対価格，インフレーションそして利子率に関する不確実性の文脈の中で生じ，種々のシナリオは構成される実験的アプローチと観察された選択を用いて研究することが可能である．何人かの社会心理学者は，消費者がより多くの情報を獲得することによって不確実性を減らすことができるという状況においてさえ，ひとたび受容可能な情報水準が達成されると，追加的情報の検索や処理は終了してしまうと論じている．これは，消費者が理解し得る最大量の情報を達成するかなり以前に生じるかもしれないし，Simon (1957) の満足化消費者という概念と類似している．それはまた，完全に合理的な行動に対立するものとしての，限定された合理性の概念と一致している．その結果は，消費者が，選好の逆転という現象を説明するために，また第3章で論じられる需要の方程式モデル体系の発見によって示されるように，消費者が彼らの決定において整合的ではないかもしれないということ，そしてそれは消費者選択に関するゲーム理論によるシミュレーションで時々生じているかもしれないということである．

国際観光消費選択の文脈において，実験的方法の採用は，たとえば，1期間になされる選択が別の期間になされる支出から独立であるという仮定に支出が従うというモデルの仮定に疑問を投げかけている（Lowenstein, 1987）．したがって，それは，異時点間意思決定の性質に関する分析（本書 pp.29-32 で論じた）のケースを支持している．個々人やグループが彼らの消費決定において情報を獲得し，選択し，そして利用する方法についてのいっそうの研究はマーケティングの分野で行われてきた（たとえば，Middleton, 1988；Kotler, 1991；Kotler et al., 1993）．他の学問領域によって提供される洞察の利用度を高めることは観光消費決定の経済理論を豊かなものとし得る．たとえば，ミクロレベルでは，観光需要が特定の個人の経済力あるいは社会的参考グループによる以前の消費に依存するということが仮定されている．そのような変数の定量的大きさを推計したり，それらを観光需要関数に含めたりすることが可能になるかもしれない．これは，除外された変数のバイアスを修正するのみならず，これらの変数の需要への効果の大きさの計算を可能にするであろう．観光消費に対する選好形成の問題は，特に観光需要の時系列分析に関わりがあるのであるが，かなりの研究が必要とされると結論づけることができる．

結　論

　本章では，観光需要の伝統的なミクロ的基礎を考察してきた．そうすることが有用である理由の一つは，マクロ経済的レベルでの適切なモデル化がミクロ的基礎の何らかの理解を必要としていること，そして大部分の観光需要の推計がデータに基づいて行われるのは国レベル，マクロレベルであるということである．観光需要のマクロ経済的モデル化には，たとえば，消費決定と労働供給決定との間の分離可能性そして消費の異時点間分離可能性についての仮定が組み込まれている．本章での議論は，これらの仮定が，観光購入決定が労働供給決定と一緒に行われるかもしれないこと（第 2.1 図），また時間にわたって相互に関連づけられるかもしれないこと（第 2.8・2.10 図）を示唆しているので，修正を必要とするかもしれない．それはまた，観光購入意思決定が他の財・サービスを消費するための決定に関連があること（第 2.2・2.5・2.6・2.7 図），そして観光の特定のタイプの選択が他のタイプのそれを購入する可能性という文脈の中で行われること（第 2.3・2.4 図）を示唆している．

観光需要が一時点および時間にわたる双方で消費の他のタイプに関連づけられるならば，そのような相互関連は，たとえ過去の大部分の研究がそれをしていないとしても，観光需要のモデル化で考慮されるべきである．

　いっそう問題が観光需要モデルの推計に関連して生ずる．特に重要な問題は集計の問題であり，それは個人レベルで成立する関係がグループや国といったより集計的レベルで当てはまる条件に関わっている．たとえば，種々の個人やグループは種々の消費選好をもち，それゆえ選好をより集計的レベルで識別することには困難性が存在する．これは，マクロ経済レベルで需要を推計するために用いるモデルの選択に関する問題を生じさせる．たとえば，いくつかのマクロ経済モデルは商品のグループに関する集計を認めるような推計式を含んでいるが，需要の所得あるいは相対価格の比例的変化に対する等比例的変化といったような，問題のある仮定を含んでいる．そのようなモデルは，個人あるいはグループの行動に関して誤った含意を提供する．推計式の解釈に関して付加的な問題が存在するかもしれない．たとえば，人口，失業水準，流動性制約そして社会不安の期間を経験している目的地のケースのような，観光が一期間で消費され，次の期間には消費されないといったような特定の財の購入における散発的な変化といった構成要素の変化が存在するときである．したがって，観光需要の理論的議論は観光需要の経験的研究に関連する多くの問題を提起しているが，それは第3章で検討されるであろう．

第3章 観光需要の経験的研究

序

　本章の目的は，以下のことを考察することである．すなわち，以下の章で紹介されるであろう消費者需要理論におけるこれまでの発展と，これまでの章の理論的議論の両方の流れにおける観光需要の推定に用いられたモデルについてである．経験的研究は，観光需要の水準やパターン，たとえば，異なった発地と目的地の間の為替相場と相対的インフレ率と，出発地域の所得に依存する変数の変化の感応度を説明することができる．そのような情報は公共部門の政策立案や私的部門において有用である．しかしながら，正確な推定は普通，もとになっているモデルの理論的な特定化が適切であるときだけ得られるものである．したがって，政策含意の中で得られた推定が，不正確でもなく誤解されることもないということを確実にするために，実証モデルを支える消費者の意思決定の明白な考察が重要である．

　本章は，観光需要をモデル化するために用いられてきた2つのアプローチを説明し，批判的に評価する．最初に，単一の方程式モデルを，そして次に，連立方程式モデルを対象にする．章の最初の部分で考慮される単一方程式モデルはいくつもの国ぐにや期間の研究に用いられ，需要がいくつかの独立変数の関数であることを仮定している．この推定された方程式は，これらの変数の変化に対する需要の感応度の計算を可能にしている．そのアプローチの議論はその強さと限界を見極めるために展開されており，そして将来の研究のために関連した含意を考慮している．最初のアプローチと対照的に，連立方程式モデルは，考察される観光支出の国あるいはタイプに対する観光需要方程式の範囲についての同時方程式モデルを必要としている．連立方程式の手法は根本的な決定要因の変化に対する出発地から目的地（もしくは観光類型）のある範囲にわたる観光需要の予算分配の感応度を説明しようと試みている．本章第2節では，連立方程式モデルのもとにある理論が説明され，そのモデルが評価されている．いっそうの研究の方向が再び示唆される．第3節では需要を予測し，そして替わりとなる予測モデルを評価するための手法に対する，観光

需要の推定のための2つのアプローチの関連性を考察する．章の終わりまでには，経済理論と観光需要の実証研究の間にもっと密接な結びつきが必要であることが明らかにされるはずである．

旅行需要を評価するための単一方程式アプローチ

手法，その利点と限界

観光需要は，国家の集団，個々の国ぐにや州，地域もしくは地方に対して分析することができる．また，旅行の類型（たとえば，休暇や商用旅行）や観光者のタイプ（国籍，年齢，性，そして社会経済集団）のようなカテゴリーによって需要を分解することができる．他の次元では，その分析は特定のタイプの観光生産物に関連づけることはできない．たとえば，スポーツ観光やエコツーリズム，もしくは第4章や第5章で議論される宿泊や輸送のような，観光生産物の特定の構成物があげられる．本章をとおして検討される観光需要の概念は，観光者が購入するサービスをすべてひとまとめにしたものを述べている．

単一方程式アプローチは，最初に需要の決定要因を理論化し，その後，需要とそれぞれの決定要因の間の関係を評価するために重回帰分析の手法を用いる．需要関数は，次のように書けるであろう．

$$D = f(x_1, x_2, \cdots x_n) \qquad (1)$$

ここでDは観光需要であり，$x_1 \cdots x_n$ は需要を決定する独立変数である．したがって，理論的問題は，どの独立変数が方程式に含まれるべきか，そして方程式を推定するための適切な関数形（線形や対数線形のような）を見極めることである．データの有効性を条件とするならば，観光需要と独立変数の間の関係や，それを決定する独立変数を推定するために設計されたコンピュータのパッケージソフトによって，理論を適用することは比較的容易である．そのようなパッケージソフトは，以下のことを検定できる．すなわち，それぞれの仮説上の独立変数が需要の決定において有意な働きを演じているかどうか，そしてそれぞれの有意な変数が需要の変化を説明する範囲である．

単一方程式アプローチには，いくつかの利点がある．操作が相対的に容易である

こととは別に，それは役に立つ情報を提供してくれる．すなわち，観光需要とそれを決定する変数の間の関係を調べるために回帰分析が用いられるなら，それらのいずれかの変化が観光需要を変化させる範囲が関連した弾力性の計算によって，定量的に計ることができる．たとえば，ある目的地に対する観光需要の所得弾力性は，観光者の発地地域の所得の変化の結果として，需要が変化する範囲の尺度である．弾力性値は異なった期間に対して計算することができる．それによって，考慮におかれる変数の変化に対する需要の短期的反応と長期的反応の間の相違が示される．これは，政策目的にとって便利かもしれない．たとえば，どんな適切な相殺政策の調整が効果を発揮するかに関する時間を示しているからである．国家的な水準だけでなく，また異なった観光者の集団や国籍，もしくは観光生産物のタイプについても弾力性の値は推定することができる．それらはもっと集計された水準での推定値からはかなり異なっているかもしれない．たとえば，Gray（1970）の指摘によると，休暇旅行の需要の価格弾力性は商用旅行のそれよりも高い．一方，目新しい体験や文化的体験を目的とする観光者は，日常生活からの離脱やリラックスなどを目的とする旅行者よりも，低い需要の価格弾力性もつ傾向がある．

　そのアプローチは，またさまざまな制限にさらされている．不適切な変数を含めたり，あるいは適切なものを含めなかったりしたために，観光需要方程式が間違っていたならば，推定から得られる結果は間違っているかもしれず，不適切な結論と不適切な政策提言へと導くことがある．ある環境の下では，観光需要方程式は観光供給方程式，あるいは労働供給方程式と一緒になって推定される場合もまたあるかもしれない．また，方程式を同時に推定することに失敗したならば，間違った結果が生み出されるかもしれない．これらの考慮は観光需要の特定化と推定のための強固な理論的基盤をさらに補強する．

観光需要の単一方程式モデル

　多くの経済研究が観光需要を説明するための手法として単一方程式を用いてきた．Archer（1976），Johnson and Ashworth（1990），そして Sheldon（1990）らの論評によって証明されたように，それらは普通，国家的レベルにおいてである．すべての変数が所与の期間 t において起こる観光需要関数の一例は，

$$D_{ij} = f(Y_i,\ P_{ij/k},\ E_{ij/k},\ T_{ij/k},\ DV) \tag{2}$$

ここで D_{ij} は発地 i から目的地 j までの観光需要であり，Y_i は発地 i の所得，$P_{ij/k}$ は目的地 j および競争的目的地 k と比較した場合の価格，$E_{ij/k}$ は i と目的地 j と競争的目的地 k との関係における為替レートである．$T_{ij/k}$ は i と目的地 j と競争的目的地 k との間の輸送コストである．DV は，スポーツイベントや政治的動乱のような特別な出来事を考慮したダミー変数である．

多くの研究が観光需要方程式のさまざまな特定化を用い，広範囲にわたる弾力性の推計値をもたらしている．たとえば，アメリカとカナダの外国旅行の初期の研究（Gray, 1966）によると，1人当たり所得弾力性の値の範囲は4.99から7.01の間である．これは，以下のことを示している．すなわち，1％の所得増加は，4.99％から7.01％の間の観光支出の増加をもたらすことを意味する．Artus（1972）の示したところによると，ヨーロッパの観光者による国際旅行のための需要の所得弾力性は1.36（スイス）から3.84（オーストリア）の間までさまざまである．Witt and Martin（1987）の示したところによると，ヨーロッパの国ぐにのイギリス旅行に対する1人当たりの所得弾力性値は，航空旅行だけに対しては 0.34（キプロス，ジブラルタル，マルタ）と2.91（オランダ）の間の範囲にある．包括航空旅行の場合は 0.86（スペイン）と6.35（ギリシア）の間にある．Tremblay（1989）の推定によると，18ヵ国のヨーロッパの目的地となる国ぐにおける観光のための所得弾力性は 0.33（イギリス）と11.35（ポルトガル）の間の範囲にある．J.S. Little（1980）の研究によると，アメリカの10ヵ国の観光目的地に対する需要は，所得が需要の有意な決定要因たりえない．発地と目的地の間の追加的な推定が，もっとたくさんの研究によって与えられている．それらは Archer（1976），Johnson and Ashworth（1990），そして Sheldon（1990）によって示されているとおりである．

ある程度，観光需要の種々の研究において推定された弾力性値の多様性は驚くに値しない．なぜならば，その値は通常異なった発地と目的地，期間，1人当たりの観光収入あるいは訪問者1人当たりといったような需要の計測に言及しているからである．しかしながら，いくつかの推定値は不正確かもしれない．それらが基礎とする需要方程式の不適切な特定化のためである．特に，需要理論の検定では，2次

的なデータと誤差項がモデルにより説明されていない変数を含む計量経済学的アプローチに強く依拠している．このように，たくさんの観光需要をモデル化することの中心的な特色は，消費者行動に影響を与えるいくつかの変数が無視されてきたことである．さらに，コンピュータ・パッケージソフトにそれらの統計が与えられているにもかかわらず，研究がすべての範囲の検定統計を含むことはまれなことである．したがって，推定結果の信頼度は不確実である．いくつかのケースでは，Johnson and Ashworth（1990）が指摘したように，検定統計量が有意ではないと示唆している結果が，有意であると示されたものと等しい重要性をもつように議論されている．しかし他の場合では，分散不均一（回帰式の誤差項の分散が一定ではない場合）のような計量経済学的問題が無視されているのである．

第2章における理論的議論ならびに消費に関連したマクロ経済学の文献における最近の発展に照らして，観光需要の有意な決定要因であると思われる変数がここで考慮されるだろう．所得と異時点間の消費理論が最初に検討される．議論は相対価格と為替相場を考慮するところまで拡張される．そしてそれらは，国際レベルでの観光の有効相対価格を決定するために重要である．観光需要方程式において関連するかもしれない追加的変数，明確にいうならば，輸送費用やマーケティング支出，そして特別のイベントのためのダミー変数もまた考慮されるであろう．

所得と異時点間観光需要

第2章の分析の示すところによると，所得の変化は観光消費に重要な効果を及ぼしうる．そのため，それは観光需要方程式において明らかに重要な変数である．その議論はまた観光消費のタイミングの根本となる理論を検討している．しかしながら，単一方程式モデルを用いた観光需要の多くの研究の重要な問題は，消費者の意思決定の明確な理論が存在しないことである．結果として，観光需要が時間にわたって生ずるプロセスの説明と，そこでの所得の役割が与えられなかった．ほとんど例外なしに，特にSyriopoulos（1995）において，大多数の研究は，以下のことを仮定してきた．すなわち，需要は現在の所得に左右され，過去および期待将来所得には左右されないということである．これを仮定することにより，そのような研究は異時点間の意思決定に関連した経済学の文献の中での議論や，消費者が過去を考慮

するのかそれとも将来を考慮するのかどうかという問題を無視してきた．そこで，需要はただ単に現在の所得に依存すると仮定しているこれらの研究においては，観光需要とその決定要因の間の関係は間違っているかもしれず，計算された弾力性は不正確かもしれない．

　異時点間選択理論は，ミクロ経済学とマクロ経済学の両方のレベルで観光需要を説明するのに役立ちうる．需要の決定は，しばしば，不完全情報，予知できない出来事，将来についての期待，そして現在の消費を制限する流動性制約の中でなされるという事実をその理論は考慮し得る．異時点間選択理論は，現在，将来，過去の所得のどんな組み合わせにも消費が依存することを認めている．そこで単に現在の所得に消費が左右されるという仮定は，もっと一般的なモデルの中では特殊なケースとなる．異時点間選択理論は，人びとが現在期間と将来期間の間で彼らの消費をどう配分するかを決定し，それゆえ，将来消費と比較して現在消費に対して高い選好をもつ人びとは高い時間選好率をもつといわれるが，延期された消費についてはその逆が成立すると論じている．ある所与の期間の消費の価値は時間選好率，現在の所得受取額の価値に依存し，おそらく過去および期待将来受取額にも依存する．現在消費の説明は，将来の所得受取額に関する期待理論の定式化を必要とする．なぜならば，もし人びとが彼らの将来所得の変化を予想するならば，彼らは現在の消費を変更するように思われるからである．この場合において，消費者は"将来を考慮して"おり，現実の消費の変化は，将来所得における予測可能な変化の関数である．その意味するところは，以下のとおりである．すなわち，総消費とその観光の構成要素の変化を理解するためには，将来所得の変化の説明（あるいはモデル）が必要だということである．

　将来所得についての期待理論の範囲が示されてきた．消費についての多くの研究は，将来所得の期待された変化は過去の所得の変化に基づいているということを仮定している．たとえば，以下のことが仮定され続けてきた．すなわち，所得変化の期待は，適合的な過程にしたがっている．そのために，期待は消費者の所得の過去の価値に関して調整される．このように，消費は過去の所得の価値を基礎に予測された期待将来所得の割引現在価値の関数であるかもしれない．それゆえ消費者は"過去を考慮に入れる"ようになるのである．かわりに，消費者は，次のように予

測するかもしれない．すなわち，所得における革新とよばれるもの，たとえば，給付や租税制度の変化とよばれるものによって，彼らの将来の所得は過去のパターンとは異なるような仕方で変化するであろうと．そのような革新は，期待将来所得に影響を与えるかもしれない．その割引現在価値は，もしそれらが持続するならば，消費の変化へ導く．所得の革新は，異なった国や期間によって変化し，かつそれらの間で変化し，そして期待や文脈が変化するために，予想将来所得に異なった形で組み入れられるかもしれない．

ある特定の文脈の中で，消費者に利用可能な異なった量の情報を考慮に入れることもまた重要である．新しい古典派マクロ経済学理論（Sargent and Wallace, 1976）の議論によると，現実の結果が予測された結果と一致するために，意思決定の際に消費者はすべての利用可能な情報を得，利用する．その理論によると，所得の予測できない変化は，消費者に彼らの将来所得についての期待も修正させ，彼らの所得の割引き現在価値を変化させ，したがって消費を変化させる．しかしながら，経験的証拠は，この期待形成の理論に疑問を投げかけている（たとえば，Flavin, 1981；Blinder and Deaton, 1985；Jappelli and Pagano, 1989；J.Y. Campbell and Mankiw, 1991）．その一つの考えられる理由は，以下のとおりである．消費者は，所得の革新に不完全にしか気づいていない．そこで，彼らの消費の反応は小さい．新ケインズ派のマクロ経済学者の仮定によると，市場の不完全性により，消費者の行動は制限されるかもしれない．たとえば，賃金の硬直性は，働きたいと思っている個々人に雇用の獲得を妨げ，それによって彼らの所得は制限される．何人かの消費者は彼らの現在の消費を増加させることはできないかもしれない．それは，彼らの将来所得を借入れることに対する彼らの能力の制約に関連した流動性制約によるものである．非対称的情報による借入れ制約が生じ，それによって消費者は所得の将来の増加をする．しかし，貸し手は将来の増加に気づかないか，もしくはそうなることについて疑いをもっている．所得の将来の減少の可能性を埋め合わせるために，予備的な貯蓄を増やすことにより，将来の所得についての不確実性は，また消費を減少させるかもしれない．

観光需要の研究の大多数は，需要関数において，過去ないし期待将来所得ではなく，現在所得を考慮しているが，それは借入れに関する流動性制約と整合的である．

そのような研究は，前向きでも過去にこだわることでもない消費者行動に一致している．このように，観光支出の現在所得への依存は，考えることができるにすぎない．観光の消費者が後向きであるならば，観光消費方程式には，現在消費がどの程度過去の所得によって決定されるかにしたがって加重されたラグつきの所得の価値を含めるべきであるが，その加重は最近年のそれが通常は最も高くなる．流動性制約がなく，もし消費者が前向きならば，彼らの将来所得の割引き現在価値についての消費者の期待にしたがって消費が変化するプロセスを考慮に入れるための変数を，観光消費関数に含めるべきである．これは，以下の3つのことを要求する．一つ目は時間にわたる所得の変化に関連した情報であり，2つ目は人びとが彼らの期待を形成する仕方であり，3つ目は将来所得の予測に対する利用可能な情報を組み入れる方法である．このように，前述の議論は，需要とそれぞれの発地国に特有な所得との間の関係を反映するために，観光需要関数が特定化できる方法を示している．この主要な問題は，理論を経験的に検定することである．

相対価格，為替相場，そして観光需要

これまで，観光需要の検討は，所得が需要に影響を及ぼす仕方に集中してきた．しかしながら，第2章で論証されたように，観光需要は，それ自体の価格だけでなく，他の財・サービスの価格にも依存する．一方，異なった形態の観光の選択もまたそれらの相対価格を考慮に入れている．それ以上に，観光は他の財に対して代替財や補完財でありうる．観光需要方程式はこれらの相対価格を組み入れるべきであるが，それらは経験的研究において考慮に入れられてこなかった．第1に，観光の価格指数は余り用いられてこなかった．その結果，通常，小売価格指数が用いられてきた．Martin and Witt (1987) の研究を例外とするならば，代理としてのその適切性の調査に対する研究は行われてこなかった．2番目に，観光を購入する決定は他の財を購入する意思決定を考慮に入れているという可能性を，多くの研究は見落としてきた．そこでは，他の財の価格は考慮に入れられてこなかった．3番目に，消費者はある範囲の観光生産物と目的地の間で選択するということを多くの研究は無視してきた．あるいは，選択された範囲に対して十分な理論的根拠を提供することなしに代替物の価格を含めてきた．

国際観光を考慮に入れた場合，消費者の発地国が需要の発生場所であるから，発地と目的地となる国との間の為替相場もまた関係があるように思われる．発地国と目的地となる国の間の相対価格と為替相場は，観光需要の研究に，しばしば別々の説明変数として含まれてきた（たとえば，Artus, 1972；J.S. Little, 1980；Loeb, 1982；Quayson and Var, 1982；Martin and Witt, 1988 ; C.K. Lee *et al.*, 1996）が，しかし，時々，実行為替相場（相対的インフレ率に対して調整された名目為替相場）という形態で含まれるにすぎなかった．後者は，長期においてはもっと適切であるかもしれない（Syriopoulos, 1995）．時には，他の競合的目的地の価格や為替相場もまた組み込まれてきた．

　所得弾力性の場合のように，研究は，方程式の推定に含まれる相対価格と為替相場といった変数に対する幅広い弾力性の値を生み出してきた．たとえば，イギリスからの観光の価格弾力性の値は-0.23（オーストリア）から-5.60（ギリシア）の範囲にあり，旧西ドイツからの観光は-0.06（スペイン）から-1.98（フランス）の範囲にある（Martin and Witt, 1988）．Artus（1972）の推定によると，ヨーロッパの国際観光からの受取額の弾力性値は-0.37（スウェーデン）から-4.95（オランダ）の間にある．またTremblay（1989）の推定によると，ヨーロッパの国ぐにの観光受取額の為替相場弾力性の値は0.63（旧西ドイツ）から4.60（ポルトガル）の間にある．アメリカの観光需要もまた，ある範囲の為替相場弾力性の値に関連しており，J.S. Little（1980）の示したところによると，-0.58（メキシコ）と-3.15（カナダ）の間にある．一方，Loeb（1982）の推計によると，0.8（イタリア）から4.07（イギリス）の間にあった．しかしながら，オクナガン（Quayson and Var, 1982）と，シンガポール（Gunadhi and Boey, 1986）においては，相対的為替相場は，観光需要の決定因として有意ではなかった．推定された弾力性の値の幅は，考慮下の発地と目的地のいちじるしく異なる環境のためであるのかもしれないが，しかし，所得弾力性の場合のように，そのあるものは推定された方程式の不適切な特定化からの結果であるかもしれない．

　一般に，国際的な水準で，相対価格と為替相場を観光需要の別々の決定因として含めることが理論的に正しいかどうか，あるいは実行為替相場が適切であるかどうかを論じた文献は全く存在しない．短期においては，観光者は，彼らの意思決定に

おいて，相対価格と為替相場を別々に考慮するために，インフレ率と名目為替相場の変化率が異なると議論することは可能である．反対の議論は，以下のとおりである．すなわち，観光者は海外の目的地のインフレ率には気づいておらず，ただ名目為替相場のみを考慮しているというものである．そのかわりに，実行為替相場は，関連した説明変数であるかもしれない．この見解の一つの正当化は，以下のようなものである．すなわち，多くの観光者は，彼らの観光消費に自国通貨で支払い，彼らに課される価格は，相対価格と為替相場双方の違いを考慮しているということである．このように，観光消費における価格づけと支払いに関する支配的な方法は，どの変数を推定方程式に含むべきかに関しては重要な問題である．

ラグ変数

観光需要の研究は，通常，推定方程式の独立変数として相対価格や（実行）為替相場の現在の値を含んでいる．しかしながら，現実の消費よりも先に観光者の購入がなされるとしたならば，現行の値よりもむしろあるいはそれに加えてラグをもった値は，取り上げられている国の観光消費のパターンに依存するのであるが，適切な独立変数であるかもしれない．価格と為替相場の将来の変化に対する期待は，それらの将来の動きについての消費者の情報の欠如や不確実性を所与とすると，需要の決定因として，過去の値ほど重要であるようには思われない．他の目的地に対する価格や為替相場の消費者の自覚は，異なった発地と目的地の間で，そして恐らくは時間にわたって異なる可能性があり，したがって，観光需要，相対価格，そして為替相場の間の関係のいっそうの研究が必要である．これは，短期において，消費者が彼らの自国通貨の価値に気づいていないかもしれないという点で，外国通貨の価値について消費者が貨幣錯覚におちいっている可能性といったような側面を含んでいる．第2章で概略したとおり，観光購入のタイミングを変える際に，利子率の変化の考えられる効果もまた，経験的研究を必要とする．

所与の期間における特定の目的地での観光需要は，前の期間の需要に依存している可能性がある．これは，異なった場所における観光需要は，消費者の経験不足と時にはその場所についての知識の不足により，顕在化しないからかもしれない．したがって，共通に仮定されていることは，消費者が目的地に関する情報をもてばも

つほど，その目的地に対する需要は増加するということである．情報増加の効果は，従属変数にラグ変数を含めることにより，推計方程式を考慮することができる．それによって，現在の需要は以前の需要水準によって影響される．これは，特定の目的地を繰り返し訪れることが習慣となっている消費者もいる（Witt, 1980 ; Witt and Martin, 1987 ; Marin and Witt, 1988 ; Darnell et al., 1992 ; Syriopoulos, 1995）という仮説とも整合的であり，集計的消費支出における習慣持続性の効果（時間の不可分性）と似ている（Braun et al., 1993）．習慣はサイコセントリックな観光者についての観光文献の中の議論によって説明できるかもしれない．すなわち，このような観光者は，新しい経験や目的地とは全く対照的に親しみに対する選好をもっている．このために現在の需要と過去の需要の間にはある正の関係（係数）が存在する．反対に，観光者がアロセントリックで，新しい目的で新しい経験を探し求めるということを有意な負の係数は示すかもしれない．負の係数のもう一つの説明は，以前の訪問がその目的地の好ましくない何らかの特徴を顕示したということである．調整過程におけるラグ変数については，サイコセントリックな観光者は長期のラグによる調整，もしくは，全く，何の調整もなしに例証するかもしれない．それによって，アロセントリックは急速な調整を示すかもしれない．

　明らかに，以前の需要に対する現在の需要の反応は，時間にわたって変化するかもしれない．たとえば，消費者は目的地に対する需要を最初は増加させるかもしれない．それは目的地についての豊富な情報や，目的地を訪問する習慣の獲得によるものであり，その結果，正の係数を負にさせる．しかしながら，消費者はその後彼らの目的地での支出水準を下げるかもしれない．それは，目的地内で財・サービスを得る最も費用効果的な方法についての知識の増加によるものである．たとえば，所与の水準の質において，より安い輸送手段やより安いホテルやレストランなどである（Godbey, 1988）．これは負の係数を生じさせるかもしれない．習慣持続の可能性やより広範な情報の利用可能性は，実証研究においてほとんど検定されてこなかったが，旧西ドイツやイギリスの観光者（Witt, 1980 ; Witt and Martin 1987）や，南地中海への観光者（Syriopoulos, 1995）による観光需要に関して有意な正の効果をもつことが見出された．

輸　送

　輸送の価格は，観光需要方程式の独立変数としていくつかの研究に含まれてきたもう一つの変数である．そうすることに賛成の場合も反対の場合もあり，複雑である．一方で，通常は実際に含まれてきた小売価格指数は，目的地と発地の間の輸送の価格を明確に考慮に入れていない．それゆえ，輸送価格変数を別々に含むケースが存在する．さらに，その費用は休暇の全価格の有意な部分なので，その変化は交通手段の変化を招くかもしれない．他方，通常説明される観光需要の定義は，購入される観光構成要素（宿泊，娯楽，他のサービスや輸送）の全合計である．そこで，推定方程式に含まれるそれ自身の価格変数は，それら構成要素のすべての価格を考慮すべきである．そこで，輸送の価格を別々に含むことは，理論的には，必要とはされない．さらに，特定の発地と目的地のセットに対する輸送価格変数を含めることがある場合には役立つとしても，どのような形態が適切なものであるかどうかは明らかではない．所与の目的地に対して他の目的地が代替関係にあるか補完関係にあるかということは明白でないかもしれない．したがって，研究の対象となっている特定の発地や目的地に対する上記の関係に付け加えて，輸送価格が考慮される可能性があるかということも明白ではない．いっそうの問題は，特定の輸送価格に関連している．なぜならば，多くの輸送形態と同様に，予約以前の時間，旅行時間，そして滞在の長さのような基準によって，異なる料金が存在するからである．定期航空運賃とチャータ運賃あるいは"もぐりのショップ"の運賃の間の違いは，明白な事例であり，後者に対しては信頼しうる時系列データは利用できない．

　これらの考慮を所与として，観光要素の研究に含まれている輸送価格変数が，アメリカのある範囲の国ぐにへの旅行（J.S. Little, 1980 ; Sronge and Redman, 1982）やオクナガンの観光（Quayson and Var, 1982）のケースのように，しばしば重要でないということは驚くに当たらない．他の研究は負の関係を見い出している．たとえば，Kliman（1981）のカナダの観光需要の研究では，弾力性は-0.94（イタリア）と-3.09（ポルトガル）の間にあったし，Tremblay（1989）の研究では，値は-0.48（ベルギー）と-4.17（スウェーデン）の間だった．全般的に，観光需要の考えられる決定要因として輸送価格を考慮に入れることは，もっと注意深く扱われるべきであり，今以上に理論的・実証的研究が詳細になされるべきである．

他の変数

観光需要を決定する仮説として設けられている他の変数は，市場取引における支出とスポーツアトラクションや主要な政治的変化のような不規則な出来事を反映するダミー変数である．C.D. Clarke（1981）によるバルバドスの研究や Uysal and Crompton（1984）によるトルコの研究は，マーケティング支出弾力性の値は重要ではあるが1以下であることが見いだされた．特別なイベントにダミー変数を含めることは，そのような問題を示すものではない．そしてオリンピックやカナダでのEXPO'67のダミー変数は，オリンピックの0.35（Loeb, 1982）と EXPO の0.49（J. S. Little, 1980）のように，比較的低い値を示すということが明らかにされた．政治的な出来事は，需要にもっと大きな効果を及ぼし得る．たとえば，インドネシアとシンガポールの関係が政治的に緊張したとき，弾力性の値は－1.5になった（Gunadhi and Boey, 1986）．

単一方程式モデルに関する研究の含意

観光需要の単一方程式モデルについての以前の議論は，将来の研究のために多数の問題に光を当ててきた．これらは，理論，集計および推定という広い見出しの下に分類可能である．第2章の理論的な議論が示唆するように，一方において，総消費，有給労働そして無給時間の間の関係を，他方において，観光消費と耐久消費財のような他の財・サービスの消費との間の関係を検討することの重要性である．それはまた，観光消費における所得と相対価格の役割をも論証した．最近の実証研究は，これらの検討を徹底的に組み入れることに失敗している．広く仮定されてきたことは，有給労働に従事すること，あるいは他の財・サービスを消費する決定から，観光消費が分離可能であるということである．それ以上に，観光消費と所得の変化，そして有効価格の間の異時点間関係の性質は，ほとんど関心を引いてはこなかった．期待の役割も無視されてきた．

いくつかの需要の研究は，かなり特別な根拠に基づく推定式に独立変数を含めている．この方法は方程式の誤った特定化やバイアスのある結果をもたらすかもしれない．関連した独立変数を除くことにより生じるバイアスを克服する方法として示唆された一つの解決方法は"特定に対して一般的な"方法論であり，これは Davidson *et al.*（1978），Hendry and Mizon（1978），そして Hendry（1983）により提案され，Syriopoulos（1995）によって観光需要の単一方程式モデルに適用された．その方法論は，可能な限りすべての関連した独立変数の推計方程式の包含とその結果としての需要の決定に有意でない独立変数を排除していくというものである．観光需要の決定要因に対する長期と短期の反応の違いは，いくつかの独立変数のラグ値を含んだり，誤差を訂正するメカニズムを用いることにより考慮に入れることができる．そのことにより長期と短期の弾力性の値が計算可能である．

　集計の問題は特に重要であるが，実証研究においては議論されてこなかった．実証研究は，観光需要を合成財として推定している．たとえば，スペインの休暇に対するイギリスの需要であった．そして需要の構成要素や，家族や年配の人びとのような特定の消費者のグループによる需要を考慮に入れていなかった．異なったタイプの旅行生産物，もしくは異なった個人やグループに対する観光需要方程式の性質を考慮に入れる場合の一般的な失敗は，以下のことを意味している．すなわち，集計的観光需要方程式のミクロ的基礎について，事実上，何の証拠も存在しないということである．そしてそこで推定された需要方程式は，考慮されたケースについて適切かどうか確かめることができない．この理由のために，推定された結果が正確かどうか確かめることはできない．結果として，集計の問題は，いっそう注目する価値があるということである．

　観光需要方程式の適切な特定化を所与とすると，結果について計量経済学的に信頼できないという可能性の問題は，検定統計学の検証により比較的容易に解決される．しかしながら，観光供給方程式，もしくは労働供給（有給労働）方程式の同時方程式も関連している場合，観光需要のための単一方程式の推定から，またバイアスのある結果が生じ得る．もし需要と供給が相互に関係があり，しかしこれが推定のプロセスにおいて考慮に入れられない場合，同一性と同時性の計量経済学的問題が生じ，不正確な推定をもたらす．同一性の問題も生じる．なぜならば，たとえば，宿泊や航空機の座席の不足のように，供給が制限されているからである．もしそうであるならば，需要と供給の方程式は同時に推定されるべきである．一般的に，観光需要にはいっそうの研究の余地が存在し，そしてそれは推定されるべき適切な形の方程式の厳密な理論的検討に基づき，時間にわたって観光需要が変化する仕方を

示す動学的構造を含むことは明らかである．そのような研究は，考慮中の場合の特定の環境に適合するように観光需要方程式を構築することを可能にしている．

　熟慮しなければならない最後の問題は，観光関連的耐久資産への支出の問題である．たとえば，休暇のための別荘，キャラバン，もしくはボートである．別荘やタイムシェアは，適切に評価される可能性があるか，あるいは少なくとも時間にわたってそれらの実質的な価値を保つという点において，ほとんどの耐久財とは異なっている．したがって，消費者の資産に有意な効果を及ぼしている．したがって，そのような購入は，将来の所得と支出のパターンに影響を及ぼすかもしれない．たとえば，セカンドハウスの所有権は，居住地において持続した観光支出に対する消費単位次第であるという傾向があるだろう．さらには，財産はさらなる借金の担保物権として用いられるかもしれず，そして支出は必ずしも観光に関連しないかもしれない．特定の永続性のあるものとしての観光に関連した財産の役割は研究されてこなかった．しかしながら，言葉の裏に示されたところによると，この種の資産は個人の財産に具体化され，それによって消費に影響を及ぼすのであるが（Caballero, 1993）．明白な理論的フレームワークを組み込んだ実証研究は，たとえば，観光に関連的耐久財のストックの変化の決定要因やそれらへの支出の循環の存在の可能性について研究することが可能であろう．時間にわたる観光耐久財の価値の変化の推定は，異なった分野に対しては，一連の有益な基礎的データを提供するであろう．

観光需要の方程式モデル体系

　消費者による発地の国ぐにから目的地の国ぐにへの需要の推定のために，観光需要の方程式モデル体系は用いられてきた．そのモデルには確固たる理論的基礎があり，ミクロ経済的消費の理論を用いて定式化されてきた．その目的はモデルを発展させることであり，モデルは一般的かつ代表的な個人の行動を基礎に，一般化することを可能にしている．そこで，集計としての消費者による観光需要を推定するために用いられてきた方程式は，個人の行動に適切な基礎をもっている．伝統的な経済理論では，個人は通常"合理的な経済人"とみなされ，その個人は，もっとたくさんの財を望み，かつ自身の効用最大化のために最適な行動をすると仮定されている．個人は市場という枠組みの中で意思決定をするが，その市場では，価格が超過

需要や超過供給を解消するために調整すると仮定されている．観光需要の方程式モデル体系では，個人は"消費者選択の公理"にしたがって意思決定すると一般的に仮定している．これらが述べるところによると，価格の上昇は需要の減少という結果をもたらし（負性），個人の支出の合計は全支出に等しく（加法条件），支出とすべての価格における比例的変化は購入される量や予算配分に何の影響もおよぼさず（同時性），消費者の選択は一貫している（対称性）．もしその公理が個人の水準での行動の確たる反映であり，集計水準への一般化が集計的需要に対する推定方程式の特定化を可能にするならば，それはどちらかというと特別な場合にとどまらず，経済行動の見地から正当化可能である．

観光支出配分の方程式モデル体系によると，意思決定は"予算配分過程"によりなされる．消費者はまず，観光，住宅，そして食料のような財・サービスの広い集団の間に自己の予算を配分し，次に，もっと細かい集団へ配分する．もっと細かい集団とは，たとえば，ヨーロッパ，アメリカや世界の他の地域での休暇であったりする．そして個人の項目への配分としては，たとえば，休暇目的地としての異なった国ぐにである．財・サービスのある範囲あるいは国ぐにの間での消費者支出の配分を推定するために広く用いられている一つのモデルが"AIDS"（the Almost Ideal Demand System）である．このモデルは Deaton and Muellbauer (1980a, 1980b) が発展させたもので，消費者選択の公理や，段階的予算配分過程を組み込んでいる．異なった観光目的地のような考慮中の項目の間への支出の配分は重回帰分析によって計算されるかもしれない．それによっていくつかの独立変数，特に価格に対する，全支出の項目ごとのシェアの感応度の推定値が提供される．典型的な方程式は，以下のようになるであろう．

$$w_i = \alpha_i + \sum_{j=1}^{n} \gamma_{ij} \log p_j + \beta_i \log(x/P) \tag{3}$$

ここで w_i は目的地 i の観光に対して配分される発地 j の居住者の予算割合である．p_j は発地 j の価格水準であり，x は発地 j の居住者による観光支出に対する予算である．P は目的地での価格を考慮に入れた価格指数である．Σ は合計を表しており，α_i, γ_{ij}, β_i は係数である．このように，第 2 章での理論的な議論にしたがって，そのモデルは観光需要を決定する際に，支出予算と価格の役割を考慮に入れて

いる．

　異なった目的地（White, 1982 ; O'Hagan and Harrison, 1984 ; Smeral, 1988 ; Syriopoulos and Sinclair, 1993）と異なったタイプの観光支出（Fujii et al., 1987 ; Sakai, 1988 ; Pyo et al., 1991）の間の観光支出予算の配分を説明するのに，消費者需要の方程式モデル体系は用いられてきた．これらのモデルの目的は，したがって，これまでの節で議論されたモデルとは異なる．これまでの節で議論されたモデルは，集計的観光支出を説明することに関心があったが，支出の場所や形態による分配については関心がなかった．"AIDS"方程式モデル体系は，西ヨーロッパの国ぐに（アメリカ，イギリス，旧西ドイツ，フランス，そしてスウェーデン）から南地中海の目的地（イタリア，ギリシア，ポルトガル，スペイン，そしてトルコ）への観光需要を検討するのに用いられた．仮定されたことは，消費者は，集計された財・サービスのカテゴリーごとに，まず彼らの予算を配分する．そして，すべてのタイプの観光消費は一つのカテゴリーに入るものとする．消費者は，彼らの好む地域を決定し，地域の中の異なる国ぐにごとに支出を配分した後，その結果として彼らの観光支出を世界の主要な地域の間に配分する．南地中海地域での支出の配分はこの意思決定のプロセスの最終段階を代表しており，そして前述の(3)式に似た方程式を用いて推定されている．

　その結果が示唆したところによると，観光支出の弾力性値はかなりの幅があり，発地を所与とした場合の目的地との間の支出弾力性値，そして目的地を所与とした場合の発地との間の支出弾力性値は第3.1表に示すとおりである．たとえば，イギリスからの観光の観光支出弾力性値は，0.88（イタリア）から2.65（トルコ）まで多様であるが，一方，トルコへのドイツ人の観光の推定された支出弾力性は1.73だった．発地の国ぐにの観光支出予算シェアの変化に弾力性の値は関連しており，たとえば，トルコは，予算の規模の増加の結果として，観光支出予算のシェアにおいてかなりの増加を獲得するということを示唆している．一方，イタリアは比較的にわずかな増加しか得ることはないであろう．

　有効価格弾力性値（価格と為替相場の変化のどちらも考慮する場合）もまた，発地を所与とした場合の目的地との間の値，そして目的地を所与とした場合の発地との間の値がかなり異なっている．そしてその結果は第3.2表に示されている．その

第3.1表　南地中海の国ぐにの観光支出弾力性

	イギリス	フランス	旧西ドイツ	スウェーデン	アメリカ
ギリシア	1.05	1.26	1.07	2.08	1.43
イタリア	0.88	0.85	1.02	0.91	0.83
ポルトガル	1.58	1.45	1.01	1.32	1.61
スペイン	0.90	1.08	0.81	1.06	0.72
トルコ	2.65	2.40	1.73	2.09	1.75

(出典) Syriopoulos and Sinclair, 1993

第3.2表　南地中海の国ぐにの有効価格弾力性

	イギリス	フランス	旧西ドイツ	スウェーデン	アメリカ
ギリシア	-2.61	-0.27	-2.03	-2.44	-0.87
イタリア	-1.59	-0.95	-0.80	-1.82	-0.63
ポルトガル	-2.81	-1.90	-1.35	-3.17	-3.33
スペイン	-1.11	-1.17	-1.82	-1.53	-0.44
トルコ	-0.60	-0.51	-1.67	-1.89	-1.66

(出典) Syriopoulos and Sinclair, 1993

表は価格変化の結果としての支出の実質価値の変化を考慮に入れた，補償されざる価格弾力性を示している．というのは，これらは，政策目的のために非常に役に立つからである．推定された弾力性の値は，スウェーデンやイギリス，そしてドイツからの観光に対して比較的に高い値であった．その示唆するところによると，これらの国ぐにからの観光は目的地の価格変化に敏感であるということである．目的地での価格上昇に対する需要の反応は，ポルトガルやギリシアで高く，次にスペインやトルコ，そしてイタリアが続く．その結果，価格競争はこれらの目的地において，観光需要の重要な決定要因である．

　弾力性値は，Fujii *et al.* (1985) においても推定された．それはハワイの異なったタイプの観光支出に対して AIDS モデルを適用しており，1に近い支出弾力性の値を示した．一定の実質支出を仮定して，食料のような，ある特定のタイプの支出の予算シェアの食料品価格の変化に対する感応度を測定する，補償的自己価格弾力性の値は，一般的には1以下である．これが示唆したことは，予算配分が価格変化

に鈍感であるということであった．補償されざる自己価格弾力性の値は，価格変化による実質支出の変化を許すものであるが，ゼロからいちじるしく異ならなかった．このことは，価格の変化が予算シェアにほとんど影響を及ぼさないことを示している．

利点，限界および研究の含意

方程式モデルの体系は以下のような利点をもっている．すなわち，消費者の意思決定プロセスの明白な理論を組み入れること，そして個人の観光消費者（代表的主体）からマクロ経済的レベルへの集計と整合的な仕方で定式化されているという利点である．そのアプローチは結局のところ，バイアスという責任をほとんど避けており，それは，不適切な理論的基礎から生じるものである．消費者需要の動学の推定における改善は，最近の研究に組み入れられており（Blundell, 1991），異時点間意思決定を組み入れるための方法論を可能にするだろう．そのモデルは，支出，自己価格，そして交叉価格観光需要弾力性の推計値を提供するものである．これらの弾力性は，総観光支出のシェアとしての，観光への支出の変化に対する観光需要の感応度，ある特定のタイプの観光あるいは観光目的地の価格の変化に対する需要の感応度，そして他のタイプの観光ないし目的地の価格の変化に対する観光需要の感応度の推計値であり，交叉価格弾力性は，第2章で説明したように，考慮下にある観光のタイプないし目的地が代替的であるか，あるいは補完的であるかを示している．

推定された弾力性の値は，ビジネス戦略や政策決定に対する含意をもっている．たとえば，特定の観光目的地における低い支出弾力性の値は，長期にわたって生ずる支出の増加からの便益が代替的目的地へ向かわせるであろうという点で，関心の原因となるかもしれない．これが示唆するところは，低い弾力性の値の理由を検討しなければならず，そしてあるとするならば，目的地をもっと望ましいものにするために何ができるかを検討しなければならない．1よりはるかに大きい，高い需要の価格弾力性の値は，比較的高いインフレ率や為替相場が下落している国ぐににおける関心事であるかもしれないが，価格競争力を改善することが可能であるという文脈では，観光収入を増加させる手段となりうるであろう．需要の交叉弾力性は，

観光目的地と観光のタイプの間の補完性や代替性を示しているが,事業や公共団体による観光マーケティングキャンペーンのために役に立つかもしれない情報を提供する.補完の場合,そのようなキャンペーンは,他の国ぐにあるいは生産者と一緒に行われる可能性がある.

方程式体系のアプローチにおいては,AIDSモデルが,消費者の選好を表すために最も適応性があると一般に考えられている.しかしながら,消費と有給労働の決定は別々に行われると仮定している.これは,そのような意思決定は同時に行われるかもしれないということを示した第2章での議論と対照的である.単一方程式のアプローチと比較して,同時に推定される方程式に,すべての推定方程式が同じ独立変数と関数形を組み入まなければならないという点において,それは柔軟であるとはいえない.したがって,たとえば,ある国における観光需要の決定に関連するかもしれないが,他の国においては関連しないかもしれない政治的変化やスポーツイベントのような特定の変数は,考慮することができないかもしれない.さらに,方程式のラグの構造もまた標準化されるべきである.たとえそのモデルが消費者行動を特徴づけると思われる消費者選好の公理を検定するために用いることができるとしても,その結果は,一般に,消費者選択の同時性と対称性という公理の破棄を示唆するために,そのモデルが基づいている代表的消費者の合理性という仮定に何らかの疑問を投げかけさせることになる.

消費者の意思決定は,必ずしも消費者選好の公理にしたがっているとは限らないという経験的証拠は,消費者意思決定に関連するいくつかの仮定が修正を必要とするかもしれないということを示唆している.たとえば,消費者は,限られた情報量を手に入れ,その情報だけを用いるという限定された合理性に基づき意思決定しているかもしれず,効用最大化水準よりもむしろ,満足化行動(Simon, 1979)として知られているが,消費者にある満足を提供するような仕方で行動するかもしれない.しかしながら,効用最大化理論の提案者は,あらゆるものを包含する効用の定義を仮定し,それによって,消費者たちの効用最大化の手段は,限られた時間と努力を情報集収と処理に費やし,それゆえ,消費者たちは,彼らに利用可能なすべての可能性についての情報に自己賦課的制約を課している.さらに,自身の効用を最大化するという"合理的な経済人"という概念は消費者行動について狭い見方を表

している (Sen, 1957). 合理性の概念は, 意思決定をするとき, 個人的な選好だけでなく他者の選好も考慮に入れる個人に言及するように拡張されるかもしれない. "社会的個人" というこの広い概念は, 彼らが訪れる共同体の環境, 厚生, そして文化について関心のある, "グリーン" ツーリストと一致しているように思われる. それはまた, 個々の観光消費者が, 彼自身の意思決定をするとき, 家族や他の外部の社会的参考グループのような他の消費単位構成員の消費行動を考慮するような観光消費の意思決定をも包含している (Kent, 1991). 意思決定は, たとえば, ある観光消費者たちが他の消費者たちよりも多くの情報 (そしてある場合には権力) をもち, ある消費者が借入れ制約に従うというような情報の非対称性という形態での市場の失敗や, 価格づけされない外部性や公共財が存在するという形態での市場の失敗という文脈の中で行われるかもしれない. いくつかの経験的研究は, 経済内の異なった家計の行動に, 借入れ能力といったような, 制約の違いの重要性を示唆している (Hayashi, 1985 ; Jappelli and Pagano, 1988 ; Zeldes, 1989).

また, 経験的研究の示唆するところによると, ミクロ水準で時間にわたって成立する経済的関係はマクロ水準での経済的関係と異なり得るということである. たとえば, ミクロ水準では, 所得の変化はしばしば過去の所得の変化と負の相関がある (MaCurdy, 1982 ; Abowd and Card, 1989 ; Pischke, 1991) が, マクロ水準では正の相関関係がある (Deaton, 1992 : 90). さらに, ミクロ水準で推定される時系列消費関数において有意ないくつかの説明変数は, 通常, マクロ水準での実証研究では排除される. 集計的データだけの利用は, 価格弾力性と所得弾力性の推計値にバイアスを生じるかもしれない. しかしながら, ミクロに基礎をおいたモデルがいつもすぐれているとは限らない (Blundell et al., 1993). 一般的に, 差異と多様性がミクロの水準では問題となるが, それらはマクロ水準の集計においては排除される.

観光消費と所得との間の集計的関係は, 観光消費と個人や集団の観光消費者の所得の間の関係とは異なるかもしれないが, それは所得配分とそれに関連した効果のためだけではなく (Drobny and Hall, 1989), 情報の利用可能性が異なっていることにもよるのである. たとえば, 集計的水準での所得と消費の予測に影響を与えるマクロ経済的な政策の変化についての情報を, 個人は知らないかもしれず, あるいは反応するかもしれない. そのような相違がさらに示唆しているものは, 個人の観

光消費者の概念に基づいた一般化の問題である．方程式モデル体系には明白な理論的フレームワークという利点があり，そして"消費者選択の公理にしたがって行動する代表的個人"という仮定が満たされる限りにおいて，観光需要について有益な大量の情報を提供することができる．しかしながら，いくつかの文脈において，基礎となる仮定が修正を必要とするかもしれず，短期と長期の観光消費の動学を考慮するために，モデルの能力の改善もまた要求される．観光需要の方程式体系と単一方程式モデルは，観光消費者の個人やグループによる意思決定について興味深い多くのことを覆い隠してしまう可能性がある．Sheldon (1990) の指摘のように，ミクロ経済的水準において，観光需要のいっそうの研究の必要性が存在する．

観光需要の予測

観光需要の単一方程式と方程式モデルの体系は，観光需要を予測するための主要な3つの方法のうちの一つとして用いることが可能であり，それは計量経済学的予測モデルとよばれ，他の2つは定性的方法および単一もしくは複数の予測方法である．観光需要の予測は，もちろん，観光産業の構成員，ならびに政府や観光機関にとっても興味のあることである．計量経済学的アプローチは，関連した説明変数を用いて観光需要方程式を推定することを含み，また，変数の考えられる将来の値を方程式に含めることによって需要を予測することを含んでいる．したがって，計量経済学的モデルに基づいた予測の正確さは，観光需要を説明するもとにあるモデルに依存し，したがって，モデルの改善によってより正確な予測を得ることができる．観光需要のモデル化のこれまでの議論は，モデルが改善されるかもしれない方法を示唆しているという点において，予測と関連している．たとえば，観光消費の異時点間理論の示唆するところによると，期待将来所得の価値を割り引いて考える前向きな消費者によって，観光が需要されるかもしれないということ，そしてそこには時間にわたって消費者の期待所得のモデル化が含まれるということである．もし観光需要が現在や過去の所得に依存しているならば，代替的将来所得モデルが適切であるかもしれない．観光需要を予測するための計量経済学的アプローチは，需要を左右する他の変数，特に相対価格や為替相場の将来の値のモデル化を含んでいる．オリンピックやEXPOのような，何らかのイベント開催は前もって知られており，

予測方程式に含めることができる.

しかしながら,以下のことは重要である.すなわち,需要のモデル化の発展は,予測モデルへと組み込まれるとしても,モデルの選択にはかなりの不一致が生じやすい.代替的なモデルがたいへん異なった結果や含蓄を与える場合,このことは特に問題である.たとえば,観光需要を決定する際の所得の役割を考えると,時間にわたって,所得が"トレンドに対して不変"であると仮定されているが,これは,予定されたトレンドにしたがって所得が成長すること,そしてトレンドからの乖離が一定の平均と分散を示す(Lucas, 1977)ということを意味している.この場合,所得の革新はトレンドからの乖離に影響を与え,そして観光需要は革新に対して大きく反応しない.代替的な理論においては,所得は"差異に対して不変"であり,それゆえ,所得は確率的なトレンドにしたがって成長する(C.R. Nelson and Plosser, 1982).この場合,革新はそれからの乖離よりもむしろ,所得の成長経路に影響を与え,観光消費は計測された所得の変化に対して大きく反応する.景気循環の性質と政府の経済への介入効果に,その2つの理論は異なった含意をもっている.どのモデルがより適切かは明白ではない.これはある理論を論駁するという経済学に共通の問題である(Lakatos and Musrrave, 1970).モデル選択の一つの基準は,代替的モデルを推定するために考察下にあるケースに対してデータを用いることである.そして,経済的にもっともらしいだけでなく,経済的にもすぐれている結果を与えるモデルを選択することである.異なったモデルから得られた予測は,その後,現実のデータと比較することが可能であり,それはモデルの正当性の遡及的な基準を提供する.

観光需要の計量経済学的モデルと対照的に,単一変量解析的な方法は,過去の需要の値に基づいてのみ観光需要を予測させ,過去の値の原因を研究することを含んでいない.単一変量解析的な方法は,したがって,観光需要の水準の説明を求める人びとや,特定の変数の起こり得る将来の値,もしくはそれらの可能な代替値に対する需要の感応性を知りたいと望む人びとにとっては,適切なものではない.因果関係がない単一変量解析的な方法は,観光需要の移動平均の計算と予測や指数の簡略化を含んでいる.最も適合するトレンドの射影を含むトレンド曲線分析,データのトレンドだけでなく,季節的で不規則な効果とBox-Jenkins単一変量解析法

(Autoregressive Integrated Moving Average: ARIMA) を考慮に入れた分解方法である．Box-Jenkins 多変量解析法と構造的モデル（Unobserved Components Autoregressive Integrated Moving Average: UCARIMA）は主に非因果的なモデルの拡張である．UCARIMA は Clewer et al. (1990) によりスペインでの観光に適用された．しかしながら，観光需要の過去の値以外の変数が需要の予測値に影響を与えることを可能にするという点において，それらは因果関係の要素を含んでいる．

第8章でさらに議論されるデルハイ・アプローチ (Seely et al., 1980 ; Moellor and Shafer, 1987 ; Green et al., 1990a) あるいはシナリオ・ライティング (Baron, 1979, 1983 ; Schwaninger, 1989) のような定性的予測方法は，予測の3番目のアプローチを構成している．定性的な方法は，起こりそうな結果や可能な代替的シナリオのような専門家の意見を組み入れる方法であり，信頼できる時系列データがない場合に用いられる．定性的予測に関連した問題の一つは，アプローチが主観的になる傾向があるということと，予測が依拠している仮定が必ずしも明白になされずかつ正当化されないということである．したがって，その方法論は，多くの点で，計量経済学的予測モデルで用いられる方法論と対立し，それは，なされる仮定に含まれる経済的理由づけに対して注意を払っている．他方で，定性的なアプローチは，しばしば高度な不確実性の水準という文脈の中で，長期の予測が必要とされるときなどに特に有利であるかもしれない．単一変量解析的な，あるいは定性的な予測方法の包括的な議論は，Archer (1976) および Witt and Martin (1989) により与えられている．

予測モデルはさまざまな場所での観光に適用されてきた．たとえば，バルバドス (Dharmaratne, 1995)，ハワイ (Geurts and Ibrahim, 1975 ; Geurts, 1982)，フロリダ (Fritz et al., 1984)，プエルト・リコ (Wandner and Van Erden, 1980)，オランダ (Van Doorn, 1984)，スペイン (Clewer et al., 1990 ; Gonzales and Moral, 1996)，西ヨーロッパの国ぐにや北アメリカ，日本，そしてオーストラリア (Means and Avila, 1986, 1987 ; Witt et al., 1994 ; Smeral and Witt, 1996) である．異なった予測方法の正確さを比較している研究は，定量的方法のうち，どの技法も常に他方より優っていないということを示唆している (Martin and Witt, 1989 ; Witt and Martin, 1989)．単一変量解析的な方法は，時々，計量経済学的モデルよりも，もっ

と正確な予測を与え,かつ推定が容易であるという利点をもっている.他方で,計量経済学的方法は,将来需要の要因について情報を提供し,そして起こりそうな観光消費者の将来の行動や,発地と目的地の国ぐにの経済に関連づけている(Makridakis, 1986).計量経済学的モデルから得られる予測は,関連した国ぐにの経済環境の変化に照らして調整可能であり,観光関連的政策立案のために特に役立つかもしれない.

結　論

本章は,第2章とともに,観光需要を説明し,行われてきた経験的研究を評価するために,いかに経済分析が貢献できるかということを示そうと試みてきた.経済学には,観光者のタイプの記述的なカテゴリー化の理論的フレームワークという利点がある.過去の研究の欠点を超える理論は,需要を決定する変数を識別し,これらの変数の変化に対する需要の短期的・長期的感応度の定量化の基礎を提供するための付加的能力をもっている.議論はある経済理論が観光需要,特に国レベルの集計で推計しようと試みているモデルにどう組み込まれているかを示している.しかしながら,それはまた,現在まで,多くの需要のモデル化は特別のものであったし,不適切なミクロ的基礎に基づいていることをも示唆している.それに加えて,経済学の主流というよりもむしろ支流からの理論的貢献により,実証研究は利益を得ているかもしれないということが議論されている.そのような理論的分析や発展の潜在的可能性は,しばしば2次的な性質のものであるが,データが容易に利用可能で,計量経済的モデル化の支配的な経済方法論に従う義務のある,測定可能な変数の効果の研究を,今までのところ,研究者たちが抑制する傾向があったために,十分に実現されてこなかった.一般的に,期待の効果,情報の利用可能性,そして容易に定量化できない他の変数は無視されてきたし,また,意思決定の社会的決定因もしばしば無視されてきた.

それにもかかわらず,観光需要の分析における発展は,経済理論の改善に基づく貢献を通じて生じてきた.消費者需要のミクロ経済的理論は経済理論における進歩の一例であり,ミクロ経済的およびマクロ経済的水準の両方に適用可能な観光需要を説明するための枠組みを与えている.にもかかわらず,その分析は意思決定の社

会的背景を組み入れるために広げることが可能であったのである．このように，国水準での需要のモデル化への現在の強調を超えて，需要に対する研究を広げる余地は相当存在する．観光需要の性質と多様性は，その時代的かつ空間的に限定された文脈の中で，いっそうの研究を必要とする．たとえば，異なったカテゴリーの観光消費者に用いられる情報の量や性質の需要への効果や，彼らが従う制約はさらなる研究に値する．ある範囲の専門分野からの洞察は，研究されるべき特定の問題の定式化や，そうでなければ見落とされてしまったかもしれない仮説の検証を促進することが可能である．たとえば，社会心理学者は観光需要を支える動機について研究し，社会学者たちは社会的関係が，家庭の内でも外でも休暇の選択に影響を及ぼしていると考えている．

観光需要のミクロ経済的研究は，異なった社会的集団による観光需要についての多くの興味深い発見をしてきたが，それらは考慮におかれているケースに対して特別な，集計化されていないモデルに基礎をおいている．意思決定過程と観光需要の経済モデルは，社会経済的階級，性，人種，そして年齢集団に対して定式化することができる．意思決定の社会的文脈は，需要の重要な決定因である決定追加的説明変数を推定方程式に含めることによって，少なくとも部分的に考慮することができる．社会的選好についてのいくつかの定量的情報は，たとえば，所与の目的地における特定の階級による観光需要が，同じ階級によるその目的地に対する過去の需要や，より高い所得階級による代替的目的地に対する過去の需要により決定され程度について研究することによって，提供することができる（デモンストレーション効果である）．

観光需要を測定するために用いられる単位の選択は，重要である．たとえば，家計による需要は，家計内で生じ，経済力の不平等に関連づけられるように思われる相互作用を示さない．たとえば，観光消費の意思決定は個人を基礎としてなされているのかどうか，家計の構成員の中の賃金稼得者によって課されるのか，あるいはグループの構成員の間で交渉されるのかどうかという問題は，ほとんどの過去の研究では無視されている．したがって，消費者の意思決定は社会的圧力の文脈内でなされるかもしれず，社会的文脈の変化は観光消費のパターンの変化をもたらし得る．

性や階級そして人種によって選好はさまざまであり，そして，性の違いの効果についての情報は男性や女性に対する観光需要方程式から得られた結果の比較により得られるかもしれない．女性が有給労働をしていない場合には，女性の観光消費は彼女らのパートナーの所得の関数かもしれない．しかし，女性も働いている場合，彼女ら自身の所得や家計全体の所得，そして子どもの存在もまた関連があるように思われる．異なった社会経済的階級，人種，そして若者や老人の観光者が彼らの選択した目的地に彼らの支出を配分する方法の違いを研究するために，観光需要モデルは拡張することができるだろう．経済循環に関する異なった社会経済的集団による観光需要の変化の研究もまた着手可能だろう．データが利用できない場合には，聞き取り調査が役に立つ定性的情報を提供できるし，いっそうの研究に値する理論を示すことができるだろう．

　もちろん，需要は所得に支えられている場合だけ有効となるだろうし，消費者の予算と観光需要のパターンと水準は，所得と資産の基礎的な配分に決定的に依存している．たとえば，政府の支出と課税の変化を通じて生ずる配分の変化は，観光需要を変化させる．人びとの中の異なった社会経済的集団に関するミクロ経済的研究は，分配の変化の起こりうる効果に光をあて，比較国家研究により，代替的な分配の効果について何らかの示唆を提供することができるだろう．

　社会的集団による観光需要の分析は，集計されない計量経済学的予測モデルの推定により拡張することができるだろう．観光需要の分析の場合のように，国の集計的モデルは注意を集中する必要はないが，しかし彼らの行動の特定のモデルに基づいた，異なった社会経済的カテゴリーにより，観光の異なった構成要素に対する需要予測を研究が取りこむことは可能である．異なった集団による観光需要は，彼らが必要とする休暇や商用旅行の性格に，そして彼らにとって利用可能な情報や機会に関連がある．輸送，宿泊，そして他のサービス供給を含め，異なった観光の構成要素に対する需要分析は，したがって，将来の研究のための重要な焦点である．それは観光需要の研究に暗に含まれている多くの，そして合成的な項目としての"観光"に多様なサービスを集計することから生ずる理論的・経験的問題の克服に役立つであろう．第4章と第5章は観光の異なった構成要素，それらが供給される市場，

そして市場での企業の価格づけや産出戦略を検討することにより，そうするための基礎を提供するであろう．

第4章 観光供給の理論と市場構造

序

　観光供給とは，生産物の特性とその引き渡し過程両方の理由のために複雑な現象である．観光生産物とは，原則的には保存ができず，購入する前に予め確かめることが不可能で，それを消費するためには旅行をせねばならず，自然と人工資源に大きく依存し，そして数多くの構成要素が必要であり，個別にあるいは共同で購入され，また連続的に消費されるものである．観光生産物は，輸送，宿泊施設，飲食，天然資源，催し物やその他の観光施設，そして商店・銀行，旅行代理店，ツアーオペレーターなどのサービスを含む複合的生産物である．また，多くの観光事業は，他の産業部門や消費者需要に関わりをもつため，本来の観光供給者と考えられる供給者はどの範囲までかという疑問が生じる．数多くの市場で操業するさまざまな事業により提供される多くの生産物構成要素は，観光供給を分析する場合に種々の問題を生じさせる．したがって，観光供給を考察する場合，それを産業や市場の集合体として考え，新古典派の枠組みだけでなく，その他の学派の考え方も用いると都合がよい．このようなアプローチは，分析において，観光生産物の複雑さに対処するだけでなく，経済学の概念，理論や方法論，特に産業経済学に対する供給分析の方向性やそれに関連する諸問題における発展性を同時に考えさせてくれる．

　本章と次の2章（第5・6章）の主要な目的は，一般に観光経済学の教科書の中で提供されている内容よりも，観光供給についてより広範囲に，またより進んだ解説や経済原則の応用例を提供していくことである．最初に，この第4章では，産出，費用，価格決定，収入，利潤や損失に関する企業理論の基本的教義が，消費者と生産者が相互に取引を行う市場の競争構造について考察を行ってきた伝統的な経済モデルの分析枠組みの中で説明される．異なった形態の市場構造の経済モデルにおいて，各形態の市場構造は厳密に同一であるという明確に定義された条件の下で，企業経営についての説明がなされる．実際に，そのような条件は達成可能というよりもむしろ近似的なものであるが，それにもかかわらず，そのモデルは，企業行動の

説明を提示することにおいて，また市場状況における短期的・長期的結果を予測することにおいて，単なる記述以上に有効なものとなっている．これは，観光供給において，特に企業間や部門間での競争の特性やその範囲，また消費者の厚生に対する結果的意味合いに関して，重要と思われる要因を検証していくことを容易にする．

最初に，激しい競争的構造下における極端なケース，すなわち完全競争が検討され，コンテスタブル・マーケットの概念を使って，標準的な仮定にいくつかの修正が施される．そして，非競争市場での限定的ケースとして，独占の分析が行われる．その後，議論はほとんどの産業でみられる状況をより緊密に説明している独占的競争や寡占といった限定的でないケースへと進んでいく．ここでの理論的概念の価値は，その概念によって，現実の生活状況における分析がより厳密化されることにある．次に，観光部門やその市場の特性の概要が述べられ，すでに検討されてきた競争の経済理論との関連づけが行われる．観光供給における3つの主要な構成要素，すなわち宿泊，輸送，そして仲介業者（旅行代理店とツアーオペレーター）に該当する市場構造の形態に議論を集中する．観光供給の多くの重要な特色は，産業経済学の中で検証されてきた問題点を反映しており，市場構造の指標としての役割を果たすほとんどすべてのものと関係づけられる．観光部門やその市場の状況を参照しながら，それぞれの特色を検討し，例証する．経済モデルが，異なった観光部門の企業行動をどの程度まで説明できるのか，また予見できるのかということが，次に評価される．観光企業と観光部門との間の相互関係が第5章との繋がりの中で議論される．特に，産業経済学の発展を考慮して，不確実性が支配している動学的状況の中で採用される市場戦略を検討する．第6章では，市場戦略と観光供給において生じる構造的変化に関連した，より発展的な問題が国際的文脈の中で考察される．観光供給において重要な要因である環境の分析は第7章と第8章で行われる．

観光供給における市場構造の経済モデル

完全競争

完全競争モデルは，非常に激しい競争水準下にある市場の極限的ケースを描くことにより，一つの基準を提供する．まず，多数の企業と消費者が存在し，どの生産者や消費者も想定上同質な（差別化されていない）生産物の価格に対して影響力を

行使できないと仮定する．また，市場への参入や市場からの退出は自由であり，参入・退出へのどんな障壁も存在しないと仮定する．これらの状況に近い事例としては，競合の度合いに影響を与える売り手の空間的配置という問題はあるけれども，比較的貧しい国における観光地のビーチや街路にある軽食・食事・飲み物を販売する数多くの生産者の存在がそれに当たる．

長期的完全競争市場の個々の供給者（企業）に対する費用と収入条件は第4.1図に描かれている．売り手は望むだけの数量を価格Pで売ることができる．産出物（軽食や飲み物のような）の各追加的1単位は同額で売られている．したがって，産出物の追加的1単位を売るごとに，そこから得られる生産者の余分の収入，すなわち限界収入はその価格に等しく，また産出の各1単位を売ることから得られる平均収入にも等しい．費用構造については，各追加的1単位を生産することにかかる限界費用と1単位当たりの平均費用とは，産出が増加するにしたがい最初は減少し，その後増加すると仮定されている．つまり，はじめは規模に関して収穫逓増を示し，その後収穫逓減となる．たとえば，軽食や食事を作る者は，料理のためにある一定量の燃料を購入する．もし，彼らが一つの食事のみを作るならば，食事の費用は相対的に高くつくだろう．ある一定量の燃料は，一つの食事以上のものを作りだすのに使用できるのだから，追加的な食事を作りだすことにかかる限界費用は食事を作りだすごとに低下し，また同様に平均費用も低下する．しかし，ある点を過ぎると，より多くの燃料，または別の調理器具や料理人といったものが，より多くの食事を作りだすためには必要とされる．その結果，限界費用と平均費用は上昇する．生産者は，赤字を出したくないので，市場で広く取引される価格Pよりも低い価格で生産しようとはしない．したがって，Qよりも右方にある限界費用曲線部分が生産者の供給曲線となる．なぜなら限界費用曲線は，生産者が短期的にそれぞれの価格で供給したいと思う産出量を示しているからである．実際に，これは，価格が上昇する場合においてのみ，供給量は増加するということを意味している．

供給者の観点からみた生産の最適点は，限界費用が限界収入と等しくなる点であり，第4.1図での産出量Qに一致している．これは利潤が最大化されている点であり，数値上容易に証明することができる．Qを下回る産出量では，限界収入は限界費用を上回っている．それゆえ，生産者は利潤を増大することができるので，生

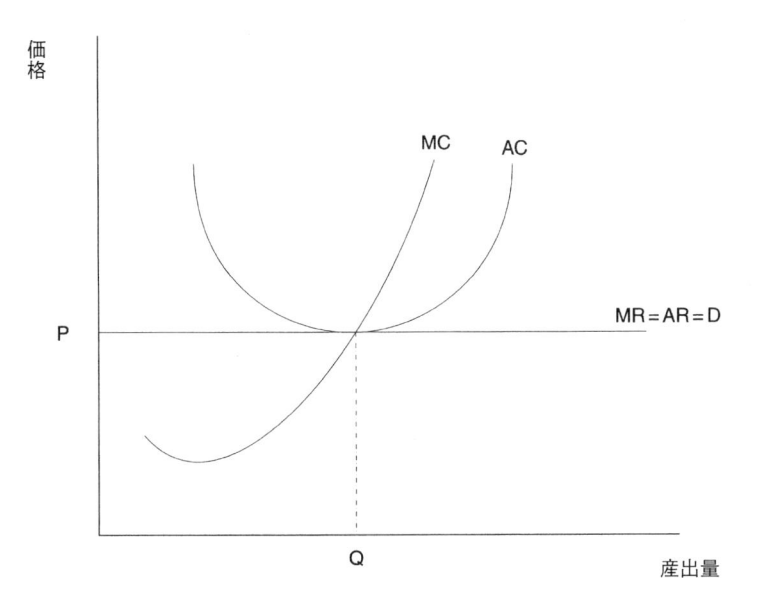

(注）P＝価格，Q＝産出量，MC＝限界費用，AC＝平均費用，
MR＝限界収入，AR＝平均収入，D＝需要

第4.1図　完全競争市場における企業の生産

産を増加させようとする．その逆に，Qを上回る産出水準では，限界収入は限界費用を下回る．それゆえ，生産者は利潤の落ち込みを経験し，利潤最大化高産出水準まで生産を低下させようとするであろう．したがって，市場（産業）にとっての供給曲線は，長期的にみると価格Pで水平となる．もし費用が上昇すると（たとえば燃料がより高価になると），高い平均費用をもつ生産者は，産出量Qでまさに損益分岐上（すなわち正常利潤のみをもたらす点）にあるならば，その事業から撤退するであろう．全体的な費用の減少は，短期的には正常利潤を超える利潤をもたらし，より多くの生産者を市場（産業）内に参入させる．そして，それは利潤が正常利潤水準に戻るまで続くであろう．このように，完全競争市場内では，市場での取引価格は短期的に超過利潤や赤字を生じさせる．しかしながら，市場価格は，平均費用が最小となるところの限界費用に等しい損益分岐の価格に向かう傾向があり，消費者は明らかにそこでは便益があるように思われる．だが，これは次のような問題を生じさせる．競争が低位な水準にある観光市場は，正常利潤以上の利潤がもた

らされることで，より競争的な市場になれるかどうか．また，これは消費者の厚生を増大させるかどうかということである．これについては明確な答えは存在しない．なぜなら，企業の産出量の増加が生産物1単位ごとの平均費用の低下により達成されるような規模の経済性の文脈においては，不完全競争市場が完全競争下の市場よりも効率的であることが可能だからである．この問題は以下で取り上げる．

コンテスタブル・マーケット

現実世界のほとんどの市場は，完全競争市場とはほど遠いが，かなりの数の市場が完全競争市場と同様の経済的結果をもたらしているといわれている．Baumol (1982) は，この結果を考慮してコンテスタビリティの概念を導入した．コンテスタブル・マーケットとは，些少の参入・退出費用によって特徴づけられている．すなわち，参入・退出障壁は無視されている．サンクコスト（埋没費用）とは，企業が生産するために背負い込まなければならない費用であり，もし企業がその産業から撤退したならば回収できない費用ではあるが，重要なものではない．かなり効率的に情報が流入してくるために，同じ供給条件と技術がすべての生産者にとって利用可能である．生産者は価格を即座に変更することはできないが，消費者は直接に生産者に対して反応しうるものと仮定されている．

コンテスタビリティの重要な論点は，新規企業や既存企業は価格づけ戦略を通じて競争相手の置かれている状況に影響を与えることができるということを知っているということである．したがって，コンテスタブル・マーケットにおける企業は，ある一定の生産物に対してほぼ同じ価格を課すという意味で，完全競争市場の企業と同じ行動をとる．規模や範囲の経済性は起こり得るかもしれないが，既存企業は平均費用を上回る価格づけを行うことができない．なぜなら，そのような価格づけは市場に競争相手を呼び込むからである．競争相手は，低いサンクコストと低い参入・退出障壁のために，参入することを拒まないであろう．それゆえ，コンテスタブル・マーケットは，消費者にとっては有益である．たとえば，航空会社，宿泊系列店やその他の機関に垂直的に統合化されていない独立ツアーオペレーターは，この手の市場（特に，参入や退出の容易性や最小の規模の経済性を満たす市場）において広く存在する多くの条件に支配されている．N.Evans and Stabler (1995) は，

イギリスの航空包括旅行市場を考察する中で，旅行代理店を"第2階層"と"第3階層"の範疇に分けることにより，ツアーオペレーターの行動を論じている．また，Fitch（1987）とSheldon（1986）の先の研究においても，旅行代理店の階層性が指摘された．同様の状況は旅行代理店においても当てはまる．そこでは，部門内に多様性があるにもかかわらず，小売りレベルでの操業コストが独立企業のそれよりもいちじるしく下回ることはない（Bennett, 1993）．

独 占

独占は完全競争と対極にある概念である．完全競争市場の生産者とは異なり，独占者は生産物価格と産出水準にかなりの支配力をもっている．通常の需要条件を所与として，産出を追加的に販売するためには，生産物価格は低下しなければならない．すなわち平均収入は低下し，そして結果的に販売量が増加するにしたがって，販売された産出の追加的1単位当たりの限界収入は減少する．収入の2つの形式

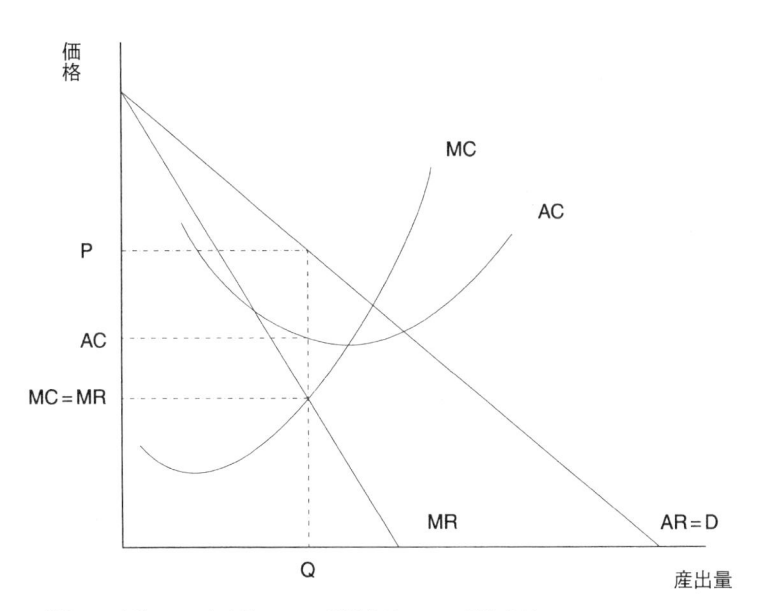

（注）P＝価格，Q＝産出量，MC＝限界費用，AC＝平均費用，
　　　MR＝限界収入，AR＝平均収入，D＝需要

第4.2図　独占企業の生産

（平均収入と限界収入）間の関係は次のようになる．すなわち，限界収入は平均収入の2倍の大きさで減少するため，第4.2図で示されたように，限界収入曲線は平均収入曲線の下方にくる．費用構造に関する経済学的仮定に従うと，収穫は逓増し，そしてその後逓減する．そのため，限界費用曲線と平均費用曲線は，最初は下落するが，その後上昇する．

利潤は，生産の限界費用が限界収入と等しく，限界費用が逓増する（または収穫逓増となるケースでは，限界費用は限界収入より緩やかに下落する）産出水準において最大化される．第4.2図で示されるように，生産の平均費用は，正常利潤以上の利潤を生じさせるために課される価格よりも下にあり，企業が市場（産業）内にとどまるために必要とされる最低限の価格よりも上にある．したがって，消費者はより競争的な市場で提示される価格を超える価格を支払っている．これについては，独占は何の規制もなく取引が許されるべきかどうか，規制されるべきかどうか，競争的産業に再編成されるべきかどうか，という問題を生じさせている．

異なった国ぐにでの観光供給のさまざまな構成要素は，意図的に独占体として組織されている．たとえば，国内航空便が国営の航空会社によって独占化されたり，鉄道ネットワークが単一の産業として運営される場合がそれである．これは，消費者の利益に反するようにみえるという点では，逆説的に思われるかもしれない．しかしながら，2つの興味ある結果が，競争に対立するものとしての独占下で見いだされるかもしれない．それは，各市場構造の形態の相対的な優位性と劣位性とに関する議論を説明するものである．最初のケースは，競争と独占の下での，均衡価格と産出量の組み合わせの比較に関するものであり，競争的な産業は，生産条件にどんな変化がなくても，独占化されるということが仮定されている．その結果は，第4.3図に示されている．まず各競争企業は同一の費用をもち，そしてそれゆえに単純化によって，平均費用曲線は削除されている．独占よりも完全競争の方が，価格P_1は低く，数量Q_1は多いということは明らかである．もし，産業が独占化されたならば，利潤最大化は，短期的限界費用SMCが限界収入MRに等しくなる点で決定され，より高い価格P_2とより少ない数量Q_2がもたらされる．長期的には，独占者はいくつかの生産設備を閉鎖し，産出量をQ_3に減少させ，価格をP_3に引き上げることが可能である．したがって，消費者の厚生は，完全競争下よりも独占下

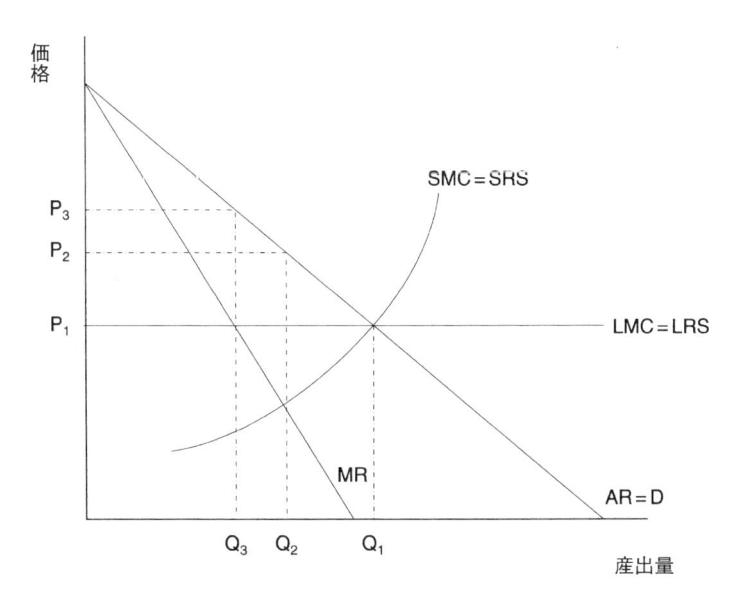

(注) P＝価格，Q＝産出量，SMC＝短期限界費用，LMC＝長期限界費用，SRS＝短期供給，LRS＝長期供給，MR＝限界収入，AR＝平均収入，D＝需要

第4.3図　完全競争的産業と独占による短期と長期の生産

の方が，悪化するであろう．これは，観光宿泊部門や旅行代理店部門で起こりうることであり，特に，小さな独立した航空会社，乗合・長距離バスやフェリーオペレーターが合併を繰り広げ，規制緩和が進んでいる輸送産業においてはなおさらのことである．新規参入者が最初に流入した後，より大規模企業が多くの小規模企業を接収し，そして独占力を行使してきた．

2番目のケースでは，産業が独占として運営されているのか，または競争市場下で運営されているのかどうかによって，生産条件は異なる．つまり，生産が単一企業によって行われているときは，大きな規模の経済性が利用できるからである．これは，限界費用と平均費用とも，競争市場と比較して購入可能な産出量の範囲において低水準にあるようなケース，いわゆる自然独占とよばれるケースに該当する．この状況においては，たとえ独占企業が正常利潤以上の利潤を作り出していても，より低い価格とより多い生産量に関して，消費者は便益を得ることができる．これは，第4.4図に図示されている．規制のない独占下での価格と数量の組み合わせは，

P_1 と Q_1 で示されている.もし,取引価格が生産の限界費用 LMC と P_2 点で等しくなるように独占を規制したならば,消費者の厚生は,低価格と高産出量 Q_2 がもたらされることにより増加するであろう.しかしながら,価格が生産の平均費用よりも低いので(すなわち供給者は赤字を抱えているので),政府は生産を補助しなければならない.たとえば,ほとんどの鉄道網は赤字経営である.それらは公共サービスを提供するものとみなされ,操業(限界)費用を何とかカバーし,固定費用を支払えるだけの価格を課すことが求められているために,平均総費用を賄えきれないのである.たとえ独占が規制されなくても,消費者は長期的に,独占企業によって稼得された利潤の一部を再投資することにより生じるプロダクト・イノベーションやプロセス・イノベーション(必要とされる研究や開発を含む)から便益を受ける.競争条件下で,研究・開発のための資金の利用可能性がときどき問題となる.したがって,他の経済部門と同様に,観光供給において独占企業はその存在が許されるべきか,それとも規制されるべきかという問題は複雑であり,特定の産業の異なった環境によって変化する.異なった市場構造の相対的なメリットに関する一般的な判断が欠如しているため,論点となっている観光部門の具体的な実証研究が今後ますます行われなければならない.

　決まった結果を予測することの困難さは,政府認可による独占的鉄道会社や航空会社の事例を再考することによって説明できよう.多くの政府は部分的あるいは総合的に数多くのサービス部門を民営化してきたが,それはこれまでは自然独占として理解されてきた.その根本的な理由は,規模の経済性にもかかわらず,サービス部門は私的部門産業としてより効率的に操業することが可能であるということである.民営化は,たいてい新規参入者を奨励し,競争を激化させる規制緩和というものを伴ってきた.しかし,終局的な結果は,逆説的で,しばしばより大きな集中を生じさせてきた.その一つの理由は,より小規模な新規企業は十分に規模の経済性を利用することができず,それゆえ失敗するということである.実証的には,まだあまりにも初期の段階にあるため,航空会社,バス,フェリーや鉄道部門の構造がどのようなものであるかを確定することはできない.効果的な規制は,独占力の乱用,つまり高価格の設定,正常利潤以上の利潤の抽出,競争の抑制というものを阻止するために,必要とされる.実際に,政府は通常独占を,単一企業が特定の生産

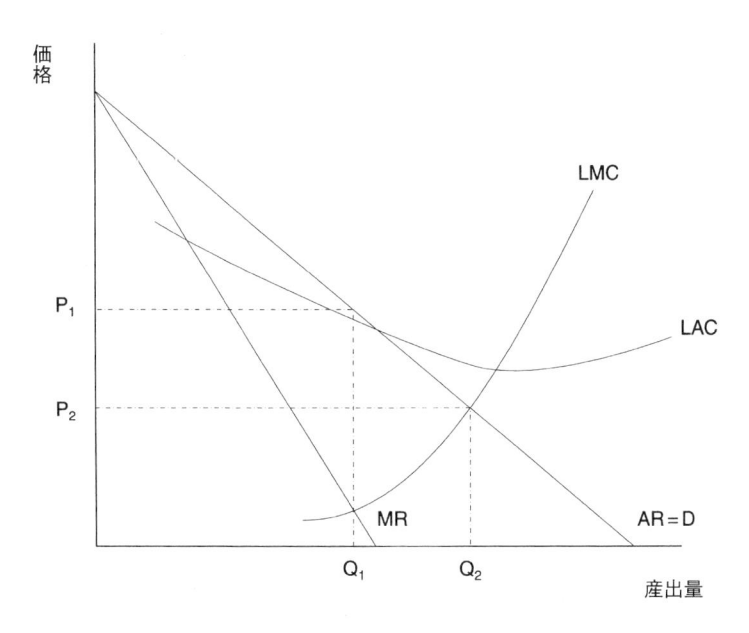

(注) P＝価格，Q＝産出量，LMC＝長期限界費用，LAC＝長期平均費用，
MR＝限界収入，AR＝平均収入，D＝需要

第4.4図　未規制および規制自然独占の長期生産

物の生産にかなり相対的に高い比率を占めるときに起こるものと定義し，そして消費者が不利益にならないことを保証するために当該企業の運営を監視している．

独占的競争

独占的競争とは，完全競争と独占との中間に位置し，しばしば小売業と結びつけられる市場形態の一種である．それは，長期的に参入と退出が容易であるという意味で，完全競争やコンテスタブル・マーケットと類似している．しかしながら，供給者はその生産物を販売するための価格に関していくらかの支配力をもっている．そしてまた，価格・産出量の組み合わせやそれと結びついた市場シェアにまで供給者の支配力は及んでいる．しかし，個々の供給者の価格づけと産出決定は，他の人びとの行動に重要な影響を与えない．なぜなら，一般に市場には多くの供給者が存在し，事実上，集中は存在しないと仮定されているからである．また，独占や寡占

の場合と違って,通常限られた規模の経済性のみが存在している.観光において,独占的競争は,多くの点でホテル宿泊部門に当てはまる.それは密接ではあるが,厳密な代替物ではない生産物を提供する多くの供給者によって特徴づけられる部門であるが,ある程度の生産物分化が存在している.小売業のように空間的分離や店舗の配置により生産物分化がより促進される場合もある.

短期的には,独占的競争市場内の供給者は正常利潤以上の利潤をもたらす価格を課すことができる.企業は,短期限界収入SMRが限界費用と等しくなる点で生産し,平均費用を上回る価格を設定する.これは,第4.5図の価格と産出量の組み合わせ P_1 と Q_1 で示されている.しかし,長期的には,参入・退出障壁が事実上存在しないので,新たな競合者たちが正常利潤以上の利潤を求めて市場に参入し,その結果,既存の企業はそれ自身の生産物需要の落ち込みを経験することになる.これは,平均収入(需要)曲線SARと短期限界収入曲線SMRの左方へのシフトと

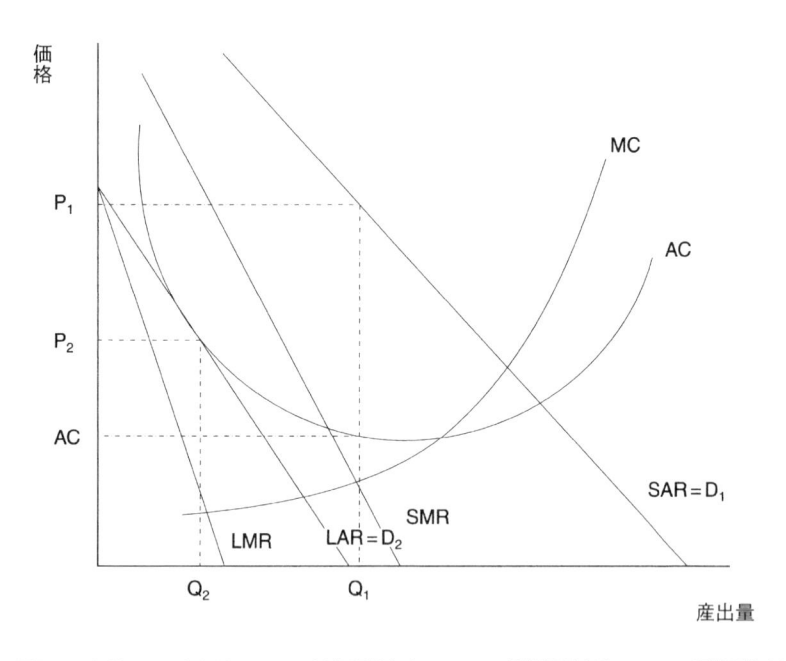

(注) P=価格,Q=産出量,SMR=短期限界収入,LMR=長期限界収入,SAR=短期平均収入,LAR=長期平均収入,MC=限界費用,AC=平均費用,D_1=短期需要,D_2=長期需要

第4.5図 独占的競争市場における企業の短期・長期の生産

して示されている．それらは，均衡価格 P_2 と均衡産出量 Q_2 をもたらす LAR と LMR によって与えられる長期的均衡点に到達するまでシフトする．

長期的にみると，需要は価格 P_2 で示されているように，平均収入が平均費用に等しくなる損益分岐点まで減少する．すなわち，その点ではもはや，市場（産業）へのそれ以上の参入（または退出）は存在しない．産出量は減少し，正常利潤以上の利潤は消滅するけれど，そこで決まる価格は未だ生産の限界費用を上回っている．したがって，多種多様な生産物が消費者に供給されると選択の多様性は広がるけれども，この競争の形態が完全競争より効率的であるとはいえない．このような状態にある観光企業の事例はたくさんある．宿泊部門や輸送部門などのコンテスタブル階層にある小規模企業は，その市場領域のために費用を削減できる水準での操業の可能性が制限されている（第4.5図を参照せよ）．これは，なぜ小さな航空会社，バスやフェリーオペレーターが，実際に市場の取引価格で競争できず，特に，価格戦争の期間であるが，接収されてしまうのかを示している．

寡　占

寡占的市場構造とは，わずかな生産者により産業が支配されているときにみられるもので，国際航空産業がこれに該当するケースである．各企業は価格と産出の決定に対して多少の支配力をもち，参入・退出に対してある程度の障壁が存在している．寡占の重要な特徴は，生産者間の相互依存性である．すなわち，各企業の価格と産出の決定は，一部には競争相手の決定に依存している．そのような相互依存性のよく知られた一例として，すでに経済学では標準的なケースになっている，寡占企業の認知した屈折需要曲線のケースがある．それは，企業にとって蓋然的な結果を示すものであり，産業全体に影響を与える費用や需要条件を一定とした上での価格の変化を考慮している．もしある企業が価格を下落させると，競争相手もそれに追随し，その企業の生産物に対する需要は非弾力的になる．すなわち，価格を引き下げることで市場シェアを増加することはできないということを企業は知っている．逆に，もしある企業が価格を引き上げたなら，競争相手は彼ら自身の価格を一定に維持し，需要は弾力的になり，その企業は市場シェアを失うだろう．したがって，市場で広く取引される価格は，企業にとって利潤最大化価格である．これは，第

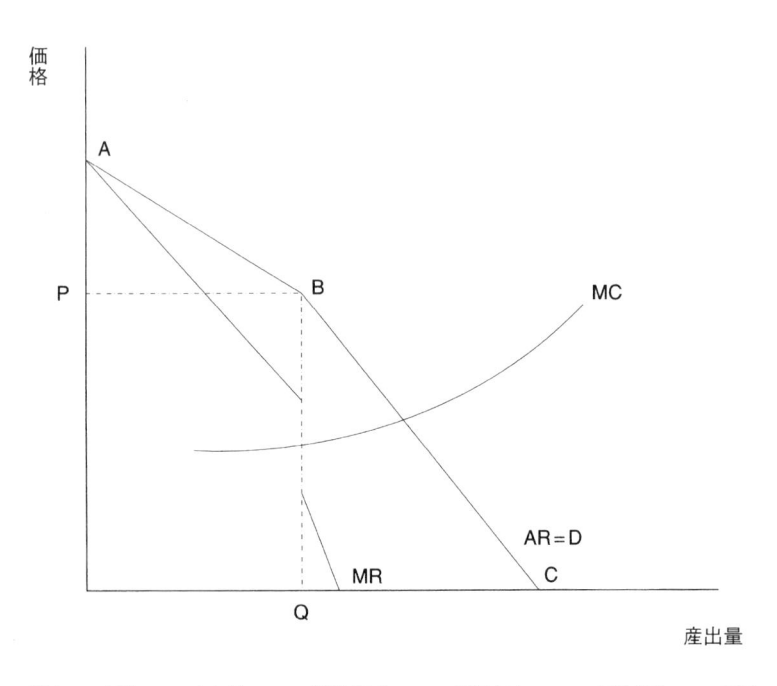

(注) P＝価格, Q＝産出量, MC＝限界費用, MR＝限界収入, AR＝平均収入, D＝需要

第4.6図　ある寡占企業による生産

4.6図で示されている.

　寡占企業の均衡価格と均衡数量はPとQである．もし，企業がPを上回る価格を付けたなら，競争相手は彼らの価格を需要曲線に沿って引き上げないので，企業は需要の大幅な減少を経験する．すなわち，寡占企業の平均収入（需要）曲線は相対的にAとBの間で弾力的（水平）となる．反対に，もし企業がPを下回る価格を付けたなら，競争相手もまた価格を引き下げようとするため，その販売量はごくわずかしか増加しない．すなわち，寡占企業の需要曲線は相対的にBとCの間で非弾力的（急勾配）である．企業の限界収入曲線は，同様に数量Qまでは相対的に弾力的であり，Qを超えるところでは相対的に非弾力的となる．つまり，取引価格Pと産出量Qは，寡占企業間で結託がなければ，安定化する傾向にある．

　理論的には，個々の寡占企業は，産業におけるすべての生産者の結合利潤を最大にする水準で価格を設定しようとする．実際には，産業内のすべての企業が一緒に

行動するならば，結果は独占企業と同じものとなり，価格は上昇し，販売数量は減少する．これは，上述の第4.3図で説明したように，競争条件の下で生じる結果とは対照的である．この意味では，正常利潤以上の利潤獲得を目指そうとするなら，企業間結託に対して正当な理由づけが与えられる．たとえば，航空会社間価格協定や航路割当（route-sharing）協定は，結合利潤を増加させようとする戦略の一例である．他方，個々の企業にとっては，もしうまくいくのであれば，自己の利潤を増加させ，競争相手の市場シェアに対して自己の市場シェアを増加させようとして，相手を騙そうとする誘因が存在する．しかしながら，価格づけ協定や産出割当協定の多くが安定的であるということは，すべての企業が相手を騙そうとするならば，すべての企業がよりいっそう悪化してしまうという事実によって裏打ちされる．寡占企業は価格だけでなく産出量も変化させることができる．そして，バーミューダ・リゾートホテル市場のケースで示したように（Mudambi, 1994 ; Baum and Mudambi, 1995），彼らが価格と産出量の決定を行う場合に競争相手が取りうる反応を考慮する．起こり得る戦略や反応の可能性は，ゲーム理論を用いて検証されている．これは，産業経済学の分析で，最も急速に発展している分野の一つであり，第5章で検討される．

　図示した事例の多くで示したように，観光供給におけるいくつかの観点からみた競争的構造は，企業理論の主流派経済学の分析の中で説明することが可能である．しかし，これらの基本構成概念の妥当性だけでなく，その限界を十分に考察するためには，観光部門や観光市場の形態や構造を正確に概説し，それらの主要な特性を叙述する必要がある．この問題は次節で取り扱われるが，これは最新の諸問題が検討される次章への繋ぎとしての役割も果たしている．

観光供給における市場構造

　観光市場の構造については，すでにいくつかの文献が出されており，それらは観光供給市場内に多くの観光部門の存在を仮定している．しかし，上記で説明した経済学上の競争形態の一つとして，類似の特性をもつ観光部門を全体としてどの程度グループ化できるかを考えることは有意味である．そして，それを行うには，観光供給の特性を明示し，記述する必要がある．まず，ここでは観光学の文献で取り上

げられてきた観光部門を要約していくという方法をとる．観光の市場構造の代表と思われるものを簡潔に記述し，競争状態を示す主要な要因，たとえば集中の度合い，参入・退出条件，価格戦略，利益レベル，生産物分化，費用構造，設備能力，そして企業間の相互作用などを明示する．

　観光の供給項目を分類する場合，それらの項目をどの範囲にまで広げるべきか，あるいは狭めるべきかという問題が生じる．輸送や宿泊施設といった項目の分類は，範囲が非常に広いので，異なった市場構造や経営様式をもつ下位市場への分解が有益であろう．ここで主に用いられる観光市場の分類は，観光学文献（たとえば，Cooper et al., 1993；Holloway, 1994）で採用されているものの慣例に従う．なお，使用された名称に多少の修正を施した（第4.1表）．

　観光供給についての議論は，主に経済学以外の分野でなされており，結果的に経済問題とみなされるものはすべて寄せ集めで，首尾一貫した概観をもたない．事業者向けのテキストの多く，特にホスピタリティ部門のものは，観光供給について簡単に触れているだけで，金融構造，マネジメント，マーケティング，品質や訓練などの議論に問題点を結びつけている．かなりの特定的・応用的レベルにおいては，ホテル，ゲストハウス，休暇村，スキーやタイムシェア・リゾート，そしてテーマ

第4.1表　主要観光市場

宿泊施設	サービスあり
	セルフケータリング
交通機関	航空機
	鉄道
	道路
	・コーチ
	・ハイヤー
	海上
中間財	旅行業
	ツアーオペレーター
アトラクション	自然
	人工的
他のサービス	公的
	私的

パークなどの企業の計画，開発，運営，そして成果にまつわる研究が行われてきた．より一般的レベルでは，観光立地をモデル化しようとする試みがなされており，成長と衰退を決定づける主要な要因を明らかにしようとする地理学者たちによるものである．輸送部門を除いて，観光産業について経済学者の興味は瑣末であり，産業構造や組織の研究，たとえば，ホテルや航空部門での多国籍企業の研究というものが主要な研究になっていた．一般に，サービス部門を無視するという傾向が経済学者にはあり，特に観光においてはそういう傾向があるが，この傾向は，観光産業の各部門の実証的な評価に大きな相違があるために，やっかいな問題を生じさせている．いくつかの文献ではその他の部門についても検討しているが，ここでは検討範囲を限定して，実例ケースとして，宿泊施設，輸送，仲介業者に関して集中的に検討を行う．

宿泊部門

宿泊部門についての簡略な調査では，少数の大きなチェーン店が市場を支配し，寡占構造の印象を与えているといわれてきた．しかし，休暇観光の中のサービス・ホスピタリティ部門は，宿泊施設の所在地や地理的な配置が競争の程度を決定づける重要な要素となっており，多くの小単位に分断されている．さらに，宿泊施設の規模や品質，マルチプロダクトとしての特性（たとえば，サービス宿泊施設だけでなく，キャンピング，キャラバン，ホリデーセンター，タイムシェア）や需要の季節変動といったものは，市場運営に付加的次元を導入する．宿泊部門のこれらの点については，観光の教科書ではいくらかの紙面をとり，考察されている．Holloway (1994) と McIntosh and Goeldner (1990) の教科書はその好例である．したがって，市場構造の種々の形態——完全競争，独占的競争，寡占や独占——は，以下で議論するように，サービス施設からサービスのない自炊的施設に至るまで，部門の異なった要因の条件を反映している．

このような複雑な構造があるにもかかわらず，いくつかの基本的な経済的要因が宿泊部門を特徴づけている．定期性，非貯蔵性，季節性といった問題に直面して，それに付随するあらゆる問題には，固定的な収容力という要因が関わっている．これに類似して，特に広範囲に及ぶサービスを提供するより大きな単位において，経

営者は巨額な固定費用のために，生産物分化や市場細分化といったやり方を通じて，高い市場占有率を達成しようとする．これらの特徴は自然独占と寡占の双方の要因を包含する傾向にある．たとえば，高級なところに集中するホテルもあれば，一方で予算の限られた顧客を相手にするホテルもある．多くのホテルは，1週間のうち平日はビジネスホテル市場に，そして週末はレジャー部門としての市場に狙いを定めることによって柔軟性のある経営を追求している．ホリデーリゾートでは，一年中多種多様のグループのニーズに対応することができる．たとえば，オーストリア，フランスそしてスイスなどでみられるように，冬場にはスキー客に対して，夏場には散策に来た人たちに対して，自炊施設を提供するといったものである．市場の潜在能力を活用しようとするこのような試みにも関わらず，1990年代の当初，イギリスの不動産ブームの頂点でホテルを購入した経営者たちは，ホテル収入では支払いきれないあまりにも高額な買い物をした結果，大きな苦難にたたされている．不動産市場の崩壊は，不動産価値の下落が担保物件の保証性を目減りさせたために，問題をさらに悪化させた．

宿泊施設のいくつかの形態では，個別のホテルばかりではなく，大規模なホテル経営においても，規模の経済性を利用できるということは明白になっている (Horwath Consulting, 1994)．このことは，4つの主要な国際グループ，チョイス，アカー，バス・アンドフォート・グラナダのような多くのホテルを統括するチェーン店が存在することを部分的に説明している．それは，ある程度まで，その他の説明変数となる部門内での集中，所有権の特性，立地についての説明にもなっている．たとえば，アメリカでは企業所有権の比率は非常に高く，30％以上を超えるが，一方，東部地中海ホリデーリゾート観光地では，家族所有事業からなるものは，2％を下回る．いくつかの大きな宿泊施設グループは，接収や合併だけでなく，フランチャイズ制，賃貸，マネージメント契約，共同協約などによって，彼らの市場占有率を拡大しようと試みている．企業間の経済的統合は固定費用と参入障壁の低下をもたらし，市場に新たな区分を作り出すことによって，占有率の増加を可能にするかもしれない．独立したより小さな企業経営者たちは，時には経常経費を減らすために協力的な合弁企業を設立することによって，たとえば，紹介システムや予約システムを設置することによって，大きな企業の力に立ち向かおうとしている．

主に商用旅行者を相手にしている法人経営の大規模ホテルは，大きな市街地やその周辺，空港，陸上輸送ルートに密集する傾向がある．休暇用ホテルは，観光客にとって特に魅力のある場所や行楽地に密集しているけれど，個々独立して，より広範囲に点在している．この意味において，宿泊部門は，アクセスビリティや補完性，都市経済学の中心的な教義がその特徴をなす小売市場における独占的競争と類似している (Balchin *et al.*, 1988)．都市経済学の理論では，重要な立地場所は商業上の利益，たとえば，より高い回転率や利潤を与えてくれるといった便益をもたらしてくれることを示している．そして，高コスト地域において，なぜ大きな企業がより小さな企業より高値を付けることができるのかを説明している．実際に，市場独占は特定用地における立地的独占のために生じる．またこの理論は，より小規模で低品質のホテルが，海岸通りから離れた立地条件としてはあまりよくない場所に押しやられた海浜リゾートのような休暇地域における宿泊施設の形態を説明する手助けにもなっている．これは空間レント／不動産価格勾配について説明している．それによると，個人事業にとって，立地は不動産／土地コストにより決定され，各局面は競争的行動下での特定の用地に対する需要によって順次決まっていく．空港の周辺，都心部，海岸通り沿いでは土地コストは高いが，そのような場所からより離れたところでは用地に対する需要が小さいので，土地コストも低くなる．したがって，低収入や低利潤の事業は低レント／価格の地域に追いやられる．しかし，このような密集地以外の特定の観光地では，競争の度合いは低いけれど，消費者に開かれた休暇の選択肢の数と利用できる宿泊施設の規模と品質の範囲を所与とするならば，競争の度合いは市場全体に関して重要な意味をもっている．たとえば，夏の日光浴パッケージ市場では，一定の需要に直面して市場構造は非常に競争的となり，観光地やさまざまな形態の宿泊施設が数多く存在し，そしてそれらは幅広く分布している．

　自炊施設部門は，宿泊施設市場において興味のある領域であり，高い成長率と際だった多様性を示している．自炊施設部門は，宿泊客が利用できる追加的な部屋を提供することによって，サービス施設部門を補完している．また自炊施設部門は，多くのアトラクションやさまざまな設備を提供するという目的で建設され，再開発されてきた観光センターの中に組み込まれている．休暇センター，休暇村，タイム

シェアはこの範疇に属している．たとえば，センター・パークスは革新的な市場のリーダー的組織であるが，その一方でかつて生産物の品質向上に努めてきた低コスト会社である，イギリスのバトリンズ，ヘブン，ホリマリーン，ポンティンスそしてワーナーズの広場には遊びを楽しむ多くの人たちがいる．ディズニーバケーション（Disney Vacation），ハッピマグ（Hapimag），バケーション・インターナショナル（Vacation International），ヴィラオーナーズクラブ（Villa Owners Club）やタイムシェアは，休暇センターという考え方では同じものであるが，しかし消費者側の資本投資を含むという点では異なっている．しかしながら，これらのうちどれ一つとして，次の2つの主要な経済的特徴を示す市場を制御することができない．第1は，品質基準が広範囲に及び，それゆえ市場の細分化が目標とされ得るような市場である．第2には，相対的に初期の段階にあり，結果として起こりうる特性や競争構造を予見することが困難であるような市場である．

　休暇宿泊施設について浮かび上がるイメージは，たとえ市場取引全体の金額に関するものでなくても，中小規模の事業経営が数値的に優位を占める分断化された宿泊部門としてのイメージである．これは主に参入障壁が相対的に低いことと一般的に労働集約的特質の結果である．そして，需要と供給の双方が空間的に分離しているために，その重点は小さな市場領域内の顧客サービスにおかれている．したがって，市場は，経済学的分類の一形態以上のものを反映した特性を示しており，密集化した場所での小単位間での高い競合状態から，大規模ホテルによる特定の場所への事実上の独占にまで範囲が及んでいる．しかしながら，観光宿泊施設における新古典派分析の適切さは，その細分化と時間的・空間的次元によって検討される．結果的に，経済分析における2つの分野が，宿泊市場の理解と説明に適応しているように思われる．市場構造，参入条件，集中，生産物分化，細分化そして空間的競争についての産業経済学の関心は確かに適切なものである．立地の決定と空間的活動分布に焦点をあてて分析を行う都市経済学と地域経済学もまた貢献しうる．これらのアプローチは，本書では詳細に検討していないが，A.W. Evans (1985) のテキストでは考察されている．そこでは，さまざまなタイプの宿泊施設の立地場所について正当な根拠づけを与える原理原則と対比しながら，オフィスや小売営業所設立における立地の理論が議論される．

独占に対して完全競争との繋がりの中で，市場条件をモデル化することで空間的要因の重要性を包括的に考慮するならば，観光宿泊施設の市場構造はコンテスタブル-独占的競争の状態に一致する傾向がある．ビジネスやリゾートの中心地においては，大規模ホテルは寡占的状況を経験するが，それ以外の地域ではその構造は独占的競争により近い．かなりの細分化の下での宿泊施設の形態や品質についての部門内選択は，宿泊施設についてのイメージを幾分曇らせている．たとえば，他のものよりもよりコンテスタブルである自炊宿泊施設がそうである．実証的検証が欠如しているため，ここではそれ以上の推論を行うことはできない．

仲介業部門

ツアーオペレーターと旅行代理店は相互に集まり，巨大な市場に対して主に休暇旅行を小売りしている．ツアーオペレーターの役割は，休暇パッケージ旅行を供給することと，旅行の供給者，宿泊施設，観光施設とサービス，発地と目的地の双方と旅行者との間の結びつきを促進することである．通常は割引価格を交渉することにより，旅行代理店を通して，または顧客に直接に割引価格で小売りすることで，彼らは生産物の構成要素を手に入れる．ツアーオペレーターはさまざまな方法で運営されている．たとえば，休暇会議において個別企業を単独に専門化するという方法，さまざまな利害をもつ複合企業経営の子会社として市場取引するという方法，また航空路線を区分し，旅行代理店と連結して市場取引するという方法などを挙げることができる．

ツアーオペレーター

産業経済学において重要な問題となる依頼人（principal）- 代理人（agent）関係は別として，たとえばヨーロッパやアメリカの仲介業市場の構造は興味ある問題点を提起している．所有権・支配権・市場シェアという点からみると，市場には何人かの大きな力をもつプレーヤーたちが存在している．アメリカでは，1990年代初期，全体として約1,500のツアーオペレーターがいたが，そのうち40のツアーオペレーター（3％）が，市場の約3分の1を支配していた．イギリスでは，1993／1994年に授与された ATOL（Air Travel Organaizer' Licence）の1,700万シートの

うち，トップ10のツアーオペレーターが70％以上を占めていた．4つの会社——トムソン，エアーツアーズ，オーナーズ・アブロード（1994年以降第1選択権），コスモス——が，航空休暇旅行ライセンス獲得者のうち約60％を占めた（民間航空局（CAA），1994；N.Evans and Stabler, 1995）．この顕著な集中に加えて，旅行，宿泊，旅行代理店や休暇サービスに関して拡張的な垂直的統合も存在している．

ツアーオペレーターの明記すべきその他の特徴としては，集中の度合いにも関わらず，企業の増加率とその総数にある．アメリカでは，600近くの会社が1970年代後期に営業していたが，1985年にはこの数が1,000以上にまで増加した（Sheldon, 1986）．同様に，イギリスでは，1985年には約500社あったが，1993／1994年までに，1,000社が認可され，約2倍に増えた（N.Evans and Stabler, 1995）．しかし，より重要なことは，ツアーオペレーターの誕生と消滅であり，たいていは小規模企業に該当する．アメリカとヨーロッパの双方において，1970年代後期に業界にいた3分の1に当たる人びとのみが，1980年代後期の中頃まで，まだ同じ業界で勤めていたということが報告されている（Sheldon, 1994）．イギリスでは，1992／1993年に24の企業が取引をやめ，1993／1994年には別の20の企業が取引を停止したが，それにも関わらず，企業の全体数は増加した．

ツアーオペレーターの成果は，市場状況，特に為替相場，発地国の景気後退，インフレーション，目的地でみられる政情不安などの要因から生じる需要の変動に非常に影響されやすい．観光開発や観光目的地の継続的拡張という事態に直面すると，時には収容力が需要を上回ることさえある．さらに，ホスピタリティ市場のような場合には，季節性が重要な要因となる．大規模企業は，低いマージン（前払い予約金を運用することで生み出される重要な収益割合）の下で高い販売量に頼っている．高い販売率は，効率的経営，広範囲な市場に対する幅広い知識，運送業者やホテル経営者から大きな割引率を得るための市場力を通じて，実質的に規模や範囲の経済性を達成することを可能とし，そのような過去の成果がさまざまな問題解決の鍵となっている．小規模で，より専門化されたツアーオペレーターの場合には，固定投資が低くても，固定投資からの収益は相対的に高まる．にもかかわらず，多くの企業は何年間にもわたって損失を被っている．また純利益はあるが，それらはそれほど多くない．かなり不安定ではあるが，イギリスでは，収益が4％以下になること

がよくある.

　包括パッケージ市場では，キャッシュ・フローを生み出すために売上高を確保するための激しい競争がある．その結果として，先の予約を促すために次期シーズンのパッケージ新製品を売り出すことで，ディスカウントが広範囲に広がる．またディスカウントは，超過した収容力を満たすために，シーズンの終わりにも登場する．潜在的な旅行者のディスカウント期待は，シーズン初期の企業に対する旅券予約を先延ばしさせるので，ツアーオペレーターにとって問題を悪化させる．というのは，コスト以上に利益がほとんどない休暇旅行を売りさばかなければならないばかりか，彼らのキャッシュ・フローも不利な影響を受けるからである．1990年代初期には，イギリスでの予約の遅れは，夏の日光浴パッケージ市場の約40％を占めた．しかし，1996年8月に先導的ツアーオペレーターが休暇旅行から撤退し，1995年には利潤のかなり減少を導いた消費者側の延滞行為を阻止しようとして価格を引き上げた．割引戦略とは，マーケット・シェアを維持し，増加させるために特価販売の表示をすること，そしていくつかの新たなタイプの休暇旅行を売り出すために長期間（時には3年間もの期間）をかけて企画・検討したことを反映させていくということである．しかし，販売を過剰に見積もると，過剰供給に陥ることになる．大規模企業でさえ，彼らの市場での地位を守るために，しばしば価格戦争に巻き込まれている．

　イギリスやその他の多くの国ぐににおいて，あまり激しい競争市場状態にないにもかかわらず，参入と退出の容易性，ツアーオペレーターの数，激しい価格競争，低い収益性，深刻な損失等の多くの要因が，すべてを競争に向かわせる．しかし，パッケージ休暇旅行階層におけるマーケット・シェアの集中度は，寡占構造を示唆している．宿泊部門に関しては，現実の市場はあまりにも複雑で，市場構造についてのある単一の理論モデルでは，到底理解できない．したがって，異なった競争条件によって特徴づけられる別の区分を考える必要がある．このことは，明らかな市場固有の不安定さに加えて，新古典派の理論的枠組みでの分析の限界性を明示するような未発達な市場であることを示唆している．

旅行代理店

　旅行代理店は，商用旅行や休暇旅行等あらゆる種類の旅行を手配する仲介業者と

して機能している．旅行代理店がツアーオペレーターの役割を果たそうが，運送業者，ホテル経営者，レンタカー経営者，保険会社のような最終的な供給者の役割を果たそうが，旅行代理店とは，依頼人の代わりに旅行の代行業務を行っているのである．観光供給における旅行代理店部門は，複数の代理店をもつ，限られた数の企業に集中し，ツアーオペレーターや運送業をも統合しているような旅行代理店が，アメリカでは特に，市場の中で優位を占めている．低いマージンに対しては，高い取扱高（回転率）が必要とされる．手数料は，平均して10%を下回っているが，操業コストのすべてを埋め合わせ，純利潤を生み出すための総マージンを表すものである．仲介業市場において，旅行代理店部門は数の上では急速な成長を遂げている．アメリカでは，1970年代初期以降，旅行代理店の店舗数は約5倍に増加している．1990年代初期には，旅行代理店の店舗数は30,000店あるいはそれ以上存在しており，その3分の2以上が単一の代理店であり，そのちょうど5分の1が複合企業の支店である．これは，ヨーロッパとは対照的で，ヨーロッパでは単一の代理店はわずか全体の3分の1で，主要な複合企業（100以上の支店をもつ）が全体の4分の1以上を占めている．ツアーオペレーターに比べると，旅行代理店の倒産率は記録の上ではやや低い．現在，業界の半分近くの代理店が，10年もしくはそれ以上操業を続けている．しかし，販売額に関しては，複合企業が優位を占めている．イギリスでは，1990年代初期までに，20の代理店企業が市場の約2分の1を獲得し，わずか5社の企業が市場の約3分の1を支配している．

　ツアーオペレーターと同様に，規模の経済性や範囲の経済性が旅行代理店部門を特徴づけているが，イギリスでは，これらを十分に機能させるためには，一つの企業は150から200の支店を所有する必要がある．その主要な経済性は，中央の主として非営業部門，経理やコンピュータ使用などのサービスを提供する部門の中から獲得される．しかし，1980年代後期のイギリスにおける複合企業の経験では，規模の経済性が実際に達成され，小規模な複合企業は接収されていったという事実は立証されていない．このような系列化への努力がいつも有益であるとは限らないため，大規模な複合企業は市場シェアをいつも増加させようとはしてこなかった．明らかとなってきたことは，新たな支店を選択して開設するというやり方は，時には大きな店舗やフランチャイズ制を通じた新たな形式によるものではあるが，それは小規

模企業を接収していくよりも,たいていはより優れた戦略であったということである (Liston, 1986).

Liston により提示された証拠は次のようなことを指摘している.独立した旅行代理店同士が大きな系列化の支配に対抗しようとして協力し合うかもしれないけれど,イギリスにおけるツアーオペレーターのような旅行代理店は,極端に大規模なものか極端に小規模なものかに分極化しているように思われる (Daneshku, 1997). 低い参入コストは,多くの独立した旅行代理店を説明するには有効であるが,もう一つの重要な理由は,旅行代理店は小売業の活動として,よりいっそうの個人的サービスを可能とするために,通常顧客との一対一の契約を伴うものであるということである.よく訓練され,技能をもった従業員との緊密な経営管理が,事業にとっては一つの資産であり,忠実な顧客を生み出してくれる.単一の独立した旅行代理店や地方の市場についての十分な知識をもつ小規模地域系列店は,複合企業の支店よりもうまくやっていくことができる.特に,そのようなところでは確実なサービスやタイプ別の観光を専門的に取り扱うことが求められている.この意味では,休暇旅行の販売に定式的なやり方をもつ大規模な複合企業は,規模の不経済性という損失を被る.

空間的要因に関して,有利な立地場所は成功にとっての重要な決め手である.しかし,旅行代理店だけでなく,他の小売業者からも有利な立地場所を占拠するための競争が発生するために,この有利性は主要な用地のコスト高によって相殺される.とはいっても,旅行代理店の空間的な分離はこのような競争を沈静化させている.また,企業に対しては,投資に基づく適切な収益を獲得することを可能にしている.確実とはいえないが,アメリカにおいて郊外や小さな都市圏で営業している独立代理店が全体の約60%を占めるという高い比率を,それはある程度説明している.旅行代理店の競争構造については,学者(たとえば,McIntosh and Goelder, 1990 ; Holloway, 1994 を参照せよ)と事業者との間で意見は分かれている.技術革新,特に,コンピュータ予約システムの領域への情報技術の導入は,複合的な効果をもつことが証明されている (Bennett, 1993).依頼者にサービスを提供する事業者に対して影響を及ぼすことによって,また,たとえば Thomson's TOPS(トムスン・オンライン・プログラム・システム)のように,依頼者がそうするという条件の下で,

会社と交信する唯一の手段として依頼者自身との取引に固有なシステムを利用することによって，依頼者は潜在的に旅行代理店への依存性を増大させるので，競争する者同士の衝突を減少させることができる．このような営業方法は，消費者利益に反する動きとして取引制限を引き起こすばかりでなく，多くのシステムにアクセスする手段を設定する必要があるために，代理店コストを増大させることになる．また，この方法は代理店による規模の経済性の長期的達成を妨げることにもなる．

　取引協会が永続的に制限的な方法を続けるのか，それとも仲介業部門でより効率的な方法を促進していくのかという問題は，いまだ未解決である．旅行代理店と提携している人びとは，取り引きされるものを，会員として高い比率で獲得することが可能である．すなわち，旅行代理店と提携する人びとは，ツアーオペレーターの失敗に対して自分自身を保護するとともに，顧客に対しても再保証するための契約書に署名する必要がある．この契約書に署名することは，会員として認可されるための前提条件となるのである．米国旅行業団体（ASTA）や英国旅行業協会（ABTA）がその好例である．また小規模企業では，より大きく強力な依頼者や公共体に対して，彼らの利害を代表することによって，適度な保護を与えてくれるものとして，これらの団体組織を考えてきた．近頃，このような団体組織の機能が，会員制にかかるコスト高や会員を過度に保護するものとして，疑問視されてきている．このように，仲介業市場の多くの局面は現在の経済学にとって興味深いものである．特に寡占的状況と競争的状況の双方に存在しているような企業戦略や企業経営の研究は興味深い．

　寡占的構造はイギリスの仲介業部門で広く普及している．10にも満たないツアーオペレーターが，包括的休暇旅行市場を支配し，旅行代理店が営業する期間を決定している．これは，ツアーオペレーターが顧客に対して直接に販売することができるという特別な場合に限られる．したがって，旅行代理店は不完全競争市場から投入物を獲得するが，激しい競争市場の中で旅行商品を販売しなければならないという特殊な状態にある．この特殊な構造は，企業の理論を再び厳密な検証の下におく．そして，その問題点の一つは，産業経済学分析枠組みの文脈の中で，旅行代理店部門の競争的構造の特性を構築するために実証的調査が必要であるということである．

輸 送

　広範囲にわたる輸送方式を所与とすると，それぞれの輸送方式が内包している固有の特徴，競争的特性と構造，輸送手段といった要因は，多くの下位的市場の中で最も多く検証されてきた．たとえば，飛行機，乗合バス・長距離バス，フェリー，鉄道といった主要な営業方式は不可分性，固定的収容力，高い固定費用，周期性，季節性といった要因から生じる諸問題を避けて通れない．それにもかかわらず，それらの個々の市場構造や状態にはかなりの相違がある．また，それらの相対的な重要性も，輸送した乗客数，生み出された収益，代替可能性の度合いなどの要因によって異なっている．国際旅行にとって，飛行機は，乗合バス・長距離バス，船，鉄道よりもはるかに優れている．航空機利用者数は1960年代以降，非常に高い成長率を示し，技術変化によって，将来の継続的な成長の可能性を膨らませている．カーフェリーの経営は，貨物客船の導入によって利益を得ている．乗合バス・長距離バス，鉄道交通は自家用車での旅行が普及してきたことによって相対的に需要が減ってきている．

　運輸の下位的市場の構造と競争状態は，明確な輸送方式と規制による厳しい制約との相互作用によって強く影響されている．また，輸送方式の内部でも競争が存在している．航空部門と同様に，多くの短距離・長距離路線において熾烈な競争がみられる．同じような状況は，乗合バスや長距離バス市場にも該当する．フェリー市場においても，多くの路線が激しい競争下に巻き込まれている．重要な共生的な相互関係が輸送方式の中には存在している．たとえば，航空旅行は，乗客に対して空港までの送迎として，乗合バス・長距離バスと鉄道の双方に依存している．同様に，海洋航海においても，その輸送の大部分を道路や鉄道輸送に依存している．一方，巡航定期船市場でも，航空旅行客をターゲットとして，客船の出発地点までの送迎に重点をおいている．もしレンタカー部門を含むとすれば，この部門は大部分を航空路線に依存していることは明らかであり，増加しつつある商用旅行の手段として，フライ-ドライブ・パック旅行（飛行機とレンタカーをパックにした旅行）がしばしば交渉される．この補完性は，運輸市場では重要な特性ではあるが，輸送方式の内部やその方式間で激しい競争が存在するということを否定するものではない．輸送方式間での競争に関して，イギリスとフランスを結ぶドーバー・トンネル

(Channel Tunnel)が開業したことで，いくつかのフェリー会社の合併が寡占的市場構造の可能性を高めてきているが，これはフェリーと鉄道との過激な競争を説明している．いくつかのヨーロッパの国ぐにでは，国内線において，航空旅行と鉄道旅行が競合し，特にその地域では鉄道網は最新式の高速列車に改良されている．また乗合バス・長距離バス旅行と鉄道も競合している．後者のより短い移動時間に対して，前者は安い移動コストを売りものにしている．

　運輸規制は，主に2つの理由で行われている．それは，国営・公営，あるいは政府支援の輸送方式に対する市場の安全性と保護という理由によるものである．規制の影響に対する関心は，競争を促進させることを目的としての規制緩和を中心とするものである．しかし，このような行動は，航空輸送や乗合バス・長距離バス輸送業界の中で明示したように，たいていは意図したものとは異なる，反対の効果をもたらすものであることが明らかになってきた．さらに，規制の範囲が特定の輸送方式の内部でさえも変化している．航空運輸業界では，他の運輸業界よりも厳しい規制を受けて，競争的状況にかなりの変化が生じている．

航空旅行

　航空輸送業界の運営と規制については，商用旅行や休暇旅行の文脈の中で広範囲に検討されてきた（Levine, 1987; S.Shaw, 1987; Button, 1991）．1990年代初期に，その状況についての有益な報告が，Ferguson and Ferguson（1994）と Lundberg et al.（1995）によって提出された．そして Melville（1995）は，計量モデルアプローチを含むこの部門における経済学的研究を徹底して再検討し，評価を加えた．航空輸送業界の状況や構造についての証拠は，他の輸送市場で起こった数多くの観光問題や経済的問題を例証したものである．特に，経済環境は，規制と規制緩和によって生み出され，その結果的として，競争水準が決定されるのである．同種の要因は，数多くの航空会社における民営化の過程にもある．航空会社の費用構造は複雑で，経営コストや効率性は，マーケティング・システムや予約システムのような乗客支援サービスだけでなく，飛行する距離，航空機の大きさと種類，有料乗客数に関する技術的要因にも関連している．一方，資本コストは航空機が即金で買われたものか，リースであるのか，新品なのか，中古なのかといったことに影響を受けるよう

である．空港チャージや地上取扱費などの直接費用や間接費用は，航空路線における規制の範囲外である．一見して，航空会社は一定の収容力の下で固定費用の高い企業である．それゆえ採算をとるためには高い有料乗客数を獲得する必要がある．わずかな時間を飛行するのに，離発着の多い短距離飛行は，長距離飛行に比べて相対的にコストがかかる．その上，航空機は特定の距離をできる限り効率的に飛行するように設計されている．たとえば，わずか2,500キロまでのヨーロッパ航路にジャンボ・ジェット機を飛行させることは非経済的である．一般的には，もし決められた運行路線を飛行するならば，大型航空機を就航させることにより技術的効率性からもたらされる規模の経済性が存在している．加えて，規模の経済性は急速には減価しない．航空機の技術的な発達度合い，たとえば，航空力学やエンジン効率性のために，不確実性は重要な要因とされる．

　サービスを提供する航空輸送市場は，多くの方面から航空路線運営の経済面に影響を与えている．定期便サービスに対して，有料乗客数や収入を最大にするためには，その需要を予め確認しておかなければならない．たとえば，ビジネスクラスやエコノミークラス客の人数に関してその構成を確認しておくことなどである，航空会社によって採用されている方法は，"イールド・マネジメント"とよばれるもので，その最も発展した形式は，完全に差別化された独占価格づけと類似している．また価格づけ政策においては，運行経路，目的地や滞在区間，競争の圧力，需要の長期的水準なども考慮に入れる必要がある．チャーター便サービスは，予め有料乗客数を十分に確認しておくことができるので，市場の不確実性を小さくする．しかし，チャーター便航空会社が逆に定期便航空市場に入ってきたので，これら2つの主要なサービス形態の違いを判別することが非常に難しくなってきた．これは，休暇チャーター路線での旅行が，定期便サービスを保証するほどに規則的になってきたために生じたものである．逆に，国有化されたときには，たぶん社会的サービスとして運行されると思われる，いくつかの利用されていない定期便サービスは，特別なチャーター便によって，より不定期に運行されるかもしれない．

　規制緩和や民営化の出現は，劇的に航空経営を変化させ，いくつかの興味深い経済的結果をもたらした．1978年に規制緩和を行ったアメリカの経験は，統制を緩和するために運動を開始したEU（欧州連合）のように，他の地域で起こったことに

密接な関連性をもっている．市場への参入が容易になると，新規企業が市場に参入し，競争は明らかに激しさを増した．これは，参入コスト，特に資本コストが，通常考えられている指標より低いということを示唆している．チャーター，リース，中古航空機購入は，参入の容易性を助長し，予約交渉，地上取扱サービス，専門契約企業や古くからある大規模航空会社とのメンテナンス契約などが行われることになる．短期的には，競争が増大すると，料金の下落がもたらされ，市場は拡大する．また航空会社は，顧客ニーズに対してより敏感になる．

しかし，最近の研究成果によると，廃業に追い込まれるような厳しい財政上の問題を抱え込んでいる，かつては主要であったいくつかの航空会社について，規制緩和のマイナス効果が指摘されている．アメリカのパンナム（Pan Am）がよく知られたケースである．また，非常に制限的な国際運賃政策やナショナル・フラッグ・キャリアとしての政府支援によって生み出された流動的な構造のために，エアフランス（Air France），イベリア（Iberia），サベナ（Sabena）やSASのようなヨーロッパのいくつかの主要な国営航空会社は，特に重要な路線区における厳しい競争に適応していく中で，さまざまな問題を抱え込んできた．消費者にとっての利益は一時的なものである．というのは，合併や相互協定，そして小規模な新規参入企業の失敗を通じて，航空会社の数は長期的には確実に減少しているからである．この集中と企業合併は，大きな航空会社が重要な路線区を支配し，価格水準の押しつけや選択を制限するための市場支配力を獲得するとき，より高い航空運賃へと導く傾向にある．長距離フライトが主要空港に集中している航空旅行のハブ・スポーク形式の発展は，小さな支線の航空会社に対して，ある特定の路線に特化した市場ニッチを創り出す機会を与える．とはいっても，大規模な航空会社がスポーク路線の提供される条件を決定するかもしれないが．航空会社は，メンテナンスや安全性の限界にほとんど注意を払わず，サービスの質を低下させても競争に生き残るために，費用を削減するということに余分な関心を払っている．

下位的な市場での成長率の相違や規制緩和は航空路線構造や市場に対して十分な効果をもち得ていないという事実を受け入れるなら，航空旅行の様式は着実に進化しているといえよう．しかしながら，一般的に非営利航空会社への助成金支給を禁じているEUのように，民営化計画や協定により国営航空会社に対する政府の支援

が低下してくると，市場力は少数の国際的巨人の下に集中するという兆候がでてくる．その好例が，英国航空とアメリカン航空との協定案であった．世界で最大な航空会社である2社は，イギリス-アメリカ路線の約60%を支配している．

　航空産業は観光部門の中で最も調査されてきたが，これについて要約された事実は，国内の独占や寡占構造は共通しているが，単一政府の支援による航空会社や，少数の競争下にある航空会社における規制緩和は，短期的にはいくつかの市場を競争的にするということである．国際航空市場では，いくつかの路線は競争的であり，多くの運輸業者によって供給されてきた．ごくわずかな路線は，独占力を行使したいと思っている単一の運輸業者により運行されているが，その他のほとんどは，少なくとも2つの運輸業者によって供給され，寡占市場を示している．しかしこのことは，市場構造を説明するための，企業の理論における分析を弱らせるものではない．それは，部門を下位的市場に分割することや，それぞれを分けて考えることの必要性を示している．再検討されてきた他部門と同様，規制緩和と外国への航空旅行需要の変化を反映して，この部門は流動的な状態にあるといえる．

他の輸送部門

　乗合バス・長距離バス，フェリー，そして鉄道部門の構造は，航空旅行の構造と類似している．それらにおいても，高い資本コスト，固定収容力，ピーク需要，収益路線を支えるローカル路線の必要性などの問題を抱えており，ある種の政府支援と規制が，これらの業界を特徴づけている．他方，収入を最大にし，超過収容力を満たすために，規模の経済性を利用し，価格差別を行うための機会が存在している．たとえば，鉄道部門の主要な問題は，貨物列車，信号システムや各駅と結びついた高い固定費用にある．イギリスでは，民営化プロセスはこの基本的施設を鉄道車両から切り離すことによって促進されてきた．これは，参入コストを減らすことを可能にするとともに，民営化を航空旅行と類似したものとして受け入れることを可能にした．つまり，空港や空港内サービス，航行や航空交通制御システムといったものが，航空会社に代わる団体組織によって運営されているのである．鉄道市場における規制緩和と民営化，そしてそれらを商業的に運営することの難しさは，航空旅行において発展するハブ・スポーク構造と同じ論拠で，鉄道市場は主要な都市間サー

ビスを支えるための可能性はもっているが，非経済的な路線であれば容赦なく，閉鎖されるということである．航空旅行とのもう一つの類似点は，不完全なイールド・マネジメントのような複雑な価格づけシステムによって超過収容力を満たそうと努力しているところにある．

　乗合バスと長距離バス市場における多くの要因は，航空や鉄道部門と類似している．1990年代中期における市場の主要な問題は，老舗経営者と新規参入経営者の両者に対して不確実さをもたらしたイギリスでの規制緩和に伴って，標準的なサービス，安全性，信頼性の基準化を設定することである．そして規制緩和の目的は，航空旅行市場のように，より大きな競争を引き起こすことである．大多数の新規経営者は，実質的な過剰収容力に陥っている．これは最初，重要路線の価格を低下させるけれども，多くの小規模企業の参入は，国や地域レベルでの取引の集中に伴って生じてきたものである．大規模企業は，より包括的な保障を提供するだけでなく，有料乗客数と運行時間に関して運送機関をより十分に利用し，小規模企業の長期的存続を危うくさせるような高い運賃で最も儲かる路線のみを運行するといったことにより，予約，修理とメンテナンス，運営と広告といった要因と同様に，規模の経済性を利用することができる．結果的に，市場支配力は，わずかな者の手に委ねられる．

　フェリー市場は，私道，長距離バスや鉄道輸送方式に貢献し，特にヨーロッパにおいては，水上休暇旅行の増加に伴って，いちじるしく成長している．ホバークラフト，水中翼船や双胴船のような新たな運搬形態は旅行時間を短縮させ，輸送方式における内部と相互間の競争を増大させながら市場を拡大させている．短い路線区は，短距離航空旅行と多少類似した高い参入と経営コストとを伴っている．船の規模とスピードを増加させることで規模の経済性は働くが，これらは荷積みと荷下ろしにかかる往復時間を増加させ，また航空，乗合バス・長距離バスや鉄道市場と同種の複雑な運賃構造と旅行条件をもたらすオフピーク期やオフシーズン期の超過収容力の危険性により相殺される．企業は，収入を増加させるために船内での消費支出に大きく依拠している．長距離路線では，定期性や季節性の問題はより深刻化しており，遠く離れた離島のコミュニティでは，政府支援が必要とされている．

　アメリカにおいて，観光における海上基地形態としての巡航定期船部門の存在は，

特に全市場の4分の3以上を占める成長部門であるため，知っておかなければならない．経済的観点からみると，巡航定期船部門は，航空旅行部門と同じ特性をもっている．チャーター船よりも，むしろ船を所有する経営者に対して，高い固定費用が課せられ，資本集約的であり，また，巡航定期船部門はかなりの出来高制に依拠しており，固定収容力を満たすために客席予約を繰り返している．技術的に，最適な効率性で運行できる船と飛行機の形態には類似点があり，高い有料乗客数は本質的な要因となっている．

観光供給の主要な特徴

　先の観光部門における概要で述べたように，観光供給の構造と企業間競争の程度や様式におけるより進んだ分析は，この章の最初の部分で提示した理論モデルを参考にすることにより進められる．理論モデルは，市場の競争構造を示す多くの規準を明らかにした．たとえば，企業の数や規模，参入・退出障壁の水準は，寡占や独占力が観光企業で行使されている度合いを示している．同様に，市場集中や価格先導制の程度は，企業内競争水準における潜在的限界性を示している．これらの規準は，異なった国ぐにおける特定の観光部門の文脈の中で検討することを可能とし，広く普及している市場構造の形態や企業内競争の特質への洞察を提供してくれる．また，これは，損益分岐を上回る利益を抽出することに対して，さらには消費者の厚生（welfare）に対して，異なる種々の市場構造と密接な関係があるために有益なものである．

　理論モデルと観光部門における概要との双方で確認される主要な規準は以下のものである．

- 企業の数と規模
- 市場集中度と参入・退出障壁の水準
- 規模の経済性と不経済性，そして範囲の経済性
- 資本の不可分性，固定収容力，操業と結びついた固定費用
- 価格の差別化と生産物分化
- 価格づけ政策――価格先導制，価格戦争，市場シェア戦略

最初の4つの規準は市場構造について指示するものであり，一方，最後の2つの

規準は，不完全競争市場の中で企業が追い求める戦略に関係している．第5章でのより産業経済学志向的分析への橋渡しとして，本章では理論的・実証的議論とを結びつけながら，これらの規準が以下でより詳細に議論される．

企業の数と規模

多くの小規模な企業が存在しているところでは，市場が競争的であると推測される．対照的に，少数の企業が寡占的構造を示し，単一の企業によって支配される極端なケースが独占である．登録と規制に関する必要条件があり，取引協会が存在するところでは，運輸や仲介業部門における企業の数と規模に関する事実確認は相対的に容易である．たとえば，国際航空輸送協会（IATA）や国際民間航空機関（ICAO）は航空会社に関する統計を公表している．一方，イギリスや他の多くの国ぐにでは，仲介業者数の推定を可能とするツアーオペレーターや旅行代理店の代表である仲介業取引協会が組織されている．しかしながら，宿泊部門の規模，多様性，そして細分化は，国際的水準のホテルを除いて，その数を明確にすることを非常に困難なものとしている．

企業の規模は，従業員数，販売収入，単位販売数から，用いられた資本に至るまでさまざまな変数によって計測することができる．宿泊部門では，各ホテルによって提供される部屋数，または達成されたベッドナイト（bednights）の総数が有効な指標となる．販売された休暇旅行の数は，仲介業者にとって計測可能な指標である．運輸業者に関する事例では，輸送された乗客の数，異なった運送業者に対して比較可能な乗客キロメーター，市場全体の比率や設定された細分化比率などがある．航空輸送業者の場合，IATA統計の表すところでは，1990年代初期，国際旅行において，英国航空は，運搬した乗客数が最も多く，乗客キロメーターも最大であった．それに続いて，ルフトハンザ，エアフランス，日本航空となっている．イギリスの仲介業部門では，民間航空局（CAA）データによると，1990年代中期には，航空包括旅行（AIT）市場で最も大きなツアーオペレーターはトムスン（Thomson）であり，販売された休暇旅行総数の約4分の1を占めていた．

国内あるいは各国間での観光部門における構成は，企業の数や規模に関して異なっている．いくつかの国ぐにでは，航空部門において，ハワイのアロハ航空のように

国内独占が存在しているところもある．その他の国では，寡占的構造が広くみられる．たとえば，南洋州（オーストラリアとその周辺国）では，航空輸送部門は，相互協定をうまく利用した2～3社の航空会社によって支配されてきた．宿泊部門内では，差別化された生産物を販売する数多くのホテルは独占的競争状態を示しているが，一方で乗合バスや長距離バス部門のいくつかは激しい競争状態におかれている．しかしながら，いくつかの部門では，少数の大規模企業が実質的な市場シェアを支配しているけれども，市場の残された部分においては，多くの小規模な企業が激しい競争を展開していることもまた確かである．したがって，いくつかの観光市場において，市場間である程度の相互作用を伴いながらも寡占と併存し，激しい競合状態にある多種多様な競争を想像することは可能である．たとえば，タイムシェア概念やアクティビティ休暇旅行の場合のように，小規模な企業によってなされた革新的な事柄が，その後より大規模な企業に取り上げられることになるかもしれない．このように，観光市場は複雑で，二者択一的な競争構造によって特徴づけられる，異なったさまざまな下位部門から成り立っている．

市場集中度と参入・退出障壁の水準

　集中度とは，市場の競争度合いを計る有効な指標である．高い集中度は，寡占や独占を示すものであり，その一方，集中度が低い範囲においては，高い競争水準を意味している．集中度の測定は，企業の数や規模に焦点を当てたものと，規模の変化の含意を考慮したものと，大きく2つに分けることができる．規模とは，上述のように，いくつかの方法で定義されている．使用された指標は，一部はデータの利用可能性に依拠したものであり，一部は企業の特性に依拠したものである．ローレンツ曲線は，市場で取り引きしている企業総数の比率として，最も小さい企業から最も大きい企業を累積型でランクづけするために用いられている．ジニ係数とは，企業の規模において正確に等しい状態からの乖離の度合いを表している．すなわち，係数値がゼロとは，すべての企業が同等の規模で，表面上はかなりの競争状態にあることを示している．その一方で，係数値が1とは，純粋独占に等しいことを示している．集中度比率とは，企業を最も大きいものから最も小さいものへと順位づけしていくことである．すなわち，高いパーセント数値は，市場が独占化していること

を示しており，低い数値は，多くの企業が市場に携わっていることを示している．より精巧な測定法は，大規模企業の市場シェアを加重することによって，市場における大規模企業のより大きな影響を考慮しようとするものである．そのような測定法でよく知られた事例は，産業経済学の分野で広く用いられている，Herfindahl and Hirschman (1964), Hannah and Kay (1977) 等によって提唱された指標であり，Davies (1989a) によって数値が求められた．独占力の度合いは，ラーナー独占度 (Lerner, 1934) によって計測することができる．それは，市場価格と限界費用の格差を考慮したもので，ゼロは同一で完全な競争市場を意味し，1に近い値は高い利潤と独占度の高い市場を示している．

異なるさまざまな観光部門での市場集中度は，部門，国や地域，ある一国の主要な旅行者居住地の間で変化している．スペインでは，1980年代末期には，5つの主要なチャーター航空会社が，スペインのチャーター航空会社全体で飛行させた乗客キロメーターの80％以上を請け負っている．一方，イギリスでは，トップ5社がチャーター乗客全体の約70％を運搬している (Bote Gomez and Sinclair, 1991)．同時に，ツアーオペレーター・トップ5における77％の市場シェアと比較すると，英国代理店トップ5は47％の市場シェアを占めている．

市場集中度がより高くなり損益分岐水準を超えた利潤を生じさせる領域は，ある程度，部門への参入・退出の容易性と企業を操業するときに含まれるサンクコスト（埋没費用）水準によって決定される．伝統的に，技術的条件によって主に決定される"純粋"な参入・退出障壁に対して注意が払われてきた．原則的には，企業は効率的に操業できる規模が存在している．しかし，企業は，長期にわたり相対的に高い価格と正常利潤以上の利潤を維持しようと画策して，戦略的な参入阻止策を取るかもしれない．参入・退出条件，企業による戦略的行動の別の形態については第5章において考察されよう．

規模の経済性・不経済性と範囲の経済性

規模の経済性と不経済性を市場構造のモデルと関係づけるために，再度，経済学理論に目を向ける必要がある．規模の経済性の基本的な考えは，投入物を増加させ産出物が拡大するに従って，生産物1単位当たりの供給費用は減少するということ

である．確かに，平均的1単位当たりの費用が低下する限り，企業にとって，産出物を拡張し続ける誘因はある．単位費用が再び上昇し始める点，すなわち，平均費用曲線の最下点においては，規模の不経済にあり，企業はもはや生産を拡張しようとはしない．経済理論では，規模の不経済性が，相対的に企業の小規模水準で到達するのか，大規模水準で到達するのか，ということが問題とされている．前者は，多くの小企業が激しい競争状況にある市場で操業し，平均費用が最も低くなるところと等しい価格で取引を行う．一方，後者はその逆を示す．

　このように，企業の数，規模や参入障壁の水準と関連しながら，規模の経済性，あるいは不経済性の範囲を明示することで，市場構造を明確に示すことができる(Lyons, 1989)．観光部門において，規模の経済性・不経済性のどちらにあるのかを検証するためには，異なった規模をもつ企業の費用構造を検証する必要がある．いくつかの市場においては，先に輸送部門との関連でみたように（特に，航空と海上旅行），より大きな航空機や輸送船が，操業やメンテナンスに関して，なぜ効率的なのか，つまり，乗客1単位当たりのコストをなぜ減らせるのか，を説明する技術的理由が存在している．それゆえ，生産を特化することで，規模の経済性が働く．宿泊部門において規模を大きくすることは，経営管理や，より多くの客室へのスタッフやサービス配置などに関して，規模の経済性を生み出す．また，旅行代理店部門においては，間接費を追加的な販売代理店へ散布することができる．

　範囲の経済性は，付加的な生産物が共通の投入物を共有するような場合に生じる．たとえば，新たな生産物の広告やマーケティングにおいて，供給者は既存の資源を利用することができる．したがって，航空会社や乗合バス・長距離バス，フェリー会社は，輸送手段を十分に利用しながら，新たな路線を追加していくのである．旅行代理店やツアーオペレーターは，既存の予約システムやスタッフを使って，新たな市場区域でも営業することが可能である．一方，宿泊部門においては，給仕つきのサービス休暇旅行に加えて，自炊宿泊施設を提供したり，宿泊客以外の人たちに宿泊施設を利用させたりすることによって，市場を拡大している．さらに，ある程度まで，範囲の経済性に対する機会は，資本の不可分性や予備の収容力が存在しているところでも作用する可能性がある．これらは，以下で検討される観光供給における第4番目の特性として考えられる．

利用されていない規模や範囲の経済性といったものや，技術的変化を通して将来に起こりうる潜在的な事柄は，企業規模を拡大させ，市場支配力を増大させる可能性を暗示している．それゆえに，市場は非競争的状況になるであろう．逆に，規模の不経済，または投入物比率を大きく異ならせることが可能であるような供給部門は，小企業の長期的成長可能性を引き上げ，より競争的な構造を作りだすであろう．観光供給部門の議論では，大企業は規模の経済性の恩恵を受け，いくつかの市場を支配することが可能であるが，これは，多くの小企業が同じ市場の中で成功することを妨げるものではないということが指摘されている．小企業は，多くの場合，大規模操業の影響を受けにくい専門化された部門での営業が可能である．そして，いくつかの企業活動は，市場が国際的というよりむしろ地域的・国内的であるために小規模状態を維持している．このような活動を拡大させることは規模の不経済性を生みだすことになる．一般に，主要な輸送部門は，範囲の経済性における実現可能な部門として特徴づけることができる．より大きな二極分解が生じているのが宿泊部門と仲介業部門である．

資本の不可分性，固定収容力，操業と結びついた固定費用

多くの観光部門は，分割不可能な資本装備を利用している．航空機はその明らかな事例である．企業は，大量の資本装備群を所有しており，結果として短期的に固定収容力を抱えることになる．そして，それを維持するために固定費用を負担することになる．資本の再構成が行われるような長期においてのみ，それを変更することができる．資本が使用されると可変費用が発生する．たとえば，航空輸送の場合では，燃料やスタッフ費用などがそれにあたる．経済学の教えでは，短期的には企業はたとえ総費用を賄えきれなくても，可変費用を回収できる限りは，操業を続けるべきであるということになる．しかしながら，長期的には，企業はその経営を続けていこうとするなら，固定費用と可変費用の両方を賄えるだけの十分な収益を生みださなければならない．また，もし企業がその部門を退出するなら，回収不可能なサンクコストが存在することになる．それらは，通常は分割不可能な投入物に関連づけられ，もしそれらが全体として回収できないのであれば，部門への参入を抑制して，市場のコンテスタビリティに影響を与えることができる．たとえば，もし

航空会社・バスやフェリーの経営者が不経済な路線を発見したり，あるいは特有な場所にあるホテル経営者が，損益分岐水準を下回る需要をみつけたならば，原則として費用をかけずに撤退することを望むであろう．これは，資産を容易に移転できるか，それともマーケティングや価格づけ戦略を通して，空いた収容力を満たすために市場需要を増加させることができるかにかかっている．

費用の絶対水準や可変費用に対する固定費用の比率の双方を明確にすることは，費用構造を分析するためには有益である．1990年代初期の航空部門について，国際民間航空機関統計では次のようなことが指摘されている．もし熟練搭乗員を固定投入物と考え，航空機は運行されなくても保有され，保守される必要があると考えるならば，固定費用は絶対値において高く，固定費用は航空機走行費用の3分の2を占めることになるということである．可変費用とは，航空機がその使用を取りやめるなら，主として燃料費，着陸手数料，航空機内消耗品，そして搭乗員コストなど，支払わずにすむべき費用である．可変費用は，確かに航空会社や路線間である程度の違いはあるが，総費用の約5分の1を占めている．鉄道網において，基本設備や車両は高い固定費用を生みだしているが，相対的に可変費用は低い．絶対額の大きさでみると，乗合バス・長距離バス運行は，高い固定費用によって特徴づけられるものではないが，相対的な比率でみると，特に小企業経営者にとっては，固定費用は非常に重要な意味をもっている．

宿泊部門において，固定費用の総費用に対する割合は，輸送分野よりもかなり低く（Horwath Consulting, 1994），小規模な宿泊施設に付随する固定費用の大きさはたいてい低水準にある．イギリスでは，ホテルに関連する資本と循環コストが総費用の約3分の1を占めている．全般的にみると，イギリスでは，保険やその他の資本投入物が含まれている項目では，固定費用は総費用の2分の1から5分の3を占めている．仲介業部門においては，状況はかなり異なっており，ツアーオペレーターや旅行代理店が自らの航空機や宿泊施設を運営しているかどうかにかかっている．垂直的統合がなされていない小規模企業の経営者の場合には，相対的・絶対的観点からみると，固定費用はいつも低位にある．いくつかの部門において，高い固定費用を固定収容力と結びつけて明示することは，集中度を増大させ，規模の経済性を利用することができる大企業の出現を示唆するものである．

高い固定収容力と固定費用を受容している経営者たちは，固定費用と可変費用の両方を支払っていくためには，相対的に高い収容率や座席利用率を要求する．損益分岐点付近の収容率で，収益と損失との差異が発生する．観光需要の周期的・季節的変化は，収益の一過性をより高める．特に宿泊部門のように，総固定収容力が多くの供給者によって独自に決定されるようなところではなおさらである．短期的な戦略は，主に固定費用の回収を目的としており，競争者から市場取引を奪い取るという狙いが含まれている．長期的には，座席利用率や収容率を増加させるために（特にオフピーク期に），需要を引き上げるための手段が考慮される．収容率や座席利用率に対して，収益が高い感応性をもつという特性は，供給者にさまざまな反応を生みだす．供給者が採用する戦略は，価格づけ，生産物，消費の標的にされる消費者，市場あるいは細分化に関するものであり，それは第5章の中で分析される．

価格の差別化と生産物分化

　観光企業によって実施される価格づけ政策や産出物政策は，市場構造に対していくつかの示唆を与える．相対的に同質な生産物を生産する多くの企業は，かなり競争的な市場において，市場に広くいき渡った価格でその財を販売しなければならない．このような多くの企業は，完全競争モデルと似かよっている．多くの観光地でみられるタクシーサービスがその好例である．企業が市場に対してある程度の支配力をもっている不完全競争状態においては，価格づけ戦略や産出物戦略が実行される可能性がある．寡占下での人びとのとる価格づけ政策や産出物政策には，かなりの相互依存性が存在している．なぜなら，彼らは自己の戦略を決定する場合，競争相手の行動を考慮しなければならないからである．独占的競争市場で操業する企業は，市場のシェアを拡張するために，他企業の生産物から自企業の生産物を差別化するために努力をしている．しかしながら，特定の条件を所与として（以下で議論される），あらゆる形式の不完全競争下で操業している企業は，価格の差別化から利益を得ることができる．すなわち，価格の差別化により消費の標的とする特定の消費者グループを取り込むことが可能である．このように，価格の差別化の存在が不完全競争市場を示唆している．

　価格の差別化は，次のような考え方に基づいている．多くの消費者は，単一価格

が流布している市場において財やサービスを購入するが，時々，留保価格として言及されるような，より高い価格で買うことを厭わないがために，消費者は消費者余剰として知られる厚生利得を享受しているという考え方である．このことを認識している供給者は，消費者を区別し，より高い留保価格をもつ消費者に対しては高い価格を課し，より低い留保価格しかもたない消費者に対しては低い価格を課すのである．消費者の間に存在する多くのグループをどのように識別するかによって，さまざまな差別化が図られる．その極端なケースは，すべての消費者が異なった価格を支払う場合であり，完全なあるいは最大の差別化を実行することは，仮説上は可能である．もし追加的1単位当たりの販売される価格がその費用を上回るならば，企業は利潤を増加させることができる．

価格の差別化が最も行われやすい状況は，異なったさまざまな消費者が個別の需要の価格弾力性をもっており，供給者は需要が非弾力的な消費者に対しては高い価格を課し，一方，需要が弾力的な消費者に対してはより低い価格を課すということを，消費者が受け入れているような状況である．供給者は，各グループの限界収入が等しくなるように，利用可能な生産物のすべての単位数を異なった消費者グループ間に配分することを望んでいる．これは，企業の利潤を最大にするように，各消

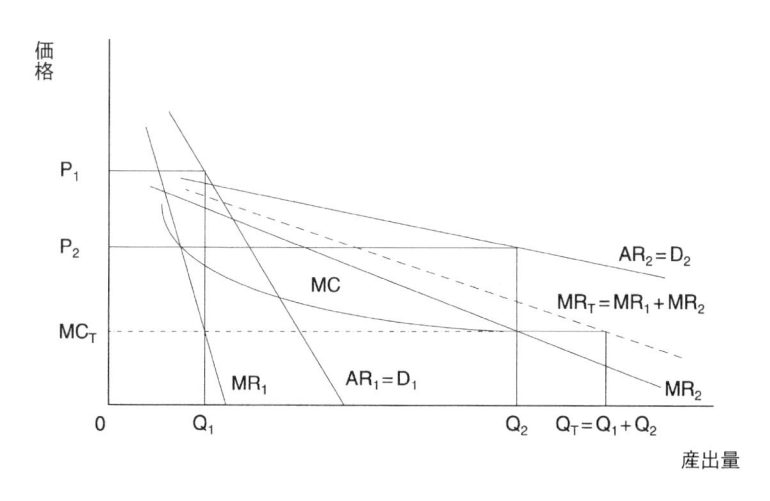

（注）P＝価格，Q＝産出量，MC＝限界費用，MR＝限界収入，AR＝平均収入，D＝需要

第4.7図　異なった需要の価格弾力性をもつ消費者間での価格差別

費者グループに課されるべき価格を決定するもので，第4.7図で説明されている．

　非弾力的な需要をもつ消費者は，価格の比例的な変化に対応して，生産物に対する需要をほんのわずかな比率で変化させる．消費者の需要は，図の $AR_1=D_1$ の平均収入曲線で示されている．それぞれの生産物を1単位ずつ余分に販売することで，企業が受け取る追加的な収入は限界収入曲線 MR_1 で示される．より弾力的な需要をもつ消費者の平均収入曲線と限界収入曲線はより水平的であり，$AR_2=D_2$ と MR_2 で示される．消費者全体の限界収入曲線は，$MR_T=MR_1+MR_2$ の破線で示され，それは各消費者グループから得られた限界収入を水平に加えたものである．限界費用曲線 MC とは，生産物を余分に1単位当たり生産することで，企業が負担する追加的な費用である．総利潤最大化産出量は，$MC=MR_T$ で決まり，産出物 $Q_T=Q_1+Q_2$ と限界費用 MC_T が与えられる．企業は総産出物を2つの消費者グループに分割し，非弾力的な需要をもつ消費者に対しては，$MR_1=MC_T$ で決定される生産量 Q_1 を，相対的に高い価格 P_1 で販売する．相対的に弾力的な需要をもつ消費者に対しては，$MR_2=MC_T$ で決定されるより高い生産量 Q_2 を，より低い価格 P_2 で販売する．

　観光では，差別化された価格づけの事例が多くみられる．航空，フェリー，鉄道旅行や宿泊部門において，価格の差別化を観察することは可能である．たとえば，航空会社は，乗客を3つの大きなグループ，ファーストクラス，ビジネスクラス，そしてエコノミークラスに分けられるものと考えている．そのうち，ファーストクラスとビジネスクラスの座席は，大部分，商用旅行者で占有されている．フェリー運航においては，商業需要は一般に休暇観光の需要よりも価格に対して非弾力的である．鉄道旅行においては，通勤のための需要と娯楽のための需要とを区別することは特に重要であり，相対的に需要の価格弾力性が高い旅行者を引きつけるために，平日や週末において低い需要しかないときには，安い料金価格を設定する．一方，ピーク期に度々旅行しなければならないビジネス乗客には，相対的に高い料金を課している．宿泊部門においては，余分の収容力をもつ大規模ホテルは，週末には格安料金を提供し，平日には非弾力的な需要をもつ宿泊客に対して高い料金を課している．また，航空会社，乗合バス・長距離バス会社，フェリー会社も，オフシーズン期には，この方策にしたがっている．

市場細分化や生産物分化も不完全競争の下では，一般的な方策である．生産物分化は，異なった品質の生産物に対して，垂直的差別化という形式を取ることが可能である．たとえば，ツアーオペレーターは，金持ちの住む高級な地域では，贅沢な休暇旅行の提供を専門的に取り扱おうとするであろう．また生産物分化は，さまざまなタイプの生産物を幅広く供給することによって，水平的な差別化も図られている．若者，年輩の人びと，幅広い特殊な利益集団や上級階層の人びとに対するのと同様に，一般大衆の市場需要に対しても休暇旅行を提供するというものである．ブランド戦略とは，個々の生産物形態への消費者の認識を高め，それらの財に対する需要を引き出すことを目的としている．また広告戦略も同様の機能を果たしている．

ほとんどの小規模企業は，重要な価格統制を行うための収容力や市場支配力のいずれももち合わせていない．それゆえに，特定市場の細分化を行うことや生産物を分化することが，小規模企業に開かれた唯一の選択肢である．小規模企業の関心は，たいてい市場を拡大することよりもむしろ，市場を創出することに向けられている．実際に小規模企業は，市場において供給が満たされていない市場ニッチを探している．そして，相対的に小さな市場の一部分に存在している，ある特定の需要をみつけだそうと試みている．この限りでは，生産物は自動的に分化される．規模の経済性や範囲の経済性，そして余分の収容力を享受している大規模企業は，価格の差別化を積極的に行うことに加えて，ブランド化を通じて生産物を分化しようと試みている．宿泊部門において，多くの国際的なホテルは，市場における最上位の人びと（たいていは商用旅行者）に対してサービスを提供している．一方，宿泊費の安いホテル，たとえば，トラベロッヂ・アンド・バジェットでは，家族向けサービスを提供している．アカーグループのようないくつかのケースにおいては，2つの市場をさまざまなブランド名で支配下におこうとしている．

価格づけ政策 ── 価格先導制，価格戦争，市場シェア戦略

価格づけ戦略は，寡占市場において中心的な戦略であり，この戦略は市場シェアを維持・拡大し，または超過収容力を削除するための試みとして用いられている．1970年代のレイカー航空や1990年代のヴァージンの戦略はその代表的な事例であり，規制緩和の登場は，主要路線の航空会社間で熾烈な価格競争を引き起こした．寡占

の経済学でいわれているように，一つの航空会社での価格の切り下げは，他の航空会社での引き下げを誘発する．これは，1991年にアメリカにおいて航空運賃の引き下げを行ったとき，トランス・ワールド航空（TWA）の事例にみることができる．低水準の操業コストをもつ競合企業との，このような運賃引き下げ競争は，ある部分で航空会社の倒産の原因を説明している．また，航空輸送部門には小規模な航空会社も含まれているが，それらは特定の路線で相対的に効率的な操業を行っている．たとえば，英国西インド航空（BWIA）は，数多くのカリブ海路線の中では経費効率的ある（Melville, 1995）．そして，英国ミッドランドは，英国航空によって市場を支配されているにもかかわらず，国内とヨーロッパ都市間路線において英国航空と競合関係にある．

　価格の引き下げは，他の輸送部門（乗合バス・長距離バス，フェリー業界など）でも起こっている．最初，価格の引き下げは規制緩和の結果として行われてきたが，それは，最終的には非常によく利用される路線で行われている．また企業間に部門内競争は存在しているが，価格"戦争"は部門内競争によってよりいっそう激しさを増した．いくつかの興味ある特色としては，航空，乗合バス・長距離バスの多くの部門は，取引条件や取引価格が不安定化を増すような構造的変化によって，非常に激しい市場変動を経験してきたということである．フェリー業界は若干異なった状況にある．そこでは新規参入企業はめずらしく，しばしば主要なフェリー会社間で，料金の妥当な水準を維持するために，暗黙の結託や，または公然の結託が取り結ばれてきた．航空運賃は，形式的には実質上カルテルとみなされるようなIATAによって公的に統制されており，これはまた航空旅行の規制緩和以前のケースである．宿泊部門では，市場における形態・品質・立地場所などに大きな格差が存在しているため，価格戦争は表面化してこなかった．空港や都心に隣接する休暇リゾート地の大規模ホテルのような宿泊施設が密集しているところでは，経営者は容易に競争相手の料金についての情報を入手し，それに応じて自分たちの価格を設定することができるために，暗黙的に価格を固定化する傾向がみられる．

　観光供給の寡占的ケースにおけるほとんどの古典的な説明は，パッケージ市場の旅行経営についてのものである．ここでのプライスリーダーシップや価格戦争，大規模企業の経営者たちによる市場シェア拡大の試みは，1960年代の大衆観光の出現

以来，採用されてきた戦略である．イギリスでのこのような事実は，歴史的な観点を包括して，N.Evans and Stabler (1995) の研究において確かめられている．これはSheldon (1986) とFitch (1987) による競争的構造と戦略についての研究へと引き継がれている．Evans and Stablerによって，複合企業の一部分としての法人ツアーオペレーター参入のような構造的変化が市場に生じており，そこでは市場シェアより利潤の獲得を重視するということが示されている．また，より分化された休暇旅行に対する需要にもはっきりとした傾向がみられる．大衆パッケージ市場は，約上位10社のツアーオペレーターにより支配されている．彼らは，範囲の経済性を利用するために，休暇旅行の分化を図り，それをさまざまなタイプに多様化してきた．企業規模についての別の一端をみてみると，企業の高い発生率と倒産率はあるけれども，市場のニッチをみつけだして，営業している小規模な専門店経営者たちが存在している．大衆市場のシェアの一部を上位10社のオペレーターに奪い取られ，市場におけるより専門化された領域をより小規模な企業に奪い取られてきたのが，第2番目の階層にある30社である．

価格先導性や市場シェア拡大の遂行は，主として大規模企業グループによる合併や買収のような長期的戦略を通して，企てられている．企業間において統合が増加していることは，長く繋がった一連の供給構造が存在している観光市場においては，論理的に当然の結果であるように思える．イギリスでは，大規模なツアーオペレーター，特に旅行代理店や航空会社と垂直的に統合化されている．一方，アメリカでは，運輸会社を先導者として，旅行代理店，宿泊部門と運輸業界との間に強い繋がりが存在している．フランチャイズ化やリース化などの相互協定は，所有権としての結びつきよりも，むしろ統合的な形態を構成している．競争的市場構造に対する統合の妥当性とは，その存在が，寡占や複占あるいは独占と結びついて企業の拡大や市場力増大の可能性によって影響される，情報優位性，コスト節約，高利潤などの事柄を連想させる，ということである．国際的なレベルでみると，統合は，観光供給者や旅行者自身に関するもの以上に幅広い問題点が存在している．第6章で論じるように，発展途上国において特にそうである．

結論

　宿泊，仲介業，運輸部門の構造についての要約とそれらの重要な特徴についての概要では，各部門とも市場構造はまったく同質的なものであるということを示している．それらは，広範囲に及ぶ競争形態，市場細分化，生産物分化，高い参入・退出率，ある程度の規模の経済性，規制範囲における主要な変化といった特徴を備えている．それ以上に，企業数，企業規模や市場シェアに関する観光供給の構造について，かなりの変動が存在すると思われる．特に，仲介業部門ではそのような傾向がある．これらの特徴には，2つの疑問点が存在している．第1に，認識されているような企業や競争構造についての新古典派経済学の理論では，観光供給について観察されるものをどこまで説明できるのか．第2に，特定部門内での異質性は，企業の理論が不適切であるということを意味しているのか．または，現在用いられている観光部門や市場の範疇が，あまりにも広範囲に及んでいるということをただ意味しているだけなのか．

　第1の疑問に関して，理論的な概念の適切さを調べるということは，それらが現実の市場構造を説明できるのか，また産業や市場で起こる変化の結末を予見できるのか，ということに関わっている．考察された3つの主要な部門のそれぞれにおいて，独占的競争や寡占といった支配的な市場形態の傍らで，コンテスタビリティ（新規企業や設立企業が既存企業との価格競争に従事できうる）要因が存在している．このコンテスタビリティの様相は，伝統的な企業理論の中に，容易に包括しえない．なぜなら，その静学的均衡分析の枠組みは，実際上動学的な状況にあるものに対して十分に適合させることができないからである．したがって，観光供給部門の状況を特殊な理論的競争構造を標榜するものでたとえ説明できたとしても，その状況における変化の結末を予見することはより難しい．たとえば，運輸部門において，規模の経済性を利用でき得るということは，集中の増加と企業の減少，つまり航空，乗合バス・長距離バスやフェリー部門のケースでみられるような寡占的構造と称されるものを生みだすはずである．さらに理論上は，競争相手により取りうる反応行動のために，個々の企業は価格の引き上げや引き下げに直面するということを一つの制約として，安定した価格の存在を合理的に示すであろう．しかしながら

規制緩和は，規模の経済性に対して反対の影響をもつ参入障壁というものを事実上取り崩してきた．また，規制緩和は価格の激しい変動を生みだし，小規模企業の市場への流入を促し，短期的により大きな競争をもたらした．最初は取引に成功するものの，その後，新規参入者によって事業は失敗し，結果的に多くの企業に経営不振の兆しが見え始めている．だが一方，航空部門においては，このような傾向は確かめられていない．それゆえに，伝統的な経済理論の将来への予測力には疑問の余地が残る．

　仲介業部門では（特にツアーオペレーターにおいて），低位な参入・退出障壁と限定された規模の経済性のために，伝統的な理論が高度の競争的な市場であると仮定するような状況下において，集中の増加が発生している．逆説的にいえば，イギリスの休暇旅行市場の寡占的階層と称されるものの中で最も大きいツアーオペレーターは，何年間にもわたって激しい価格競争に巻き込まれており，マージンや利潤は低く，辛うじて損失を埋め合わせるという状況下にある．逆に，多くの小規模な専門化されたツアーオペレーターは，そのような競争的状況を避けてきた．同様のシナリオは，イギリスの旅行代理店部門においてもみられる．仲介業部門における市場シェアの長期的拡大傾向は，利潤最大化行動を仮定する経済理論では，意外なもののように思われる．

　ほとんどの観光供給部門において観察される競争的異質性と企業理論との関連についての第2の疑問には，多くの問題点がある．伝統的な分析枠組みは，市場を明確に定義された競争構造へ区分する傾向にあるが，下部市場は異なった条件の下にあるということをほとんど無視している．しかし，これは問題となるのだろうか．特定の市場には，異なった競争形態が共存しているということを認めることは，経済理論を脆弱化していくことになるのだろうか．主流派の経済学者たちの反応は，さまざまな市場の細分化を，分断された市場として取り扱うべきだというものである．しかしながら，単一部門内の異なった競争階層間で，相互関係が存在しているということはすでに説明してきたが，この意味では適切であるとはいえない．たとえば，運輸部門内において最も規模の大きい企業は，小規模な新規競争相手の行動に対して反応する．したがって，伝統的な分析条件に合わせるために，観光市場をより下位に区分することは適切であるとはいえない．

企業理論の適切さを十分に説明できていないということは容認せねばならないが，観光供給の文脈において説明力や予見力に限界があるということは，これまでに説明してきた実例が示している．理論は，各競争的形態の中で，個々の企業や産業の市場行動を決定する重要な変数について，それを検証するための手助けとなっている．そして，理論は，より複雑で差異化されたモデルへ発展させるための厳密な基礎づけとしての働きをする．産業の経済分析は，利用可能な情報の不確実性や取引コストが重要な意味をもつような市場において，その動学的特性を調べるための必要性を伴った制度的構造の役割やその発展可能性を徐々に認識しつつある．それゆえに，観光供給の構造や運営に対して重要であると認められる観光供給の多くの特徴が識別され，検証されるにしたがい，いま産業経済学志向的な見方に関心が向けられている．

第5章　市場構造，市場成果そして観光企業の戦略

序

　前章で概説された市場構造に関する新古典派分析は，異なるタイプの市場を識別する上で有用であることがわかったし，また市場における企業の行動やその成果についてのさまざまな側面に数多くの価値ある洞察を与えることもわかった．しかしながら，市場の動学的な面を説明することが必要であるのと同じように，不完全競争の中でも，特に寡占そして不確実性のような現象は伝統的分析の中で十分に説明されていない．産業の経済分析やその他の学派が発展する過程で，伝統的なアプローチでは取り残されてしまったギャップを埋めようとする試みや本書のテーマを説明しようとする試みがなされてきたが，それは最近の理論的発展を示すことや高度な経済分析を示すことによってだけでなく，観光財・サービスの供給面の説明を助けることによってなされてきたのである．産業の経済分析では，異なる市場における企業の行動やその成果を考察するために，主として2つのアプローチが用いられてきた．第1は市場の構造-行動-成果（SCP）パラダイムであり，これは製造業における実証志向的な企業分析を行う際に主要な役割を果たしてきた．このパラダイムはある種の批判，特により理論志向的分析からの批判にさらされてきたが，依然としてこのパラダイムは有用な分析枠組みとして残っており，しかも観光のような複雑なサービス産業に対して，それは適しているように思われる．第2の，そしてより最近のアプローチは，ゲーム理論によるものである．ゲーム理論とは，競争相手のある特定の行動あるいは起こりうるリアクションに関して企業が採る戦略を分析するために用いられるものである．ゲーム理論は寡占的状況に広く適用されてきており，動学的状況における企業の相互干渉やそこで導かれる結果を理解する上で大きな貢献をしてきた．観光供給に関わる行動や戦略を理解するためには，ゲーム理論は特に重要であるように思われる．

　これらの分析上の発展について検討する前に，企業が属する市場環境やそれが企業の構造や行動にどのように影響をもたらすのかに関連した中心的な問題について，

経済学において採用されてきたアプローチを手短に再検討しておくのが教育的であろう．そこでまず初めに，産業の経済学に適した，そして観光供給やそこでの変化を，単なる記述に終わらせないような説明を行う上で助けになる主要な緒学派について論じる．したがって，オーストリー学派や行動経済学，進化経済学，制度の経済学そして心理経済学についての基本的なことがらが概説される．しかしこれらは紙幅に制限があることやこれらについての観光の文献がないことから観光供給には直接適用されないけれども，これらの学派は後に続く議論の背景を与える上でも，また，将来の研究の基礎を与える上でも有用である．次にSCPパラダイムが説明され，観光仲介部門（tourism intermediaries）のケースを取り上げることにより，このパラダイムがサービスに適用されることを示す．そして，このアプローチの貢献と限界が評価されるであろう．それに続いて，動学的状況における観光供給企業の戦略を説明する際にゲーム理論の果たす役割や，それに関連して生じる観光市場の構造変化が考察されるであろう．そしてこれら2つのアプローチに対する全体的な評価については，結論で提供される．

産業の経済学の背景

1980年代までは，SCPパラダイム（Chamberlin, 1933；Bain, 1956；Mason, 1957）が産業の経済学において支配的であった．このパラダイムによれば，市場における企業の行動と成果を決定する最も根本的な要因は，まさにその企業が属する市場構造のタイプであり，それはたとえば利益性（profitability）といった尺度によって測られる．売り手や買い手の数や市場集中度といった市場構造を規定する変数は，比較的安定的であると仮定される．実証に基づく一つの分析枠組みとしてのSCPアプローチでは，市場構造は一般に完全競争という基準とは異なるものであることを認めており，そのため，企業が限界費用を上回る価格を設定するときには，明らかに政府介入が必要となる場合があるし，また競争促進的な手段が講じられることもある．それゆえ，このSCPアプローチは政策指向的である．

このより実証志向的なSCPモデルとは対照的に，シカゴ学派は競争市場における伝統的な新古典派的長期均衡モデルに基づくアプローチを支持し，そしてその考え方を広め続けた．その主張するところは，競争によって資源が市場で最適に配分

されるということと,市場支配力および限界費用を上回る価格設定は当該産業への自由な参入によって低められるということである.いくらか限定的な従来の立場を部分的に修正する一つの重要な貢献としては,第4章で議論されたコンテスタブル市場の理論を推進した Baumol（1982）によるものがあるが,これは伝統的なモデルでは競争構造を十分に説明できないという懸念について深く考察したものであった.シカゴ学派は,長期を考えれば最終的に出現する支配的な市場構造は競争的,あるいは少なくともコンテスタブルな市場であると考えており,そこでは消費者には利益がもたらされ,また政府の介入は不必要であるとみなされている.このようなシカゴ学派の立場は何人かのヨーロッパの経済学者によって採用されたが,これは de Jong and Shepherd（1986）や Hay and Morris（1991）の論評の中で指摘されている.シカゴ学派の経済学者と SCP パラダイムの擁護者の間では長期にわたる論争があったが,後者は市場が一般に最終的には競争的であるという見方を支持しない行動学派や進化学派そして制度学派により幅広く支持されてきた（S. Martin, 1993）.

主流派の分析とは違うところで行われてきた産業の経済学に関する研究は,市場の競争的構造に関するこの論争の矛先を別の領域へ移して行われた.これには,まったく異なってはいるが,しかし関連した2つの流れがある.一つは市場の動学的な性質に対する適応性（accommodation）に関するものであり,他方は企業,産業そして市場の特徴や環境を説明することに焦点を絞ったものである.Hayek, Menger, Mises そして最初に Schumpeter（彼はネオ・オーストリー学派の学者によって否定された）といった学者たちが思い起こされるオーストリー学派は,従来の多くの市場構造分析の中で行われてきた静学的な均衡分析とは違い,競争の過程を重視したことで有名である.これらの学者は,変化や不確実性が特有なものであることを認めており,また産業に内在するこれらをこの文脈の中で解決しなければならないということも認めている.しかしながら彼らは,時間が経つにつれて,経験によってあるいは過程や機会についての知識の増加がもたらす便益によって,それに引き続く期間の中でより良い決定がなされるようになり,それゆえ,より競争的な市場条件が作り出される傾向があると論じている.この意味において,必ずしも均衡ではないが Hayek が"秩序"（order）の出現とよんだ程度のものが存在する.最近

の研究者でネオ・オーストリー学派を築いたとみられているのは，Kirzner (1974), Reekie (1984) それに Littlechild (1986) である．このような産業の活動に対する見方は，必要な行動を実行するための手続きが知識の蓄積とともに進化するという Nelson and Winter (1982) がよぶところの"進化経済学"とも類似している．

　進化経済学の発展は，部分的にはこのオーストリー学派を考えに入れながら，制度の経済学の発展と平行してなされてきた．最初のうちそれは，社会における信念や規範や慣習が企業活動を促進する制度を作り出す方法を，どのように内生的に扱うのかということに関係してきた．制度の進化に関する理論は，自然淘汰を必然的に含む生物学や数学において用いられる理論に基づいている．Hirshleifer (1982) はこれらを再検討した上で，社会や制度の変化をモデル化することにより，有効な制度を考案する際におそらく必要とされる望ましい人間の特徴を明らかにするために，ゲーム理論が協力的行動や非協力的行動から得られる結果を示すことができると論じた．これらの概念が企業のような経済組織に対して妥当するかどうかは，産業および市場の働きを決定する際に，起業家や経営者や労働者の態度や目的の重要性を検証すればよい．この点に関して指摘されることの一つについては，本章の後半で紹介される非協力ゲーム理論の例の中で現れてくるであろう．観光供給は，一つの興味あるケースである．なぜなら，観光供給はそこに含まれるいくつかの部門が安定的でないためにそのビジネス組織の進化の度合いが未成熟であり，そのためにしばしば成熟しかつ安定的な市場に比べると得られる結果を予測することが難しいからである．これはまた，製造業とサービス業との間にありそうな違いを反映している．

　市場システムの動学的性質やその制度を強調するとき，オーストリー学派や進化経済学派は Marx (1967) を模倣しているところがある．Marx は競争に関する分析の中で，競争の過程を明らかにするだけでなく，所得や富の分配および資源配分に与える影響についての結果を確かめることにも関心があった．Marx の後継者たちは競争に関する彼の考えについては強調しない傾向にあったが，彼の見方，すなわち産業の生産はより集中化するであろうし，それゆえ特に労働に対する潜在的な搾取行動に焦点を絞るという彼の見方についてはこれを強調する傾向にあった (Kalecki, 1939)．このことは，独占についての研究が行われていた産業の経済学の

分野にいくらかの影響力をもっていた.

　主流派経済学は十分な実証的妥当性をもった恐ろしく難しい道具であったけれども,それは批判にさらされてきた(Eggertson, 1990).というのもそれは異なる形の経済組織が存在する合理的な理由を説明していないし,社会のルールが行動や成果に及ぼす影響についても説明していないからである.制度の経済学は本質的には新古典派理論における基本原理を支持しているけれども,ビジネス目的を達成する際の制約として情報,時間,取引費用それに所有権を入れている.また制度の経済学は,これらの制約についての仮説を実証的に検証することの必要性も強調している.この限りでは,制度の経済学の立場は大部分の産業の経済学で採用された立場にかなり近いのである.

　ビジネス活動に対するこの制度的な見方は比較的新しいものであり,またそのために,今のところその原理に関するはっきりとした合意が存在していない.それは依然としてまだ探求段階にあるために,その仮定に対する考え方にも差がある.たとえば,制度の経済学者の中には,利潤最大化原理や合理性原理を Simon (1957) の満足化概念 (satisficing concept) に置き換えることによって,これらを否定する者もいる.危険なことは,非常に多くの原理を放棄してしまうことは産業の経済学を理論のないものにしてしまうということであり,その結果,いかなる調査・研究も単なる記述的なものに終わってしまうということである.制度の経済学が未成熟であることや,どのような理論的基礎を選ぶかという問題があるにもかかわらず,制度の経済学は今まで無視されてきた変数が及ぼす影響に洞察を与えているし,また市場の動学的側面やビジネス環境の中で遭遇する不確実性を考慮するための経済分析が必要であることも強調している.この点では,制度の経済学はゲーム理論の分析と矛盾しない.また,ビジネス組織の中での人間の活動を経済的結果と関連させようとする行動アプローチに関する従来の分析とも結びつきがある.さらに制度の経済学は,なぜ市場の失敗が生じるのかや,市場環境の問題を考察する際に重要な要素となる,特に所有権についての説明をする上でも貢献している.

　情報や取引費用という形で市場の不完全性の分析に重要な貢献をもたらしたのは,R. Coase (1960), O.E. Williamson (1985, 1986) そして North (1990) であり,Stiglitz (1989) や O.E. Williamson (1989) はそれらを論評している.情報,それ

は不確実性を減らすのに役立つのであるが，これを探索したり手に入れたりするための費用が存在するし，取引を実行するための費用も存在する．おそらくこれらの費用は，企業が多くの原材料から製品を組み立てる場合のようないくつかの分野ではかなり大きいであろうし，ここではパッケージ休暇旅行のマーケティングをするツアーオペレーターの特徴がそれにあたるであろう．このような不完全性は，企業間の経済的統合のための誘因を与える．たとえばトムソン社 (Thomson Corporation) の場合のように，統合によって企業は別々に経営される場合に負担するであろう費用を内部化することができるのである．また取引の理論は，本章で扱う一つの特色であるプリンシパル（依頼人）とエージェント（代理人）の関係についての研究も促進する．プリンシパル-エージェントの関係は，あるグループの厚生が他のグループの行動に依存して決まる場合に存在する．たいていはプリンシパルがエージェントの行動に影響される．この種の関係が企業内部で起こることはありえるし，たとえば雇用者と労働者，株式保有者と経営者の間がそうであろう．取引費用は，プリンシパル-エージェントという結びつきの中で重要である．なぜならプリンシパルは自分の目的が確実に達成されるようにするために，エージェントの行動を監視する必要があるかもしれないからである．観光産業においては，ツアーオペレーターと旅行代理店との間にプリンシパル-エージェントの関係が存在する．イギリスでは，ツアーオペレーターから提示される手数料は習慣的に10％であるが，代理店（エージェント）が休暇旅行の目標販売量を達成した場合には上乗せ手数料 (override commission) が支払われている．また，ツアーオペレーター（プリンシパル）のパンフレットを置くための棚のスペースをある程度確保するためや，費用削減効果をもつ直接予約システムに代理店を接続させるためにも報奨金が支払われている．

取引費用と不確実性の両方に関連するその他の重要な発展には，イノベーション（革新）に関する研究，特に研究開発の役割に関する研究があるが，これらには，たとえば Scherer (1967), Stoneman (1983), Davies (1989b), Reinganum (1989) がある．明らかにすべての研究開発が市場性のある製品，あるいはジャスト・イン・タイム・システムやトータル・クオリティ・コントロール・システムのような生産過程を生み出すわけではないし，これらを発見することや採用することにかかる費用は多くの不確実性によって左右されている．また追加的な問題として，特定の企

業が開発費用に対する報酬を受け取るためには，どの程度まで発見を保護することができるのかというものもある．イノベーションや成長をモデル化する試みは，新古典派の枠組みの中でなされてきた（たとえば，Dasgupta and Stiglitz, 1980；Grossman and Helpman, 1991；Aghion and Howitt, 1992, 1995）．

産業の経済学の支流としての進化的な見方や制度的な見方，また取引費用，プリンシパル-エージェント分析そしてイノベーション過程に関連した概念等における一つの興味深い特徴は，個々のビジネスや産業にとっては外部的と考えられている市場現象をそれらがみな認めているということである．産業の経済学の発展と矛盾しないこれらの研究分野の中に出てきている論争点は，企業や産業の活動に及ぼす悪い影響を費用で測ったときに，これを最小化するためにはどの程度までこの問題を内部に取りこむことができるのかという点にある．これは経済の供給分析における基本的に重要な問題，すなわち必要とされる組織の配列とはどのようなものであるか，という問題を提起する．簡単にいえば，なぜ企業が存在するのかに関する問題をそれは提起している．企業は単に投入要素を産出物に変換するためだけに存在しているのであろうか．あるいは企業は，効率的な運営がなされるために，それによって企業の目的が達成されるような組織構造を必要とする，生産しかつ分配する単位なのであろうか．さらに経営者と労働者が，その組織構造によって達成が容易になるような彼ら自身の目的を立てることは可能なのであろうか．後者の考えは，それら組織の中で企業や個人がどう行動するのかについて研究する，長い間かかって確立されてきた行動分析の力を認めている．このような論争点についてはこれ以上追求しないが，導き出されるもっともらしい推論は以下のとおりである．すなわち進化経済学や制度の経済学の理論的発展，取引費用，プリンシパル-エージェントそしてイノベーションといった概念はまだ緒に就いたばかりであるが，もし経済学的な考え方に収斂するのでなければ，意見の一致がみられつつある（Dietrich, 1994）のである．このことは，組織に関してより動学的でかつ統一的な理論がでてくることを示唆しているのかもしれない．

実は，産業の経済学における研究はまさに，理論的基礎にしっかりと根付いたものを確立するということに対して大きな関心を示しているのである（Davies et al., 1989；Schmalensee and Willig, 1989；Basu, 1993；S. Martin, 1993）．これが，新し

い産業の経済学とか新しい産業組織論というような言葉を用いることの正当性を表している．このような動きが，ビジネスにおける戦略を分析する一つの方法としてゲーム理論の出現により強められたということは，決して偶然の一致ではない．ゲーム理論を応用することによって不確実性や情報の非対称性を組み入れることができただけでなく，ゲーム理論によってより動学的なモデルを構築することができるようになったために，このモデルの説明力はより向上したのである．ゲーム理論は，Bertrand，Cournot それに Stackelberg によって構築されたモデルのような，長い間かかって確立された寡占モデルにおける複占形態に対する興味を再び目覚めさせた（S. Martin, 1993）．これらのモデルは主流派ミクロ経済学のテキストの中で扱われており，このような寡占理論の発展は今や産業の経済学の中で支配的な要素となっている．このような分析は多くの問題に対する研究を生みだしてきた．それは，たとえば参入・退出条件，価格戦争，略奪的価格設定，広告の役割，需要と供給における諸要素間の協調的な契約による合意，そして共謀である．しかし理論を再び強調することについては，産業における企業行動についての実証的かつ検証可能なモデルを提示できないという批判が向けられてきた．にもかかわらず，より一般化された計量経済学的分析に向けられた初めの頃の偏見に比べれば，特定のケース・スタディについては常に新しい興味を引き起こしてきた．さらに，たとえば反独占的法制度，市場規制，税制や補助金といった政府介入がもたらす影響やその範囲に対しては，より大きな注意が払われている．政策の役割やそれが厚生に与える影響については，公共選択の理論の中で考察されてきた（たとえば，Buchanan, 1968）．

　理論分析家が供給の一般モデルを展開したいという欲求と，企業がどのように実際に行動しているのかを立証したいという実証分析家の要求との間には明らかな対立が存在するにもかかわらず，産業の経済学，またそれを踏まえて何が供給パターンを決めているのかについての理解は，たいへん大きな進歩を遂げてきた．たとえば，消費財における生産部門と仲介部門との間やプリンシパルとエージェントとの間のように，特定の産業内での供給者間の相互関係については，これをより良く理解することができる．今やモデルは，現実をより良く反映しているし，また説明している．しかし最大の進歩は複占モデルを源にしてそこから発展してきた市場行動モデルの中でなされたのであり，これはゲーム理論の応用を再び取り込み，さらに

たとえば製品差別化,市場のセグメンテーション,価格差別化,そしてライバルの価格競争戦略や非価格競争戦略に対する企業の反応といった概念にそれを適応させることによってなされたのである.この異なるアプローチがどのようにして観光市場の行動をより明確に説明することができるのかについての考察に進む前に,主流派経済分析とは違ったところで発展してきた企業の行動理論について手短に検討することが有用であろう.

企業の行動モデル

　企業の行動モデルの発展は,新しい産業の経済学の発展と時を同じくして始まったにもかかわらず後者にはほとんど認められておらず,この分野は経済心理学の下位領域の中で研究されていた.行動志向的な理論は,従来の分析において採用されていた次の2つの主要な仮定にはそれほど依存していない.すなわち第1の仮定とは,ビジネスにおける意思決定は企業内部の個人の意思決定と同一であるという仮定であり,また第2の仮定とは,理論的に導出され最適化されたポジションが現実の行動をうまく表しているという仮定である.ビジネスに対する経済心理学的な観点からすれば,この合理性という公理に対して疑問を投げかけており,それを当然実証的な検証が必要な一つの仮説であるとみなしている.そのような企業研究における主な一般的特徴は,ビジネス行動の分析は,帰納的な手順を通して理論を構築する際の助けとなるような幅広い一般的概念を,同じものを作るという作業(replication)を通して導き出すというものである.

　ビジネス行動の研究者は,起こりうる代替的な行動の仕方についての意思決定者の知識が不足しているときや,彼がその結果について不確かであるときには,おそらくこの意思決定者は明確な選択モデルを適用しないであろうと論じている.選好には一貫性がないかもしれないし,それによって意思決定すべきしっかりとしたガイドラインやルールを彼らはもっていないかもしれない.この意味で,従来の経済理論が依拠している仮定に対して検討が試みられている.それはビジネスの行動理論におけるパイオニアたち,たとえば,Simon (1955, 1979),March and Simon (1958),March (1983),Cyert and March (1963),そしてCyert and Simon (1983)の考えの中に明瞭に現れている.そこでは,ビジネスを行う人びとには彼らの活動

を最適化するための情報も時間も不足している,という仮定がなされている.したがって彼らは,そこから選ぶことのできる選択肢がごくわずかしかないことに気づいている.それゆえ広く行動学者が調査し研究してきた問題とは,意思決定における制度的な構造や過程についてである(たとえば,Slovic *et al.*, 1977: Ungson *et al.*, 1981; Kahneman *et al.*, 1982たちの論評をみよ).特に興味のある点をあげるならば,問題の識別のされ方,経験を通じた学習の過程,起こりうる結果についての認識,危険に対する態度,複合的な問題や活動へ注意をどのように向けているか,それに組織的な適応などがある.

産業組織に対する一つの実証的アプローチである経済心理学は行動的な問題に焦点を絞っているが,それは新古典派の最適化理論と直接対立するものではない.しかし,それはより抽象的な仮定を緩めることによってこの理論を修正してきた.しかしながら,その最も重要な貢献は人間の行動学的要素を取り入れることによって分析の範囲を広げたことであったし,理論研究と実証研究とのつながりを強めたことであった.それゆえある程度までは,産業の経済学と企業の経済心理学はともに伝統的理論から出発して成長してきたし,また互いに平行して進んできたのである.経済分析におけるこれら2つの分野の最近の発展は,理論モデルを実証面で検証することをより強調しながら,観光供給の構造や作用を説明する潜在的な力を増してきた.これらの理論的アプローチによって考察されてきた多くの問題が,観光市場の範囲内で明らかにされる.さらに観光市場の構造や作用についてのいくつかの側面,特にいくつかの市場においては過剰能力(overcapacity)や不均衡が絶えず存続するという側面は,産業の経済学や経済心理学におけるモデルの説明力や予測力,そして妥当性について問いかけている.それゆえ,おそらくは観光供給の研究が生みだすであろう豊富な実証的事実を考察することが有益であろう.

第4章で示されたように,宿泊部門におけるある種の調査・研究や運輸部門を除けば,これまでのところ,観光は多くの国ぐにの経済に対して多大な貢献をもたらしているにもかかわらず,観光市場の分析は主流派の産業の経済学においてなされてこなかった.したがって本章の残りの部分では,利用可能な限られた実証的事実を用いながら,産業の問題に対する経済学的な考え方が,観光に関わる企業の行動や市場の条件を理解する上で果たすことのできる貢献について考察することにしよ

う.

観光仲介部門における構造・行動・成果

　SCPパラダイムは，さまざまな規模の企業から成る複合的な市場を分析するのに適した方法であり，またこのような市場では集中度が変動したり統合が起きたり，市場支配力が行使されたりしている（Brozen, 1971；Schmalensee, 1972；Demsetz, 1974；Cowling and Waterson, 1976；Peltzman, 1977；Spence, 1977；R. Clarke and Davies, 1982；Dixit, 1982；Lieberman and Montgomery, 1988；Tirole, 1988）．このアプローチの優れた点は，構成があいまいな記述を避け，それに代えて市場の構造，企業の行動そして成果という分析上のカテゴリーによって市場を説明するという明確な分析の枠組みを提供しているという点にある．このSCPパラダイムが観光供給に関わる多くの要素を包含する能力は第5.1図によって示されているが，これはScherer（1970）に基づき，Mason（1957）から導出されている.

　第5.1図には，構造，行動そして成果についての主だった特徴が示されているのに加えて，公共政策やそれが行動に与える影響についても言及されている．この枠組みを観光に適用するという目的のために従来のSCP図に加えている主要な変更点は，サービス部門に関連してはさほど重要とは思われない有形財供給に関する要素を省略するということと，成果の厚生に関わる考察は本章の中心ではないので，これについても小さな扱いにとどめるということである．

　すでに第4章において，産業の経済学で一般に用いられる市場構造に関わる変数を紹介した．競争条件を表す2つの主要な尺度は，企業数・規模そして集中指標である．この他に考慮されるべき追加的な変数は，第5.1図に示されているように，購買者の数，参入・退出条件，費用条件，製品差別化や多様性そして企業間の統合である．企業行動は価格行動，広告，マーケティング，研究開発やイノベーションに関係するものであるが，時として暗黙の共謀，あるいはより形式的な形としてのカルテルにも関係している．イノベーションはある程度外生的な技術変化の結果であるとみることもできるが，市場の競争条件によっても推進される．観光における例としては，費用を削減するために，集中予約システム（CRS）あるいは製品広告における電子的方法あるいは支払い伝達手段（payments transmission）を，供給

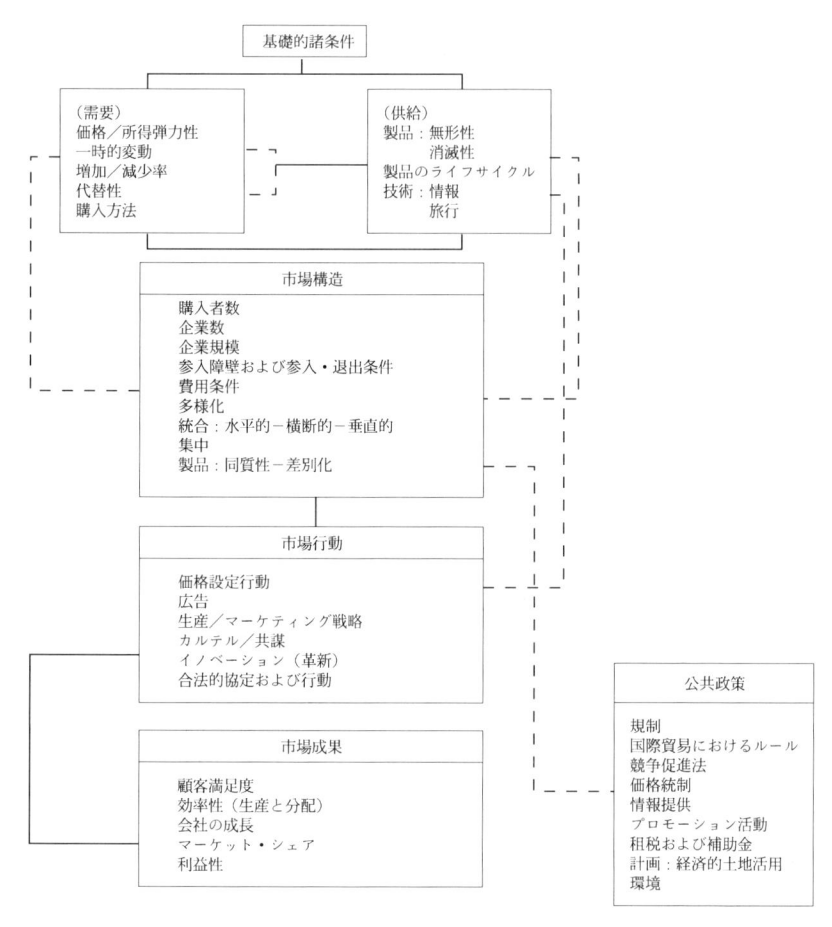

```
                    ┌─────────────┐
                    │  基礎的諸条件  │
                    └──────┬──────┘
              ┌────────────┴────────────┐
   ┌──────────┴──────────┐   ┌──────────┴──────────┐
   │ (需要)               │   │ (供給)               │
   │ 価格／所得弾力性      │   │ 製品：無形性          │
   │ 一時的変動           │   │     消滅性           │
   │ 増加／減少率         │   │     製品のライフサイクル│
   │ 代替性              │   │ 技術：情報           │
   │ 購入方法            │   │     旅行            │
   └─────────────────────┘   └─────────────────────┘
```

```
                    ┌─────────────────────────────┐
                    │        市場構造              │
                    │  購入者数                   │
                    │  企業数                    │
                    │  企業規模                   │
                    │  参入障壁および参入・退出条件  │
                    │  費用条件                   │
                    │  多様化                    │
                    │  統合：水平的－横断的－垂直的  │
                    │  集中                     │
                    │  製品：同質性－差別化        │
                    └─────────────────────────────┘

                    ┌─────────────────────────────┐
                    │        市場行動              │
                    │  価格設定行動                │
                    │  広告                      │
                    │  生産／マーケティング戦略     │
                    │  カルテル／共謀             │
                    │  イノベーション（革新）       │
                    │  合法的協定および行動        │
                    └─────────────────────────────┘

                    ┌─────────────────────────────┐      ┌──────────────────┐
                    │        市場成果              │      │    公共政策       │
                    │  顧客満足度                 │      │  規制            │
                    │  効率性（生産と分配）         │      │  国際貿易におけるルール│
                    │  会社の成長                 │      │  競争促進法        │
                    │  マーケット・シェア           │      │  価格統制         │
                    │  利益性                    │      │  情報提供         │
                    └─────────────────────────────┘      │  プロモーション活動  │
                                                         │  租税および補助金   │
                                                         │  計画：経済的土地活用│
                                                         │  環境            │
                                                         └──────────────────┘
```

第5.1図　サービス産業に適用された構造-行動-成果パラダイム

者に圧力をかけて採用させるということがある．イノベーションを保護したり，あるいは製品の売上高をコントロールするために，会社はこのような戦略をライセンス化という手段で行ったり，あるいは法律制度に則って作成された契約として結ぼうとするが，このような取り決めはしばしば参入障壁を高め，それゆえ市場の構造的特性に影響を与える．

　成果は，消費者の満足度，事業の効率性，企業や産業の成長率，企業のマーケット・シェアや利潤率の観点から考察することができる．観光供給では，時として成果を測る短期的な尺度が最も重要とされてきた．たとえば，イギリスのパッケージ・

ホリデー部門では売上高の成長やマーケット・シェアが関心事であり，それはしばしば効率性や利潤率を犠牲にしていた．また成果は，特に規制の変更や国際取引における取り決め，それに競争促進法といった観光において重要な役割を果たしてきた公共政策によって影響される．たとえば，国際航空運賃の設定に際して政府は暗黙裏にこれを支持してきたのであるが，このような価格統制は運輸部門に非常に強い影響を及ぼしてきた．その上，公共団体による観光プロモーションや補助金の支給または税制による動機づけ等は，観光生産に多大な影響を与えてきたし，これはたとえば，観光者に宿泊を提供することに関連して顕著であった．

特定の市場における構造と企業行動およびその成果の間の相互連関性は，需要と供給に関わる基礎的諸条件や公共政策と同様に，第5.1図の中でそれぞれが線で結び付けられることによって示されている．実線は，経済学の文献の中で従来から主張されている因果関係を示しており，構造から行動そして成果へと向かっている．しかしこのモデルに関するより最近の考え方によれば，行動や成果が構造へ与える影響の可能性を否定しておらず，それらによって構造が内生的に決定することを認めている．この点については，企業の経営者や雇用者の行動によって具体的に表される企業行動が，制度の経済学が重視するところの人間行動が結果に与える影響の重要性といったものを反映しているのである．それゆえSCP分析に関する最近の考え方は，第5.1図の破線で示されているように，成果や行動だけでなく公共政策もまた市場構造に影響を与えるということを示唆している．その一例として，規制緩和は航空会社，バス会社それに鉄道会社の行動や成果に影響を与えてきたし，時の経過に伴って，それらの市場構造は明らかに集中が高まるという傾向が表れた．

SCP枠組みからみたツアーオペレーター部門

観光供給に関連する幅広い問題が，第5.1図に提示されたSCP枠組みに基づいて考察することができるということは明らかである．このSCPモデルが与える洞察については，イギリスのツアーオペレーター部門を取り上げることによって説明されるであろう．というのも，この部門は観光供給の中心的な位置を占めているからであり，さらにその市場構造や成果に関わる証拠が利用可能であるからである．第5.1表には，イギリスのツアーオペレーターに関する利用可能なデータに基づい

第 5.1 表　SCP 枠組みによるイギリスとアメリカのツアーオペレーター部門

市場構造要因	証拠事実
・購買者数	非常に多い；1,700万人＋（イギリス，1994）
・企業数	非常に多い；1,500＋（アメリカ） 　　　　　　1,000＋（イギリス）
・企業規模	小規模から大規模まで広範囲にわたる。 　・生産能力（休暇旅行数） 　・マーケット・シェア（以下参照）
・参入障壁	大規模かつ統合されている企業を除けば，一般にサンクコストは低い。参入・退出の容易さは，以下からわかる。 　・参入率：1992年までの10年間で100％（アメリカ） 　　　　　 1993／94年までの8年間で100％（イギリス） 　・退出率：1993／94年までの15年間で70％（アメリカ，イギリス）
・費用条件と費用構造	・契約による協定については比較的高い固定費用がかかるが，それは「退出」条項によって相殺される。 ・規模の経済や範囲の経済が潜在的に存在する。コングロマリットの一部をなす大手ツアーオペレーターを除いて，一般に多角化の度合いは低い。
・多角化	高い：大規模企業は航空機，ホテル，旅行代理店を所有する。例；Thomson, First Choice, Airtours
・統合	マーケット・シェアで測って高い。
・集中	・上位10社が市場の30％＋を占めている（アメリカ，1992） ・上位4社が市場の60％＋を占めている（イギリス，1994） ・上位10社が市場の70％＋を占めている（イギリス，1994）
・製品特性	異質的である；製品差別化，価格差別化，市場セグメントといった戦略がとられている。
市場行動要因	証拠事実
・価格行動	・比較的高い需要の弾力性によって左右される。 ・以下を目指した頻繁な価格戦争（必ずしも，支配的企業が先陣を切るわけではない）がみられる。 　・固定的な生産能力を満たすこと 　・マーケット・シェアを確保すること
・広告	・広告費用の対売上高比率は比較的高い。 ・情報提供的広告よりも説得的広告が行われる。
・生産／マーケティング戦略	目的 ・高売上高 ・企業の成長 ・製品差別化 ・市場のセグメンテーション 実質的には無い
・カルテル／提携	・予約に関する情報技術（時として，この部門の支配外におかれる）
・イノベーション	・製品イノベーションのためのインセンティブ ・個々の会社にはあまり利益にならない。
合法的協定	・プリンシパル-エージェント立法 フランチャイズ制やマネージメント協定が法的な身分を支えている。
市場成果要因	証拠事実
・顧客満足度	並の水準である。 ・当該商品を構成する多くの要素に潜在する不満原因によって決定される。 ・消費者のブランド・ロイヤリティーを確かにするための政策
・効率性	並の水準である。 ・粗利益率はしばしば10％を下回る。
・会社の成長	・激しい値下げ競争によって駆立てられる。 ・既存の会社が維持するのは難しい。しかし上位5〜10社は比較的安定している。 ・革新的段階あるいは初期段階では速い。
・マーケット・シェア	およそ20社のツアーオペレーターからなるトップ集団は精力的に追求してきた。
・利益性	・不安定ではあるが経済循環のブーム期と一致している。 ・平均して5％以下である。
公共政策＊	証拠事実
・規制	・休暇旅行数や航空旅行数を明確にするライセンスが必要とされる。 ・消費者利益を保護するための債務保証金 ・運輸業に対する規制緩和は，費用や利便性に影響を与えてきた。
・競争促進法	現在まではほとんど注意が向けられてこなかった。たとえばイギリスではThomsonがHorizonを合併したが，そのとき公共の利益についての配慮はなされなかった。

（注）＊第5.1図に与えられた規制と競争促進法のみ取り上げている。

て，その構造や行動や成果についての特徴が一覧にして与えられている．

第5.1表にみられるように，イギリスのツアーオペレーターは企業数が非常に多いこと，その規模がさまざまであること，そして購買者が非常に多いことによって特徴づけられている．参入および退出障壁は一般に低いが，集中率はマーケット・シェアで測って高い．規模の経済および不経済の程度，範囲の経済の程度，資本の不可分性の程度，収容力のような固定的生産能力の大きさ，そして固定費用の大きさに関しては，実証的な証拠はほとんどない．第1列目に並ぶ規模のより大きなツアーオペレーターは，チャーター航空会社やいくつかの旅行代理店に投資を行ってきた．もちろんそのような投資には不可分性の問題や，満たされるべき固定的生産能力を含む固定費用が高いといった問題が必然的に伴ってきたけれども，これらのツアーオペレーターは規模の経済や範囲の経済を享受しているように思える．航空機の平均座席占有率（ロード・ファクター）やホテルにおける平均客室稼働率は，そのような問題がどの程度まで克服されているのかを示す尺度である．しかしツアーオペレーターの大多数は比較的規模が小さいために，これらの構造的な特徴は重要でなくなる傾向にある．市場が限定的なより専門的な形の観光を企画するツアーオペレーターが，固定的生産能力に対して大きな投資をする必要はないだろうが，もし彼らがより個人的な対面サービス（bespoke service）を少しずつでも減らすようなことをしたならば，かえって規模の不経済を被る可能性があるだろう．

ツアーオペレーターの行動には，最大手のツアーオペレーター間に共謀がないために価格戦争が始終みられ，そのため売上高が大きいということがある．また各企業は，市場を細分化することによって製品差別化を行ってきた．市場成果としては，消費者の満足度についても企業の生産効率についてもまずまずではあるが，それは低利潤率やある程度の倒産を伴うものである．この部門では現在まで反競争的な行動が重大な問題であるとの認識はなく，規制のもとにあった．

このSCPモデルは市場や企業の特徴を考察するための分析枠組みを提供するだけでなく，構造的特徴がどのように企業の行動や成果に影響するのかの予測も与えてくれる．構造がベースになり，さらにそれが重要な役割を果たすと仮定されているという理由から，ここでは特にツアーオペレーターに関連するものとして，次の2つの構造的特徴を考察しよう．まず始めに，この部門における参入および退出条

件について議論する．さらにそれに引き続いて，集中の尺度やその変動について考察する．

ツアーオペレーター部門における参入および退出条件

イギリスにおけるツアーオペレーターの数の高い伸び率は，参入障壁が低いということを示している．隙間（ニッチ）市場にはどのようなものがあるのかを識別したり，また潜在的な観光者の注意を商品に向けるべく販売促進活動へ支出したりすることは，資本コストが低いために，その市場へ参入する場合の大きな障害にはならない．会社にとっては，前もって行われる支払いの安全が確実に保証されるということを購入者に確信させることが必要である．それゆえ参入に際して重要なコストとは，きちんとした債務保証契約を結ぶということである．またさらなる参入障壁も生じるであろう．Salop (1979a, 1979b) は，悪意を伴わない障壁と，既存企業が作り出す戦略的な障壁とを区別する．経済理論によれば，たとえ完全情報が仮定されても，既存企業に優位性があることを示すことができる．たとえば，既存企業はライセンス方式やフランチャイズ方式を確立することによって，参入が生じる前に障壁を作り出していたかもしれない．その他にも，ブランドによって差別化された商品を作り出したり，消費者や供給者のロイヤリティーを手に入れたり，最も望ましい場所にあるホテルの経営者や施設と契約を結んだりすることもあるであろう．参入企業と既存企業との間に存在するこの種の非対称性は，参入障壁として，たとえば Bain (1956) のような SCP 主張者にもともとみられたことであったが，より最近では，先手の優位性と解釈されてきた (Lieberman and Montgomery, 1988)．また，規模および範囲の経済や低い投入要素価格といった参入後の障壁についても同様に認識されているし，これらは絶対的な費用の優位性を与えるであろう．

戦略的な参入阻止は，既存企業が新しい企業の参入を阻止するために行う意図的な行為である．典型的な手段としては，おそらくは市場を略奪する性格をもつ制限的な価格設定や，製品を差別化するために対抗的な手段として広告支出を増やすことや，生産の単位費用を下げるために効率性や生産能力の向上を追求することなどがある．企業もまた，ビジネスにおけるこの戦略的な核心部分を強化してきた．この戦略的な核心部分とは，ビジネスの意図や目的を達成できるようにするための最

も重要な活動であり，その時々の状況であるとか脅しの効力のあるなしなどが考慮される．経済学の言葉を用いるならば，この核心的な活動によって，高い規模の経済を達成することが容易になり，また幅広い製品差別化や範囲の経済を享受することを目的にした複数市場化を達成することも容易になる．いくつかのケースでは，既存企業は予備の生産能力を維持することにより，もし新しい企業が当該市場に参入してきたなら，その立場を利潤の上がらないものにさせ，そして市場から追い出すように，生産量を増やし価格をすばやく低下させることができる．それゆえこのような予備的生産能力を保持するという戦略は，価格戦争という"罰する戦略"によって裏打ちされた，潜在的参入企業に対する一つの信憑性のある脅しを含んだ戦略となっている．投資がサンクコスト化する場合の垂直的統合もまた，特にかなり多くの費用が削減される部門では，参入や退出を阻止するものとしての役割を果たす"事前のコミットメント"となる．ここでサンクコストとは，その水準が大きいだけでなく，企業がかなりの大きな犠牲を払うことなしには短期において回収することができない費用のことをさしており，たとえば，航空機の購入費用あるいはホテルのチェーン化に要する費用があげられる．参入阻止戦略およびそれが成功する可能性については，本章の後段におけるゲーム理論の文脈の中で詳しく検討される．

ツアーオペレーターは，参入を阻止することそれ自体のための戦略を活発に行ってきたわけではなかった．彼らは，新規企業を排除する力が自分たちに不足していることを認めていたため，マーケット・シェアを高めることの方により関心が向く傾向にあった．このことは，経済理論によれば，どの新規企業にとってもサンクコストは低くかつ同じであり，さらにこれは既存企業と同じであるということを示唆しているのであろう．Baumol (1982)は，サンクコストが低いあるいはそれが回収可能であることが市場をコンテスタブルにするのであり，もし価格が競争的水準に近く限界費用をそれほど上回るものでなければ，独占や寡占といった市場構造も大いに有益であると結論づけている．このような見方は，一見したところでは，第4章で示したように，1990年代中頃までのイギリスのツアーオペレーター部門に適用できるように思われる．マーケット・シェアでみるならば，明らかにこの市場はごく少数の必ずしも超過利潤を得ているわけではない企業によって支配されている．

しかしながら，市場のすべての部門でサンクコストが低いという仮定は，単純化

のし過ぎである．参入が目論まれている市場セグメントごとにサンクコストの水準が異なっている方がより現実的であるし，また，特定の企業が分類される戦略的グループごとにサンクコストの水準が異なっている方がより現実的である．必ずしも参入・退出条件が産業全体あるいは市場全体と関係づけられる必要はないが，しかしそれは部門ごとあるいはセグメントごとに特有であろう．一つの例が，参入・退出条件だけでなく，それらとサンクコストや規模および範囲の経済との相互関連性を説明するのに役立つ．いま市場が限定された専門的なセグメント，たとえば活動的な休暇旅行（activity holidays）を扱うツアーオペレーターが，大衆パッケージ・ツアー市場（mass package market）への進出を目論んでいるとしよう．規模および範囲の経済を利用して単位費用を下げることが，このツアーオペレーターにとって直面せざるを得ない参入条件であろう．そのような経済性を得るためには，このツアーオペレーターは自社所有の航空機やホテルを運営せざるを得ないであろうしそれゆえ，参入障壁となるかなり大きなサンクコストを負わざるを得ないのである

戦略的グループの議論とは，企業の規模や重要性や製品ごとにグループ分けされた市場において，多数の企業やそれらが生産する製品の特徴にはいちじるしい類似性が存在するというものであるが，それはそこに共通の利害があること，そしてそれゆえ彼らをはっきりと異なるグループに分けることができるということを示唆している．ツアーオペレーターに関しては，企業規模，資本総額，マーケット・シェアそれに提供される製品の幅によって区別された3つのグループがあると仮定されてきた（N. Evans and Stabler, 1995）．戦略的グループの概念を説明するためにも，この特徴についてもう一度詳しく考察することが役に立つであろう．まず第1のグループは，およそ10社のツアーオペレーターによって構成されているが，統合化が進んでいる上，資本総額が非常に大きく，またいくつもの市場セグメントに対して製品を供給している．このグループは規模および範囲の経済を享受しており，かなり強い市場支配力を行使している．第2のグループは，およそ20から30社によって構成されており，より専門化されてはいるけれども依然としてかなり大きなマーケット・シェアも持っている．第3のグループは残りの大多数の企業から構成されているが，それらは規模も小さく，しばしば法人組織化されていなかったり，サンクコストも低い．はっきりとした参入障壁や参入阻止行動がないということは，コンテ

スタブル市場の考えが支持されるのであろう．この点は第1グループについてさえもそうであり，1994年にイギリスで取引を行っている上位5社のツアーオペレーターについてみても，1970年代初期に存在していたのはわずか2社であった．しかしながら，第1グループについては，集中度が高いことについての理由がまだ説明されていないし，またすでにみたように行動や成果に大きな影響を与える市場構造に関わるその他の側面や，ツアーオペレーター部門における重要な特徴についての説明もなされていない．

集　中

SCP枠組みでは，市場における競争の度合いを測る尺度として，集中の程度を正確に求める最良の方法を決めることに多くの努力が注がれてきた．高い集中は寡占的市場構造を示唆しているであろうし，他方，低い集中は非常に競争的な市場であることを示しているであろう．しかしながら，たとえば企業数のような比較的大まかな尺度を使うことには問題がある．ごく少数の企業が互いに激しい競争関係におかれていると考えられる一方，多くの企業が，彼らが空間的に分離されていたり，あるいは異なる市場セグメントに対して製品を供給していたりという理由から，比較的非競争的な状況にあるのかもしれない．後者については，Chamberlinのいう独占的競争という概念を表している．それゆえ市場がどれくらい競争的であるかを明らかにするためには，価格や費用や利潤の大きさやマーケット・シェアと同じように，企業の相対的な規模を考慮することが必要である．また企業の結びつきの度合いというような要因でさえ，集中度と関係があるのである．

ツアーオペレーターの中でも特にパッケージ・ツアー部門では，旅行手段の利用権を得るために通常ライセンスを必要とする．したがって，企業数をかなり正確に推定することができる．これに対して，第4章で示されたように，企業規模はいくつもの方法で定義される．ライセンスによって公認された，あるいは実際に販売された休暇旅行数や企業数からマーケット・シェアを求め，これによって表される企業規模に信頼をおくような単純な集中尺度は，容易にツアーオペレーターに適用することができる．イギリスでは包括パッケージ休暇旅行が国際観光市場を支配しているが，これを供給する部門で用いられている集中を表す主要な尺度はマーケット

シェアであり，これは販売された休暇旅行の数から求められている．資本総額，雇用者数そして売上高といった変数に関する情報は，小規模企業については必ずしも簡単には入手できない．イギリスとアメリカのツアーオペレーター部門を例としてあげるならば，アメリカでは1993／94年に販売されたすべての休暇旅行の30％を，上位40社で占めていた．他方イギリスのツアーオペレーター部門における集中度は，時間を通じて劇的に上昇してきたのであり，上位5社によって販売されたパッケージ休暇旅行のマーケット・シェアは，1983年の49.5％と比較すると，全販売額1,550万ポンドのうちの62.5％にまで上昇した．

　観光における集中に関する別の例としては航空部門がある．3つの変数に関するデータが，集中を表す尺度としてのマーケット・シェアを測るために利用できる．すなわち，販売収入，利潤そして乗客数あるいは人・キロである．しかし，規制や国を代表する航空会社（ナショナル・フラッグ）に対する国家支援には限度があるために，国際航空市場における収入や利潤に関する統計の利用は，必ずしも指標としてふさわしいものではない．実際，1990年代初頭の利潤データについていうならば，それは適切な尺度ではないであろう．なぜなら，そこには英国航空（British Airways）が入っていないし，人・キロで測ったとき上位10社の航空会社はすべて損失を計上していたからである．ツアーオペレーターに関しても利用できる適切なデータがないために，集中を説明する場合，規制がほとんどされていないアメリカの国内航空旅行部門のデータが利用されてきた．この部門の集中曲線は第5.2図に与えられているが，そこでは企業規模を，アメリカの上位25社の航空会社を利用した旅行者総数に対する輸送乗客数の比率を用いて示している．したがって，たとえばアメリカン航空（American Airlines）は1993／94年の総航空旅客数の18％を運んだし，同じくこの間，上位8社では90％超を占めた．

イギリスにおけるツアーオペレーターの行動と成果

　イギリスでは，ツアーオペレーター間の相互関係は敵対的な傾向にあったし，それは，周期的な価格戦争や大幅な割引，さらに休暇旅行を小売する旅行代理店に提示される手数料率などから立証された．ツアーオペレーター部門そのものへの参入だけでなく，その中の専門領域への参入についても，それに関わる費用が低いとい

うことが，価格戦争が繰り返される可能性を示唆している．なぜならツアーオペレーターは，正式なカルテルあるいは共謀とは別の方法を用いて，マーケット・シェアを維持あるいは拡大しようとしたり，規模の経済を享受しようとしているからである．規模の大きな会社は，ライバルを追い出すことよりも，不安定で変わりやすい市場における自分のポジションをより確かなものにするために，企業の成長やマーケット・シェアの拡大を追求してきた．なかでも最も規模が大きい部類に属するツアーオペレーターは，彼らの反競争的な戦略に対しては法律上の制限が課され，また第2グループのツアーオペレーターからの競争にも直面している．1990年代初めに"第2グループ"のツアーオペレーターが急成長したり，またその中には顧客が望む選択要素を提供できるものが出てきたために，1990年代中頃までは，休暇旅行における大衆市場と専門市場の両方で大手ツアーオペレーターはその力を失っていった．このことは予測できないことであった．なぜなら，彼らは独立系の旅行代理店と，マルチプルとよばれる大規模旅行代理店の両方のニーズに適した製品をうまく提供しているように思われたからである（East, 1994）．

　大衆市場におけるマーケット・シェアを固めるために，また専門分野へ新たに進出するために，第1グループのツアーオペレーターによって採られた戦略をみると，第2グループの多くのツアーオペレーターが，第3グループのこれまた多くのツアーオペレーターとともに，高水準のリスクに直面しているということを示している．いくつかの会社はかなり苦しい状態にさらされている．なぜなら，彼らは標準的な大衆市場向けのパッケージ商品を，市場のかなりの部分が垂直的に統合された大規模会社によって占められているような市場で販売しているからであり，しかもそのような市場ではこのような大規模会社は大量販売契約を結ぶことによって安い価格でそれを売ることができるからである．Kirker（1994）は，彼らが明確な製品差別化をしなければ，またはっきりと市場の細分化をしなければ，彼らは失敗することを運命づけられていると論じている．しかし"新しい"そして富裕な観光者は，より革新的でフレキシブルな，そして顧客の要望に合った商品を求めているのであり，また，小規模から中規模のツアーオペレーターはこのような要求に沿った商品を提供することができる．マーケット・シェアや"旧来の"大衆旅行市場の観光者を追い求めることは，たぶん5社から10社の大規模ツアーオペレーターを除けば，もは

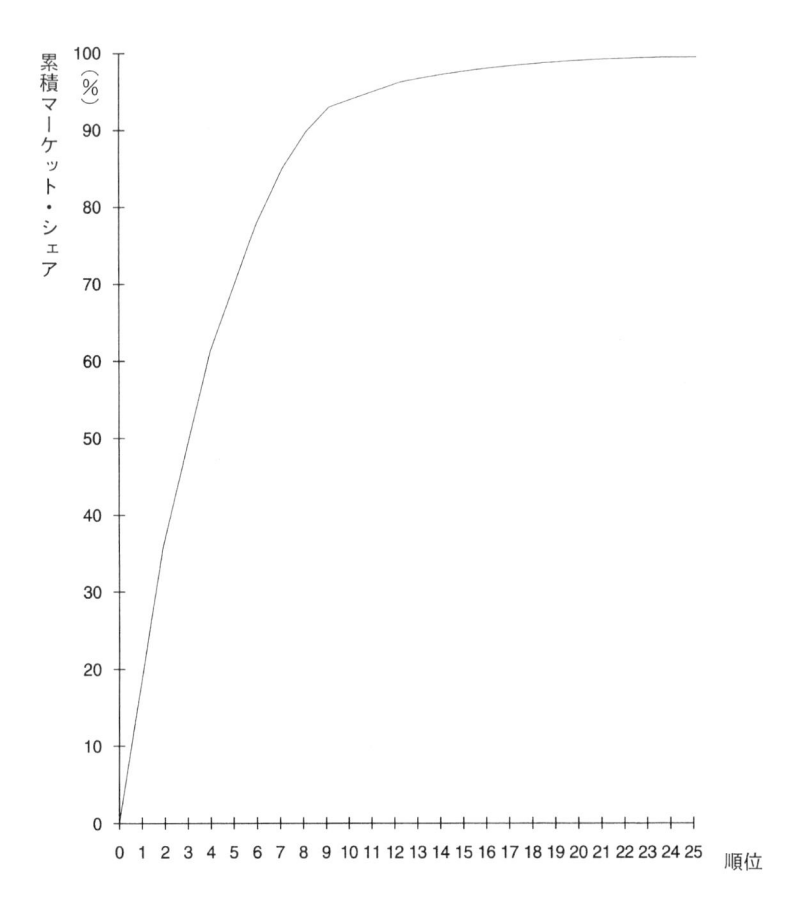

第5.2図　アメリカにおける航空部門の集中（上位25社の旅客輸送数を基にして）

や成功するような戦略的選択肢ではないであろうし，おそらく彼らでさえも低利潤に甘んじたりあるいは損失を被ったりという循環を経験し続けるのであろう．

　成果についていえば，イギリスの主要なツアーオペレーター各社が1990年代中頃までに高い利潤率を上げていたという証拠はほとんどない（N. Evans and Stabler, 1995）．ツアーオペレーター部門では，需要の変動性，低参入費用，高率の企業の発生・消滅率そして高水準の価格競争に直面して，利潤は相対的に低い水準にあった．したがって市場を安定化させ，そして長期的な利益性を確保するためには，いっ

たいツアーオペレーターは何をすれば良いのであろうか．それには，代理店を説得して専売店になってもらうための報奨金や，全方位的な情報技術システムを制限すること，フランチャイズ制，ライセンス制，双務契約（reciprocal agreement）といった工夫が考えられるであろう．しかしこれらの手段の中にはそれを実施するのが難しいものもあれば，規制当局によって反競争的なものとみなされるものもある．代替的な戦略としては，製品差別化や隙間（ニッチ）市場に対するマーケティング，それに価格差別化がより効果的であると思われる．本章の始めの方で指摘したように，ツアーオペレーターは潜在的競争者に対して実際に参入したなら損失を被ると確信させることによって，当該部門への参入を阻止しようと試みるかもしれない．参入阻止は，規模の経済がもたらすあらゆる優位性やまたそれによって与えられる市場支配力のために，集中を高める傾向がある．しかしツアーオペレーターは，多くの拮抗力（countervailing forces）によっておそらくは制約されているのであろう．

　Ryan（1991）は，デルハイ技術を用いて，この産業をリードする28の企業の考え方を評価し，集中をより高める3つの主要な制約を識別した．第1に，競争が製品の価格よりもむしろ品質に基づいて行われているのなら，小規模ツアーオペレーターは依然として競争することができるであろう．第2に，反独占法という脅しは，競争を減らそうとする戦略に対しては抑止力としての役割を果たすであろう．第3に，顧客のために品質を維持することについて，大規模ツアーオペレーターでは不十分にしか適応・順応できないであろう．またRyanは，これらの制約があるにもかかわらず，主要なツアーオペレーターが専門特化型の製品を提供する系列子会社を設立することはできるし，これらの会社は経営や輸送面で規模の経済の恩恵を享受することが可能である，ということも見いだした．このような状況では，たとえ市場がニッチ・マーケティングや専門特化型の小規模会社そしてより大きな顧客認知の方向へ移っていくのかもしれないとしても，集中率が高まることを妨げるものはほとんど存在しないのである．

　大規模ツアーオペレーターが彼らのビジネスを拡張する，あるいは守るために採用するであろう他の戦略には，どのようなものがあるのだろうか．彼らはより成長するために，外国への拡張を模索することができる．たとえばトムスン（Thomson）

は，1994年6月にスウェーデンの大手ツアーオペレーターであるSASレジャーがエアーツアーズ（Airtours）に売却される前に，この会社の獲得についてスカンジナビア航空システム（SAS）と協議した（Outbound Travel Industry Digest, 1994）．またエアーツアーズは，アメリカ最大のクルーズ会社であるカーニバル・コーポレーション（Carnival Corporation）に株を売却することによって資本を増強した（Blackwell, 1996）．そしてオルティメイト・ホリデーズ（Ultimate Holidays）は，全ヨーロッパ会社を創設するためにベンチャー・キャピタルに300万ポンド資本を増強した(Travel Trade Gazette, 1994)．

価格競争行動のこのような特徴や相対的に利潤が低いという市場成果が示しているのは，イギリスにおけるツアーオペレーター部門が消費者の利益にかなう方向で行われてきたということである．このような結果は以前からずっと続いてきたし，市場構造における集中が高まれば結果として高価格を導き利潤を高めるというSCPモデルからの含意からみて奇妙なことのように思えるであろう．一つの可能な説明は，供給サイドの特徴を国際的に考える必要があるということである．それゆえ，たとえばイギリス，アメリカ，ドイツそれにオランダのツアーオペレーターは国内市場では寡占的だと説明されるであろうが（Fitch, 1987 ; Sheldon, 1986, 1994），国際的にみればどの単一企業あるいはどの企業グループをとってみても支配的なものはないのである（Monopolies and Mergers Commission, 1989）．企業間の経済的統合については，第6章において，観光供給の国際的な側面をより深く考察する中で扱うであろう．しかしながら，たとえば企業間統合や拡張に向けた企業の戦略のような企業行動が，市場構造に影響を与えうるという点は明らかである．すぐ前の文脈の中で出された問題は，SCPモデルでは一方向的な因果関係が存在しないということを所与としたとき，観光供給を分析するための枠組みとしてこのアプローチが適切なのかどうかということである．

観光市場の文脈におけるSCPパラダイムに対する一つの評価

SCPという分析枠組みは，市場構造や企業行動そして成果についての特徴を考察するのにたいへん適している．しかもそれが適用できるさまざまな種類の変数に関しても，かなりの柔軟性を認めている．さらにまた，分析の基本として産業や市

場を描写する際の有益な枠組みをそれは提供している．このパラダイムに対する批判の主なものは，市場構造がまず仮定されているということと，しかもそれが新古典派的な静学均衡の枠組みの中でかなり強く仮定されているために，市場プロセスへの適応力に限界があるという点である．このアプローチは従来の市場分析から発展してきたので，高度に競争的な市場，寡占的市場そして独占市場が存在するための条件を確かめるためにこれが用いられてきたし，またその応用は，時として，これらの目的に焦点を当てることだけに限定されてきたというのはまったくもって正しい．そのオリジナルな形としてのSCPパラダイムは，市場における変化のプロセスを明らかにすることを主張しているのではない．そのため，特にどのようにしてある種の市場構造が生まれたのかということや，参入障壁の影響，企業数やその規模，さらに企業の成長率が市場構造に与える影響などを説明するためにそれが用いられているわけではないのである．この程度までは，このパラダイムが発展してきた原点をそれは反映している．因果関係を識別するという問題は，主としてこのモデルが静学的な均衡分析であるという点から出てきているのであり，また企業行動や成果を決定する市場構造が外生的に決定されるという仮定からも出てきているのである．このことが，行動や成果が市場構造に与える影響を考えるということ，すなわち市場構造も内生的に決定されると考えることを妨げてきたのである．

　市場の動学的性質や不確実性を考慮しようと試みるより最近の研究では，情報を得るための費用や取引を行うための費用を考慮した，個々の企業の費用構造が強調されてきた．具体的には，必要とされる固定資産のどのような性質が企業に影響を与えるのかや，可変的生産要素を購入するタイミング，投入物と産出物との間の関係，規模と範囲との間の関係，それに産出物の範囲などが研究されてきた．このような研究は伝統的なSCP枠組みから派生してきたのであり，それは注意を一つの産業全体に集中する傾向もあれば，要素市場とは対照的に製品市場に焦点を当てる傾向もある．

　このSCPパラダイムを完璧な分析枠組みとしてみるのではなく，主たる経済問題を考察するための出発点としてみるべきである．その強みは，これが産業だけを基にして行われるものとは対照的に，市場の展望を与えるための適切な方法であるということである．またこれは全体論的な見方を与えるというメリットと，考察が

必要なさまざまな種類の変数を識別するというメリットをもっている．このSCPパラダイムでは，たとえば参入条件のような特性がもつ重要性を強調しているのであり，参入条件についていえば，これは企業数や企業規模に関係しているし，それゆえ市場がコンテスタブルである可能性であるとか，価格行動や戦略そして利益性に関連した企業行動とも関係があるのである．それでもやはり，もし以前仮定されたように観光市場が単に複雑なだけでなく不均衡状態にあるのならば，その動学的性質を分析するのに適した産業の経済分析における最近の成果もまた当然用いられるべきであろう．実際，観光産業やそこでのビジネス戦略について経済学的な説明をするときに，SCPパラダイムのような特定の分析枠組みに限定される必要はない．本章の始めで議論されたようなさまざまな学派によって，観光市場の作用に対して有益な洞察が与えられる可能性は十分にあるであろう．企業がそれに従って行動する動学的なプロセスは市場構造を変えるし，さまざまな学派によって与えられた多くの洞察はゲーム理論によって考察することができる．ゲーム理論が観光の分析に適しているのかどうかについては，次節で議論しよう．

ゲーム理論と観光

　供給や市場構造に関する従来の分析は，特にますます頻繁にみられる寡占という競争形態における企業間の戦略的な相互関係を説明するのに適していないことがわかってきた．これとは対照的にゲーム理論は，寡占的市場，特に不確実性が存在する寡占的市場で生じる多くの状況に適しており，しかもこれによって観光に携わる企業がとる多くの戦略を詳しく検討することができる．意思決定が相互に関連し合う状況は数多く存在するだろうし，企業は協力的な戦略をとることによって利益を得るかもしれない．それはたとえば以前その特徴をみた航空部門における企業がそうであろう．あるいは一例として，絶えず戦略を変えることによって企業の優位性を保持している旅行代理店では，必要とされるのは競争的な戦略であると企業は決めているのかもしれない．しかしながら議論されていないことは何かといえば，観光供給部門に属する多くの企業が，自分の戦略を決定する際に，同一市場内に存在する他の企業の行動を考慮に入れている，ということである．いったいどんなときに競争よりも結託のほうが利益になるのかというのは，とても重要な問題である．

ゲーム理論は企業行動を説明するのに用いることができるし，また価格設定，製品選択や製品差別化，広告，資本投資，企業合併や乗っ取り，そして参入阻止などに関わる戦略が，どのような結果をもたらすのかを予測するのにも用いることができる．また企業の行動や相互干渉を観察すると，どのように市場が作用しそして進化していくのかを理解することも可能であるが，この点は，新たに登場しかつ不安定な状態にあるいくつかの観光部門を分析する際の重要な属性である．協力的（共謀的）なゲームと非協力的（競争的）なゲームを区別するだけでなく，ゲームの参加者の行動や目的，それにライバルのリアクションについての知識に関して初めに立てられた仮定を修正することも価値のあることである．簡単でかつ説明的なシミュレーションでは，普通，競争者が合理的な行動をとることや利潤最大化を目的とすることが仮定され，さらに最初のうちは完全情報や対称性が仮定される．それゆえ企業は，彼らが属する市場の条件はもちろんのこと，ライバルの費用構造，生産水準，価格などについても十分な知識をもっていることになる．このような限定的な仮定は，より複雑な状況のゲーム分析において緩めることができる．

　協力ゲームと非協力ゲームだけでなく，"一回限り"のゲームあるいは繰り返しゲームのいずれかを考えることもできるし，さらに同時にプレーが行われるゲームや連続してプレーが行われるゲームを区別することもできる．いくつかの国ぐにでは共謀が違法であることを考えると，ある状況において，初め企業は非協力的戦略をとるであろうが，ライバルのリアクションについての経験を考慮するようになると，これらの企業は暗黙の共謀へ導くような安定的な行動パターンを確立するかもしれない．たとえば，ライバルも同じように行動するであろうという認識のもとに高価格を維持することは，すべての企業に有利に働くであろう．一回限りのゲームは，意思決定がたった一度しか行われない状況を反映しており，たとえば，新製品を生産するためや参入を阻止するために資本投資を行うべきかどうかということがそれにあたる．逆に繰り返しゲームは，短期的な有利性を得るためには騙し続けることが適切であるような状況を表している．たとえば，毎期毎期ライバル企業を非協力ゲームに直面させるために，価格戦略や製品差別化戦略は頻繁に変更されるであろう．観光ではこのような例が数多く存在する．たとえば，航空，フェリーそしてツアーオペレーターといった部門では，マーケット・シェアを上げようとして価

格戦争に明け暮れている一方，製品差別化によって自社のマーケット全体を大きくしようとしたり，新しい市場セグメントに製品を供給しようとしたりしている．

同時手番ゲームと逐次手番ゲームという区別がなされるが，これはそれぞれが異なる市場の状況を表しており，またそこで用いられる戦略に違いがあるという理由からである．たとえば，ある状況のもとで，Cournot 複占モデルでは企業が生産量の水準を同時に決定するが，他方，Stackelberg モデルでは一つの企業が独立に意思決定し，それに対してこのライバルが反応する．このことは，先手が有利性を得るような状況においては重要な要素である．観光では，航空部門，フェリー部門それにホスピタリティ部門といった特に過剰生産能力が存在する部門では，需要水準やそのパターンの短期的な変動を考慮すると，意思決定が同時になされることがよくある．これらの部門でも逐次的あるいは対抗的な戦略がとられることはあるし，企画から販売に要する期間，いわゆるリード・タイムがいくぶん長くかかるツアーオペレーター市場でもこれは同じである．たとえば，夏のパッケージ旅行商品（summer sun package holiday）を販売する部門では，あるツアーオペレーターが早期予約割引を行うと，もしそれがライバルのマーケット・シェアを奪うものであれば，ほぼ確実にライバルからの報復をもたらす．

すでに第4章において，観光財を供給するいくつかの部門は寡占的であることが示されたし，またそれゆえ，価格設定，産出水準，製品差別化とブランド化，市場のセグメンテーション（細分化），広告，イノベーション（革新），それに参入阻止に関わるさまざまな戦略を日常的にみることができる．さらに，中心的な企業が支配戦略（dominant strategy）を用いることができる状況を考えることも可能である．すなわちそれが可能なのは，おそらくはその企業が，たとえばある程度のロイヤリティーを有するブランド名をもっており，しかもそれがあるために，最適な戦略をライバルの戦略とは独立にとることができるかもしれない，といった特有の属性があるからであろう．ゲーム理論の観光への適用を説明するために，観光供給に関わるツアーオペレーターが直面するであろう戦略的意思決定を例として用いながら，広告，価格設定それに参入阻止のケースについて考察してみよう．最初に示すのは非協力・同時手番ゲームであり，そこでは広告が市場規模とマーケット・シェアに及ぼす影響が説明される．次に，価格設定に関する非協力・繰り返しゲームの

例を示す．そして最後に，同じく価格設定に関する一回限りの非協力ゲームを示す．しかしながら，2番目と3番目のゲームにおいては，協力的な行動が結果として起こりうることが示される．

考察すべき最も単純な状態とは，企業が支配戦略をもつ場合である．すなわち，ある企業の最適なポジションが，ライバルが何を選んだのかとは無関係に決まる場合である．ゲーム理論におけるこの基本概念を，広告をするかどうかの意思決定を行うツアーオペレーターを例にとって説明しよう．この例では，広告は，各ツアーオペレーターが大きなマーケット・シェアを獲得するために行うという意味で競争的であるとともに，市場を拡大することによって両企業の利得を高めるという意味で情報提供的であると仮定される．第5.3図には，2人（企業）ゲームにおける典型的な2行2列の行列が示されている．これは寡占における複占形態を示しているが，そこではライバルが広告するかしないかに応じてツアーオペレーター X の利得が太字で与えられ（行），他方，ツアーオペレーター Y の利得は括弧内に斜字で与えられている（列）．

ツアーオペレーター X は広告するであろう．なぜならこれは，Y がどちらをとるのかとは無関係に採用されうる最善の（純利得を与える）戦略だからである．もし Y が広告しなければ X の利得が25である一方，もし Y が広告すれば X は20の利得を得るだろう．Y についても同様であり，両企業とも広告する場合には Y の利得は10であり，X が広告しない場合にはそれは15である．それゆえ，両企業とも広告し，市場全体として利得が30（20X，10Y）になる左上部分が達成されることがわかる．ここは，安定的なポジションである．

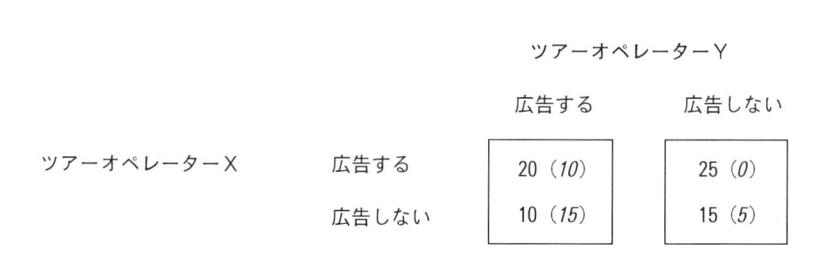

		ツアーオペレーターY	
		広告する	広告しない
ツアーオペレーターX	広告する	20 (*10*)	25 (*0*)
	広告しない	10 (*15*)	15 (*5*)

第5.3図　広告：支配戦略があるケース

もしXが支配戦略をもっていなければ，その最適な意思決定はYが何を選ぶのかに依存する．たとえば第5.3図に与えられた広告のケースで，もし両企業が広告しない場合（右下部分）のXの利得が40ならば，このときXの戦略はYが何を選ぶのかによって決定される．もしYが広告するのならXも広告するに違いないが，もしYが広告しないのならXも当然広告しないであろう．なぜなら，この戦略を選ぶことによって利得がより大きくなるからである．それゆえXは，Yがどのように行動するのかについて推測しなければならない．Yは前と同じ支配戦略をもっているから，Xがどのような行動をとろうともそれが最善の行動であるから，Yが広告するのは明らかであろう．もしXがYの行動を正確に予測するのなら，またそれはこのモデルに与えられた仮定からして当然であるから，前と同じ安定的な均衡が得られる．支配戦略が存在しない場合，すなわち広告することが個々のツアーオペレーターのマーケット・シェアを高めるよりもむしろ市場を広げるものであるような場合には，安定的な均衡が達成されうるかどうかという問題が生じる．もし合理的行動の仮定や，ライバルの戦略や行動を正確に解釈するという仮定を緩めるのならば，この問題は特にそうであろう．ゲーム理論では，複数の均衡が存在する可能性があることや，あるいは均衡が全く存在しないことを示すことができる．それゆえ，特定の環境が支配しているある種の産業で，なぜ不安定な状態が起きるのであろうかということを説明することができるのである．

　この点を説明するために，取引の各期において，企業が価格を決定する際に直面するジレンマの例を取り上げよう．年の変わり目頃になると，ツアーオペレーターは来シーズンの大衆向け夏季旅行商品（mass summer sun market）のパンフレットを作成し始める．市場の範囲や航空機の座席数や宿泊施設の収容能力が固定しているために，またそれゆえ閑散期にあたる月には過剰能力を抱えることになるのであろうが，個人経営のツアーオペレーターは，消費者が価格に敏感なだけでなく，時期が遅くなると安値を期待して買い控えるかもしれないことを認めている．それゆえツアーオペレーターは，消費者が早期に予約を入れてくれるようにするためにそしてその結果これらの過剰能力を埋めるために，この休暇旅行商品（holidays）を安い価格で提供することを考えるかもしれない．しかしながら，ツアーオペレーターの取引では利潤マージンが非常に小さいために，このような戦略は結果として

低利潤に終わるか,あるいは損失を発生させてしまうことさえあるかもしれない.好ましい戦略はすべてのツアーオペレーターが高価格を設定することであろうが,シーズン当初であれ,あるいはシーズンを通じてであれ,ライバルが暗黙の合意をきちんと守る保証はまったくないのである.

繰り返しゲームはこの現実的な状況を表現することができるし,どのような結果が得られるのかについてももっともらしい予測を与えることができる.そして,このような方法で市場をシミュレーションすることの第1の目的は,最も頑健な戦略を識別することにある.正の利得と同様に負の利得も含まれている,「囚人のジレンマ」の一種である第5.4図を考えてみよう.このゲームは,各プレーヤーが支配戦略をもっているケースであり,その戦略は,もしそれを選ぶのならそのときの合計利潤が,両者が共謀できれば得られるはずの利潤よりも低くなるようなものである.

第5.3図と同様に,Xの利得は最初の太字の数字で示されており(行),またYの利得は括弧内の斜字の数字で示されている(列).もし両企業が高価格をつければそれぞれ10の利得(合計20)を得るが,これに対してもし両企業が低価格をつければそれぞれ2の利得を得ることになり,このとき合計は4となる(それぞれ,左上部分と右下部分に対応する).この行列はまた,Xが高価格を,そしてYが低価格をつける場合には,Xが10の損失を被り,Yが20を得ることも示している(ネットの合計利得は10).逆にXが低価格を,Yが高価格をつける場合には,状況が逆になる.明らかに両者にとって好ましい戦略は高価格をつけることであるが,問題は,いずれかの企業,あるいは両企業がより大きな利得を得ようと「隊列を乱して」

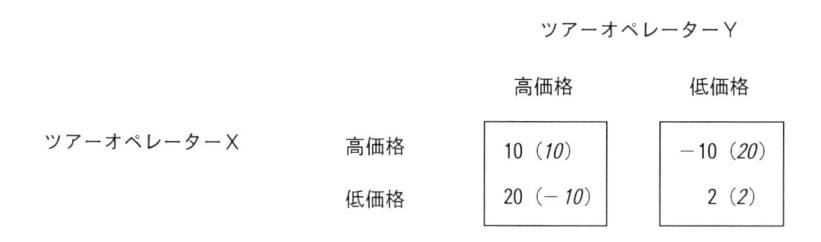

		ツアーオペレーターY	
		高価格	低価格
ツアーオペレーターX	高価格	10 (*10*)	−10 (*20*)
	低価格	20 (*−10*)	2 (*2*)

第5.4図　価格決定問題

低価格をつけるかどうか，ということである．暗黙の協調関係が生じている限り，両企業は高価格をつけるであろう．しかしこのとき，もしどちらかが低価格をつければ，再びどちらかが高価格に戻すまでは他方もそれに従って低価格をつけるであろう．もしそれぞれの企業が合理的に行動し，またライバルの戦略を確かめることができ，さらにいかなる脅しも信憑性があると信じているのならば，暗黙の協調関係が生じるようなある一貫したパターンが表れてくるであろう．しかしながらこのような結果は，イギリスのツアーオペレーター部門で観察されていることに照らし合わせると奇妙なことのように思われる（N. Evans and Stabler, 1995 ; Taylor, 1977）．なぜなら，そこでは価格戦争が常態化しており，したがって非協力的な行動が続いているからである．もっともらしい理由としては，他の諸要因，たとえば需要や費用の変動，参入障壁の低さ，過剰能力そして多くの企業が存在するという要因があるために，協調的な戦略を確立することを不可能にしているということである．すなわち，このような現象がもたらす不確実性は，望ましい安定的な状況を作り出すことを困難にしているのである．

この種の価格分析は，前章の第4.6図に描かれている屈折需要曲線という静学的な仮説を越えて，寡占理論を前に推し進めている．しかしながらゲーム理論はまた，そのほかの市場の状況にも適用することができる．それはたとえば，すでに参入およびその結果として起こる企業数の変化に関連して言及された，先手の有利性や脅しがある状況であり，もし安定的な状況が得られるのであれば，今度は，おそらくこれらが市場を安定化させ，それゆえ価格を安定化させる要因となるのである．これらのケースを詳しく考察することはできないが，企業が同時に行動するという仮定を緩めることの含意をさらに詳しく説明することは価値のあることである．

Cournot 複占モデルは，生産すべき産出量がどれだけであるかを企業が同時に決定するケースを考えているのに対して，Bertrand のアプローチは，企業が同時に価格設定を行う状況を考察している．これとは対照的に Stackelberg モデルは，ある企業が他方に先んじて産出量を決定すると仮定している．この Stackelberg のアプローチは，たとえば研究開発投資，参入阻止，さらに広告といった市場行動における先手の有利性についての分析を容易にする．逐次ゲームとよばれるゲームは，ある戦略が実行されることによって始まるゲームのプロセスをたどることが可能な

ので，ゲーム理論の動学化になっている．製品選択を例にとって詳しく調べてみよう．もし2つの専門的なツアーオペレーターが，互いに相手の意図に気づかず，ともに市場が限定的である活動的な休暇旅行あるいは文化的な休暇旅行という2つの新しいタイプの休暇旅行から，どちらか一つを導入することを決定するとしたらどうなるであろうか．おそらく両企業が同じ製品を同時に市場に出した場合には，両企業とも損をすることになるであろう．しかしながら，もし企業Xが先に活動的な休暇旅行の販売を始めることができれば，このときYは文化的な休暇旅行を市場に導入するだろうし，その結果，両企業とも利潤を得ることができるであろう．これは本質的にStackelbergモデルが仮定していることと同じであり，ここでは先手がライバルに市場の一部を残しながら産出量の大きさを決定するというモデルになっている．企業は，戦略的な手番を先にとる，すなわちライバルの選択に影響を与えることによって，先手としての有利性を得ることを確実にすることができる．これは，その企業が実行するといったことは必ず実行するという評判をもっているときにのみ，効力を発揮する．したがってある戦略に対してそれを必ず実行するという意味の，いわゆるコミットメントがないということは，ある特定のとられるべき行動がどうなるのかについての，次に出されるアナウンスメントあるいは脅しが無意味であるということを，ライバルに示唆しているのである．それゆえ，たとえばトムソン社が，自社の予約システム（TOPS）を採用しなかった旅行代理店に対して，彼らを通じた自社製品の販売を取りやめるという脅しは，理由のないものとはみられなかったのである．

参入阻止はまた別の主要な戦略である．なぜなら，もしそれがうまくいくのなら，それによって独占力をより高め，その結果，利潤を増加させる可能性があるからである．それゆえ，既存企業は潜在的参入企業に対して参入が利益を上げるものでないことを確信させなければならない．このことは，高・低いずれの価格をつけるかという価格設定の問題をもう一度考えることによって説明することができる．もし潜在的ライバル企業が高価格市場への参入を決めるのなら，既存企業は高価格を維持することによりさらに利益を得ることができるであろう．しかしながら，もし既存企業がこの参入企業を破産に追い込むような価格戦争をしかけると脅そうとするのなら，またあるいはこの起こりうる価格戦争を維持しようとして規模の経済を利

用するために生産能力を拡張するのなら，この参入阻止というコミットメントは具体的なものになるであろう．第5.5図では，この場合の手番の流れと利得に与える影響が図示されている．

第5.5図のシナリオ1は，こうである．第1行には潜在的な新規参入企業Xの利得が高価格と低価格に応じて太字で示されており，さらに既存企業Yの利得は括弧内の斜字で示されている．もしXが2,000万ポンドのサンクコストを負いながらもこの産業への参入を決めたならば，このとき市場は等分されると仮定しよう．第2行の斜字はYの利得を示しているが，これはYがXの意図された参入に対抗する手段をとり，しかも何ら費用の増加を負うことなく首尾よく参入阻止に成功し

〈シナリオ1〉　　　　　　　　　　　　　　　既存企業Y

		利潤（百万ポンド）高価格	利潤（百万ポンド）低価格
新規参入企業X	参入する	5　(25)	−5　(15)
	参入しない	0　(50)	0　(30)

仮定：・Xの参入コストは2,000万ポンドである。このとき市場は二分される．
　　　・高価格：YはXの参入後もこれを維持する．Xもまた高価格を維持する．
　　　・低価格：Yは価格戦争を引き起こす．Xもまた低価格をつける．

〈シナリオ2〉　　　　　　　　　　　　　　　既存企業Y

		利潤（百万ポンド）高価格	利潤（百万ポンド）低価格
新規参入企業X	参入する	5　(10)	−5　(15)
	参入しない	0　(10)	0　(30)

仮定：・既存企業Yは生産能力を増加させるために1,500万ポンドの投資を行う．高価格のもと販売高と利潤は変わらない．
　　　・既存企業Yは生産能力を増加させるための費用を相殺するために，低価格のもとでは販売高と利潤を増加させる．

第5.5図　参入阻止戦略

た場合の利得である．

いま企業Xが，Yは市場全体として得ることができる最大の利得5,000万ポンドを得ようとして高価格を維持する，と予測するのなら，このときXは500万ポンド（市場を等分した2,500万ポンドからサンクコスト2,000万ポンドを差し引いた分）を得るし，他方Yは2,500万ポンドを得るであろう（行列の左上部分）．しかし，ひょっとしてYが価格戦争を引き起こす，すなわち低価格をつけることを決めるのならば，このときの市場全体の利得を3,000万ポンドとすれば，Xは500万ポンド（1,500万ポンドからサンクコスト2,000万ポンドを差し引いた分）の損失を被るし，Yは1,500万ポンド受け取るであろう（行列の右上部分）．もしYが首尾よくXの参入を阻止することに成功するなら，Yは高価格のもとで得ることができるすべての利得5,000万ポンドを得るであろう（左下部分）．また，Yが価格戦争という脅しをかけ，さらに参入阻止に対する強い信念を示すために低価格をつけるときには，Yは市場全体の利得3,000万ポンドを得る（右下部分）．

次に，第5.5図のシナリオ2はこうである．参入を阻止するという脅しを具体化するためには，Yは生産能力を増強するために1,500万ポンドの投資計画を実行せざるを得ないと仮定しよう．これによってYは規模の経済を活用して単位費用を低下させるであろうし，もし低価格をつける必要があれば，それによって価格戦争を維持できるであろう．それにもかかわらず，もしXがこの産業に参入することを決め，しかも自身の市場を広げたり利潤を増加させることはできないが，Yが高価格をつけることを選ぶのなら，結果は左上部分に示されるように，Xの状況は前と変わらないが，Yは1,000万ポンド（2,500万ポンドから1,500万ポンドの投資費用を差し引いた分）の利得を得る．もしYが，低価格をつけることによってより販売することができ，しかも少なくとも投資費用を回収できると予測するのなら，この場合の結果は右上部分に示されるように，Xは500万ポンドの損失を被り，他方，Yは以前と同じ1,500万ポンドの利得を得る．また第5.5図のシナリオ2には示されていないが，Yが市場を完全に見誤ってしまい，より多く販売することができなければ，1,500万ポンドの分け前は1,500万ポンドの投資費用によって相殺されてしまって利得がゼロになることはもちろんある．もしXがこの産業に参入しないと決めるのなら，そしてこのときもしYが高価格をつけて，しかも市場の大き

さが変わらなければ，Y は全体の利得から投資費用を差し引いた縮小した利得3,500万ポンド（5,000万ポンド－1,500万ポンド）を得る（左下部分）．右下部分では，もし投資費用の元が取れるのなら，Y の利得が3,000万ポンドであることが示されており，これに対して Y が市場を見誤った場合には純利得が1,500万ポンドになるであろう．

第5.5図の例は，参入をもくろむ企業が，既存企業によって支配されている市場に侵入する場合，多くの不確実性が生じることを明らかにする上で役に立つ．参入企業にとってもまた既存企業にとっても，得られる結果は，参入を阻止するために用いられる脅しの信憑性の程度や，参入を受け入れるにしろ阻止するにしろそれにかかる費用，そして価格変化に伴う販売量や利潤の変化に大きく依存している．しかし明らかなのは，もし参入企業と既存企業が高価格をつけることで共謀することがあれば，そのときの結果は両企業にとって価格戦争に比べればより利益があがるということである．

観光供給においては，以前論じたように，参入にかかる費用が比較的低く，また投資を相手より先に行う機会も限られており，そのため参入阻止戦略が成功する可能性は低い．にもかかわらず，ここに与えられた例は，国際的な文脈における観光開発についての一つの重要な側面を説明する役割を果たしている．政府が援助するにしろ補助金を与えるにしろ，投資は国に優位性を与える．たとえば，航空部門，フェリー部門それに鉄道部門，さらにある程度まではあるが宿泊部門には，特徴としてかなり大きな規模の経済がある．これらに補助金を与えることによって，より急速な発展が促進されうるのである．これにより外国企業の当該市場への参入が阻止されるであろうし，またそれによって当該国内部門では高価格がつけられるようになるし，販売額もより大きくなるであろう．このような考えは，経済発展の駆動力として観光を選択した発展途上国の場合には重要であり，第6章ではこの点がより深く考察される．

いくつかの説明的な例を使ったこの比較的短くかつ単純なゲーム理論による説明は，産業における作用や市場行動についての経済分析が向かっている方向を示している．これまで注意は，企業間の競争的な相互干渉に集中しがちであった．というのも，これがほとんどの観光市場における現状を示しているからである．ゲーム理

論は他の多くの状況,たとえば,独占的な市場構造のもとで得られる結果と同じように,企業が産出量を抑えて高価格で販売するという共謀に対しても適応できるし,あるいはより大きな不確実性があるために,起こりうる結果がかなり多く存在するような場合（複数均衡）に適応できる．さらにより複雑なケースでは,特定の利得が生じる確率を求めるようなゲーム理論分析が必要になるが,それは動学的な現実の状況をより近似したものになっている．

　ゲーム理論はまた,どのような過程を経て企業が採用する戦略を決めるのかに関わる別の諸理論,すなわち,本章の始めで検討された学派によって提出された諸理論にも適応させることができる．さまざまな行動様式が可能であり,競争市場における最適化行動というシカゴ学派の新古典派的教義は,この中の特殊な場合である．行動学派の仮説,すなわち意思決定は確立された規範やルールに従ってなされるという仮説や,行動は過去のやり方に一致して進化するという進化経済学派の考え方もまた,この起こりうるさまざまな意思決定様式の中に含むことができる．常に最新のものにしていくという日々更新の概念は,他の企業の行動について学習し,それを基にしてなされる矛盾のない意思決定を説明するために使うことができる（S. Martin, 1993）．また経済心理学は,期待形成プロセスを説明する際に役立つ．プリンシパル-エージェント・モデル（依頼人-代理人モデル）では,所有者と経営者の行動がそれぞれ明確化され,彼らが異なる期待や反応をもつことを許している．したがってゲーム理論は,観光に関連した異なる部門や異なる国におけるさまざまな種類の企業の意思決定様式や行動様式を,それぞれの文脈の中で分析することを可能にするのである．

結　　論

　本章では,SCP パラダイムとゲーム理論を用いて観光供給を考察するとともに,第4章において確認された観光に関わる多くの経済問題をかなり深く考察することに努めた．また観光市場の作用に関して新たな洞察を与えるために,産業の経済学の領域における最近の成果をもち込んだ．ここでの議論を支持するということは,観光市場が動学的であり,またしばしば不均衡状態にあることを理解する必要性を認めることを意味している．

SCPパラダイムは観光市場を描写するために用いることができるし，主要な特徴を，市場の構造，行動そして成果についての分析に向けた必要な第一歩として強調するためにも用いることができる．またSCPパラダイムの優れた点は，さまざまな構成要素の間の相互関係を明らかにする一つの概観を与えるということにある．さらにこの枠組みは，これを観光の仲介部門に適用するところで示されたように，異なる市場環境を反映するように加えられたり，あるいは適合するようにしたりすることができる．しかしながらこのアプローチは，ゲーム理論における最近の成果がより適しているような企業の意思決定プロセスや行動プロセスの考察にはうまく合わないようである．

　ゲーム理論はさまざまな学派が与える洞察を包含する能力をもっているし，観光に関わる企業や産業そして市場を動学的に分析する能力ももっている．それゆえゲーム理論は，市場の静学均衡分析に対するオーストリー学派や進化論学派の批判を組み入れることができる．さらにまた，Schumpeterが経済の成長過程で非常に重要な役割を果たすと強調した技術変化の役割を，企業がどのようにして研究開発を活用するのか，そしてこれによって引き起こされた技術変化を，他の企業と相対しながら，どのようにして競争戦略として活用するのかということを明らかにすることによって，ゲーム理論を用いて深く考察することができるのである．このような戦略は，長期的には市場の構造を変えることができる．たとえば，市場における既存企業と潜在的参入企業との間には，情報の入手可能性について不確実性や非対称性があるが，これにもゲーム理論は適応できる．この理論は，ほとんどの企業がビジネスの意思決定を行うときに，起こりそうな競争相手の反応を考慮するということを認めている．さらに企業間における知識の幅の違いや，企業間における協力関係あるいは非協力関係の程度の違いも考慮することができるだけでなく，単純な一回限りの戦略，あるいは競争相手の異なる戦略に対する逐次的な調整についても詳しく考察することができる．このアプローチは，シグナルとして送られた意図の信憑性や，脅しの戦略が成功するかどうかの可能性についても明らかにすることができる．企業にとって利用可能な戦略はさまざまであり，またそこから得られる起こりうる結果もさまざまであるが，企業が用いる戦略からみた企業行動と市場構造がどのようにして同時的に決定されるのかを示すことによって，これらが明らかになる

というメリットをゲーム理論はもっている．この理論は，産業の経済学における最新の成果を取り込んでおり，また広く包含することのできる分析枠組みや変化の過程を分析する能力をもっているという理由から，観光市場の構造，行動そして成果を考察するためには最適である．

　本章ならびに前章における供給サイドの議論では，あたかも鎖で結ばれているような観光供給のさまざまな段階における企業間の国際的なつながりが重要であるにもかかわらず，観光市場の国際的な側面を明示的に考慮することはなかった．観光供給のグローバル化にはさまざまな形の経済的統合が含まれているが，異なる国の間で行われる貿易や生産には特化が生じるという含意がある．観光が所得，雇用そして外貨獲得にもたらす貢献といった問題や，観光と経済成長との関係についての問題は，実際上きわめて重要である．国内観光および国際観光のもつ環境に与えるより広範な効果について考察する前に，次章ではこれらの問題に対して注意を向けることにしよう．

第6章　国際的文脈における観光

序

　前2つの章は主に国内観光について検討したが，本章では国際的な舞台に議論を広げる．観光は1980年代から1990年代にかけて支出と外貨いずれの額でも世界の高成長産業の一つとなっている．観光支出の高いレベルは，観光客の送出国と受入国の双方に重要な意味をもっている．つまり，それは，送出国の国際収支尻を悪化させ，受入国の国際収支尻を改善させるのである．したがって，観光はある国の他国への依存を高めたり低下させたりし，観光は別にして，経済が第1次産品に基づいている発展途上国に特に重要なものとなり得る．長期間にわたって，国内観光と国際観光はある国の経済成長にいちじるしく寄与するのだが，目的地での所得や雇用創出の潜在性は，観光客が消費したいと思う財・サービスを供給するためのその国の能力によって制約される．近隣諸国の所有・経営のホテルにおいて，観光客送出国から輸入される食品や飲料の観光客の消費は目的地からの収入漏出の主な事例である．それゆえに，観光供給のパターンと関連する収入の分配は国の経済と厚生にいちじるしい効果を与えるので，グローバルなスケールで起こるいくつかのパターンの説明を提供することは有益である．国際経済学は，国家間の生産構造を変えるために考案される政策形成のための必要条件であるが，そのような説明を提供する手助けとなる．観光供給を国際的視点で検討することによって，第4章と第5章の産業経済学の分析の上に議論が組み立てられる．

　本章は，2つの部分に分けられる．第1は，貿易理論に基づいて，国際観光の可能な限りの経済学的説明を試み，第2は，国際観光の諸効果のいくつかを考察する本章の最初の部分は観光文献においては事実上注意が払われていない問題に関するものであるが，その後考察されている効果はいくつかの経験的研究の対象となっている．本章は競争的市場構造を背景に Ricardo や Heckscher, Ohlin の伝統的な比較優位の理論を検討することから始める．次に，不完全に競争的な市場に基づいた国際観光のもう一つの切り口が，観光生産物の品質の幅に対する需要や分化された

生産物の供給,技術の相違を含めて検討される.巨大な多国籍企業による観光産業の支配の増大に対する説明が提供され,現に生じている国家間の統合形態の相違が議論される.本章の第2の部分は所得創出,雇用,輸出稼得額の不安定性や成長に対する観光の含意を考察する.本章をカバーするトピックの多くに着手した経験的研究はほとんどなく,それらの包括的な検討を除外している.それゆえ,狙いは経済的研究の観光分析への貢献のいくつかを指摘することであり,経済理論が洞察を提供してきたが,さらなる研究を必要とするさまざまな領域を示すことである.本章を通して"発展途上国"とは相対的に貧困である国を表すために用いられる.相対的に貧しい国とは,後進国や第三世界として知られている.また,時に高所得国あるいは工業国ないし第一世界とよばれる裕福な国は,ここでは先進国という語を適用することにする.D. Harrison (1992) が指摘しているように,用語の選択は疑わしいものである.本書で使われる用語は,国を示す一つのカテゴリーが他に勝るとか,発展途上から先進状態までのすべての移行局面が望ましいとかを示すつもりはない.これらの問題は本章で考察されないが,議論の重要なトピックとして残される.

貿易の説明と観光

比較優位

国際観光客の大多数は,ビジネスや休暇目的で地理的に近い諸国間での旅行を含む比較的短距離の移動である.にもかかわらず,いちじるしい数の観光客が先進国や発展途上国の双方へより長い距離を旅行している.より効率的で低廉な航空輸送が提供されるにつれて,"長距離"観光が際立った成長を経験している.先進国の工業製品輸出による外貨稼得額はインバウンド観光を含むサービス産業による稼得額によって支えられている.国内居住者が海外旅行に費やす支出は海外への通貨漏出をもたらすが,しばしば観光収支に純ロスをもたらす.多くの発展途上国は伝統的に第1次産品輸出による稼得額に頼っているが,観光の多様化の結果として通貨の純流入を受け取り,その他の発展途上国は海外からの観光客流入を増加させることで追加的収入を得ようと試みている.金でできたポットではなく少なくとも外国為替でできたポットであるなら,観光のイメージは,なぜいくつかの国が観光に特

化するのか，また，利益が新しい生産パターンや貿易から生ずるのかどうか，といった疑問を生じさせる．

最もよく知られた国際貿易の説明の一つは，Ricardo の比較優位の理論である．この理論の際立った貢献は，一方の国が他国よりも財を生産するのに絶対的に効率的であるとしても，その国が相対的に効率的に生産する財，つまり，比較優位をもつ財の生産に特化し，その財を輸出するなら，短期的な貿易の利益が得られるというその主たる命題にある．それぞれの国が特化するならば，より多くの財が所与の投入で生産できるので，総産出はより大きくなるであろう．したがって，この理論は，国家間の生産の相対的効率性の相違によって貿易パターンが決定され，利益が生産の特化から生ずることを予言している．

Ricardo 理論によれば，競争的条件を所与として，それぞれの国の国内（非貿易）価格比率は供給側の条件，すなわち，技術より生ずる相対的な生産の効率性によってもっぱら決定される．貿易開始後の価格比率は，供給側の条件と貿易財の消費者の選好に基づいた需要の両方によって決定される．この理論の静態的文脈から離れ，2 つの生産物の需要の成長率の相違は，財貨の交易条件（輸出価格を輸入価格で割ったものとして定義される）の変化をもたらす．それは，たとえば，需要の低い成長率をもつ生産物を生産し輸出する国に対してである．その国はその輸出品 1 単位でより少ない輸入品を購入することができ，それゆえ，所得や厚生は減少する．したがって，おそらく，特化は長期にわたっては不利な効果をもたらすことになり得る．比較優位の相違による特化の長期的な効果については，本章の最後で考察される．

Heckscher-Ohlin（HO）の定理は，生産の相対的効率性よりむしろ 1 国の生産要素（労働，資本，土地・自然資源）の賦存状況がその比較優位を決定するとしている．したがって，豊富な労働力や土地の供給ならびに野生生物，山やビーチなどの豊富な自然資源をもっているタンザニアのような国は観光に比較優位をもつように思われる．HO の定理は農業部門や工業部門に適用され，一般的に労働や資本の賦存状況に注意が払われた．したがって，相対的に労働が豊富な国は，労働集約的に生産される財を生産し輸出することに比較優位をもつといわれる．逆に，資本が豊富な国は資本集約的財を生産し輸出することに優位性をもつ．Samuelson（1948, 1949）は，要素価格均等化の定理の中で貿易は国家間で資本や労働収益を均等化さ

せる効果をもつと論ずることによってその理論をいっそう洗練した．これが生ずるのは，低労働コストから生ずる相対的に低価格な生産物を消費者が需要し，それで労働需要や賃金率が高まるときである．同様のプロセスは，相対的に低資本コストの生産物に対して生ずるであろう．

　HOの理論は，国際的な生産と貿易パターンを決定するに当たって，供給が演じ得る役割を示しているかぎり，有益である．それに基づいて，第4章と第5章の閉鎖経済における観光供給の分析は構築されている．最初の段階で，労働の豊富な国は観光に比較優位をもつため，観光供給は労働集約的であると仮定されるであろう．しかしながら，J. Diamond（1974）は，おそらく労働力が豊富であるトルコを事例にして，観光が熟練した労働力と多くの資本の投入を含むことを指摘した．資本—産出比率（ICOR）とは産出や所得を1単位増やすのに必要とされる資本量であるが，ケニアやモーリシャス，トルコの観光部門における上昇する資本—産出比率の値に関する研究では，ケニアは2.4〜3.0（F. Mitchell, 1970），モーリシャスは2.5（Wanhill, 1982），トルコは4.0（J. Diamond, 1974, 1977）という推計値を示した．それぞれの国の農業と工業部門の比較可能な推計値は，ケニアの2.7と4.4，モーリシャスの3.3と3.9，トルコ2.3と2.1であった．したがって，観光の資本集約度は国によってさまざまであり，また時系列でみても観光成長の異なった段階でみてもさまざまである．観光は同質でないため，労働力供給の大きい国では観光は相対的に労働集約的であり，資本が豊富な国では資本集約的であるように思われる．国家間や時系列でみる観光生産の要素集約度の推計値は役に立つであろうし，受入国の失業を減らすための観光の潜在力を示すことができるであろう．

　観光生産と要素賦存状況との間の関係は，要素の豊富さを計測する問題とその質を計測する問題をさらに複雑にさせる．豊富さは，数量，したがって供給だけかもしくは価値のいずれかの単位で計測できる．価値で計測する場合，ある高い生産物需要が高い価格と高い価値をもたらすならば，需要もまた変数となる．たとえば，労働力が熟練か未熟練に分けられ，資本が上等さや効率性において異なるものであるように，要素の質を確かめることはさらに難しい．第3の要素である土地が考えられるとき，その状況はより複雑にさえなる．自然資源の形態にせよ人工的環境にせよ土地はたいてい観光生産物の重要な構成要素であるが，土地が資本か労働に，

もしくは双方に補完的であるかどうかは明らかではない．土地は観光供給のいくつかのタイプでは資本と補完的であるかもしれない．たとえば，労働力が豊富な経済におけるいくつかの観光生産物は，資本集約的であるかもしれない．高所得グループがケニアに滞在して行うゲーム観光がその例にあげられるが，そこでは小型の航空機がへんぴな地域へのアクセスを増やすために使われているのである．一方，ネパールでのトレッキングが事例にあげられるように，土地は労働と補完的であるかもしれない．

過少雇用や失業労働力に特徴づけられる経済において，観光生産における資本集約的な形態はより労働集約的になり得るかどうか，また反対に，低い出生率の場合，観光はより資本集約的になり得るのかどうかといった問題は，明らかに重要である．たとえば，スペインでは，伝統的に労働集約的なホテルが賃金の上昇のために，高い失業率にもかかわらず，レストランのセルフサービスをさらに増やした．生産の要素集約度の変化や比較優位は国に利益と不利益をもたらし，静態的な文脈よりも動態的な考察を必要とする．動態的比較優位の理論は，この章で後ほど議論する．

要約すると，Ricardoの理論は，各国が観光生産に相対的に効率的であるならば，国際観光から生み出される利益を示すのに役立ち，生産の効率性を上昇させることの重要性を指摘している．各国の異なった資源賦存の役割を強調したHOの定理もまた，国際貿易と観光を説明するのに役立つ．HOの定理の明らかな意味は，観光に使用される生産要素の国家間の相違や，各国が彼らの資源をより効率的に使う方法を研究するために，いっそうの研究が行われるべきであるということである．しかしながら，土地，労働および資本が同質であるという定理の仮定は問題視され，相対的要素賦存は時とともに変化するのである．たとえば，異なる場所で観光に使われる自然資源と人工的資源との相違に関する考察は，土地や自然資源の供給のいちじるしい国家間の多様性を示している．

Ricardoの理論でもHOの定理でも需要の役割に十分注意が払われていない．たとえば，需要の多様性は，第2章の冒頭で議論した観光財と他の財の消費に関する選好が国家間で相違する結果として発生するかもしれない．さらに，競争的市場条件の仮定は，観光における比較優位を決定する興味深い洞察を提供するが，不完全に競争的な市場を特徴づける内容の説明を除外している．したがって，比較優位の

理論は相対的な要素効率性や要素賦存といった供給側の相違に集中していて，規模に関する収穫逓増，市場力，価格づけや産出量の支配，生産物分化，輸送費用，需要の国家間の相違，マーケット・セグメンテーション，要素の"質"の相違，そして各国の情報や技術へのアクセスの相違にみられるような特徴を無視している．これらの考察のどれもが，類似する要素賦存と所得水準，資産をもつ国家間で起こる高水準での国際観光の流れの説明に関連があるが，それは次項以降で示されるであろう．

国際観光と不完全に競争的な市場 ── オーバーラッピングした嗜好

多くの観光市場は，第4章と第5章でみられたように，競争市場や規模に関して収穫一定という伝統的な仮定からは離れている．観光市場は，供給側では多数の市場構造と観光生産物によって特徴づけられ，需要側では消費者がさまざまなタイプの休暇を需要する．観光供給は特殊な生産物を含み，消費者が特別な品質を兼ね備える観光生産物を需要するという事実は，不完全競争市場における国際貿易理論からの洞察が国際観光生産と貿易にいっそう光を当てることができることを暗示している．そのような市場の特徴の多くは閉鎖経済の枠組みの中で，第4章や第5章ですでに考察されたが，これから国際経済学的視野で議論される．Linder (1961) の産業内貿易，つまり，イギリスがフランスへローバーを輸出しルノーを輸入するような，同じ産業によって供給される生産物の双方向貿易の説明から始める．

Linder は，貿易によって消費者の嗜好が似通ってくることに焦点を当てている．彼は，独占的競争市場構造に着目している理論を補完する産業内貿易について説明し，また，所得水準や厚生が似通っている地理的に近接した諸国間における観光の流れが大きいことの理論的根拠を提供している．また Linder は，ある所与の国の供給者が初めはさまざまな生産物を国内市場の需要を満たすために提供すると主張している．観光の場合，これらは異なる自然的・人工的環境，さまざまなタイプの宿泊施設，さまざまなスポーツやエンターテインメント，そしてその他のレジャー活動から選択された休暇に例えられるかもしれない．国内の供給者はその後さまざまな生産物を輸出用に供給する．たとえば，外国人観光客の選好に合うように特別に企画された休暇のようなものである．Linder によると，各国で供給される生産

物に対する需要が似通っていればいるほど，各国間の貿易の可能性はますます大きくなる．

　この説明は，消費者による需要の性質が国内の1人当たり所得水準によって決定されるという事実に基づいている．比較的高い所得をもつ先進国の居住者はより高品質の範囲内で需要するが，発展途上国の居住者はより低品質な財の範囲内で購入しようとする．その結果，同じような所得水準をもつ国ぐにの人びとによって需要される生産物の品質の幅はいっそう重なり，裕福な国と貧困国の間の消費者需要の範囲と企業供給の範囲のそれぞれはオーバーラッピングが少ない．したがって，所得水準が近い国ぐにの方が所得水準が離れている国ぐにより共通の市場をもつため，前者の方が後者より貿易の潜在性が大きい．需要側に関しては，貿易によってオーバーラッピングした市場をもつ国ぐにの消費者がより多様な生産物を利用することができる．供給側に関しては，生産者は，生産における規模や範囲の経済から，海外での販売を促進させることによって利益を得る．したがって，貿易は種類を増やし価格を下げる利点をもっている (Krugman, 1980)．

　Linderの理論は，HOの定理の仮定とは対照的に，相対的に類似した要素賦存をもつ国家間での高水準の貿易のみならず，高水準の観光移動を説明するのに役立つ．その理論はある国が供給する特定の観光生産物ではなくその品質の幅を予言している．実際，観光を含むほとんどの産業内貿易は，独特の技術や特定の地域の環境資源を使い，ブランド化や広告や，販売促進のような手段を投じて分化された生産物の取引である．第4章と第5章，また以下での議論が示しているように，生産物の分化は，生産者にその生産物価格に影響をおよぼす能力や短期的に超正常利潤を獲得する能力を提供している．そのような利点はしばしば外国企業との競争の制限によって，たとえば，外国を拠点とするツアーオペレーターによって販売されるパッケージ・ツアーの制限により増強される．

規模と範囲の経済

　規模と範囲の経済は，技術や資源賦存に国家間の相違がなかったとしても，国際貿易からの利益を提供する (Helpman and Krugman, 1993)．観光部門に属する多くの企業は，第4章で示したように，規模の経済を経験する．供給者は，収益性を

上昇させるためだけではなく，競争相手がその産業に参入することを阻止させるための手段として，単位費用の削減を達成しようとする．しかしながら，彼らは国内居住者だけの観光需要を見込むのでは限界があるため，意味のある経済性を達成できないかもしれない．彼らは見込んでいた規模に関する収穫逓増を達成するために，彼らの生産物に対する国際的需要は産出量を十分に増加させることを可能にする．

一方，低所得で低水準の需要をもつ国にあるような比較的小さな観光企業は，高い初期費や価格のために，国際的な規模では競争できないかもしれない．また，効率的に競争するために十分な規模の経済を得る前に市場から排除されるかもしれない．そのような状況においては，"幼稚産業"は大規模な観光供給者の規模と同等程度の規模の経済を達成するまで短期的保護がなされるかもしれない．国際航空会社は国家のプライドの一要素であるけれども，幼稚産業の議論は，国際航空会社に対する政府保護の部分的な理由づけをしている．しかしながら，自ら効率性を上げる企業と政府補助金を利用している企業がある．さもなければ，クックアイランド国際航空の場合のように，効率的な競争に必要な範囲の経済を達成できない(Burns and Cleverdon, 1995)．

生産物分化

消費者の多様な観光生産物に対する需要に応じて，宿泊施設や娯楽施設にみられるように，独占的に競争的な国内市場の下で多くの企業によって生産物分化がなされている．観光需要が国内から外国市場へ拡大するとき，外国の競争相手は規模の経済を利用して有利な位置にいるため，その競争相手と類似する特徴をもつ生産物を供給するいくつかの企業は，操業を止める．しかしながら，その他の企業は，たとえば，国際ホテル部門でブランド化を試みるように，競争相手と生産物を分化することができる．したがって，市場で生き残り，販売される生産物の幅を広げるのである．したがって，独占的競争市場下での国際競争の分析は，生産物分化の役割や台湾の工業製品生産者のように市場のすき間を的にすることを指摘している(Rodrik, 1995)．それゆえに，規模や範囲の経済の達成と同様に，生産物分化は，観光ビジネス戦略として用いることができる．それはまた，いくつかの企業が国内に存在する大企業との競争に勝てないなら，国際競争は国内競争構造をもっと不完

全にさせ，大企業は生き残ることを示唆している．

　国内の独占や寡占にある企業間の競争であるが，国際的視野での競争にさらされている企業間の競争に関しては，同様の結論を引き出すことができる．自由化された国際環境の中で競争する航空会社は，注目すべき事例である．国際航空輸送市場の自由化に向けての流れは，市場において，多くの航空会社が他社との生産物を分化することで競争することを促している．たとえば，いくつかの航空会社は，政府がチャーター便を禁止したモーリシャス航空の場合にみるように，直行便を比較的高い価格で供給している（Burns and Cleverdon, 1995）．他の企業は経由地を設けて，長いフライト時間であるが，安い価格で提供するものを含ませている．大きな航空会社は，主要都市の大きな発着ハブ空港を結びつけて規模の経済を利用することに関心をもっているが，トリニデッド・アンド・トバコ・ブリティッシュ・ウェスト・インディアン・エアウェイズ（BWIA）のような小さな航空会社は特別ルートでの輸送の供給に成功し（Melville, 1995），それによって市場でふさわしい地位を得ている．寡占企業間の競争もまた，垂直的分化で知られているように，所与の生産物の品質の幅を考慮した供給形態を採っているか，もしくは水平的分化のように類似する品質で属性を変えた供給形態を採っている．そこで，ライアンエアーのような航空会社は低価格で限定されたサービスを供給することに特化しているが，他社は高品質のサービスで高価格の便を提供している．固定費を抑えて品質の改善に向けて可変費用を急速に高めることで，多くの生産物の品質や企業が，消費者間の広い所得層に対応できるようになる．反対の需要と供給条件が幅の狭い生産物の品質と数少ない企業をもたらすが，貿易を通じて類似した品質で高価格な生産物をもつ企業が市場から追放させられるようである．規模と範囲の経済を利用できる国際ホテルチェーンが国内でホテルを経営するいくつかの企業を引き継いでいくことが宿泊部門で起こっている．

研究，開発，革新および模倣による競争

　価格や質に基づく競争に加えて，企業は国内外の競争相手を技術的にリードするために研究や開発に取り組むことによって競争している．そのようにリードしている国ぐには，他国に対して技術上の優位をもっているということができる．そして

主導的企業による技術的進歩が進行しているなら,成長の文脈(本書 pp. 181-185)で議論されるように,リーダーは競争優位を保ち,国内外の売り上げを増すようである(Posner, 1961).観光部門の事例は,アメリカや西ヨーロッパによる航空機や旅行,宿泊や目的地施設のコンピュータ予約システムのような情報技術の生産を含んでいる.Poon (1988) は,ジャマイカのスーパークラブ・ホテルが進んだ事例であること,そしてその成功は模倣というよりむしろ革新によるものであると論じている.プロダクトサイクル理論を用いた開放経済開発(Vernon, 1966)は,技術上の優位や供給場所を決定する際の生産要素の役割について明確に考慮している.その理論によれば,新しい生産物の開発と供給は,技術集約的な生産物の国内需要に支えられ,また,比較的熟練した高賃金の労働力は新しい生産物を開発し生産する能力を有するので,高賃金で資本が豊富な国ぐにで起こりがちである.生産物の標準化,つまり,外国の生産者による模倣の進展と,外国の需要の増加は最初に技術革新を行った国ぐにから中賃金経済国へ,続いて低所得国,そして低コスト国へ生産の移転をもたらす.

その理論は,興味深いことに,貿易を決定する際に,需要側と供給側両方の役割を指摘し,比較優位が時系列で変化していくプロセスを指摘している.それは,高賃金国から低賃金国へ生産の移転が行われることを説明してくれる.そして,所得上昇のような他の貢献すべき要素もまた関係するにも関わらず,比較的高所得国での国際観光需給の初期の集中化と,その後の低所得国での外国人観光の成長と整合的である.たとえば,各国が完全な生産物の標準化を妨げる文化的環境的賦存の特別な組み合わせを有することは明白である.宿泊施設や娯楽施設とともにそのような賦存がその場で消費されるという事実は,分化された生産物に対する需要に関連して,観光の生産と消費が低所得国と高所得国で共に起こっていることを証明している.

観光リゾートサイクルモデル(Butler, 1980 ; Cooper, 1992 ; Getz, 1992 ; I.R. Gordon and Goodall, 1992 ; di Benedetto and Bojanic, 1993 ; I.R. Gordon, 1994 ; Douglas, 1997 ; Tooman, 1997)は,特別な観光リゾートの需要と供給が時間とともに変化していく過程がスペインのコスタデソルというリゾートで例証されていることを強調して,いくつかの類似点をプロダクトサイクル理論に当てはめている.

しかしながら，それは開放経済体制でのプロダクトサイクル理論というより，産業経済学で定式化されたプロダクトサイクル理論に密接に関係しているという点で異なっている．それはまた，地域の環境の役割や観光の成長に関わる外部性のような問題点にもまた関心を寄せている（詳細な議論は I.R. Gordon, 1994 をみよ）．Debbage (1990) は，バハマに関するリゾートサイクルモデルの中で，寡占的観光企業の役割や市場占有，革新，多様化に関するそれら企業の戦略を検討している．また，I.R. Gordon (1994) は宿泊施設や土地所有者の独占効果を考察している．

企業の国際相互依存性

第4章や第5章で示されたように，寡占的競争の重要な特徴は相互依存性である．国内レベルと同様国際レベルでは，観光企業は他企業の産出量を想定して自企業の産出量を決める"Cournot 競争"に励むかもしれない．一方，他企業の価格を予測して自社の価格を設定する"Bertrand 競争"に励むかもしれない．他企業が産出量や価格を変更しないという仮定は，ゼロの推測的変動として知られている．

いくつかの国際航空会社の行動は，国際的視野で Cournot 競争の効果を検討している報復的ダンピング・モデル（Brander, 1981 ; Brander and Krugman, 1983）で説明できるかもしれない．もし各国家の航空会社が独占状態であるような国内市場が設定されているなら，各市場で独立に価格を設定し，比較的高価格で数少ない便の供給がなされる．国際競争が独占から寡占へ市場構造を変化させ，市場集中化の度合いは低下し，各航空会社は独立して外国人消費者に販売することでさらに利潤を得る機会があることに気づく．その結果は低価格で供給を増やすことを必要とする．供給の増加と価格の引き下げの程度は，他の航空会社がその行動に反応する仕方についての各航空会社の推測仮定に依存している．他方，もし企業が価格に基づいた Bertrand 競争に励んでいるなら，その結果は異なるであろう．つまり，フライト価格の引き下げが競争相手に匹敵していることを各航空会社が知っているなら，そのフライト価格は高いままであろう．それゆえ観光企業の競争戦略についての選択は，国内的視野と同様に国際的視野でも重要である．

企業間の経済統合

　観光企業は，統合という手段を用いて国内外の競争相手との競争に応えている．企業間で共通の所有者が存在するかもしれないし，企業が請負経営かフランチャイズ経営かのような位置づけの狭間で，お互いにさまざまな中間協定を結び，契約上連結する．企業間統合は主に3つのタイプに分かれる．垂直統合は，たとえば，エアーツアーのツアーオペレーション，旅行代理店のゴーイング・プレイス・チェーン，エアーツアー国際航空のように，一連の生産過程で異なったタイプの生産物を企業が供給して生産調整が行われる．水平統合は，アメリカのシェラトンや，香港を拠点としているグループ，ホンコン・シャンハイ・ホテルズのような国際ホテルチェーンの場合のように，同種の生産物を供給する企業間の経済的連結をいう．コングロマリット統合は，ロンロー・コーポレーションによる国際ホテルの所有や，トムスンの出版活動ならびに観光業のように，異種生産物を供給する企業間の経済的連結である．この種の統合は，コングロマリット内の異種の活動すべてからの収益が確実に結びつけられるようには思われないために，移り気な収入のリスクを減らす機能を実現することができる．それで収益性や株主の収益は安定化する．コングロマリット統合はまた，企業への資本費用を減少させ，特に収益性のある活動は，時に更なる投資を必要とする活動を助成するかもしれない．

　垂直統合は，観光の異なる構成要素を供給する複数企業の共有形態を採るが，異なる国ぐにの相違に対応できる．たとえば，イギリスとスペインのように，旅行代理店とツアーオペレーター，貸借契約の航空会社の共同所有は一般的になっていて，英国航空（BA）やルフトハンザ・ドイツ航空（LH）のような航空会社は諸目的国のホテルの株を所有している．ドイツのツアーオペレーターは，イギリスのツアーオペレーターよりも定期便に強く依存しているが，イギリスやスペインのほとんどのオペレーターと違って，目的国のホテルと所有を連結することに特徴づけられている．イタリアのナショナルフラッグであるアリタリア航空はツアーオペレーターであるイタリアツアーの大半の株を有し，国鉄は国内で最大の旅行代理店のほとんどすべての所有となっている．フランス企業によるツアーオペレーターや航空会社，宿泊施設の共有もいくつか存在する．コングロマリット統合は，ドイツのツアーオペレーターであるインターナショナル・ツーリスト・サービス（ITS）やNURツー

リスティカ，ツーリスティカ・ユニオン・インターナショナル（TUI）の大きな百貨店によるすべてもしくは部分的な所有や，有益な資金源泉を供給する銀行による部分的な所有のように，経済の異種部門間の企業で生じている（Drexl and Agel, 1987）．

垂直統合の優位性は，取引費用の削減を含意しており（R.H.Coase, 1937; Buckley, 1987; Casson, 1987），観光客が国家間の輸送や宿泊施設，娯楽施設を同時に扱えるよう改善されている（Bote Gómez，その他，1989）．垂直統合は情報の取得を容易にさせ（Arrow, 1975），既知の価格で投入物を供給でき（Oi and Hurter, 1965），将来の需要に対する不確実性を減らすことができる（Carlton, 1979）．それはまた市場力を高めるための戦略として使われる（Hymer, 1976）．統合の企業にとっての利益は，固定費の増加や外国投資のリスク，運営の融通性の悪化，"鈍ったインセンティブ"を含む不利益によって相殺されるかもしれない．そのために，所有者は，効率的な供給者を探すようなインセンティブを弱め，非効率的な生産者と提携する．特に垂直統合は，退出障壁を増すよう設置することができる（Harrigan, 1985）．それで，需要が低下していく製品の供給を止めることが難しいことに企業は気づくのである．よい例は，長い間テロリズムや他形態の被害，もしくは目的地のライフサイクル曲線の右下がりの部分にあるような減少傾向を経験している目的地での観光客用宿泊施設の所有者である．したがって，多くのツアーオペレーターと航空会社は主要な観光地であったとしてもホテルを購入することをはばかる．しかしながら，海外直接投資が他企業によってある産業に参入する先取りの手段となるかもしれない（A.Smith, 1994）し，もしくは市場集中化をさせる手段となるかもしれない．そのため，共同利益は共謀なしに達成される．したがって，共同所有は，立地上の優位性よりもむしろ企業による戦略の決定から結論づけられるかもしれない

垂直統合は，その極端な形態において，観光客が彼らの休暇を購入する旅行代理店や，それらを組み立てるツアーオペレーター，観光客が旅行するための航空会社や他の輸送機関，彼らが滞在するホテルの共同所有を含んでいる．観光客はまた，輸入された飲食物を購入するので，目的地は，彼らの滞在から微々たる外貨を受け取ることになる．反対に，目的地の航空会社と地元が出資している宿泊施設が使われる場合，地元の生産物が消費され，目的地での付加価値とそのために生じる外貨

稼得は共に高くなる．そこで，統合の異なった形態が観光からの国際的な収益の分配に影響を与えるのである．ケニアの事例は，送出国と受入国の間でパッケージ旅行への支出の分配を例証している．1990年4月と12月のビーチへの14日間のパッケージ旅行をすることで，イギリス人観光客支出のケニアに占める比率はイギリスの航空会社を使って移動するなら，38％前後にすぎなかった（Sinclair, 1991b）．観光客の消費用輸入品—近似的にはほぼ30％の支出が飲料に，20％未満の支出が食品—に支払われることで損失が発生する．14日間のビーチやサファリ旅行費用のうちケニアが占める割合は約66％であった．この高い数字は，ビーチやサファリでの観光客が，通常サファリへの出発地となっている海岸部の空港であるナイロビを経由して旅行しており，国有航空会社を利用することをケニア政府によって要求されたという事実が一因となっている．観光客がケニア航空を使って旅行するなら，ケニアの占有率はほぼ80％と思惑通り高くなる．したがって，ツアーオペレーターが発地を拠点とする航空会社を利用するか，もしくは目的地を拠点とする航空会社を利用するかは，特に，観光収入の国内占有率を決める重要な決定因となる．もしツアーオペレーターと航空会社が共同所有されているなら，よくあるケースであるが，オペレーターは所有する航空会社の利用を好み，目的地における観光客支出の占有率は減少する．

　垂直統合と同様に，水平統合は観光産業内で広がっている．取得や合併，奪取が産業の集中化の度合いを高めているので，数少ない企業が全供給量のより高い割合を操作している．第4章で議論されたが，イギリスの旅行代理店とツアーオペレーターの共同所有の高水準は，集中化を高める好例となる．フランコ-ベルジアン・カンパニー・ワゴン・リッツがスペインの旅行代理店ヴィアエス・エクアドルへ投資し，ドイツのオペレーターであるTUIの主要株主であったりもする．また，オランダ・インターナショナル・トラベル・グループがウルトラマール・エキスプレスやスペインの旅行代理店，ツアーオペレーターの主要株主であるといったように，企業はまた国家間で水平統合する（Bote Gómez and Sinclair, 1991）．企業は，規模の経済によって効率性を高め，かつ市場力を高め，潜在的には企業に価格や収益性の増加を可能にするという目的のために，水平的に統合するかもしれない．統合は，企業を成長させ，市場占有率を高め，参入障壁を増し，企業の市場価値を高め，

容易に資金を調達するための手段になるかもしれない（Prais, 1976）．統合はまた，その環境を超える偉大な支配力をもつ企業体を提供することで，不確実性を減らすために行われるかもしれない（Newbould, 1970 ; Aaronovitch and Sawyer, 1975）．水平統合は，航空会社間では英国航空のアメリカン航空との信号共有協定のような予約共同協定を含む共有形態あるいは，ホテル間でのマネジメント契約やフランチャイズ契約以外の形態を採る．後者の事例は，ホリデーインのフランチャイズ契約やタイのホテル間のマネジメント契約，タイ・ドゥシット・タニ・ホテルグループの国内ホテルとのフランチャイズ契約，インドネシアのホテル間のマネジメント契約，ラオスやベトナムで計画されたホテルと観光開発プロジェクトを含んでいる（Sinclair and Vokes, 1992）．

　国際ホテル部門の中で，多国籍企業（MNCs）は，海外直接投資やリース契約，マネジメント契約，フランチャイズ契約，マーケティング契約といった形態での水平統合と，ホテルや航空会社，ツアーオペレーター，旅行代理店の間での垂直統合の双方に励んでいる．たとえば，ケニアの海岸沿いにあるほぼ78％の主要ホテルが，また，ナイロビや国立公園，特別保留地にあるホテルの約66％が，いくらかの海外投資によるものであるが，すべて外国の所有に従属しているホテルは20％未満である（Sinclair et al., 1992）．株式の所有は，英国航空やルフトハンザ航空によるのと同じように，たとえば，ツアーオペレーターであるアフリカン・サファリ・クラブやハイズ・アンド・ジャービス，ユニバーサル・サファリ・ツアー，クォーニ，ポルマン，TUI，フランコ・ロッソ，アイ・グランディ・ヴィアジによって所有されている．多くのホテルが外国のホテルチェーンによって経営され，ホリデーインやヒルトンのようなグループとフランチャイズ契約が結ばれている．

　いくつかの多国籍企業は，与えられたホスト国企業と異なったタイプの統合を採る．たとえば，ホテルのマネジメント契約かフランチャイズ契約と少数の株式所有を組み合わせたもの，多数の株式所有と他のMNCsとの共同経営，株式所有かマネジメント契約，マーケティング契約のいずれかとリースを組み合わせたもの，等である（Dunning and McQueen, 1982b）．1980年代初頭には，株を所有しない統合がフランスや日本，アメリカ企業の発展途上国にあるホテルとの連携における特徴であり，MNCsは技術や経営，マーケティングの専門的知識を供給していた．所

有形態を採るのは，他の西ヨーロッパ諸国の企業でより一般的であった．フランチャイズと組み合わせた株式投資はアジアでかなり一般的であったが，株とリースの組み合わせは先進国とカリブ海諸国のホテルの特徴であった．政府が多数の株式所有に反対している西アフリカ諸国のホテルは，中東諸国のホテルが資本を調達したが熟練労働力が欠如していたために，MNCs とマネジメント契約を結んだ．フランチャイズ契約とマーケティング契約は，地域の専門的知識をもつ目的地，特にブラジルやメキシコで一般的になっていた．国際ホテル部門での MNCs とホスト国企業との連携のいちじるしい異質性は，国家間にわたる統合の重要性を示したが，その性質のためにグローバルな一般化がふさわしくないことも示された．

観光企業の外国の所有は不利益であることがいわれてきたにもかかわらず，外国と国内の混合所有は，観光業の運営に関するリスクを拡散するという利点をもっている．それはまた，オーストラリアの例にあるように，目的地の観光需要を維持するか増加させたいという強いインセンティブを，ツアーオペレーターや航空会社のような外国の参加者に提供し，さらに，その地域で追加的にビジネスの専門的知識を供給し，投資を増加させることができる (Dwyer and Forythe, 1994)．一方，政府は観光部門のインフラストラクチャーに多額を費やすかもしれない．外国への利潤や賃金の支払いはしばしば高く，外国企業は専門的知識を受入国にほとんど渡さない．1970年代初期のブリティッシュ・ヴァージン諸島やグランド・カイマンのホテルに例えられるように，少なくとも43％の賃金や給料が主に経営者や専門職に就く海外在住者に支払われると見積もられた (Bryden, 1973)．同時に，多くのカリブ海諸国政府もまた，ホテル開発に大きく期待し，とても有利な借款の供給，課税の特権，かなりのインフラストラクチャーの提供を含めて，かなり有利な財政インセンティブを申し出た．

複数国の観光企業間の契約は，事例によってさまざまであり，いくつかの国は他国より多くの利益を得ていることが確認されている (Dunning and McQueen, 1982a)．多くの発展途上国の企業は，他の場所であたりまえになっているような契約上の知識をほとんどもたない．対照的に，先進国の企業は，ツアーオペレーターの発展途上国ホテルとの契約の場合にみるように，注目すべき情報をもち，最初に発動する交渉優位性をもっている．長期間に渡り高成長径路へ誘導するある国の能

力は，ある程度まで，追加的知識や海外直接投資を獲得する能力に依存し，企業間の契約はそれをするための手段を提供する．しかしながら，外国人参加者の広範なタイプと範囲，外国人参加者が地域の知識を供給するだけでなく取り入れるという事実（Daneshkhu, 1996）は，ホスト国が成長を高め，惨めにさせないかもしれないということを意味している（de Mello and Sinclair, 1995）．

戦略的観光政策

　国内的文脈と国際的文脈における不完全競争の重要な違いは，国際面では，政府が戦略的貿易政策を実行するインセンティブをもっているということである（Krugman, 1989a）．戦略的政策の狙いは，国内企業により高い輸出稼得額を得させ，外国で生産される財やサービスに支払う外貨の流出を減らす手助けをすることである．それらは，輸出信用や補助金あるいは関税のような形での商業政策を含んでいる．たとえば，旅行の面では，補助金は国の航空会社に与えられるか，出発空港で税金が課される．為替レートの減価とインフレを抑える手段は，その国の観光の価格競争力を高める．戦略的産業政策は，観光の場合，ホテルや宿泊施設の改善に向けた資本贈与や低利子貸付のような国内事業への支払いを含み，また旅行代理店やツアーオペレーター，レンタカー業者，航空会社，そしてホテルに関係する情報技術の研究・開発のための国家の狙いをも含んでいる．政府はまた外国航空会社のアクセス条件やルート割当を変更するために脅迫することができる．たとえば，高所得国間の密集したルートの競争は，たいてい政府が国内の航空会社を好ましい発着時間帯に割り付け，外国の航空会社による到着便数に限度を課すことによって排除される．ある状況では，政府はそのような政策を実行する必要がないかもしれない．なぜなら，発着枠を制限するための公然とした脅迫は，市場の競争から外国の競争相手を思いとどまらせるのに十分であるかもしれないからである．それゆえ政府の実行した政策や実行可能な政策によって，またその政策が認識され信頼できる限り，国内企業に利用可能な戦略の幅は広がる．

　競争的なイニシアチブはたいてい競争的な価格や供給を設定する専門的知識を多くもっている先進国から発するので，実際には，発展途上国が初めに発動力となる優位性を得ることはむずかしい．比較的小規模な国もまた，戦略的政策形成を採る

政府の能力を妨げ（Krugman, 1989b），政府は海外の投資家や外国政府からの圧力を受けやすく，効率的に仲裁する特別部門の運営についての十分な情報を所有していないかもしれない（Alam, 1995）．特定の発地国から入ってくる便数を制限しようとする発展途上国の試みは注目すべき事例であり，ツアーオペレーターが時々その制限をうまく逃れるのである．たとえば，ツアーオペレーターはケニア政府がロンドン・ナイロビ間の航空定期便をイタリア経由の臨時便に限定しようとするのを回避した（Sinclair et al., 1992）．ケニアの場合，効果的な国家の支配は，KLMがその後株式を所有した国有航空会社に限定された国内便にだけ維持された．

　観光の戦略的政策を提案するかもしくは実行するかの決定において，政府は考慮中の政策に対する他国政府の反応を予測しなければならない．各政府の戦略間の関係は，企業のそれらと同様に，第5章で検討したゲーム理論の方法で分析される．企業に対する潜在的な補助金の例は，ゲーム理論でよく知られている囚人のジレンマの場合によく似ている．すべての国が補助金がない場合，より高い純所得という形で利得を達成するかもしれないが，もし他国が生産者に補助金を与えたなら，それぞれの国が悪化するであろう．もし，潜在的な競争を思いとどませるのと同様に，その国の生産者が利益を得るように政府が戦略的政策を採るならば，また，もし政府の政策の下で企業が企業戦略を明らかにし，他国の政府や企業がそれに反応するなら，さまざまな結果が起こり得ることは明らかである．第5章で示されたように，最適な戦略的観光政策を検討するためにゲーム理論を利用する利点は，それが互いに関連する行為の過程や結果，利益や不利益を明らかにしてくれることにある．政策を打ち出す前後を比較する静態的な比較方法とは違い，ゲームの理論は，企業と政府の双方がグローバルなレベルで積極的なプレーヤーとなる動態的なプロセスに焦点を当てることが可能である．

国際観光の効果

所得および雇用乗数効果

　本章の前半部分は，さまざまな理論が国際観光の異なった側面を説明できるかもしれないことを示した．後半部分は国際観光がもたらすいくつかの効果を考察する．公共部門と同様に，個人や企業に関する所得や雇用の変化から考察を開始する．観

光は，観光支出や観光関連投資が行われる部門で直接的に所得や雇用を生み出し，そしてその増加した所得の受領者はそれらの一部に支出するので，経済全体としてさらにそれらを増加させる．所得と雇用の創出は，外国人観光客からの支出だけではなく，民間投資や公共支出に関連した増加分とともに，国内観光客支出からも生ずる．国内観光客支出はしばしば外国の観光客のそれを超える．観光関連輸入品に対する支払い，所得，利潤や配当の送金のような形態で外国へ漏出することは小国で開放経済においては重要になりがちであるが，国際的視点で２つのタイプの支出の効果を考察することは，それらを明らかに説明するのに役に立つ．

どの程度観光需要の変化が所得や雇用に影響を及ぼすかは，部分的には，経済内の適切な余剰資源の存在による．たとえば，空港の収容力は往来する観光客による追加的需要に十分に対応してなければならないし，ホテルや旅館はより多くの観光客が宿泊することが可能なように100％の稼働率より少なくてはならないし，かつ，適切な技術を有する労働力が必要とされる追加的サービスを供給することが可能でなければならない．もしハイシーズンの需要期に，収容力に余裕がないなら，追加的需要は実質所得の増加というよりもむしろ賃金や価格を上昇させる．Friedman (1968)のようなマネタリストは，もし経済が"自然失業率"で安定化し，その後非加速度的インフレ失業率（NAIRU）として再概念化されたところで安定化するならば，たとえ予備の収容力があったとしても，需要の増加は実質産出量の増加というより，むしろインフレ率の上昇をもたらすと主張している．新古典派経済学者（たとえば，Lucas, 1972 ; Sargent and Wallace, 1976）は，実質産出量の短期的変化はその変化が誤解されるときにのみ発生するので，人びとは予測するとき，すべての可能な情報を利用する（合理的期待）という仮定を加えている．したがって，需要の増加が産出量を増加させる潜在力を評価するために，経済に余剰能力があるかどうか検討すること，そして消費者とビジネスマンとが，需要の増加が産出量を増やすのか，インフレをもたらすのかを決定するために，将来について彼らの期待を形成する方法を検討することが必要である．予備の能力が利用可能であり，かつ需要の増加に対してより多くの産出量を生産するために利用されるという仮定は典型的にはケインジアンであり，乗数という手法の利用が観光によって発生する所得や雇用の価値を見積もるための基礎を提供している．もし，余剰能力が利用可能で

ないなら，その手法の利用はまがいものの結果を導くであろう．Wanhill（1988）は，彼の乗数モデルの中に能力制約を導入することによって，この問題を考慮しようと試みた．

　観光から発生する所得や雇用を見積もるのに使われる2つのモデルは，ケインズの乗数モデルと投入産出モデルである．これらのモデルはすでに多くの関心事となっているので，ここで詳述しない（たとえば，Archer, 1973, 1977a, 1989 ; Sinclair and Sutcliffe, 1988a, 1988b, 1989a ; Johnson and Thomas, 1990 ; Fletcher and Archer, 1991）．2つのアプローチは，発生した所得や雇用の価値と観光客支出かもしくは観光関連投資の初期変化との比率である乗数の値の計算を可能にする．ケインジアン所得乗数モデルは，観光客支出か投資かの異なるタイプに関連する集計的乗数値を見積もるために，さまざまな方程式の使用を含んでおり，もう一方で，市場価格か要素価格か可処分所得か，また，国内総生産（GDP）か国民総生産（GNP）か計測されるべき所得の定義づけを含んでいる（Sinclair and Sutcliffe, 1988a）．たとえば，スペインのマラガ県での観光客支出の場合，GNPの乗数の値は要素価格で0.72，可処分所得で0.54であると見積もられた．これは観光客支出の各1,000ペセタにつき，県別GNPがほぼ720ペセタだけ増加し，地域人口の可処分所得が約540ペセタだけ増加したことを示している．したがって，計算された乗数と発生所得の値はまた，計測される所得の定義づけ次第で変化し，ほとんどの筆者が計測している所得のタイプの明確な定義づけをしていない．GNPやGDPの変化に対する乗数の値は，可処分所得の変化によるそれよりいちじるしく高いことははっきりしている．GNPかGDPかでの乗数値の計算だけでは誤りであるかもしれない．なぜなら，可処分所得とは，送金や所得税，国家保険の支払いが行われた後の地域の人びとの手に残った所得であるからである．観光客支出と投資もまた，観光の季節と期間とでさまざまであり，関連した短期と長期の乗数と発生所得の値を違ったものにさせる（Sinclair and Sutcliffe, 1989a）．

　ケインジアン所得乗数モデルと同様に，投入産出モデルは異なる所得の定義に対して集計的乗数の値を計算することを認めている．しかしながら，それはまた，飲食物の提供や，電子機器，繊維，クリーニングのような経済の異なる部門の乗数の値の推計を提供する．それゆえに，それはある所与の時点で異なる部門間の相互関

係の相対的重要性を示している．このモデルは，アンティグア（Pollard，1976），バハマとバーミューダ（Archer，1977b，1995），香港（Lin and Sung，1983），韓国（Song and Ahn，1983），フィリピン（Delos Santos et al.，1983），パラオ，西サモア，ソロモン諸島（Fletcher，1986a，1986b，1987），モーリシャス（Wanhill，1988），シンガポール（Heng and Low，1990；Khan et al.，1990），セイシェル（Archer and Fletcher，1996）を含む国ぐにに幅広く適用されている．

　ケインジアン乗数の値と投入産出乗数の値の双方の正確な計算には，特に，観光需要の1次漏出という注意深い評価が含まれている（Sinclair and Sutcliffe，1978）．観光需要の1次漏出は比較的高く，低い乗数の値をもたらす．カリブ海諸国において，飲料やたばこの輸入量は69％，食品の輸入量は62％もの高さになっている（Cazes，1972）．世界の他地域における国ぐにを考察してみると，ガンビアでの観光支出の中の全輸入量は55％であった（Farver，1984）が，フィジーでの飲料の輸入量は45％，食品の輸入量は56％と見積もられた（Varley，1978）．対照的に，ケニアでの飲料の輸入量はほぼ35％，食品の輸入量は10％であり（Sinclair，1991b），インドネシアのロンボクにおける食物生産の事例によって説明されるように，他国の輸入量を減らす余地がある（Telfer and Wall，1996）．ほとんどの先進国の対応する値もまた，スペインの事例（Sinclair and Sutcliffe，1988b）のように，比較的低い．したがって，関連した乗数と発生所得の値は，目的地によってさまざまである．

　一見すると，高い乗数の値は，低い値より地域経済に有益であると思われるかもしれない．しかしながら，高い乗数の値は，部分的に，需要の低い初期水準とその変化のために，全創出所得の低い値につながることもあり得るので，乗数の値とともに所得創出もしくは雇用創出の集計値を考察することが必要である．たとえば，小規模なホテル設置に関わる乗数値は，地元全体に占める観光客支出が高率であるため，高い値となるかもしれない．しかし，発生する所得や雇用の大きさが小さいなら，1人当たりでも集計値でも全体に占める支出の値は低くなりがちである．対照的に，ランクの高いホテルでの支出に関連する乗数の値は，観光客支出に占める輸入割合が高いため，低いかもしれないが，総所得と雇用創出は，全体に占める観光客支出が高い値なら，たいていは比較的高い．

投入産出乗数の研究は，部門間の所得や雇用創出について大量の情報を提供可能であるが，ケインジアン所得乗数モデルのように，それらは観光需要の変化から生ずる個人所得の分配効果を無視している．それぞれのタイプの観光支出は異なる分配の影響を伴っていて，集計的厚生利得がいちじるしいとしても，特定の個人やグループ，特にサービス部門で使われる土地を所有しない人びとに対して逆の効果をもたらすかもしれない（Copeland, 1991）．そこで，たとえば，豪華なビーチ観光を有利にするような戦略は，資産家に追加的所得を提供するようだが，しばしば逆に貧しい漁民の生活を脅かす海岸汚染のような負の外部性をもたらす．さらに，観光成長地域から移った地域住民は，土地の損失に対して十分に補償されないかもしれず，それゆえに，メキシコのサンタ・クルツの事例にあるように，好ましくない資産効果を生じさせるかもしれない（Long, 1991）．そのような効果は，容易に定量可能な所得や雇用乗数効果とともに考察されるべきであるが，しばしばまったく無視されている．異なるタイプの観光のありそうな費用と便益が，経済的なものであろうとなかろうと，明確にされるなら，それらの間の選択は，見積もられた所得と雇用創出の範疇のみならず，より広範な社会的影響，分配への影響ならびに環境へのインパクトの文脈においてもなされるであろう．観光に関わるいくつかの構造変化は次項で考察され，環境への効果は第7章と第8章で検討される．

構造や移民の影響

　乗数の手法を用いた研究は，観光が所得や雇用に与える短期的効果を考慮しているが，そのモデルは長期の影響を考察するにはふさわしくない．これらは，経済活動の構造と空間的な分布に影響する．はじめに，構造変化を取り上げると，観光拡大の最も明白な効果の一つは，経済内のサービス部門の重要性が増大することである．発展途上国において，これは，たいてい国民総生産の農業部門の比率の低下を伴っているが，多くの先進国は，第1次産業の生産の減少によるものに加えて，観光成長が寄与するかもしれない脱産業化の過程を経験している（Copeland, 1991 ; Adams and Parmenter, 1995）．驚くことに，いずれの文脈でもサービス部門の成長にはほとんど注意が払われていない．開発の文献は，1950年代と1960年代に，現実には存在しない余剰低賃金労働力の農業から工業への移転を経由した工業の成長

に集中していた．1960年代後半からは，比較的に，都市の失業や貧困問題が地方からの移民を吸収するはずの工業部門の無力さを示したために，農業が注目されるようになった．1980年代後半まで，サービス部門を検討する必要性が一般的に理解されることはなかった（UNCTAD, 1988）が，観光はまれに発展途上国か先進国で確認されていた．

　長期にわたる経済構造の変化の中で，観光の役割についての経験的事実は，限られているが，農業中心経済から工業経済，そしてサービスへの移行としての開発過程の共通認識が心得違いであるかもしれないということを示唆している．たとえば，スペインでは，スペイン人が海外で働き送金するのと同様に，しばしば観光関連産業において外国人の観光から大きな収入があり，それが国の工業化過程を支えていた（Bote Gómez, 1990, 1993）．国内に入ってくる外国資本の多くは，観光部門，特に1964年に全外国投資の20%を構成した資産の購入に向けられ，1974年の59%から1991年の10%の間で推移した（Sinclair and Bote Gómez, 1996）．建設の計画許可，特に沿岸の観光客向け宿泊施設の建設許可から生ずる地価の変化は，建設やホテル，マンション，別荘の売り上げから生み出される利益とともに，国内のディベロッパーと外国のディベロッパーに富をいちじるしく増大させた．興味深いことに，スペインは，今や，キューバのホテル部門に参加を高めているように，外国での観光拡大のための重要な投資家となっている．

　スペイン観光の事例は，観光需要と供給を特徴づける急激な成長と空間的集中を明確に示している．1951年に，スペインを訪れたのは130万人だったが，1990年には5,200万人を超えている．加えて，1,300万人以上の国内観光者が存在する．観光需要の大半は地中海沿岸であるバリアリックとカナリア諸島に集中している．それは，1990年には公式登録ベッド数の需給の4分の3を意味している．特に，外国人観光客は地方や都市観光というよりむしろビーチに強い選好をもっており，沿岸地域の観光の拡大は，観光産業に従事する安価な労働力の需要の増加を満たすために，内陸の村から大量の出稼ぎを創り出した．地方の観光開発が人口流出を減らすことに成功していることは，孤立した場合のみである．スペイン西部に位置するラヴェラの観光の例と北部にあるタラムンディの例は，小規模であるが地方の観光開発プログラムがいちじるしい効果をもたらすことを示している（Bote Gómez, 1988,

1990 ; Bote Gómez and Sinclair, 1996).

　いくつかの文脈において，地方における余暇と観光の拡大はいちじるしい所得と雇用を創出し，1990年代にイギリスで起こったように，観光の空間的分散を増大させている（D. Diamond and Richardman, 1996）．対照的に，エジプトでは，内陸部での観光成長は少数の観光客に対する周知の暴動によって制約されている．環境を考える立場から反対が出そうな大規模な建設は，北部と紅海の沿岸地域で生じており，都市や町からのこれらの比較的人口の少ない地域への移住が起こっている（*The Economist*, 1996）．新しく生み出された仕事の多くは男性によってなされているが，何人かのエジプト人の女性は大規模な現代的ホテル管理職の仕事に就くことが可能である．したがって，観光による主要な利益は資本投機家や建設会社に入ってしまうが，観光はまた，個人や家計といった最も基礎的なレベルでの所得や雇用の分配を変えている．これらの効果のいくつかは，次項で議論される．

観光雇用の性差構造

　観光は，所得分配と同様に雇用パターンの変化をもたらす．観光の労働市場分析にはほとんど関心が寄せられておらず，以下の議論では，観光雇用の性差構造に着手した研究に焦点を当てる．だが，労働市場の理論や観光雇用の考慮すべきさらなる検討が必要であることはその文献が認めている．観光における雇用の研究は，経済の他部門と同様に，性差で組み立てられた手法を用いている（Bagguley, 1990; Kinnaird *et al.*, 1994 ; Adkins, 1995 ; Swain, 1995 ; Sinclair, 1991c, 1997b）．たとえば，1995年のイギリスでは，輸送部門の76％の仕事が男性により，宿泊施設やケータリングの62％の仕事が女性によってなされていた（Purcell, 1997）．これらは仕事の水平的区分を示している．トップの仕事のほとんどが男性によって行われているために，垂直的区分が生じている（Guerrier, 1986 ; Hicks, 1990 ; Purcell, 1997）．女性の労働供給が限定された職種，すなわち組合活動の伝統によって特徴づけられないような職種に集中しているので，支払われる賃金は比較的低くなりがちである．季節的で，パートタイム的で低賃金の観光従事者の大半は，多くの地域において，子育てや家事を伴う女性である（Breathnach, *et al.*, 1994 ; Hennessy, 1994）．

　発展途上国や中所得国の地方においては，観光客と直接接する仕事の多くは，男

性によってなされている．これは，トルコのキプロスで例証されている．西ヨーロッパの女性はカジノでテーブルの集金係として雇用されているが，地方の女性は，伝統的に家庭内での役割と同種の清掃やベッドメイキングのような舞台裏の仕事を行っている（Scott, 1997）．女性の家庭に関連する職務への割当はまた，ギリシア（Castelberg-Koulma, 1991 ; Leontidou, 1994）や，カリブ海（Momsen, 1994）を含む他のさまざまな地域で起こっている．性差の区分の制限が弱い西サモア（Fairbairn-Dunlop, 1994）のように，女性もまた観光ビジネスで働く国もあるが，既婚女性にふさわしい役割について伝統的な期待をもつ国ぐにではしばしば，バリにおける観光に関連した仕事のように（Long and Kindon, 1997），彼女らの活動を制限している．

　観光雇用の性差構造への若干の洞察は，支配的な社会的基準に関連する労働の需要と供給を検討することによって得られるかもしれない（Sinclair, 1997c）．男性や女性にふさわしいとされる役割に関する強固な伝統によって特徴づけられる国ぐにでは，雇用者はいくつかのポストを埋めるために男性を，その他を埋めるために女性を雇う（需要する）が，男性と女性は彼らの性に適切とみられる地位を申し出る（彼らの労働を供給する）傾向があるにすぎない．資本家の開発が支配的基準を変えている他の国ぐにでは，雇用者は相違する仕事をする人びとの性に関してそれほど違いを設けていないが，志願者は性差の役割に関して修正された期待に従属したままである．したがって，労働の需要と供給は，主流派労働経済学者によって説明される賃金率のような定量的な変数に関して変化するだけでなく，簡単には計測されない基準や期待にも依存している．

　国際観光がどのように雇用構造に変化をもたらすかを考察することは興味深い．たとえば，北キプロスでは，宿泊施設は国内観光客に利用される伝統的に小規模で家族経営形態の旅館から成っている（J. Scott, 1997）．観光客との社会的，金銭的取引はたいてい家族の中の男性によって行われ，一方，女性は清掃や他の家事をする責任がある．しかしながら，外国人観光客の流入は大きなホテルの建設を伴ったために，そこでは，若くて教育を受けた多くのキプロス女性が雇用されている．新しいホテルにおける労働の需要と供給双方の性差基準は，旅館部門で支配的なものと異なり，地元女性に多くの雇用機会を提供している．それゆえに，観光供給の異

なる準部門間の労働需要と供給を検討することが必要かもしれない．

　観光は，地元女性により高い所得水準と家計内からの独立を提供することができるが，それはまた，考慮すべき問題をもたらす（Chant, 1997）．売春観光が明らかな例である．彼女らはしばしば貧しい地方の出身であるが，これは，男性や子どもと同様に多くの女性に，仕事と所得を提供し，時々政府に黙認されている（W. Lee, 1991）．しかしながら，それは彼女らの多くにとってひどい状況を含んでいる．セックスツアーをなくす運動は，売春でよく知られている国へ旅行する観光客層を変えるのに成功している．しかしながら，それらはまた，女性の"売買"を促進させる効果をももっている．ギャングの組織暴力団が，発展途上国の貧しい女性に日本のような裕福な国ぐにで売春婦として働くようリクルートしている（Muroi and Sasaki, 1997）との報告もある．その仲介者は，女性自身は気づいていないが，家を離れるときに高い利益を抜き取る．彼女らはエンターテイナーというよりむしろ売春婦としてリクルートされているので，少額の収入を受け取り，その収入はしばしばその場から逃げ出すこともできないくらいの少額である．

　北キプロスの観光や売春観光の例は，文化的基準と経済変数の両方が雇用の性質の決定に際し働くということを示している．国際観光は，種々の歴史的に根づいている性差の文化システム，すなわち観光客の流入によって修正されるが一般化されない文化システムの相互作用をもたらす．したがって，国の特殊な文化的な賦存は，土地や労働，そして資本の特殊な組み合わせと同様に，観光とその他の産業における特化，貿易，雇用のパターンを決定する．

国際観光と輸出稼得額の不安定性

　観光は，多くの国で外貨稼得の主要源の一つとされているが，特に不安定になりがちな部門としても受け止められている．たとえば，ケニアでは観光による稼得額は，1980年代後半，絶対額で他の輸出による稼得額よりずっと重要なものであったが，米ドル建ての実質稼得額は，総額でも観光客1人当たり額でも，1970年代よりも1980年代の方が低かった（Sinclair, 1990, 1992b）．観光サービスにおける観光客支出と投資は，季節性や一回限りのスポーツイベントや文化的イベントのような短期需要を高める要因と，政治的不安定のような需要を低下させる要因により，場所

や期間によってまちまちである．所得や雇用に関連した乗数効果は，観光需要が減少するとき，もしくは余剰能力を仮定するときは負であるが，観光需要が増大するときは正である．所得や雇用の変化後の水準は，観光支出の変化が持続するときにのみ持続し，持続しないなら，それらは一度限り生じ，その後，所得と雇用は初期水準まで戻る．したがって，観光に関連した所得や雇用，そして外貨の創出，地元住民の厚生は，時間と共に大きく変化するのである．

目的国における観光収入の不安定性は，マイナスの影響をもたらす（Rao, 1986）．所得や雇用への単純な乗数効果に加えて，観光部門や経済の他の部門の所得成長率の低下は，投資の減少をもたらす．投資はまた潜在的投資家の期待次第でもあり，外貨稼得額の不安定性やその費用についての不確実性，そして利用可能性によって，マイナスの影響を被るかもしれない．より大きな影響は，資本財輸入品購入を思いとどまらせ，さらに所得税や間接税と同様に輸入税や輸出税といった税収の不安定性を引き起こし，それによってインフラや公共サービスへの政府支出はおそらく抑制されるであろう．そのような効果が発生するなら，外貨準備高水準が低い発展途上国では特に，成長率が低下するように思われる．

Knudsen and Parnes（1975）によって述べられているように，輸出稼得額不安定性効果についての多少異なった見方は，Friedman（1957）の消費の恒常所得仮説に基づいている．その理論によると，消費は変動所得よりもむしろ恒常所得に依存するとFriedmanが主張したように，外貨収入の増加が，所得の恒久的上昇として受け取られる場合にのみ，消費の拡大効果をもたらすにすぎない．Knudsen and Parnesは輸出稼得額が不安定であるなら，その増加は恒久所得として受け取られず，変動所得として受け取られ，消費よりも貯蓄にまわるとの仮説をたてた．しかしながら，低い消費性向と高い貯蓄性向は，高い投資へと向かう資金を供給し，高い成長をもたらす．このように，輸出稼得額の不安定性は，経済にマイナス効果ないし中立的効果をもつというよりもむしろプラスの効果があるといわれ，観光需要の不安定性に落胆すべきではないことを暗示している．対照的に，新しい古典派マクロ経済学者は，需要の変化が予測されるなら，それは実質的な効果をもたず，事前に割引がされることはないとしている．

観光稼得額の不安定性の測定やその効果に関する経験的研究はまったく存在しな

いが，それは，一部は不安定性の適切な定義を選択するという問題のためであり，この問題が消費，貯蓄そして投資関数の適切な特定化という大きな問題に関係があるという事実のためである（Deaton, 1992）．先進国や中所得国および発展途上国にわたる幅広い研究は，不安定性の異なる計測方法（重回帰分析や移動平均法を使って推計される輸出稼得額のトレンドと絶対値との差異の平均値，もしくは標準偏差を含む）を用いているが，観光収入が比較的に不安定になることを発見した（Sinclair and Tsegaye, 1990）．この結果は，考察されたほとんどの国において，観光収入の変化が財の輸出による収入の変化を相殺し得ず，正味の効果が不安定性の増大となって現れたことを示唆している．不安定性がマイナスの効果をもつ国ぐには，純収入を安定化させるために観光客の国籍を混合させて多様化したり，観光形態を多様化する政策を実行することができた．さもなければ，他の形態の経済活動を開発することで，観光への依存を減少させる政策を実行することができた．政策立案主体の観光収入における高い値と高い可変性との間のトレード・オフに関する嗜好の違いによって，また，経済の全部門での将来の貿易条件の認知の違いによって，望ましいとされる組み合わせはさまざまである．観光において国籍の混合をとるか，観光形態の混合をとるかは，収入（観光による収入）の違いに関係し，また収入の変動性（"リスク"に関わる）にも関係する．ポートフォリオ分析は，投資家の証券のポートフォリオに関するリスクや収益の金融分析に使われるテクニックであるが，政策立案主体の選好した混合か観光ポートフォリオを構成する国籍の混合，もしくは観光形態の混合を推計するために，それを使用することができる（Board et al., 1987）．それによって，ふさわしいインセンティブを供給することができる．

国際観光と経済成長

　輸出稼得額の不安定性による効果についての議論は，成長に対する不安定性の正か負の結果に関係している．本章での議論は，静態的文脈の中で，もしくは比較静学的フレームワーク，つまり，初期水準とその後の結果との比較，たとえば，観光客支出の変化前と後の所得や雇用水準を比較する中で行われているために，今までのところ，成長というトピックにはほとんど注意が払われていない．比較優位もまた，所与の技術や資源賦存といった伝統的静態的文脈の中で検討され，国際的な特

化と貿易の特定パターンを生じさせた．しかしながら，国際観光が経済成長に及ぼしうる考えられる効果をさらに考察することは，有益である．そうすることの一つの理由は，国ぐにが長期の成長をマイナスかプラスにさせる特定の生産や貿易パターンが確かなものにしうるということである．たとえば，先進国は需要の所得弾力性の高い工業製品を生産し輸出する傾向にあるが，発展途上国は所得弾力性の低い1次産品を生産し輸出する．発展途上国は外国人の所有や管理下にある環境的資源や宿泊施設，そして地元の輸送を供給する傾向にあるが，先進国は高い支出や高い所得の創出，観光の高成長構成要素を供給するので，国際観光はこの種の特化を強めるかもしれない．

先進国は貿易によってサポートされる規模の経済を利用するので，先進国と発展途上国間の成長の相違は，自己永続的となるかもしれない（Rivera-Batiz and Romer, 1991）．発展途上国は絶えず進行する技術革新から利益を得ることはたいてい不可能であり，したがって，各国間の成長率を近づけることは実現できそうもない．低成長径路上にある国に対して明らかにいえることは，高成長で需要の所得弾力性が高い観光生産物を含む輸出品に特化することで比較優位を変えることである．したがって，観光は，低所得国が一般的に発展の制約となる低品質な生産物や低支出，低所得といった循環から解放されるための可能な手段を提供する．それゆえに，比較優位が時間とともに変化するのかどうか，また変化するならどのように変化するのか，すなわち，動態的比較優位を検討するために，経済成長理論の文脈の中で比較優位を考察することが有益である．数多くの経済成長理論がこれから議論される．国が比較優位を変えたり，観光の成長への貢献を増大させる方法は，後に考察されるであろう．観光と成長との関係を分析することは未だ着手されていないため，議論は関係するアイデアや文献を概観する形を採っている．

新しい成長理論

経済成長は近年経済学の中でも注目の分野であり，新しい成長理論は多くの伝統的な考え方を修正している．1980年代初期まで文献の多くを支配していた新古典的な見方（Solow, 1956）は，成長は労働と資本の供給に依存し，残余の成長は外生的な技術変化（経済システムから独立している）によって決定されると主張してい

た．経済的文脈は，労働と資本の収穫逓減を条件とした完全競争の一つであると仮定された．したがって，他の生産の単位量を所与とする文脈の中で，追加的1単位の労働や資本は，その前の1単位より産出量への貢献が小さくなるであろう．主な競合的理論は，Harrod (1939) と Domar (1946, 1947) によって述べられた．彼らは，貯蓄率と資本産出比率との比率によって成長が導き出されると主張した．すなわち，所与の産出水準を達成するために必要とされる資本投入であり，必要とされた資本投入は固定的資本産出比率の下での産出量の一定割合になる．もし，現実の成長率がビジネスマンの期待成長率を超えるならば，彼らは投資を増やし，現実の成長率はより上昇する．もし，期待成長率が現実の成果を超えるならば，その逆になるであろう．したがって，このアプローチでは，期待が成長を決定するのに重要な役割を演ずる．

新しい成長理論（たとえば，Grossman and Helpman, 1994 ; Romer, 1994 ; Van der Ploeg and Tang, 1994による批評）によれば，経済成長は内生的に（経済システム内で）決定される．資本は，設備や機械といった物的資本のみならず，公共的インフラストラクチャーや熟練労働力に例えられるような人的資本としても定義される．経済成長は，知識での投資を含め広範囲な資本の定義での投資から生ずる．資本と労働の間の代替可能性や資本の異なった形態間の代替可能性が存在しうること，そして，広範囲な定義であるが，資本の収益一定をもたらし，それゆえ資本投資を減少させるインセンティブが存在しないことが仮定されている．企業は，不完全競争の下で運営し，それで投資から長期における超正常利潤を得る．しかしながら，他のいずれの企業も自らの投資支出から利益のすべてを専有することはできそうになく，一企業による投資は新製品や新製法についての情報を広げるために，国内・国際レベルで他企業に正の外部効果をおよぼす．

成長は，現在や将来の労働者の教育や訓練を含む人的資本の蓄積から生ずると新しい成長理論は考えている (Lucas, 1988)．教育や訓練が観光の成長率を上昇させ，それによって全体としての経済にも明白に現れるかもしれない場合があるにも関わらず，観光における訓練の必要性が広く理解され供給を増大させていることは，イギリスの例にみられるように比較的最近のことである．さらには，最適な訓練形態についてはまだいくつかの議論が残っている．すなわち，結果として，その質は国

内でも国家間でもさまざまである．そして経営学の文献では，"経験から学習すること"は，知識を蓄積する第2の形態であり（Arrow, 1962；Romer, 1986；Young, 1991)，労働者が企業の成果の改善に大きく寄与することを"可能にしていること"についてかなりの論争が存在している．観光産業において，ホテル経営者は，支配人を含むスタッフに他の匹敵するかそれ以上の基準をもつと考えられるホテルで働かせる手配をする．いくつかの場合には，これは外国へスタッフを送り込むことも含まれているため，最終的な目標は，知識や能力の国家間移転である．

　研究や開発は，第3の成長の決定因として提案されており（Grossman and Helpman, 1990a, 1990b, 1991；Aghion and Howitt, 1992)，それは供給される生産物の種類や質を増大させることができる．"経験から学習すること"のように，研究や開発は，開発を行う個々の企業の知識を超える知識の一般的利用可能性を高めることができる．これは，新しい観光生産物が売り出されるとき，比較的早く生ずるかもしれず，休暇予約のためのコンピュータ予約システムの場合のように，革新的企業が技術革新による収益を独り占めしようとするなら，もっとゆっくりと生ずるかもしれない．

　成長はまた，地元住民や観光客のための道路のような物質的なものだけでなく，たとえばヘルスケアのような非物質的なものも含んだ公共的インフラストラクチャーの供給によっても促進される（Barro, 1990; Barro and Sala-i-Martin, 1992)．インフラストラクチャーの公的供給が私的部門の成長を促進できるという見方は，政府支出が価格や利子率の上昇を通じて個人消費や投資を締め出すと考えられたマネタリストの時代に支配的であった考え方の多くと対照的である．新しい成長理論家は，公的部門の供給が不公平な歪みをもった課税によって調達されるかもしれないことを認めているが，成長への正味の効果は負よりも正になることを示している．観光においては，インフラストラクチャーはその部門の成長促進剤として受け止められ，二次的な観光資源の基礎として述べられている．

　新しい成長理論における初期の要素賦存状況の役割は，知識の国際的伝播の度合いにかかっている．たとえば，もし企業が新しい生産物や新しい生産工程に投資し，その投資に関する知識が外国企業ではなく国内企業に可能であるならば，その投資のプラスの外部性が国内で保持される．この点で，知識や投資に初期優位をもつ国

は，その要素賦存に関係なく，この種の知識を組み込んだ生産物に比較優位をもつ．他方，知識へのアクセスが制限されていないなら，どの国もその生産物を供給する比較優位を得ることができないので，その代わり，比較優位は国の要素賦存によって決定される．観光の宿泊施設の場合，たとえば，発展途上国のホテル経営者は，改良されたコンピュータ設備やソフトにあげられるような，富裕な国における宿泊やサービス供給の革新に気づかないかもしれない．その革新に気づいたとしても，発展途上国の多くの企業は，投資資金不足や経験不足のためにそれらを利用することができない．したがって，重要なことは，国内か国家間で知識が発生し伝達する範囲とスピード，それに，彼らが得る知識を利用することができるかどうかといった企業の能力の二点である．

観光政策との関係

伝統的な新古典派理論とは対照的に，政府の介入はいつも有益な結果になるとは限らない（Barro, 1991）が，新しい成長理論は政府の役割を肯定している（van der Ploeg and Tang, 1994）．政府が着手できる方法は，直接の支出あるいは幅広い人的，物的資本の投資を促進する方法を含んでいる．観光の場合，自然的・人工的環境もまた考慮されるべきである．補完的な制度的枠組みの供給に加えて，そのような投資はまた，国の比較優位を，的となる産業へシフトすることに成功するかもしれない．発展途上国の目的地での道路や空港，そしてヘルスケアの改善や，病気の根絶に向けての運動は，観光の需要と供給を増大し，成長をもたらすかもしれない．観光客は同目的地内での異なる地域へのアクセス可能性の増大やその改善を得，彼らの健康上のニーズが満たされることを確信する．一方，私的部門の供給者はより多くの宿泊を供給促進し，新たなインフラストラクチャーの妥当な近さに施設を供給している．カンボジアにおける追加的な空港の供給は，注目すべき事例である．成長が持続可能であるなら，第7章と第8章で考察される環境経済学の文献で指摘されているように，物的・人的資本と同様に自然資源への投資もまた，行われるべきである．立法といった手法は，持続可能な成長を支える制度的枠組みを提供しようとすることであり，商業政策や財政政策，産業政策の手法は，観光客用の宿泊施設の供給や近代化に向けての投資を刺激するために使用される．

国内で発生した貯蓄が必要とされる投資を満たすのに不十分である場合，インドネシアの1983年4月から1988年9月までの第4次5カ年計画であるレペリタIVのケースのように，政府はしばしば観光企業への海外直接投資の規制を緩和することによって，追加的投資を促進している．しかしながら，国際協力が受入国を高成長径路に導く可能性は，最適な知識水準がホスト経済に移転するかどうかによる．過度な水準の移転は地元企業を締め出し，低いレベルの移転は成長へ小さな効果しか与えないためである（de Mello and Sinclair, 1995）．したがって，ホスト経済の政府は，外国投資家に，その国へ投資する許可の見返りとして技術移転の程度や種類に関する条件を課している（Chakwin and Hamid, 1996）が，観光投資の文脈の中でこの問題に注意が払われることはほとんどない．

より高い標準の教育や訓練は，政府や国際機関によって奨励されるか，そのための資金が調達されるのであるが，それは持続的成長を支える進んだ手段である．人的資本と物的資本の双方への投資の場合は，政府や国際機関によって承認されている．インドネシアのバンダンやバリにある観光訓練センターは，スイスの国際労働機関（ILO），国際連合開発プログラム（UNDP），1980年代半ばから学士や修士レベルの観光コースを設けているウダヤマ国立大学からそれぞれ協力を得た（Pack and Sinclair, 1995a）．インドにある政府の研究所は観光の訓練を供給し，ILOの協力を受けている（Pack and Sinclair, 1995b）が，多くの他の国も同様である．観光への物的資本投資は，各国政府やアジア開発銀行（ADB），世界銀行，世界観光機関（WTO），国際連合を含む国際機関によって着手され，金銭的に支えられている．それらの国際機関は，さらなる観光開発プログラムと同様に，インフラストラクチャーの供給のために金銭的，技術的な援助をしている（たとえば，ADB, 1995）．ヨーロッパ連合（EU）のような"地域"グループもまた，観光を支えたり，厚生を高めるさまざまな手法を考察している（EC委員会, 1994, 1995a, 1995b 1996）．

適切な手法が観光や経済の他部門でともに遂行されるなら，それらは内生的な成長を促進するばかりでなく，需要の所得弾力性が低い生産物から離れ，国の比較優位をシフトさせることで，より高い成長径路へ経済を移行する手助けになるかもしれない．その事例には，シンガポール政府の投資や教育，訓練，賃金の上昇の促進

がより技術集約的で高価格財の生産を刺激したこと（Chadha, 1991 ; Tan, 1992）や，韓国政府がコングロマリットを奨励したことは1980年代の投資と成長にとって好ましい制度的構造であったことを証明した（Mody, 1990）ことが含まれる．それで，比較優位は動態的に戦略的政策操作の対象となる．したがって，観光が特化と特定の国における高成長の源泉ならびにそれらの国の厚生を増大させる源泉の軌跡を作った条件を識別することは，明らかに重要である．

結　　論

　本章は，グローバルな枠組みの中で，観光の分析に関係する幅広いトピックを考察している．そのトピックのどれも，値するだけ深くは検討されておらず，すべてが観光客の送出地や受入地の特定地か一般論で，経済学と観光の双方に関係する問題としてさらなる研究をする価値がある．国際観光が貿易に関する経済理論や産業経済学，成長理論を使用して検討できることをその議論で示している．第4章や第5章で観光供給の分析を構築しているが，本章は，国際レベルでの生産の特化や貿易パターンを決定するのに，市場構造がどれだけ重要かを示している．他の生産物と同様に観光の構成要素に適用される競争市場構造で，相対的な技術効率や要素賦存状況が重要な変数である．貿易の決定因についての初頭の議論は，発展途上国が観光供給の基礎として自然資源や文化的資源を使用することが可能であることを示した．低賃金労働力の容易な利用可能性はまた，労働集約的な観光生産の成長に寄与するかもしれない．先進国もまた，観光客を魅了する環境的・文化的資源をもち，多くの観光活動を非労働集約的生産技術によって組織することができる．したがって，発展途上国と先進国は，観光生産物を供給するのに，異なる生産の要素集約度をもって彼らの要素賦存を使用することができる．

　観光の構成要素に関係する市場が不完全に競争的な市場構造の下では，生産物分化とマーケット・セグメンテーションが特に関連している．貿易の一般均衡モデルは，同質財と異質財の双方の貿易を考慮しようとしている（Helpman and Krugman, 1993）．同質の生産物の産業間貿易パターンは，異なる要素賦存に基づき比較優位によって説明することができるが，似通った要素賦存をもつ国家間の産業内貿易は，生産物分化に基づいている．長期にわたって，財貨の貿易のように，国際観光は市

場構造の変化に寄与するかもしれない．たとえば，国家的な独占状況にある航空会社は世界的な視野では寡占的競争に従属する．観光企業や中央政府は，企業内統合や戦略的政策立案のような手段によって彼らに有利な市場構造に変えようとするかもしれない．そのようなアイデアを国際観光に適用しているものは事実上存在しない．

本章では，観光における貿易の原因と効果の双方が，先進国と発展途上国の間の広範囲な区別という文脈の中で，観光の文献の中に出てくる大国や小国，島国の区別（たとえば，Conlin and Baum, 1995）より優先的に議論されている．国の大きさや島国であるかどうかは，それ自体重要ではない．むしろ，国民所得や厚生のレベル，関連の貿易関係，観光の経済効果に関連して観光から生ずるGNPの割合が重要である．たとえば，先進国では，産業内の連関の拡大は高くなる傾向にあり，観光客や地元住民の支出からの漏出は低くなる傾向にあり，高い所得や雇用創出をもたらす．対照的に，低所得国，発展途上国では，観光客支出から比較的高い漏出に支配され，関連した所得や雇用創出はたいてい低い．さらには，地元住民が観光客支出からデモンストレーション効果を享受するので，輸入による漏出が時間とともに増大するかもしれない．

観光の短期と長期の効果は，異なった理論的アプローチを使用して検討されるかもしれない．国際レベルでの観光企業間の競争に関する研究では，産業経済学や国際経済学の理論を使用することが可能である．雇用構造を変える観光の効果の研究は，主流派労働経済学と同様に，フェミニストの視点が提供できる洞察を示している．観光と経済成長との間の関係の分析は，対立する理論的な視点を含んでいる．ケインジアン成長理論によれば，観光はより高い投資や所得を生み出す需要の増大をもたらす．対照的に，新古典派成長理論では，観光は労働や資本の増大あるいは技術的進歩に重要な役割を演じないため，成長率に直接的影響を与えないとしているが，観光は資本ストックを増やすために使われる追加的な外貨を供給している．内生的成長理論は，観光教育や訓練，インフラストラクチャーの水準の向上が，資本の限界生産物の低下をさまたげるのに役立つこと，それによって持続的な成長に寄与することを示唆している．観光に従事する高い労働需要はまた実質賃金の上昇をもたらし，それによってより資本集約的な生産への投資を刺激し，成長を維持す

る.それゆえに,異なる理論的枠組みの関連性を研究する応用研究が必要である.研究はまた,特定の観光地にある観光企業に関連して,教育や訓練,インフラストラクチャーを改善する政府や国際機関の可能な役割に関して行われている.政府は,自然資源や人的資源,資本資源が観光の発展で最適な役割を果たすように援助するに当って,重要な役割を演じ得る.自然資源は,観光の主要な投入の基礎であり,かつ価格づけされなかったり,過剰利用や破壊へ導くような価格がつけられたりするような自由にアクセスできる財であり,それによっては支えるはずの観光部門の将来を脅かすために,政府の役割は特に重要である.これらの問題は,次章以降で議論される.

第7章　観光と環境問題

序

　"環境"経済学という用語が経済学の文献にみられるようになったのは，1970年代初期からである．この用語は，枯渇性のエネルギーや生産的資源の利用についての分析（保全の経済学）だけでなく，自然資源を快適な生活のために利用する（スポーツ，レクリエーションおよび観光旅行が含まれる——余暇経済学）ものも包含するために一般的に用いられている．また，環境のもつ経済的な役割，つまり，環境の過剰な利用や汚染あるいは政府の政策によってさえも生じる環境の悪化の原因，それがもたらすインパクトを経済との関わりから探究する，という肯定的な意味あいからも用いられている．さらに，この用語は，たとえば，汚染を解消するという環境に関わる活動がもたらすインパクトを扱うときの手段とも関わりをもっている．自然環境は，かなり自由に利用できる資源でもあり，この環境経済学では，資源が提供する価格で表示できない，また価格を利用できないような財やサービスについて評価を行うものである．

　環境経済学の基本的な考え方は，環境というものが他の資源から切り離して認識することはもはやできないということである．人間のいかなる活動も環境に影響を与え，さらに，その環境に生じた変化が経済的なインパクトをもたらすことになる．このようなインパクトは，空間的で，時間的なものである．過去には，多くの環境の破壊は局地的な現象とみなされたが，今日では人間の多様な活動が広範囲に及ぶようになると，その深刻さは以前よりはるかに広範囲に及んでいる．その上，将来の世代の厚生に与える影響も，かなりの大きさとなる可能性があるため，経済的決定に際しては時間的な視点を考慮することが不可欠となる．いかなる環境問題も，このような経済的な重要性に加えて，倫理的な意味もあわせもっている．しばしば，社会の多くの階層は，たとえ物質的な面で苦しむことがないとしても，自分たちの生活の質が低下してきたと感じている．たとえば，地球の生物の多様性が減少すると，良い環境を喪失した感じをいくらかもつようになる．このような喪失感は，現

代の人びとだけでなく，将来の世代の人びとも感じるものである．環境が経済活動や生活の質と相互依存の関係にあるということについて理解が深まると，直接，経済に関わる問題に加えて，政治的，科学的および社会的な問題も生じさせる．こうして時間の経過とともに，環境経済学は，ますます多くの問題を抱えるようになってきたばかりでなく，需要と供給という従来の経済分析や私的費用と便益にのみ基づいた市場の働きに異議を唱えるようになりつつある．

観光は，自然のものと人工的なものの双方を含むものと定義すると，ほとんどすべてといって良い程に環境に依存している．ビーチ，海，山岳，湖沼および森林などの資源は，自然資源を基盤として構成されるものであり，他方，歴史的な都市や遺産となっている建築物や記念碑は，人工的な資源である．このような2つの資源の形態は，観光の主要な資源といわれているものであり，しかも観光生産物を構成する基本的な要素でもある．もしこうした資源がある観光地域で劣悪化するようになるならば，観光は衰退してしまうだろう．それゆえ，現在の環境問題や開発について評価し，それらを経済学の見地から分析することは，特に観光にとって意味のあることになる．

本章および次章では，環境の経済分析を導入し，ついでそれが観光にどのように応用できるか，について明らかにすることを目的としている．環境問題に関する最近の議論は，さまざまな原則を設定し，それを環境政策に生かすこと，および調整機能をもつ市場という手段を用いて，これらの政策を実行することに特に関心をもって検討している．本章では，環境経済学の発展をあとづけ，その主な問題点を概説したのちに，観光における環境問題の性質を概略する．つまり，経済活動や経済政策のインパクトを識別したり評価するのに先立って，まず環境経済学の内容と範囲を検討し，ついでその分析的構造を考察する．第8章では，環境を評価するための方法を説明し，環境の保護とその持続可能性を確かなものとするために適用し得る方策の評価に注目する．

環境経済学の発達

環境問題は1950年代になり，Carson (1963)，Boulding (1966)，Forrester (1971)，Meadows *et al.* (1972) およびSchumacher (1973) によって初めて経済学の中で

真剣に取り上げられるようになった．持続可能性という用語は，多くの意味を含む包括的な用語として登場してきたが，この用語には自然環境とその保全を中心としながら，本質的に環境経済学のあらゆる他の側面が包含されている．元来，保全の経済学は，環境経済学の基礎となっているが，資源から最大限の純収益を得ることを含めて，長期にわたる資源の最適利用に関心が向けられていた．この保全の経済学は，枯渇性エネルギー資源と原材料に焦点をあてており，保全のメカニズムとして価格，代替および技術の変化の果たす役割を考察した．このような市場をベースとしたアプローチは，いくつかの証拠，すなわち，生産に投入される資源の実質費用は，時間とともに低下し，資源が枯渇したとしても，懸念される程には上昇しなかったという証拠によって確信されるようになった（Barnett and Morse, 1963）．とはいえ，Hall and Hall (1984) は，1970年代におけるエネルギー資源の相対価格の研究から，このような結論に疑問を抱くようになった．また，価格代替や技術変化も，2次的なリサイクリングが生じる程度を決定する要因とみなされた．市場を重視する経済学者は，資源の節約が適切に行われている限りにおいて，農地や森林のような再生可能な資源を使って生産活動を行うことにはほとんど問題がない，と論じている．そのアプローチは，市場の諸力が資源に関わる問題を解決するものとみなすものであり，批判（たとえば，D.W. Pearce, 1976）と支持（Barnett and Morse, 1963 ; Barnett, 1979）の双方の評価を受けてきた．最も研究に打ち込んでいる環境経済学者ですら，保全は保護と同じではないということ，そして資源を最適に利用する基本原則が持続可能性を判断する際の基礎となることを受け入れている．

Carson (1963) や Boulding (1966) の重要な研究を例外とすれば，1970年代初期，石油危機の直前になってようやく保全の経済学の立場から経済成長をこのまま続けることは自然環境にとって危険であると考え始めるようになった．Meadows *et al.* (1972) は，人口の成長，資源の枯渇，資源採掘を促進させるための投資不足が環境の悪化とともに，21世紀の初めまでに市場経済を危うくすると主張した．他の研究者も，資源の過剰利用が自然界の生産を持続する能力を損なっているということを例示しながら，これまでの自然が再生能力をもっているという伝統的な考え方に疑問を抱くようになった．たとえば，H.S. Gordon (1954) と A.D. Scott (1955) は，

誰もが自由に漁業ができる大洋上での魚類を調査して，過剰なまでの漁獲が，再生可能な限界水準以下に魚類資源を減らしていることを明らかにしている．他の研究者（Kneese, et al., 1970 ; D.W. Pearce, 1976 ; Daly, 1977）も，資源の利用と環境問題が深く関わっていることを強調しており，したがってより政策指向的なアプローチによって，そうした資源の利用やそれらの影響を軽減する方法について検討している．このような研究が論証したことは，外部性という現象あるいは環境のもつ公共財的性質，すなわち市場の失敗を示すような現象がその基本的な問題の下にあるということである．それゆえ，市場の失敗とその影響を軽減するのに役立つような手法の探究とが重要な論点となるため，このことを以下でかなり詳しく論じる．

保全の経済学の発展とは別に，種々の調査が行われてきた．それは，環境を廃棄物の貯留場として利用する場合のインパクトについての調査であり，また，化石燃料を燃やし続けることによる排気ガス公害や河川への廃液の排出が環境を悪化させることについて調査したものである．財・サービスを生産することは，社会に便益をもたらすと同時に費用をもたらすということを社会が認めるようになってから，社会的最適の考え方を生じさせた．この社会的最適とは，社会全体にもたらされる便益がそれを生み出すために投入される費用の総体と等しくなることである．また，この考え方は，このような状態を達成するために適用する最適な政策手段を引き出す際の基礎ともなってきた．しかしながら，市場を通して価格をつけられないような便益や費用が多くあるため，便益や費用に価値を付与するための技法を考え出す必要があった．このような技法の探究は，環境のもつ快適性という価格のつけられないものの価値の研究と平行して，膨大な文献（著作物）を生み出すことになった．これまで価格がつけられてこなかった便益や費用にひとたび価値がつけられるようになると，便益を高め費用を引き下げるような行動が考えられるようになる．また，価格がつけられなかったときの需要と市場需要とを比較して，資源の配分を決めることも可能となった．これを達成するために適用可能な手法の研究が蓄積されてきたので，それらを次章で示すことにしよう．

これらの多くの問題が研究されるようになったため，地球の環境，たとえば，地球の気候，森林，オゾン層，河川，湖沼および海洋といった環境におよぼす化学廃棄物の広範な影響と壊れやすい生態系や生物の多様性に対して，人間の活動がおよ

ぼす有害なインパクトに対する人びとの意識の高まりとともに，地球環境の問題は一般大衆の関心事となったのであった（国連自然保護連盟（IUCN），1980；環境と開発に関する世界委員会，1987；D.W. Pearce, et al., 1989）。無制限な経済成長，人口の急増および環境の悪化をいつまでも続けることはできないということは，今日広く受け入れられるようになった。持続可能な開発（発展）は，本質的には成長の限界（Meadows, 1972），物質バランス（Ayres and Kneese, 1989）および小さいことは良いことだという考え方の最新版を表わす概念であるが，それは世界の経済が達成しようと努力すべき目標として出現した。かくして環境経済学の範囲は，狭義に定義された市場を中心とした保全の経済学から，より一般的な関心のレベルときわめて限定されたレベルという2つの方向に広がってきた。観光における環境問題が研究されるようになったのは，環境経済学が発展してきたこのような背景条件とは反対の状況にあるからである。

観光における環境問題

1990年代初期に，国際的な商用観光と休暇旅行は，年率にして約5％の割合で増加し，総人数は5億人を上回っている（世界観光協会（WTO），1992）。国内観光の人数は，この10倍と見積られている。多くの訪問者が，すでに確立した既存の観光地だけでなく，まだあまり人に知られていない，しかもより遠いところにある観光地を，魅力のある環境，レクリエーションやスポーツに関係する資源や文化に誘引されて訪れるようになると，経済的，環境的および社会的に大きなインパクトを与えるようになってきた。というのは観光者は，このような主要な資源に加えて，人工的な環境の範囲を広げるとともに，目的地の物理的な変化を伴うような2次的な支援環境，すなわち宿泊施設，交通施設，店舗，レストランその他のサービス施設などを，必要とするからである。

他の生産活動と同様に，観光もいろいろな資源を消費するのである。観光が世界の中で主要な経済活動の一つであり，世界観光旅行協議会（WTTC: Lundberg et al., 1995）によって試算されているように，1993年に世界の所得の約6％を担っている。枯渇性資源や再生可能な資源に対する観光者の需要は膨大であり，それがもたらすインパクトは驚くほどの大きさとなる。観光は，重工業，製造業および化学薬品の

製造過程から生み出される汚染ほどに危険でないとしても，大量の廃棄物を生みだし，それが重大な処理問題 (Stable and Goodall, 1996) や環境問題を引き起こす可能性がある．観光企業が行う活動は，環境を自由財として扱う他の部門のように，市場に左右されるという特徴をもっている．この場合，環境は，最終生産物を構成する要素の一つであるとともに本質的な投入であるので，特に自然資源の過剰な利用や価格をつけられないために不利益を生みだすという問題が生じてくる．多くの観光産業が発展して，特に一定の地域にそれらが集中するようになると，その産業が長期にわたってその環境に依存している，ということが無視されるようになる (Cater and Goodall, 1992).

　文化的，社会的な要素を含めて広義に定義すれば，環境におよぼす影響は，おそらく最大の関心テーマとならざるを得ない．過剰なまでに人びとが入り込んだり，いき過ぎた観光開発が行われているような観光地は，比較的に狭く，しかも傷つきやすい環境が広がっている．観光のピーク時には，訪問者がその地元の人口の3倍以上に増えることがある．観光受け入れ地域の人びと，観光企業および観光者は，しかしこの観光地で引き起こされているダメージに気づくことはめったにない．すなわち実際には，通常の場合，無意識のうちに，たとえば植物や生態にダメージを与えるようなスキーによる雪の圧縮 (Tyler, 1989)，あるいは強い照明や身体からの湿気によって画廊や文化遺産的な建造物内にある絵画や壁飾りに色あせや劣化をもたらしている (Goodall, 1992)．これ以外の環境に及ぼす影響は，かなり故意によるものであり，たとえば，オフ・ロードの車を乗り入れる場合などである (Sindyo and Pertet, 1984)．観光者が多過ぎることは，また発展途上国や島では稀少となっている水資源やエネルギー資源のような2次的な資源に対する需要を増やすことになる (Romeril, 1989)．観光が拡大 (Andronhou, 1987) し，登山 (Pawson, 1984) や狩猟 (Smith and Jenner, 1919) が行われている場所では，そこにある植生と動物相が失われることになる．さまざまなライフスタイルをもち，多額の旅行資金 (financial resources) を保有し，しかもその地元に固有なサービスを要求するような観光者が殺到すると，既存の経済システムを攪乱するだけでなく，伝統的な文化を破壊する可能性も生じる (D.G. Pearce, 1989).

　こうした問題は，観光に関係している多くの人びとに認識されており，また関心

の高いテーマとなってきた（Cater and Smith, 1992）．そのため，持続可能な観光を達成することが最もさし迫った課題の一つとみなされるが，その意味は，しばしば誤解されたり，あるいは商業的な目的によってゆがめられている．また，この概念は，特別な考え方を必要とする課題，たとえば，資源の保全，ゴミの処理と管理および汚染の防止など明確に確認すべきものを含むのであり，総合的な概念としても用いられている．"エコ"あるいは"グリーン"ツーリズムとよばれるものにかなりの関心が寄せられている（たとえば，Cater, 1993を参照）．野生生物に対する観光客の欲求内容がさまざまな影響を及ぼしていることにも関心が広がっている．それゆえ，観光者は，観光地の環境や地域の人びとのライフサイクルと文化の双方に影響を与えるような行動に大いに責任をもつことが，要求されるようになってきた（Krippendorf, 1987）．

　観光が環境に与える影響は，ほとんどの場合観光地で目にすることができるけれども，観光者の発地（origins）や観光者の移動の間でも影響が生じている．たとえば，飛行機，フェリー，長距離バス，自動車，交通設備および宣伝の関連素材（promotional material）を観光者のために運営する際に，エネルギーや資源を消耗することになり，発地でも廃棄物が生み出される．他方，発地から観光地へ旅行する際にも大気汚染を引き起こし，旅行で通過する地域の環境に対しても有害な影響をもたらすことになる．環境への影響を完全に除去することはできないとしても，少なくとも影響を軽減するために，関係機関が連携のとれた行動をとることは容易なことではない．1990年代の中頃に観光に関する文献を調べてみると，議論されたテーマのほとんどが，環境問題の原因と影響を究明することに集中していたことは，明らかである．実際に，このような環境問題に対応することは，大体において観光の特定の部門，特にホスピタリティ部門でしかごく限られた権限の下で行われているにすぎなかった（Dingle, 1995；国際ホテル環境連盟（IHEI）, 1993）．他の部門からのほとんどの発言が環境に対して責任ある行動を発展させるためのリップサービスにすぎないと主張することは（Brierton, 1991; Hunter and Green, 1995）．ある面で国際的な同意文書に調印しているにもかかわらず，政府が環境政策の実行に十分関与し得なかったことの反映でもある．しかしながら，観光分野において，他の産業分野におけると同様に，企業が環境の問題やその対応目標に対して理解が不十

分であり (Stabler and Goodall, 1997), 持続可能性を達成するポテンシャルが限られているということは広く知られている. このような点から, 観光に関するいくつかの活動領域の中では, 自己満足の気運が生じている. さらに, 企業には, 明確な目標を達成するため運用, 監視および管理に対して必要な貨幣タームでの投資をすることの意義についての認識を欠いている (企業倫理協会, 1994; Forsyth, 1995). 民間部門は, 当然のことのように, 環境整備の導入が費用を増加させると認識するようになってきている.

　経済学は, 現在の経済の趨勢やその環境へのインパクトに関する問題やその帰結を専門家に知らせることによって, 戦略的レベルでその中心的役割を演ずることが可能である. 経済学はその応用レベルとして, 特に, その分析のフレームを使って, 便益と費用を評価する方法および質を含め, 環境面の目標を達成するために市場に依拠した手段を示すことができる (Stabler, 1996a ; Keane, 1997). 経済学は, 企業人が決断をする際に必要となるデータや分析手法の情報を提供できる立場にあるが, それは可能性であっても, まだ実現されていない. 経済学は, またそれが広く適用されている観光の文献においても, 貢献することができる. 観光関連の文献の中では, 環境に関わる問題について厳密な経済的説明を加えているような文献はまれにしかない. 経済学の文献の中で, 近年注目を浴びている環境の分析の発展動向を扱っている文献が不足している理由の一つは, ある面で観光に対する経済学者の関心が限られているからである. 経済的なアプローチは, 調査レポートや新聞記事に多くみられるように特定の地域に焦点をあてたものであるか, あるいは, Bull (1991), Tribe (1995) や Lundberg *et al.* (1995) が行った観光経済学のように一般的な内容を紹介しているものかのいずれかであり, 環境問題を詳細に考察しているわけではない. もう一つの理由は, 観光における環境面の問題が経済学者以外の人びと, すなわち経済理論やその応用についてほとんど承知していない人びとによって大いに検証されてきたということがある (Burns and Holden, 1995).

　環境の変化や損傷と関わりをもっている観光の多様な側面のうち, 経済学者がこれまで分析してきたのは, 観光による地域の経済発展とその影響についてである. 経済学の文献は, 所得と雇用の発生, 発展途上国が国際観光から得る外貨, その国際収支との関係を評価することに集中していた (たとえば, Archer, 1977b, 1989;

Baretje, 1989 ; G. Lee, 1987 ; D.G. Pearce, 1989). しかし，経済学は，環境の悪化が需要，したがって所得，雇用および通貨受取額に与える影響については研究してこなかった．すなわち，経済発展の中で観光が果たしている役割の社会的費用，それが環境によるにせよ他の要因によるにせよ，その社会的費用については考察してこなかった．同様に，地域によっては環境に対して観光が有益な効果をもたらしうるということを直接扱った研究もほとんどなかった．たとえば，傷つきやすい生態的に重要な地域，観光地の保全，かなり重要な野生生物の保護地区について，その維持管理を扱った研究はほとんどなかった．これに関して，アフリカの猟狩公園のようないくつかの保全地域が維持されているのは，それが貴重な観光資源とみなされているためである．環境問題と関わりのある経済学の研究テーマのほとんどは，自然，主に田園に快適性を求める需要，それらの保全の問題，資源として利用する際に田園の景観に価値を付与する必要があること，などから生じている．経済分析は他に，環境問題に係る費用や便益の測定に関する技法や環境を改善したり評価する手法を扱っている．これらもまた，経済学の中で実質的に観光と関係なく発展してきたものであり，これらについては第8章で検討される．

環境経済学の内容と範囲

第7.1図の長方形の中に書かれている問題点は，環境経済学の発展とそれが観光に適用されるようになった背景条件とは対峙するものとして，生じてきたものである．この図の中で一つの試みが行われてきた．それは，環境問題についての知識が増大してきたことがどのように環境経済学の考察範囲を広げてきたのかを示すこと，またこれまでは別々の研究分野とみなされていたものの相互の関連性を明らかにすることである．この図が包括的なものである，と主張するつもりはない．事実，図の中に環境経済学のいくつかの領域，たとえば，予防という原則の概念，つまり特定の行動の結果の不確実性，あるいは，政策が主導権を発揮することによる効果といった問題点を分析することを示すことは容易でない．また，第7.1図は，経済学のテキスト（たとえば，Turner et al., 1994）に示されているような消費，生産と環境との相互関係を示すものでもない．これは，経済学を範囲内でのその研究の領域を示唆することに関心がある．とはいえ，図が意味するものは，全般的に，より広

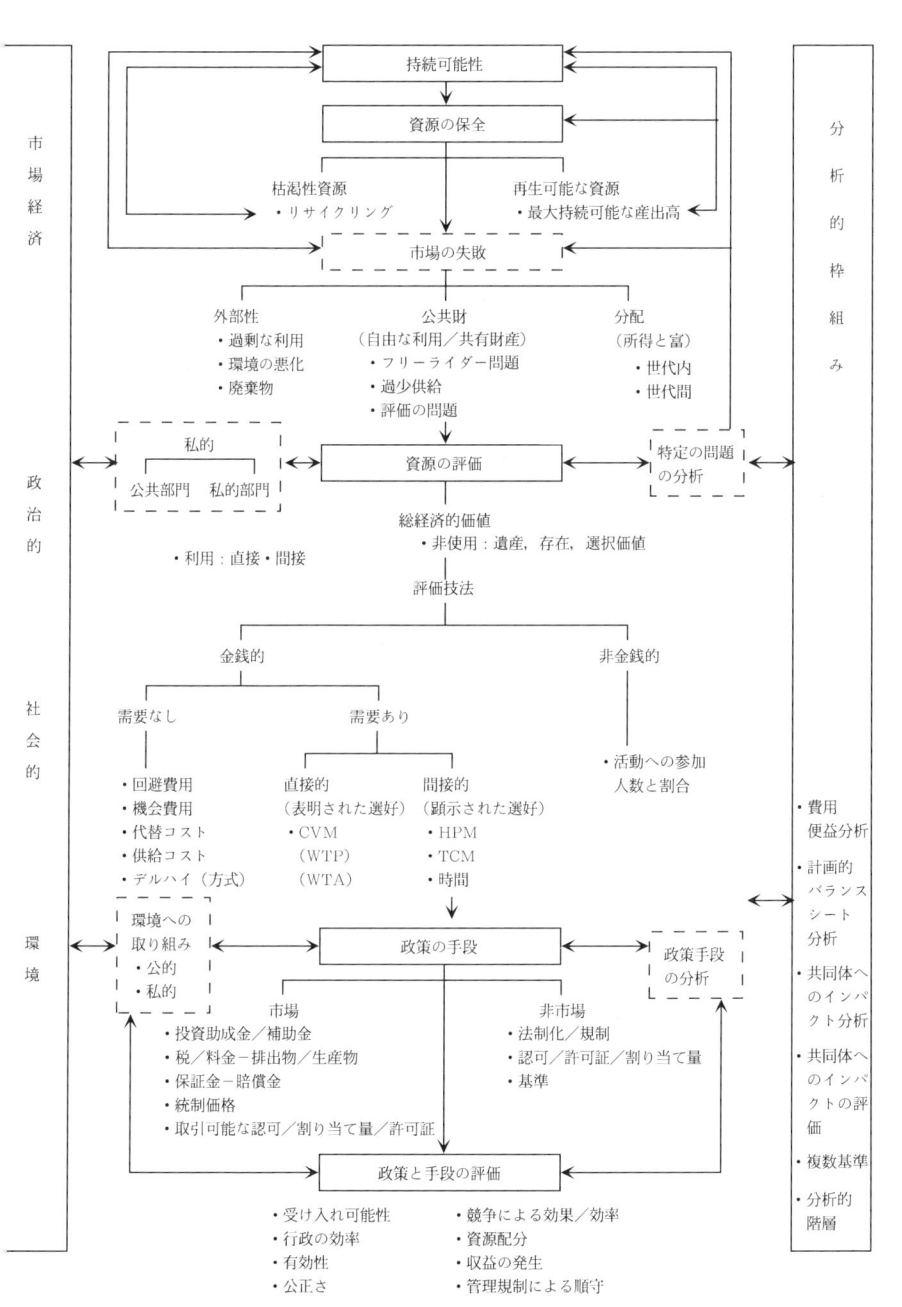

第 7.1 図　環境経済学の範囲と内容

い展望は図の上方に示され，下方にはより詳細な研究対象が示されている．他の局面に属するものもいくつかは具体的に示されている．また，避けがたいことであるが，この環境経済学の中のいくつかの事項は，観念的な問題や方法論的な問題というよりも実在する問題を考察するときに論じられる．

　第7.1図は，個人が自己の利益を最大にするために合理的に（すなわち，整合的に）行動するという，経済学の基本的な仮定に立っている．財・サービスの価値は，価格を通して表わされている．資源は，際限のない欲求に対して稀少であるため，そこに選択という行為が不可欠となる．しかしながら，環境経済学は長期にわたる厚生の最大化と相いれないと断定している．というのは，この伝統的な市場分析が限定的な前提に基づいており，しかも人間の生存を維持することに関わりのあるいくつかの現象を無視しているからである．事実，経済分析は，市場で取り扱われないような財・サービスに対する嗜好，たとえば，自然環境によって充当される快適さへの要求などを含むべきである，という議論がなされている．このように環境経済学が置かれている状況は，第7.1図の縦長の長方形に示されている．左側には，市場経済，政治的および社会的環境が示されており，これは人間の活動や行動を決定する上で顕著な特徴をもつものである．右側には，環境に影響を与えているあらゆる行動が示されている．これらは，ある種の分析的枠組み，つまり，主要な問題のそれぞれを検証する際に正当化されるものの中で評価される必要がある．第7.1図の横長の長方形は，環境経済学の重要な領域に関係するものであり，この長方形の中には，それぞれの領域の範囲内で生じる今日的な事項が示され，実例を示すものには四角形や黒丸がつけてある．重要な領域として書かれている事項は，環境経済学が観光にとって重要な概念，方法および分析手法を明らかにするのと同じように，環境経済学の発展状況をも反映している．

分析枠組みの全体

　本章の以下の節では，最初に，経済学者たちが環境問題に取り組む際に主唱してきた分析の構造について考察する．ついで持続可能性，資源の保全，市場の失敗およびその検討結果といった広範な概念上の問題点が検討される．第7.1図に示した環境経済学の中で，これ以外の事項については，次の章で論じられる．

資源の経済分析の本質は，ある特定の活動を行うために必要とされる費用が機会費用，すなわち，資源が他の活動のために利用されなかったことによって得られる便益として扱わなければならないということである．これに関連する原則としては，便益が費用を上回るべきであり，そうでなければその資源をその特定の活動のために利用し続ける意味はないというものである．私的部門があるプロジェクトを評価する場合，十分な収益率が確実かどうかをみるために，直接的に金銭的な収入（便益）と費用だけが含まれるにすぎない．小規模で短期間の投資でない場合，割引されたキャシュ・フローもその評価の一部となるであろう．投資の評価に対して用いられる内部企業収益率は，少なくとも外部収益率，すなわち，その企業やプロジェクトに投資される資金の機会費用を示す市場利子率に等しくなるはずであり，一つの評価尺度として機能を果たすことができる．

　環境資源の性質と問題を所与として，たとえば，景勝地や遺産的建造物の保存が社会的に価値がある場合，選択の一つとして純粋に商業的な活動に利用することもできる場合があるが，それを市場で価格づけされる費用と便益だけで考慮するという評価方法を用いることは不適切となる．経済学者たちは，費用便益分析（CBA），をプロジェクト，すなわち，貨幣で換算できる費用や便益と貨幣で換算できないような費用や便益との双方を含むようなプロジェクトを評価するのに適する枠組みとして考案した．もちろん，大資本を支出する例，費用と便益が長期にわたって生じるような例，社会的時間選好を反映する割引率の例もあわせて提示している．割り引くということは，現在の消費が将来の消費よりも選好されるという仮定を暗黙のうちに置いており，ここに"完全な環境保護主義者"は，割引率をゼロにすることを支持するか否かという問題が生じてくる．

　費用便益分析（CBA）は，1930年代にアメリカ合衆国で生み出されたものであり，農業を洪水から守るための洪水防止計画に公共支出の直接的な価値だけでなく，洪水によって影響を受けるかも知れない他のものに対する広範な間接的便益についても示す必要のあったことがその背景にあった．この分析方法は，その時から発展をとげてきており，教育，健康衛生，交通計画，エネルギー利用，鉱物の採掘，公害，環境の質およびレクリエーションなどに適用されている（たとえば，Mirles, 1974；D.W. Pearce and Nash, 1981；Hanley and Spash, 1993を参照）．この分析方法は，

洗練を重ねてきたにもかかわらず，実際に適用する際にはまだ課題が残されている．つまり，このCBAではすべての事例を十分にカバーすることができないし，しかもこの分析に用いられている数多くの技法の中には，根本的な欠陥が認められると批判する人もいる (Mishan, 1971). CBAが直面している問題の多くは，そのプロジェクトを明確に定義し，かつ全体像を明らかにし，その後にプロジェクトを評価するのに相応しいCBAの形態を適用する，あるいは適したものを探り出すということをせずに，特定の研究に標準的な方法を無理に当てはめることから生じている．都市の保全がそのよい例である．というのは，都市はそこで生まれてくる多くの文化的，生態的，経済的，環境的および社会的に無形な性質をもつと同時に，その機能，物理的構造，立地条件，都市を取り巻く環境および法制度をもとに構築された環境という特徴をもっているからである．

　紙面の都合から，ここではCBAの詳細な解説や批評は割愛するが，その基本的な手法を適用する際の精度を高め，特定の状況に適合するように工夫することは，有益であろう．費用便益分析とそれに関連する方法は，現実の情勢の下でかなり割安で有益な代替手法を生みだすように改良されてきた．CBAに最も近い分析手法が，計画バランスシート分析 (PBSA) という手法である．Lichfield (1988) は，もともと1950年代中頃に提示されていたこの分析手法をさらに発展させて，共同体へのインパクト分析 (CIA, Community Impact Analysis) や，共同体へのインパクト評価 (CIE, Community Impact Evalution) を案出した．PBSAという分析手法は，明らかに，多くの費用や便益が貨幣で容易に測定できないため，どのような社会的な費用便益分析によって結果が出されたとしても，正確に評価されないような費用や便益がまだ残されているという反論を常に受けがちである．このようなことに対抗するために，PBSAが案出された．このように，PBSAアプローチは，価値を多くの費用や便益にすべて割り振ることまではしないものであり，単に，価値がバランスシートのどこに位置づけられるのか (すなわち，資産の部なのか負債の部なのか) を示すにすぎない．CIAアプローチは，さらにその地域社会のどの地区 (section) があるプロジェクトの決定によって利益を得たり，あるいは損失を被ったりするかについて示すものでもある．それゆえ，このCIAは，効率性効果とともに分配効果にも配慮している．

もう一つ別のタイプのアプローチとしては，Nijikampらが開発した多基準分析 (the multi-criteria analysis) がある（Nijikamp, 1975, 1988 ; Paelinck, 1976 ; Voogd, 1988）この分析技法では，さまざまな選択肢についてランクづけを行うものである．つまり，それは平均値に対してどの程度他を上回っているかについて計算することによって，その都度，適切かつ最善なものとして選ばれた基準にしたがって，選択肢をランクづけするものである．いくつかの選択肢の中からの意思決定に数学的な技法を用いたのが，Saaty (1987 ; Zahedi, 1986を参照) が開発した分析階層処理法である．これは，Lombardi and Sirchia (1990) およびRoscelli and Zorzi (1990) によって，保全と復元についてのいくつかの技法を評価するために，提案されたものである．この技法もまた，十分な情報がない場合に，いくつかの選択肢の中から最良なものを選出するプロセスを明確にするために考案されたものである．

ますます，環境の危機管理に関する分析が，こうした選択肢をそれぞれ評価し決定する技法として組み込まれるようになってきている．

環境経済学では，環境全体に係る分析的枠組み構築が求められている．それには以下の要件がある．

1. 重要と思われる便益や費用のすべてが評価の対象となることであり，これらには以下のものがある．
   - 価格がつけられるもの
   - 市場で通常取り引きされていないとしても，貨幣という単位で評価できるもの
   - 貨幣という単位で評価できないが，量的に測定できるもの
   - 量的には測定できないもの
2. 世代間および世代内の配分効果を考慮する．
3. 二重計算を避ける．
4. 資源の配分に対する影響を考慮する．特に独特のもので，再生産が不可能なもの，および取り返しのつかないような決定を行う場合に．
5. 活動がもたらす影響を明確に確定し，かつ評価する．
6. その評価に反対する人びとの意味するところに配慮し，それをふまえて実施に移す．

7．その評価の目標を達成するために，影響力を与える，あるいは採用される政策について認知していること．

こうした枠組み，特に4．5．6．および7．の基準が，従来のCBAの範囲を地球規模で非常に長期にわたって持続可能性を達成するという面にまで広げることになる（Stabler, 1995a）．

経済と観光における今日の環境問題

持続可能性

持続可能性（sustinability）は，一般的に経済学と環境問題のあらゆる局面を包含する用語として認識されており，通常用いられている"持続的な開発"（SD）という用語よりも広い意味をもっていると受け取られている．

しばしば引用されるSDの定義は，Brundtland委員会（WCED, 1987）によって承認されているが，D.W. Pearce *et al.* (1989)は，300以上の定義が提案されており，したがって大混乱が，特に実務に携わっている人びとの間に生じていることは不思議でないと主張している．1992年にリオ宣言として知られるようになった結果として，SDは環境，つまり，生物の多様性，気候の変化，森林の管理・保護は，世界の人口の中で最も貧しい人びとよりも優先的に考慮されることが許されるという環境に係わる一連の行動原則や同意された事項以上の意味をもつことになった．SDの本質は，世代内および世代間の平等を達成するために，世界経済を管理することである．これは，現在のニーズが将来のニーズを満たす能力を損なうことなしに充足されることを意味している．しかしながら，これが意味することに関しては，2つの大きなそして異なる解釈がある．SDに対する消極的なアプローチは，資本の総蓄積，すなわち，自然環境に人工資源を加えたものが全体として使い尽されない限り，人工資源が自然環境に対する代替は許されるという考え方を受け入れるものである．このことは，自然の環境は悪化するかも知れないということを暗示している．SDに対する積極的なアプローチは，いかなる代替も許されるべきでないと主張して，これに反対している．実際，極端に積極的なアプローチは，環境の悪化がすでに容認できない程に進んでおり，また，環境の質を改善するための手段がとられるべきであると主張している．

この消極的なアプローチと積極的なアプローチの間にいかなる隔たりがあったとしても，SD の意味することは，経済成長が適度なものでなければならないということである．その上，現在，経済成長の下で福祉やその変化を測定するために採用されている変数は，ほとんどの場合1人当たりの所得であるが，それだけでは不十分であることを明らかにしている．いつも貨幣単位で評価できるわけでないが，生活の質も考慮すべきなのである．化学物質による汚染や騒音レベルのような有害な外部性を取り除くことは，長生きを可能とするものであり，価値の高い自然環境は生活変数の質の良い事例といえる．特に環境には，汚染を吸収する能力があること，あるいは取り返しのつかない現象をもたらす危険性があるという不確実性はあるとしても，予防という原則を普及するようにすべきであると主張されている．この原則は明白に定義されたことはないが，本質的に，持続可能性という文脈の中では，次のように考えるものである．つまり，環境は不確かで取り返しのつかないものという特性を秘めているからこそ，絶えることなく自然資本を遺産として次世代に譲り渡すという考え方に準拠して，環境という資本を枯渇させるようないかなる行為も許されるべきでないとするものである．他の指示的な原則としては，生産に係る全ての費用，すなわち，環境に係る費用を含めて社会が担うべき負担は，資源を利用するときの費用を適切に測定する尺度として扱われるべきである．再生可能な資源は，自己再生能力を保ちながら，できるだけ枯渇の可能性がある資源に代替されるべきである．逆説的であるが，有史以来，完全に枯渇してしまった資源だけが再生可能であるべきだということに注目しておくことは有益である．

　SD に関連する根本的な問題は，経済発展や成長と，有害な外部性から結果として損害をこうむる誰もが自由に利用できる公共的な性格の自然環境とをいかに調和するかである．ある意味で，SD はきわめて限定された経済学上の概念である．たとえば，持続可能な農業，持続可能な都市，持続可能な生態系および持続可能な観光などのように，さまざまなタイプの持続可能性を思い描くことができる．これらは持続可能性のさまざまな分野における変形といえるものであり，きわめて長い期間にわたって自身を永続させるシステムのもつ能力のことである．この持続可能性は，たとえ人間が存在しなくなったときですら，変化というものは不可避であることから，定常状態を必ずしも示唆するものではない．

持続可能な観光

　持続可能性は，観光産業の発展において基礎となるべき概念である．というのは，自然環境が観光産業の主要な資源のほとんどを構成しているからである．さらに，観光客や地域住民の間でも環境の悪化に対する懸念が高まるにつれて，企業や政府は，持続可能性の考え方を是認するだけでなく，その考え方を遂行するために積極的な行動をとるように圧力を受けるようになっている．観光に関連する学界や実践する人びとの中に，持続可能な開発（SD）の考え方を反映して，持続可能な観光（ST）という用語が造り出されてきた．しかしながら，ほとんどの実業界の中でSDの概念もSTの概念もともに十分に理解されていないことは明らかである．かなり確かなことは，先進国の観光企業は，他の商業部門の企業と同様に，無意識のうちにSDの消極的な解釈に大きく賛同していることである（Cook et al., 1992 ; Global Environmental Management Initiative, 1992 ; Hemming, 1993 ; Weffford and Gouldson, 1993 ; Beioley, 1995）．そしてこのことは，自然資源という基盤が悪化し続けていることを示唆している．観光に関わっている人びとがSTについて理解していることは，ビジネスが利益を確保しながら存続していくという商業的な意味において，"実行可能な観光（viable tourism）"とみなすものである（Stabler and Goodall, 1996 ; Wight, 1993, 1994 ; Stabler, 1995b ; Forsyth, 1995）．STに対するこのような理解やそれに基づく取り組みは，中央政府や地方自治体など観光組織体（tourism bodies）からの支援によって強化される傾向にある．こうしたことは，観光が，それぞれの地域の経済を多様化させ，かつ発展させて高い収益をもたらす媒介物としばしばみなされているからである．

　企業が取り組む活動（pp.214-219で考察されている）は，費用を削減しあるいは収益や利潤を増やす手段として，エネルギーや原料に係る資源を節約し，ゴミの排出量を最小限にすることに関係している．"緑がある"とみなされることは企業のイメージを高めることになり，また，市場において需要を増加する機会に恵まれるかも知れない．実際，企業は，観光産業は環境に対して責任をもつべきであるという消費者の関心に対応して，また，エコやグリーンに関わる休暇旅行を促進することで，環境に対する消費者の関心を商業的な利益に変えてきた．このような仕方で動機づけられていない環境に対する取り組みが行われるのは，企業が環境に関連した

規制に従わざるを得ない状況にあるときのみである．今のところ，これまでのところ，過去の動機づけが主に観光の拡大発展とかみ合ってきたため，持続可能性に対する一貫した戦略は存在しない．また，観光産業の構造はかなり細分化されており，無数の独立した企業が意思決定や投資を別々に行っており，そのため産業全体として調和のとれた政策や実践が防げられることになる．問題はこのように複雑なものとなっており，それゆえ唯一の公共部門がトップ・ダウン方式を基本に関与することによってこのような問題を解決することが可能となる．

経済学は，SD，それゆえSTが行動の面で何を行うべきかを明らかにする．経済学は，市場に介入する事例を示して，その理由を明らかにする．市場の失敗という概念や資源保全の原則，社会的最適という考え方，社会的便益と費用の評価および環境を改善するための価格を基本とした手法の分析は，すべて持続可能な観光の目標を達成する上で必要な要素であり，このような問題を検討する中でそれらを明らかにしていく．

資源の保全

生産に係る重要な資源の枯渇の割合や消耗の可能性は，依然として経済学の中心課題である．資源の保全に関する文献でもまた成長の成果，実現可能な解決方策，たとえば，技術の発展や需要の減退によって保全を達成する際の市場の費用と価格が果たす役割，生産物の寿命の拡大や回収の促進を含めて，資源の代替とより効率的な利用を課題として扱っている．しかしながら，1970年代の後半から枯渇性資源，すなわち，2次的（回収）資源と廃棄される（再利用）資源と，対立するものとしての1次資源を開発利用する際の機会費用を評価する方向に，その強調点はいくらか移行してきている．消費者の想像力を駆り立てるリサイクリングは，経済学者からはかなり懐疑的にみられている．それは主に，そのリサイクルのプロセスが十分に確立されているとはいえず，しかも便益を上回るかも知れないという費用の高さのせいである．再生可能な資源についての大きな問題は，多くの動植物の種の生存，食料や原料の産地の持続可能性，快適さをもたらす資源の保全にとって必要な自然環境の多くが，自由に利用できるという特徴を内在していることである．最大持続可能なイールド（maximum sustinable yield）は，本質的には生物学的な概念であ

り，また，経済学において再生可能資源のモデルを構築して長期にわたって研究する際の基礎となるものである．しかし，これがSDの戦略の中心としても，またSTにも明確に示されてこなかったことは驚くべきことである．しかもこの概念は，SDとSTの原則と方策を実現する上で，きわめて実践的な意義をもつものである．したがって，リサイクリングと最大持続可能なイールドの概念とは，それぞれが重要な事柄として認識されていると同時に，資源の主な利用者である観光にとっても意味をもち，また，再生可能な資源の保全という面でも利益をもたらすものなのである．

リサイクリング

"回収"と"リサイクリング"という用語は区別することができる．通常，リサイクリングという状況の下で，回収率という用語は，1次的な資源から産出されたもので，再度利用が可能となりうる資源の割合を意味している．リサイクリングが行われる程度は，その原材料の性質，その生産のサイクルのどの段階で資源の回収が行われるのか，誰がその回収した資源を利用するのか，どのくらいの割合で使いものにならない残留物がでてくるのか，そしてどのように処分されるのか，といったことに左右されている．また，リサイクリングを行うスケールを決定する上で重要な決定因となる資源の回収を行うことが容易なのか，困難なのかということにも影響をうける．このような物理的な要因が，かなりの大きなものになるかも知れないが，リサイクリングを行う際の費用を決定することになり，これに加えて重大な変数としては供給と需要の関係で決まる原材料の価格がある．

一般に経済学者たちが主張しているのは，回収の費用が1次的な資源の探索や採掘に要する費用よりも低いのであれば，リサイクリングは可能性があるということである．しかしながら，市場において価格と費用は，真の意味での便益と費用を反映しているわけではない．つまり市場における価格や費用は，私的費用と便益を算定したものであって，それらに追加されるべきだが，価格がつけられないような費用と便益，すなわち外部性を具体的には組み込んでいないのである．たとえば，廃棄された車から原材料となるものを回収するには，車を解体し，原材料として価値のないものは焼却か埋立てによって処分しなければならない．こうした回収作業か

ら，有害なガス，有毒な化学物質を排出し，また，環境のもっている快適性や開発が可能な土地を損なうなど，有害な外部性をもたらすことになる．他方，より高い回収率が達成されるなら，利用できない廃棄物は減少することになる．先の車の例でいえば，車が最初に製造されたときにリサイクルできる原材料の割合が大きく組みこまれているかどうかに依存している．その結果，1次資源を利用することから生じる社会的費用，たとえば，金属鉱物を採掘する場所の景勝地が略奪されたり，騒音や塵埃が発生し，さらにそれによって健康に被害が発生する場合の費用などは軽減される．なぜなら，通常の場合，回収された原材料を再加工することの方が，外部性が少ないからである．その上，環境に影響を与える廃棄物の処理が減少することに伴って，便益も生じてくる．

　1次的および2次的な資源の利用から発生してくる廃棄物の問題は，また実際には，その処分に相当なコストを要するという問題を生じさせることになる．このような外部性に関わる問題を無視するということは，廃棄物の処理を安く見積もることを意味している．それに加えて公衆衛生のために，中央政府や地方公共団体は基準を設けることで介在し，行政経費の一部を負担するように処理に料金を課している．介入は，価格や費用をゆがめることになる．それは，行政側の出費が，そのようなサービス料金に十分に反映されていないことが時々あり，廃棄物処理に係る費用のすべてが利用者の支払う料金に組み込まれていないからである．もし廃棄物の処理に必要となる費用が十分にこのようなサービスを受ける利用者によって賄われるようになるならば，リサイクル事業はもっと進むであろうと推論される．このような議論は，相当量の資源を消耗し，廃棄物を生みだすという点で，観光に関連している．さらに，多くの観光目的地は島嶼や小さい国であり，しばしば傷つきやすい環境の下におかれている．リサイクリングと結びつけながら原材料となる1次的な資源の使用を減らすことは，持続可能な観光を達成する上で重要な貢献を果たすことになる（Stabler and Goodall, 1996）．観光協会は，このような貢献を認識し，そしてリサイクル計画を開始するための事業展開を急いでいる（Troyer, 1992；IHEL, 1993；WTTC, 1994）

　経済学は，社会的費用と便益，すなわち，私的費用と便益および資源の利用がもたらす外部性に係るものすべてを確定し，かつ評価することによって1次的な資源

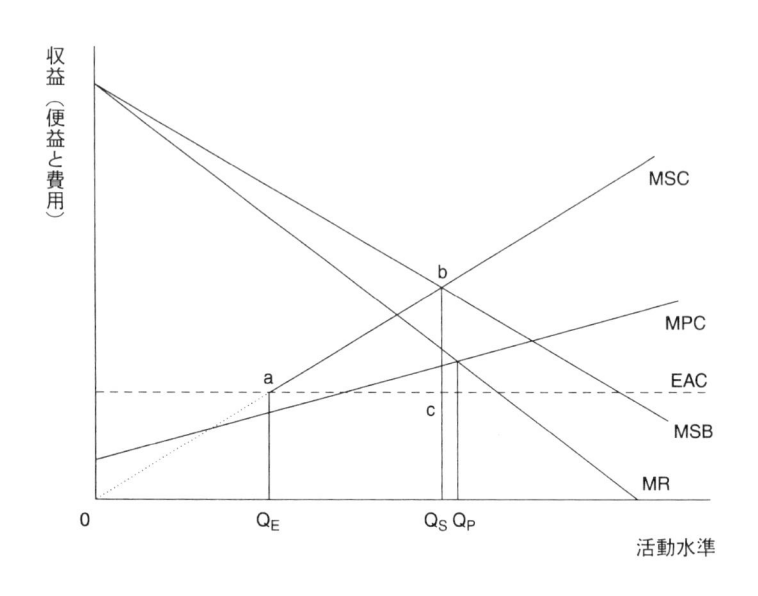

(注) Q_E=生態学的最適，Q_S=社会的最適，Q_P=私的最適，MSC=限界社会的費用，MPC=限界私的費用，MSB=限界社会的便益，MR=限界収入，EAC=環境同化能力

第7.2図　経済的最適概念の観光への適用

の開発とリサイクリングとの双方にとって最適なレベルを示すことができる．私的最適レベル，社会的最適レベルおよび生態学的最適レベルは，第7.2図のように図形で示すことができる．

観光活動は，限界社会的便益（MSB）と限界社会的費用（MSC）を生みだすものであり，それぞれが限界私的便益（限界収入：MR）や限界私的費用（MPC）を上回るものとみなされている．私的最適レベルは，MRとMPCが等しくなるQ_Pであり，社会的最適レベルはQ_Sであり，これらは観光活動がQ_PからQ_Sへ引き下げられることが必要なことを暗示している．しかしながら，この社会的最適は，Q_Eで示されている生態的最適とは同じでない．それは，水平な破線で示されている環境の同化能力（EAC）を超えており，abcという同化されない有害な外部性が生じているからである．これが蓄積されていくとすれば，環境の悪化は，それぞれの点以降で大きくなっていく．私的最適，社会的最適および生態学的最適を概念的に区別することは容易にできるが，観光がもたらす広汎におよぶ有害な影響を最小

限なものとし，長期にわたって持続可能性を達成するという観点から，どの最適を遂行すべきかを決めることは重要なことである．この問題は第8章で検討される．

最大持続可能なイールド

最大持続可能なイールドという概念は，自然的にかもしくは適切な管理によって，再生が可能となるような資源に適用されている．重要な問題は，誰もが自由に使える資源や共有財産である資源を経済的に利用することによって，いかに最大の産出高をもたらしながら持続可能性を維持するかということである．前者は，誰の所有物でもなく，大気や海洋のような資源であり，他方，後者とは地域社会が，そしてしばしば地方公共団体が所有し管理している資源のことである．前者も後者もともに過剰な利用を招きやすいものである．この過剰利用という問題は，特に自由に利用できる資源の場合に深刻になるものであり，野生生物の種の絶滅や生態系の破壊に結びつきやすい．海洋資源が過剰なまでに利用されているという事例は，かつてよくみられた魚の数が維持できないまでに減ってしまうという極端な漁獲の事例のように，いくつもある．その他にも感情的な事例としては，あざらしや鯨の猟がある．サファリ，あざらしや鯨のウォッチング，素潜りやスキューバダイビングは，いずれも自然資源をベースに成り立っている観光に関連した活動である．

最大持続可能なイールドを研究する経済学は，生産物の価格とそれを開発するための費用の関係を，物的な量でみた生産量，設備量，人口の面から考察する．産出高は，開発に必要な労力と資源の総ストックによって決まる．労働時間数が増えたり，設備の生産能力が向上するなど，投入される労力が増えるほど，産出高は増大することになる．しかしながら，資源のストックの多さが，その再生や補充の割合を決めることになり，したがって利用できる資源の量を決定することになる．この問題は，労働の費用に対応して生みだされる収入を考察するという意味で，経済的な検討課題となる．通常，利潤最大化条件が資源の総ストックのどのくらいを利用するかを決めることになる．その使用される資源の量が，再生するために必要な量を下回ることも，あるいは上回ることもある．生産物の開発・利用の費用が軽減されたり，その生産物の価格が上昇する，あるいはその両方が生じるようになる時に利潤は増加することになり，そのことが多くの参入者をその生産活動に呼び込むこ

とになる．資源の利用が自由な，すなわち資源を開発・利用するのに必要とされる費用以外は無料であるから，そのような資源の開発量は最大イールドを超えるように思われる．総ストックがある所与の閾値（生物学的あるいは生態的な面からみて生存の下限水準）を下回ったら，固体群は殺到することになり，また動物や植物の場合には，死滅することになる．

　最大持続可能なイールドという要因は，第7.3図に記載されているように，観光にもあてはまる．その要因はまた，地上にあり誰もが自由に利用できる資源に適用することもできる．また，その資源の所有者が持続可能な管理を行わなかったり，放棄するような場合には，共有財産となっているような資源にも適用することができる．漁業や林業のように，再生可能な資源を伝統的な方法で説明すると，総収入曲線の形状は，資源ストックとその資源の再生の割合や収穫のための労力で決められる収穫率との間にある基本的に生物学的な関係とによって決められる（詳しくはNorton, 1984およびConrad, 1989を参照）．ストックと労力との間には反比例の関係があると仮定されている．総費用曲線は，通常，経済学で描かれている曲線と一致しており，この曲線の下で，産出高のある範囲にわたっては収穫逓増が支配し，収穫が逓減する前に総費用曲線は平坦な形状になり，やがて急勾配を描いて上昇するようになる．正常な利潤，すなわち，企業が事業を維持する上で必要とされる利

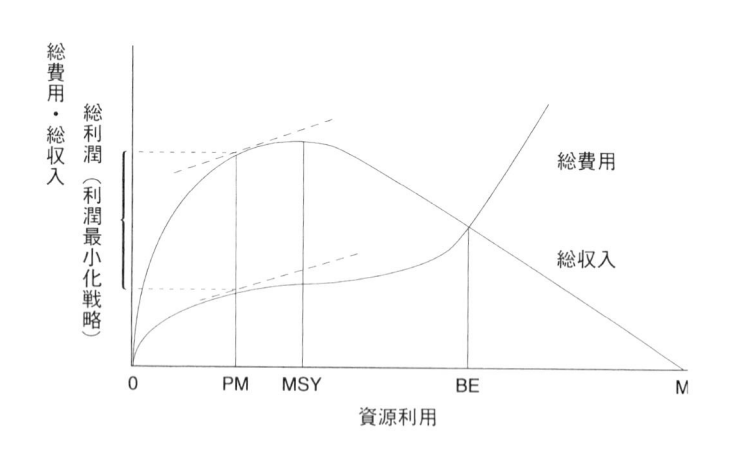

第7.3図　最大持続可能なイールドのバイオエコノミック・モデルの観光利用への適用

潤は，この総費用曲線に含まれていることも仮定されている．

バイオエコノミック・モデルは，観光と関連づけることにより新たな解釈が可能となる．観光目的地にあるツアーオペレーターや観光企業が，自然資源を過剰に利用することによって資源に損傷を与える場合について考えてみよう．第7.3図では，利潤が点PMすなわち，総収入曲線と総費用曲線の垂直距離が最も大きくなる点で最大となることが示されている．しかしながら，資源はかなり多くの利用者，すなわち，観光者を支えるだけの量があるため，最大の総収入をもたらすことになるが，費用曲線の形状を所与として，PMの右側では利潤率を逓減させる．点MSYが示しているのは最大の収入である．これは点Mで収入がゼロに低下するが，その理由は資源のもつ許容量が訪問者を支えきれなくなるからである．このことは，資源の質が悪化していることを観光者が気づいたり，あるいは資源そのものの物理的な特性が劣化した場合に生じるのである．たとえば，スキーリゾート地でスキーの利用者が増えることによって，雪の資源としての特性がスキーの活動を支え切れなくなった場合がその例である．また，別の事例としては，サファリ観光の場合にあてはまる．つまり観光者の人数が増えつづけることが，動物の生殖率を低下させるまでに繁殖パターンに影響を与える場合である．

BEのレベルは，観光者の需要を満たす観光の提供者サイドにとっての損益分岐点であることを示している．この場合，資源が自由に利用でき，したがって休暇旅行のマーケティングに要する費用は別にして（費用曲線の形状からみて最終的に収穫逓減が支配することになる）その場所への入場料は含まれていないと仮定されている．それゆえ，観光の提供者は，たとえ変速的な利潤を競い合ってでも，たとえば，過剰なまでに供給することは個々の提供者の取り分を減らすことになるような，野生生物の生息地における規制を差し置いてでも，資源の開発利用を続けようとする．マーケティング費用が下がるようになると，資源の利用は点Mに近づくにつれて増え，その資源の再生可能性を脅かすことになる．他方，宿泊施設や設備の限界によって，資源の継続的な利用への制約が生じている．全体的にみて，自由に利用できる資源にバイオエコノミック・モデルを適用してわかることは，過剰利用を起こしがちだということである．それゆえ，最大持続可能なイールドの経済分析は，自由に利用できる資源の管理，特に地球全体にとって重要な資源について実行可能

な同意を保証する必要があるという点で有意義なものとなる．たとえば，漁業や捕鯨が行われている海洋においていくつかの試みがなされている．これらの試みが，うまく機能している南極大陸に関する国際的な同意とは対照的に，いつも成功しているとは限らないのである．自然資源を分類するという議論やそれを管理するという問題は，多くの著書で論じられてきたし，Berkes（1989）や Stabler（1996b）によって再検討されている．

このようなリサイクリングや最大持続可能なイールドについての説明から，すなわち外部性や自由に利用できる資源について言及してきた説明から，第7.1図の項目間の縦の関係が述べられてきた．リサイクリングは枯渇性資源の枯渇率を低下させることによって，また最大持続可能なイールドという概念は，再生可能な資源をいかに保全するかを示すことによって，持続可能な開発と持続可能な観光のそれぞれの目標の達成を支えることになる．しかし，このことは外部性と自由に利用できる資源の特性という視点を導入することによって，市場の失敗という概念の考察へと展開を広げることになる．

資源の保全と観光

枯渇性資源

これまでに述べてきた持続可能性に関する議論やこうした議論に対する観光企業の対応という状況の下で，企業がイニシアチブをとるということについては明確にされてこなかった．せいぜい企業は，費用が増えること，反対に費用が低下すること，および収入の発生や利潤の増加といったことに関して，市場を考慮する傾向があるということが示唆されたにすぎない．文献を調べてみると（たとえば，国際ホテル環境協会，1993；Middleton and Hawkins，1993；スコットランド観光局，1993；Beioly，1995；Dingle，1995），企業，特にホスピタリティ部門や交通部門に属している企業が環境保全に取り組む活動は，家庭で行われている活動と類似していることが明らかになる．これらの企業による環境保全のための活動とは，環境に有害な影響を与えそうな物質の使用を避け，1次的な資源から作られた製品の代わりにリサイクル製品を購入し，さらにゴミを減量し，物質やエネルギーの消費を最大限に切り詰め，できる限り物質をリサイクルすることである．むしろかなり野心的に取

り組んでいると思われるのは，購入者が期待されている環境基準を満たしている供給者からのみ購入することを決めており，また観光者が環境に対して責任ある態度をとるように教育し奨励するように取り組んでいるからである．

　このような環境保全に対する"足元からの"取り組みは，これまで十分に検討されてこなかったため，全体としてみたときの便益や費用との関わりも考慮されることもなかった．企業は，エコ・ツーリストの動向や金融面の便益，たとえば，エネルギーや水をより良く管理したり，ホテルのゴミを最小限に減らすことを考慮して費用を節約することにより，比較的高い収入を期待することができるため，持続可能性と関わりがある環境保全の要素にも配慮するようになってきている．もし，費用の節約が製品の価格の引き下げをもたらし，その結果，多くの観光者を引きつけるようになると，特定の施設や目的地において，製品づくりに利用されるエネルギーや原材料の使う量やゴミの発生量は全体として少なくなる可能性がある．さらに，自然資源が過剰に利用されることやホテルが立地している地域で地元のサービスに対する圧力が環境にダメージを与えるといった別な形態もありうる．これらの外部性は，個々の企業の責任分野を超えたところにある．それゆえ，観光企業が原材料やエネルギー資源の保全に取り組む姿勢は，市場指向型のアプローチを反映したものであるが，保全問題は持続可能性という広い文脈の中で十分に考慮されてこなかった．

再生可能資源

　経済学で用いられている再生可能資源について，最大持続可能なイールドとその意味するものを強調することは，もし観光が自然環境に依存しているものとすれば，観光にとってもきわめて有意義なことである．観光活動から生じてくる環境悪化のいくつかの事例，特に観光が自由に利用できる資源を利用する場合については，すでに言及してきた．しかし，人工資源と自然資源との相違を認識すること，また，枯渇性資源と再生可能な資源とを区別することの困難さを知ることも必要である．多くの人工資源，特に文化遺産的な工芸品は，容易に再生産できる場合を除いて，独特なものであり，したがって枯渇性資源といえる．グランドキャニオンのジャイアンツ・コーズウェイやヒマラヤ山脈などの自然資源のあるものは再生が不可能で

あり，したがって同じカテゴリーに含まれる．植物や動物は本来的に再生可能な資源であるが，管理が不適切である場合には，枯渇性資源とみなされる．このような性質をもち観光に肝要な資源は数多くあり，たとえば，国立公園，狩猟保護区，自然保護区と森林，湿地および高地などがその例である．さらに数多くの多様な景観もあり，これらは積極的に利用されていないとしても，その時々の人間の活動がもたらす影響を受けている．観光企業も政府も，時々，観光者に提供される売り物全体の特性や自然資源を構成している要素に対して，観光が与える影響に必ずしも配慮しておらず，観光から手に入れることのできる短期的な便益を優先させている．観光地にある観光企業や地域住民は，観光がもたらす便益を享受するために自分たちに求められる要求を受け入れはするが，環境に関わりがある政策決定に積極的に関与しようとはしないし，また関与できないのかも知れない．したがって，その観光地の環境保全は，危ういものとなる．それゆえ，自分たちの環境を守ることに積極的に関わっている人びとは，観光の拡大それ自体に反対することは大いにありうる．こうした問題については，たとえば，Murphy (1985) や Keogh (1990) 等によって支持されており，観光開発に対する"コミュニティ・アプローチ"という文献で論じられており，また自然資源の管理について Berkes (1989) もこれと同じ方式について論じている．

　観光と関連のある野生生物の維持管理が地元の地域社会によって支えられているという興味深い事例が，ジンバブエのキャンプファイア計画（固有資源の自治体用地管理計画）である (Barkier, 1992)．この計画では，野生生物を狩猟する際の割当を確立し，また狩猟を組織するサファリ旅行の運行者にライセンスを割り振りすることが含まれている．狩猟，肉・獣皮および毛皮の販売から得られる収入は，給与や車両の経費を含めて，頻発する支出の財源に充当されている．この収入のかなりの割合が，クリニック，託児所，歩道橋や住宅建設のような開発に関わるプロジェクトの出費にも当てられている．また，その地元にある地域共同体は，現金収入という形で，そして野生生物が地元や作物に与える損害の補償という形で，さらに追加的な恩恵を受けている．野生生物の肉の販売は，補助金を受けた価格で取引が行われており，このことが栄養のあるものの摂取を増やすことになる．キャンプファイアは，まだ未熟な段階であるが，共同体を基盤とした開発計画として，長期にわた

り自活を可能とする計画として国際的な関心をよんでいる．

　最大持続可能なイールドについては，いわゆるバイオエコノミックの原則，すなわち，通常の経済的な最適化条件をベースとしているが，生物学的あるいは生態学的な環境が資源の利用可能性を支配するということを認識している原則は，STとは2つの面で関連性をもっている．第1は，それが持続可能性のある開発もしくは観光という概念を規定し，それを実際に遂行する人びとに対してかなり分かりやすいものにして提供することである．第2に，それが持続可能性の実現に対して重要であり，かつ達成できるステップになるということである．つまり観光産業を含む多くの企業が努力を重ねてきたが，バイオエコノミックは，いままでのところたいした成果が上がっていないエネルギーと物質の節約や廃棄物の管理という方向から，環境の保全活動を切り離し，別な方向を目指すことを促すことである．この経済学が生みだす持続可能なイールドおよび収入という概念は，文化的であれ，自然的であれ自由に利用できる環境の中で，持続可能な収容力であると解釈することもできる．規範的な経済学が提示していることは，主要な観光資源，すなわち，その一部は自由に利用できる資源から成り立っているが，たえず再生産されながら観光産業と地元経済の双方に最大限の貢献ができるように，管理されるべきということである．自由に利用できる資源の持続可能性についての経済的な分析を行った結果によると，費用を負担することなしに資源が利用できるようになると，資源の過剰な開発利用が進み，その環境条件が悪化するという悲観的な結論に達することになる (H.S. Gordon, 1954 ; A.D. Scott, 1955 ; Crutchfield and Zellner, 1962 ; L.V. Smith, 1968 ; Lark, 1973)．このように最大限の持続可能性を確保するためには，自然的，生物的および経済学的な特性について詳細な知識を得ることが必要であるとともに，このような資源の自由な利用をコントロールできない場合には，通常，経済学者が提唱しているような貨幣的方策よりも，取締りという方策が必要となるかも知れない．

　漁業に関する文献に示されている資源管理に関する方策は，観光資源にも適用できよう (Anderson, 1995 ; Corrad, 1995)．産業あるいは土地にかかる税金に対して，補助金を与えるという方策は，観光分野に適用することができる．観光分野では補助金が，交通運行者やホテル経営者に支払われることによって，必要とする土

地などの取得負担を軽減できるとともに，一方で，観光者にはある観光地域に行ったりあるいはそこを出る場合に税金がかけられる．実際に，空港使用税や飛行機の着陸料のような料金を徴収している国もある．南太平洋にあるマッカリー島に観光者が上陸する際には料金が取られ，その収益は島の環境保護のために利用されている．こうした手法は，アンナプル保護地区でも採用されている．漁業に対する規制の方策には，禁漁時期，年間の漁獲高制限，入漁場の制限，漁獲高の割当などがある．これらの中で，第1の禁漁時期は最も実現が可能な方策であり，実際に繊細な環境条件をもつ地域ではすでに実施されている．残る3つの方策は，過剰な利用が資源管理問題の一つとされている観光分野に当てはめることが容易である．入込み者数は，たとえば，ベニスの場合は一つのリゾート地域として提供できる最大のベッド数を，あるいは許可証やビザの発行数を制限することによって，管理することができる．またたとえば，バミューダ島では，各年次ごとに許可人数を決めて入込み数を管理している．この島で行われていたスキーヤー，ハイカーおよびスキューバダイバーによる環境へのインパクトを軽減するため，需要サイドに制限が加えられるようになった．また，交通輸送業者（車両台数や輸送能力を制限する）や小売り業者（供給サイドに関してはある生産物だけをストックする）に制限が加えられている．

　持続可能なイールドを観光と関連づけて，経済学は次のような側面を指摘している．それは，財産権というものが明確に定義されていない場合，協議し，監視し，実施する必要があるため，制度的アプローチが望ましいということである．さらに，重要な意味をもつ取引コストもしばしば含まれる．このような諸要因については，すでに第5章で供給のテーマとして考察してきたが，そこでは主流派の分析に制度的な考察を加えることも必要であることを示唆している．これに加えて，自由に利用できる資源をうまく管理するためには，協調も必要である．これは，情報が不十分なことや不確かな面があるため，このような問題にゲーム理論を適用することになった．高い取引費用，財産権の効果や持続可能な開発を達成するためのプロセスでの制度の役割に関する問題は，環境経済学の領域ではけっして述べられておらず，したがって，それらの問題が観光に関して考慮されてこなかったことは驚くにあたらない．とはいえ，Hunter and Green (1995) および Stabler (1996c) は，開発計

画の立案や資源管理制度の役割をそれぞれ見直す中で，これらの課題に触れている．再生可能でかつ自由に利用できる資源について，次節でさらに言及することにする．

市場の失敗

　第7.1図に破線の長方形で示されている市場の失敗は，経済学で基本となる概念であり，経済学者が環境問題を考慮し，その解決の可能性を考察する仕方に影響をおよぼす．この概念は，環境経済学のすべての構成要素を効果的に支えるものである．この概念は，価格を通じて需要と供給を調整する市場がある財，特に環境に関連する財を，社会が最適と考える水準であれ，どのような水準であれ供給することができないのは，空気，土地や水資源などのように，公共財としての性質をもっていることに由来している．私的な所有権が行使されないかぎり，こうした資源を自由に利用する人びとを排除することはできない．その結果として，このような資源から便益を得ている人びとに価格を課すこともできない．一人の消費が他人の消費を引き下げることはないけれど，実際に，高い消費レベルが個人の享受する消費部分を減らす傾向にあるか，あるいは他の消費面に影響を与えるということはありうる．それゆえ，第7.1図に示され，資源の保全の考察で論証したように，外部性，公共財そして分配問題という市場の失敗の3つの特徴は，環境経済学と関連が深く，図の残りの部分をある程度説明することになる．

　第1の特徴は，自然環境といくつかの人工的環境がもつ公共財としての性格であり，この特性が既述した問題を引き起こしている．公共財は，誰もが消費から，あるいはその享受を排除されないような財のことである．経済学の文献でしばしば引用される事例は，街灯や快適な公共空間である．私的部門はこのような財やサービスの提供に対して，ほとんどもしくは全くといって良い程に魅力を感じない．というのは，利用者が，たとえば，山や海に入り込むことを排除することが困難であるからである．たとえ部分的に排除できるとしても，支払いが個人の自発性に依る限り，フリーライダーとして知られている人びとは，強いて料金の支払いを強制されない限り，料金を支払わずにそれらの財・サービスを消費することになる．その結果，私的部門による供給は過少になるように思われる．また，公共財を享受するということは，支払い意思と公共財を無償で消費する人びとの数が私的市場のように

確定することが不可能であり，したがって，需要の推計や評価問題を創り出すことを意味している．このことが，レクリエーションや観光に利用される自然資源の多くにとっては非常に難しい問題となるのである．

市場の失敗についての第2の特徴は外部性であり，それは公共財と切り離すことができない．無料である財は何であれ，過小評価される傾向にあるため，利用に伴う不都合な影響が個人の費用負担にならない限り，またそのことが無視できる限り，その財は乱用されることになる．自由な利用は，過剰な利用をもたらすことになる．たとえば，歩道やスキーの滑走コースが破損されたり，生態系や自然環境が化学物質の投棄や流出物で傷つけられたり，あるいは観光を含む生産や消費活動に伴って生じる残滓物（廃棄物）の貯蔵場所になることがある．観光者の活動がもたらす外部性については，多くの事例をすでに紹介してきたが，それ以外の事例については，第8章で扱われる．

市場の失敗の一側面のうち，それ程明確になっておらず，しかもいつも論じられているとは限らない問題は，配分に関するそれである．1992年のリオ宣言では，世界の比較的貧しい国ぐにと豊かな国ぐにとの所得機会やライフスタイルに相違があることを確認しあった．この世代内の不平等は，資源の利用率，自然資源や人工資源に与える影響および持続可能性の達成という点からみて，環境的な側面を有している．この世代内の不平等は，また資源を評価したり政策手段を案出する際に根本的な要因となる．つまり，これは主要なプロジェクトを適切な分析的枠組みの下で評価する際に大きく立ちはだかる問題でもある．私的部門のプロジェクトは，通常の場合，配分の問題，特に環境への影響に関する問題を無視している．CBA（費用便益分析）やその変形モデルは，公共部門の活動を評価するのに適切な手法と考えられており，分配に与える影響を社会のさまざまな部門への相対的影響に反映させるという意図のもとに，分析モデルが構成されている．たとえば，新たに道路を建設することが，便益と費用をもたらすのは確かなことであるとしても，誰にその便益と費用が降りかかるのであろうか，また，ある地域社会の住民がどの程度その影響を受けることになるのだろうか．その便益を受ける人びとが多分地域社会の数パーセントの豊かな人びとにすぎず，その費用をかなり多くの住民，恐らく貧しい多くの人びとが負担するようになる場合，便益の大きさは費用負担よりも小さくあるべ

きなのかどうか，という疑問が生じてくる．観光分野で世代内の不平等に関する事例は数多くあり，特に訪問者とホストコミュニティの住民との間における生活の質の差異を論じた事例が多い．観光問題研究機関（The Organization Tourism Concern）は，発展途上国にみられる土着社会が先進国の人びとによって開発される事例を紹介している．たとえば，観光者の要求が，結果として地域の不動産や地価の高騰をまねき低所得の人びとがその地域からの移住を余儀なくされた事例がある．これはビルマ，エジプト，ザンビア，モロッコおよびフィリピンでみられた（観光問題研究機関, 1995）．ハワイで食料生産のための耕作地や漁場が破壊されたり（Puhinpan, 1994），フィジーで文化の変容問題が生じた（Helu Thaman, 1992）事例もある．

特に持続可能性の論議に関心をもっている環境経済学者は，現在世代の要求を軽視することなく，現代の人間の活動が世代間におよぼす影響について考慮することがきわめて重要であると論じている．したがって，自然資産の保全に関するルールは，持続可能性をハードな方法で確保することと同じものと考えているが，現在世代は資産のもつ価値を損なうことなく次の世代に引き渡すためにその保全に責務を負っていると認識している．世代間の効果は市場の失敗を反映したものであり，平等を基本とする立場から，その影響は重要だと認めていても，市場の機能については考慮していない．これはひとえに，現在世代の時間視野が比較的短いので，将来の便益や費用が大きく割り引かれることに由来しているのである．これらの問題は，また公共財や外部性の問題のために生じる．

市場の失敗は，この3つの特徴に限られるわけではない．つまり，独占の問題もこれに含まれるのである．しかしながら，観光を環境との関わりの中でみると，将来において観光事業の国際化と集中化が生じるにつれて独占が進むとしても，それ程に重要な問題ではない．外部性，公共財および配分問題に関する重要な点は，それらが及ぼす影響が市場への介在を正当化する要因になっている．第7.1図の残りの中心課題となるものは，市場の失敗と介入のことである．

資源の機会費用という観点から，資源の配分を決めるには，好きなものを好きなものと比較することが必要となる．こうした決定をするためには，実際に私的なもので市場で取り引きされる財と公共財とを比較するために，うまく公共財に価格がつけられることが前提となる．外部性は，有害なものであれ，有益なものであれ，

市場で扱う財のように価格がつけられない要素のことである．どのように配分するかについて決定するには，間接的に価格づけという問題が生じてくる．というのは，次世代が使用する資源を再配分することによる便益と費用とを評価することが難しいからである．資源の評価は，市場の失敗の影響を緩和するための介入過程において，本質的に重要なステップとなる．なぜなら，公共財や外部性について価格がつけられ評価されない限り，市場に変化を与えるような適切な手段を工夫することができないからである．たとえば，道路を車が利用する場合，限界社会的便益がその限界社会的費用と等しくなるような社会的最適状態を達成するために，税制度を適切なものにする必要があり，それには外部性，すなわち，私的な便益と費用と社会が受け取る便益と費用との違いを評価する必要がある．

観光における市場の失敗

　市場の失敗について批判も行われている（A. Randall, 1993）が，この概念は，経済学の伝統的な知見の一部としてしっかりと確立されたものであり，さらに土地利用計画やその他の政府が介入する場合の理論的な根拠として認められている．もし市場が有効に機能していないとすれば，政府が関与するという次善の策が必要となり，それは法律の制定者として，また財政と集合（公共）財の調整者として，役割を果たす必要がある．また，環境経済の分野では，自然資源や環境の質を維持管理するために規制者としての役割が期待されている．観光に関連する文献や実践活動の中で，外部性や公共財の問題についていくらか理解が深まっており，またそれに関連して派生してくる論題も検討されるようになってきた．しかし，世代内や世代間の要因や独占に対する認識は，それに比べると低調である．市場の失敗が意味する内容，特に資源の配分を決定する時に，すなわち資源の需要を測定したり，価格のついていない資源に価値をつけることの必要性が認識されるようになったのは，1970年代の後半になってからである（たとえば，Hanley and Spash, 1993）．もう一つの市場の失敗を認識することの困難さの背景には，観光に関する学術論文の中でさえ，市場の失敗の内容，特に外部性と公共財の関係について，通常の場合誤解されており，正しく説明されているとは限らないからである．というのは，市場の失敗についての理解が，公共財と同一のものとみなしており，したがって観光産業が

事業展開している範囲とは異なっているものとみなしているからである．この2つの間には，確かに密接な関係がある．たとえば，観光者が過剰に利用している自由に利用できる資源は，有害な外部性をもたらすことがあるとしても，その2つは決して同意語ではない．

市場の失敗は，しばしば市場の機能が単に非効率なことと認識して受け取られているが，もし不完全さと高い取引費用が排除され，しかも財産権の定義が確立され，それによって外部性と公共財の問題が解決されるようになるならば，市場の失敗が長く続くようには思われない（A. Randall, 1993）．それゆえ，市場の失敗の存在を認識している経済学者は，それは固有の現象であり，したがって何らかの介入がたえず必要になるという考え方を受け入れているわけではない．これとは対象的に，市場の失敗は市場の機能に固有のものであると信じている経済学者すらいる．経済学は，このように公共団体と市場で活動している人びととの双方によって行動を始めようとする企てを危うくする実業界に対して，相反するシグナルを送っている．

外部性や公共財に関係する問題のいくつかは観光の研究者や事業者によって暗黙のうちに認識し理解されてきたが，世代間や世代内に関わる問題は，そのようになっていない．現在世代であれ，将来世代であれ，厚生は市場で十分に表わされていないという認識が不十分である．つまり，その問題は，それ以上の内容を含んでいるのである．将来世代に関しては，情報が不完全であるという問題，不確実性があるという問題，および一般に人間は現在の消費を繰り延べされた消費よりも優先して選好するという問題がある．公平の問題は，持続可能性を遂行するという議論の中で重要な部分を担っている．そしてこの概念について明確な定義や理解が欠けている場合には，この公平問題に対する取り組みは不十分となる．環境経済学者によって論述されているように，市場の失敗という考え方がもつ意義は，基本的な環境問題，すなわち市場の機能が妨げられるため未解決のままとなっており，それゆえ何らかの介入が必要とされる問題を浮かび上がらせるようなポテンシャルがあることである．

実際に，観光者の活動に関連した検討はほとんど行われてこなかったし，また環境問題，つまり市場の失敗に関する経済分析を規定する問題を扱う政策に対して，観光企業がそれに関わることもなかった．市場の失敗という概念のもつ意味を，事

業者の全体や特に観光事業者が十分に把握していないことは，驚くに当たらない．市場の失敗という用語は，混乱の源となっているのである．なぜなら，実業界は市場が実際に十分に機能を果していないことを認識しておらず，また市場も経済学の理想にしたがって実業界が機能していないことを十分に理解していないことも確かであるからである．このことは，ある面で，市場の失敗を扱う上で，経済学の中に市場が機能を果たす上で使い易いテクニックが十分に開発されてこなかったことを反映している．しかし，このことはまた，政府が市場の機能を補完する行動をとろうとする政治的な意思を欠いていたためでもある．その上，こうした問題は，観光企業にはその権限を超える大きいテーマであり，かつ広範囲におよぶものであると考えられている．このことは，先進国において例証されているが，多くの観光者が訪れる発展途上国に関してはより明らかである．途上国では，資源に対する自由な利用や所有の権利があいまいで存在していない，政府の法律制定や規則がなかったり，あっても思慮がなかったり，実施に不都合があったり，また適切な制度上の構造をもっていない．にもかかわらず，市場の失敗という概念は，資源や環境の使用と非使用の場合の需要を見積もり，その需要を評価し，さらに先進国と発展途上国の双方において市場の不都合な影響を緩和したり，その効率的な運用のための政策手段の誘導という研究などを行う際に重要なものとなってきている．この研究は，観光と関連づけて第8章で考察されるが，その研究内容は，一般的な概念やこれまでに述べてきた論争よりも，経済的な手法に焦点が当てられている．

第 8 章　環境評価と持続可能性

序

　前章では，一般的な経済的インパクト，特に観光の面から，持続可能性の含意や，枯渇性資源や再生可能なエネルギー資源の保護に関して，幅広い環境問題を数多く検討した．そこでは，また，特に自然資源に基づいた環境に対する市場の失敗の概念やその結果について紹介した．さらに，前章では，費用-便益分析（CBA）の分析的枠組みの重要性とそれを環境問題に応用することを強調した．したがって，根本的には，観光活動が環境に及ぼすインパクトを評価するために，経済学的原理が妥当性を有していることを論証することに注意を集中した．

　本章では，観光に関する環境面での便益と費用を識別し評価する経済学的な手法についていくつかの側面から詳細に検討するとともに，環境の便益を増進し，費用を補償するために適用可能な政策手段について評価する．価格または市場に基づいた手段に対抗する規制の相対的な優位性と劣位性についても考察する．この章は，環境行動のための経済的な手法と処方箋に関する技術の状態について，いくつかの意見を述べて結論とする．持続可能な観光を追求するのに必要ないくつかのステップとして，多くの切実な要求が確認されるとともに，企業による環境のイニシアチブの可能性について論評する．

　本章は，第7章の第7.1図において示された市場の失敗に関連する問題から続いている資源の評価に関する点から出発する．3つの主要な構成要素，すなわち，第7章で議論された市場の失敗と，第7.1図において表された内容と，経済価値，評価技法，政策手段の概念に関する図の残りの部分において示されたものとの間には，ほぼ連続的な関係がある．

資源の評価

　公共財の存在，外部性の発生，分配問題に配慮する必要性から派生する問題が，資源配分の意思決定を行う際に需要を評価する必要性の根拠になっている．需要が

市場を通じて表現されるか否かとは無関係に，需要の評価あるいはおそらくより正確には消費者便益の推計がなされることが必要である．経済学では，特定の条件下を除いて，市場価格が財・サービスの価値を表しているわけではない．取り引きされなかった財は，明らかに価格は存在しないが，価値がゼロであるということを意味しているわけではないのである．後者の場合には，価値をつける方法を考案する必要がある．消費者利益を推定するための要素には，次のような2つの側面がある．第1には，使用価値と非使用価値の意味について確立する必要がある．第2には，その価値を確かめるための技法を用いる必要がある．

総経済的価値

環境の非価格要素が強調されるが，環境の財・サービスの多くは，たとえば，普通に行使される私的消費の権利のように，排除可能な市場において取り引きされていることを忘れてはならない．市場において，交換価値は，取り引きされる価格によって示される．それにもかかわらず，経済学では，右下がりの需要曲線の仮定の下で限界的な消費者を除くすべての消費者にとって，市場価格を上回る価格を支払う意思を有する多くの購買者がいるというように，市場価格よりも使用価値が高いということが認知されている．これは，個々の消費者によって支払われた価格とそれぞれが購入した数量を上回る総使用価値が生じるということを表す消費者余剰という概念として知られているものである．実際に，消費者余剰の概念は，価格づけされた財に対して総使用者価値を確認させるようなことはほとんどなされないものの，価格づけされない財に対する支払い意思を確立するための評価手法の理論的基礎を形づくるという点で興味深いものである．

環境の便益は測定されず価格づけもなされないことが多いにもかかわらず，多くの集合的消費財の真の価値はきわめて大きいと考えることができる．その理由は，それらが独特であり，過剰に利用されるならば，それらの破壊につながる傾向が始まることは避けがたいかもしれないからである．さらにいえば，独特な資源であるために，それらは再生することができないのである．これには使用便益だけでなく，しばしば非使用価値や受動的価値も付け加えられる．したがって，それらの交換価値や使用価値，すなわち，それぞれに支払われたいかなる価格や消費者余剰も超越

した価値を有している．環境財や集合財の文脈において，総経済的価値（TEV）といわれているものを定義するためには，使用価値だけではなく，数多くの非使用便益または非使用価値についても明らかにして，それに付加していく必要がある．

ある一時点において遺跡や公共空間などの既存資源が生み出す静学的な利益について考察することによって，それらの現在の状態における資源のストックがもたらす効果において，自然的および人工的な環境が使用価値および非使用価値によって構成されている総経済的価値を有していることを理解することが可能である．

使用価値

使用価値には，直接・間接の両面がある．直接的な使用価値の面では，たとえば，歴史的建築物の占有（居住等）や利用は，購入されたものであるか賃貸されたものであるかにかかわらず，消費者余剰を含むであろう使用価値がある．間接的な使用価値の面では，居住者などの占有者や地方のコミュニティや観光者に与えられる満足が，価格づけされない外部性を構成するとともに総使用価値に達する便益の見積りを必要としている．

非使用価値

経済学者は，選択価値および固有価値または存在価値という需要の2つの主要な形態があることを示唆している．

選択価値

これは，消費者が資源から引き出すことができる潜在的な利益である．将来，それらを使用することができるような可能性を残すことは，それらを保存するためにどのような支払い意思があるかを示すことである．この意味において，選択需要は準使用価値である．それは，一種の代理需要として，他の人びとが，ある一定の資源の消費を行うことが可能な一つの選択肢を含むように拡張することができる．何人かの経済学者は，現在世代と将来世代の需要を区別している．"遺産価値"という言葉は，将来世代の便益のために保存を行うことへの支払い意思を示している資源に対して，現在世代が与えている価値を示すために，新たに造られた言葉であ

る．しかしながら，これは選択需要の一つの形態であると解釈できるので，ここではそのようなものとみなすことにする．たとえば，潜在的な観光者が，歴史的建造物の取り壊しや森林伐採，あるいは美しい海岸線の開発から，それらを保護するために支払い意思を有するかもしれない．

固有価値または存在価値

これは，需要と無関係に考慮することが可能であるという点において，より複雑で不明瞭な価値の形態である．人びとは，それらの資源を使用する意図をもたずに資源が存続し続けることに価値を置き，したがって，それらに対する選好をもち得る．それゆえに，それらが固有価値を有していると認識されるので，自然資源や人工資源は共に保護が主張される．個々人は，たとえ彼らがそれを将来も訪問することがないかもしれないと考えているとしても，ある地域や建物が保存されるということを単に知るために支払い意思を示すかもしれない．このことは，世界的なランドマーク（たとえば，熱帯雨林，グランドキャニオン）の場合には特に適切ではあるが，歴史的な都市の中心部全体や公共的な都市空間（たとえば，オックスフォード，パリ，ベニス）に対しても適切であるかもしれない．それゆえ，

$$TEV＝使用価値＋選択価値を構成する非使用価値＋存在価値$$

これまで，資源および環境の所与のストックがあるという暗黙の仮定に基づいて分析しているので，問題は人びとがどのような価値をこれに付与するかという点である．別のアプローチでは，資源に付与された価値の変化を測定するために，ただ一つの変数を変化させることが仮定される．たとえば，どのようにして，将来世代が有するであろう異なる嗜好を説明するのかという点である．静学的な環境の便益に加えて，市場価格で測定することが不適切なものや市場価格には全く反映されない動学的な便益がある．それは，もはや，所与のストックの大きさを測定する問題だけではない．そのストックをより大きくする触媒として働く活動がとられる可能性である．たとえば，湖の創造や景観の向上や建物の環境の改善のような多くの人工資源は，人びとが住んでみたくなったり訪れたりしたくなるような魅力的な地域であるならば，間接的な利益も生みだされる．この議論は，O.A. Davis and Whinston

(1961)の将来性のある貢献から最終的には派生している．家屋所有者が，彼らの資産に対する投資を低く抑制するか，フリーライダーとして行動するような戦略を考えるとすれば，スラムの発生をもたらしたりする．これらの議論は，逆に，公的機関の介入による環境の保護や改善が，たとえば，地価や地代の上昇をもたらすことが考えられる．

この議論は，観光の文脈において，以下で考察される．

観光の総経済的価値

環境経済学において，総経済的価値（TEV）の観念が資源から導き出された便益の評価の基礎を形づくる一方で，観光資源の基礎を評価することは文献上ほとんどみられなかった．しかしながら，自然環境への観光の依存を所与として，環境経済学によってもたらされた含意と応用の真価を認めることは容易である．観光経済学の含意に関連して，TEVは，観光企業によってほとんど自由財としてみなされる資源の基礎として，これまで考えられてきた以上により大きな価値を有していることを示している．たとえば，農業や工業あるいは都市の特定開発において選択的に用いられる機会費用を上昇させることによって，観光生産物の一つのインプットとして環境の重要性を増大させるべきである．それは，政府と観光団体および産業部門に，この資源ベースを守ることの必要性も強調すべきである．

静学的便益と動学的便益の区別を明らかにして観光にTEVを応用することは，特に脱工業化時代に対応する町や都市の再生を考える際に，都市経済における歴史的遺産の保護や観光の役割を例示することによって示される．築かれた環境に注目することである．都市は，論議されたように，直接的な生産や財の分配の重要な機能をもつことを終えている．むしろ，都市は，その居住者の生活の質を高めるとともに都市観光やその他の余暇志向サービス活動の経済的基盤を提供することで，文化的サービスを創造する場として，また，ますます都市アメニティを提供する場として，産業革命以前に有していた行政サービス業務や商業的活動の場としての機能に戻りつつある．前工業化時代との重要な相違点は，今，上で明らかにしたような都市経済の産出物と厚生の増大部分が寄与している活動の組み合わせである．

このような方法で都市地域の機能を変化させることに成功する可能性は，歴史的

建造物や地域の施設および文化,受け継いできたものにある程度依存する.もし,都市地域が引き継いできた財産の最善の使い方をすることが可能で,機能の変更もできるならば,政策的介入は地方経済の再生を支援するであろう.建築学的に重要な建造物や地域のための保護政策に投資することによって,公的機関は,隣接する資産の所有者にそれらを質的に改善することを奨励するであろう.新しい技能を有する人びとはこれらの地域に転入してくることが奨励されたり,すでに技能を有する人びとはそこに住み続けるように奨励されたりするかもしれない.こうしたことは,保護された建築物や地区のある地域に新規事業をもたらしたり,次々に,新たな事業機会やより多くの新規事業の創出をもたらすような追加的な消費の出現を促進するかもしれない.実際には,市場自体が市場に生じさせているギャップを満たすことはなく,公共支出がギャップを埋めることを意味している.すなわち,O.A. Davis and Whinston (1961) の"近隣効果"である.初期の公共投資は,その地区の他の建築物の質を高めるための民間投資や,新規事業を創造するための民間投資,あるいはその地区で失敗したり取り残されたりしたかもしれない既存の事業を維持したりするための民間投資を高める効果を発揮することができる.しかしながら,これは単なる中期的な効果にすぎない.新しい技能の移入が地域の企業家の活動の基礎を補強し,地区のイメージを改善すると,累積された高級化の長期的プロセスに,議論は拡張される.そのようなプロセスは,地域開発に関連する幅広い考察 (Richardson, 1972) や,特定の経済活動,特に観光の役割についての調査 (たとえば,Sinclair and Sutcliffe, 1988a ; Archer, 1989 ; Johnson and Thomas, 1990) における乗数-加速度分析に類似している.

したがって,都市環境,を改善するインパクトに関する静学的便益は,"一回限り"の研究手段によって,ある都市や町において生活し,働き,あるいはそこを訪問するための資産価値や支払い意思を評価することによって,TEV 概念を反映している (評価手法は,次の節で再検討する).動学的便益の評価には,変化のプロセスを観察し評価する試みが必要である.これは,これまでに環境経済学から派生した手法によるのでさらに難解である.したがって,仮に静学的便益分析が経済活動の動学的性質と便益の時間上の連続的な変化を適応させるために開発されるべきものであるならば,それは,議論されなければならない問題を構成している.さらに,

変化の社会的費用を考慮するような純社会的便益を測定することが必要である．初めは，ケーススタディ・アプローチが適当であろう．静学的および動学的便益の測定は，環境経済学的な評価手法の評価の後でさらに議論される．

評　価　技　法

　環境経済学の観点からアメニティと公害の分析の発展においては，それらの非交換的性質に多くの注意が払われている．環境の破壊や改善の価値を評価する方法，あるいは，たとえば，美しさが損なわれなかった海岸や森林，歴史的建造物，眺望としての価値の高い未開発の景観などの保護に消費者が支払う意思がある額に関する問題を論じている経済学の文献は無数にある．環境の属性や価格づけできない観光資源の評価に応用できるように開発された主要な技法は，ヒードニック・プライシング方法，トラベルコスト法，コンティンジェント評価，あるいはこれら3つの組み合わせである．有害なインパクトが生じる可能性を有している価値は，回避費用，機会費用の評価，準備ないし更新費用のような家計の生産関数分析に根ざしている．直接的に，改善のための支払い意思あるいは破壊の受容意思を回答者に質問することによって，あるいは，存在する関連した市場からの価格を用いることによって，間接的に財や属性に対する価格づけを行っているかどうかにしたがって分類することができる．コンティンジェント評価は前者の例であり，一方，ヒードニック・プライシング方法とトラベルコスト法は後者を代表している．さらに，より定性的なアプローチとして，たとえば，デルハイ技法のような直接的な方法が使用できる．3つの最も一般的に適用された手法が，観光資源の評価に最も関連している手法としてまず最初に評価される．価格が特定の資源に支払われるか否かに関わらず，また，純便益の測定が評価されているという点において，間接的な技法は消費者余剰の概念に基づいている．

ヒードニック・プライシング方法

　ヒードニック・プライシング方法（HPD）は，Lancaster (1966) と Freeman (1979) の初期の消費者理論に基づいて Rosen (1974) によって開発された．それは，価格づけされない財とサービスの属性の価値を推定するために用いることができる．

それは，財の属性と価格との関係を決定することを目的としている最も理論上厳格な論証可能な評価手法である．それは，あらゆる分化された生産物が個々の生産物それ自身の内在的価格や潜在的価格を有するそれぞれの属性の束としてみることができるという点から出発している．たとえば，この方法が幅広く適用されている住宅の場合には，構造面では，寝室の数や区画の大きさ，車庫の有無など，環境面では，たとえば，空気の質や眺望の状態，騒音の水準，犯罪の割合，商店や学校への近接性などの属性から評価される．一つの点を除いてはすべての点で同じ2件の家の価格の相違については，その属性に対する消費者の評価を正確に反映するはずである．同様にして，保護地区として認識されている場所と保護地区ではないと認識されている他の場所という点だけが異なるまったく同じ条件の2つの場所に関する価値の相違を観察することによって，観光者を引きつける歴史的な都市や町におけるアメニティ地区や保護地区としての指定の効果を帰属させることが可能である．したがって，たとえば，目的地の環境のような所与の資源の価格は，それらの属性に対する陰の価格（shadow prices）の合計とみなすことができる．

　HPMを用いた研究の多くは，たとえば，森林や自然の保護地区における居住用財産の価格が環境や近隣地域の変数への近接性におよぼす効果を考慮したアメニティ資源のインパクトに関連している．休暇の価格へのそのような変数がおよぼす効果を推計したり，観光の環境面でのインパクトを測定することに用いられる方法論であるという点で，それらは観光に関連している．森林の存在が正の大きなインパクトを有していることをGarrod and Willis（1991a, 1991b, 1991c）は発見した．同様の結果が付近の水路の位置についても観察された．Willis and Garrod（1993a）は，運河や川の存在が資産価値を平均で4.9％上昇させる一方，少なくとも20％の森林に覆われた地域への近接性がそれらが存在しない場合と比較して同一の資産よりも資産価値を7.1％だけ上昇させることを推計した．Cheshire and Sheppard（1995）は，ロケーションに固有の属性の価値が独立変数として含まれない場合に，どのようにして土地価格に資本化されるのかに関して調査した．含まれる変数の中に土地利用計画システムを通じて供給される地域のアメニティがあった．

　歴史的都市地域の観光に関連している可能性の高い研究，すなわち，資産評価に対する建築様式や歴史的地区の指定によるインパクトに関する研究の重要な部分が

存在する．Asabere et al. (1989) は，たとえば，1983年から1985年の間に，アメリカのマサチューセッツ州ニューポートにおいて，約20%のプレミアム付きの古い建築様式で売られた500の資産を標本として調査した結果，居住用財産の評価に建築様式が強いインパクトを有していることを示した．Moorhouse and Smith (1994) は，ボストンにおける19世紀のテラスハウスの研究において，いかなる様式の個性的な建築物もより高い価格づけがされたことを見いだした．Hough and Kratz (1983) は，建築が市場において過小評価される一定の公共財的性質を有していることを論じた．一方，Ford (1989) は，1980年から1985年の間にアメリカのメリーランド州ボルチモアにおいて売られた資産の価格について歴史地区の規制の効果を評価した．規制は，正ではあるが有意性の低いインパクトを有することが見いだされた．この結果は，Asabere et al. (1989) によっても確証され，Schaeffer and Millerick (1991) がシカゴにおける歴史的地区の指定の前後に252の資産の価格を研究したことによっても検証された．

　HPMに関する研究の関連領域は，環境の特性が，事実上，観光資源の基礎であり観光パッケージの一部でもあるパッケージ・ホリデーの価格づけに関する研究に用いられた．パッケージ・ホリデーの価格競争力については，供給されるパッケージの属性の違いのために直接比較することはできない．しかしながら，HPMは，混在した属性の多様性による価格の違いを見積もるために用いることができる．たとえば，UKにおける ツアーオペレーターによって提供されたスペインの地方都市マラガにおける休暇のケースでは，属性は，その休暇の価格のすべてに影響を与えるホテルの設備や位置，ツーリスト・リゾートそれ自体，宿泊施設が提供されたホテルの分類を含んでいた (Sinclair et al., 1990)．HPMは，さまざまな国のツアーオペレーターによって供給された都市部でのパッケージ・ホリデーの価格競争力を比較するためにも用いられた (Clewer et al., 1992)．

トラベルコスト法

　トラベルコスト法 (TCM) は，Hotelling (1949) によって技法の有意性が初めて示唆され，Clawson and Knetsch (1966) によって開発された．この方法は，レクリエーションの場所や旅行地への旅行費用が訪問客の支払い意思とその場所の評価

を表す尺度として用いることができるという前提に基づいている．それは，ボートや釣りや森を訪れたり狩猟することの需要に適用されてきた．ある場所への旅行費用はその生産物の価格の代理指標として用いられる．したがって，訪問客がある場所を利用するために支払いを行わなくても，その場所の彼らの評価の尺度として（少なくとも下限として）用いることができるような，暗黙的にあるいは明示的にその場所に旅行するための支出を負っている．時間は暗黙的費用とみなすことができるし，明示的な費用にはガソリン代や公共交通機関の運賃が含まれる．その場所での滞在時間や旅行時間が総費用の見積りに関連づけられるべきか否かという点は，文献における議論のポイントである（V.K. Smith and Desvouges, 1986 ; Chevas et al., 1989）．このことは，その場所に滞在する時間が議論の本当の焦点であるべきことを示唆しているのかもしれない．仮にその場所に旅行する時間を含むことが決定されるならば，滞在に価値を割り当てることが困難になるであろう．他の何かに費やすことができたかもしれない所得や余暇時間の面からみると，機会費用は支払われているかもしれないのである．

トラベルコスト法を用いた研究は，高い風景価値や森林，湖，山や川の重要な地域などの地方のレクリエーション地区への訪問に関する研究に，ほぼ例外なしに用いられている．これらの応用は，トラベルコスト・モデルの個別の形式か，帯状の，またはヒードニック形式か，あるいはこれら3種の結合形式を用いるかにしたがって分類することができる．Englin and Mendelsohn（1991）は，たとえば，ヘドニック・トラベルコスト・モデルを用いて森林地域の品質の変更の価値を見積もった．彼らは，泥んこ道や高山性の樅の木のような，いくつかの地域特性が，ある水準以下であれば経済的な財であり，それを超えると有害物であるような飽和レベルをもっていることを発見した．Hanley and Ruffell（1992）は，異なった物理的特性を有する森林のさまざまなタイプについて，消費者余剰を評価するためにトラベルコスト法を用いた．この研究では，年間の訪問者数と，平均的な木の高さ，訪問の理由，滞在の長さ，訪問の重要性との間に強い関係性が示されたが，森林の特性は有意ではないことが示された．運河の研究（Willis, et al., 1990）や植物園研究（Garrod al., 1991）において，消費者余剰は，資金運用上の損失よりもかなり低いと見積もられた．釣り（V.K. Smith, et al., 1991）や鹿狩りの場所（Loomis, et al., 1991）

の質の評価への応用も考慮された．都市の資源を評価するためにTCMを用いた研究はほとんど実施されてこなかった．その主な2つの理由は，特定の資源によって生みだされた便益を別々に特定することの問題と，都市や町を旅行する際にはそれぞれの訪問に関して無数の理由をもっていることである．

コンティンジェント評価手法（CVM）

関連した市場で顕示された消費を考慮することによって，消費者から評価を引き出す間接的な手法であるヒードニック・プライシング方法やトラベルコスト法と比較して，コンティンジェント評価手法（CVM）は，環境の改善に対する支払い意思（WTP）あるいは環境の質の下落に対する補償への受容意思（WTA）について消費者に直接的に質問する．回答者が直接的に質問されるので，たとえば，レクリエーション地区あるいは彼らが利用することのない熱帯雨林でさえ，それらを保護するために支払い意思があるかどうかについて質問することが可能である．したがって，この手法が他の方法より優れている点は，使用価値と同様に非使用価値および存在価値を，少なくとも原則的には，得られる可能性があることである．この手法の標準的な教科書はR.C. Mitchell and Carson (1989)であり，重要な貢献がBrookshire et al. (1983)，Desvouges et al. (1983)，Heberlein and Bishop (1986)とHanley (1988)によってなされてきている．

CVMは，アンケートやインタビューによって回答が得られる調査に基づく方法論である．この調査の実施は，消費者の視点から支払いや補償に対する仮説的な理由を設定する段階から始まって，多くの段階が含まれている．したがって，たとえば，政府は，追加的な基金が募集される場合に限って，近隣に以前からある工場地区をレジャー開発のためにきれいにし改善することを考慮しているというように回答者に告げられるであろう．そして，回答者には，どのくらいの追加的収入が必要になるのか，そして，計画はどのように支払われるのか，たとえば，地方所得税かあるいは入場料によるのか，についての情報が与えられる．そして，個人は，計画が進められることを保証するための最大限のWTPや，資源や人工物の損失を補償する最小限のWTAに関連する方法の中で開発されたさまざまな手段によって質問される．分析の最終段階は，付け値に影響すると考えられる説明変数の範囲に基づ

いたり，たとえば，所得や教育レベルのような調査の中で明らかにされた情報に基づいて，WTP／WTAの回帰を含む付け値曲線（bid curve）の推計を含んでいる．

　CVMのいくつかの形態の応用数における急成長は，1980年代の中期以降に起きている．これは，選択価値と存在価値の評価を行う方法論の潜在的な可能性に部分的に期されるであろう．UKにおいて既存の景観を保護するための選択価値は，全体の地域評価の10～20％の間にあることが発見された（Willis, 1989 ; Bateman et al., 1994）．Lockwood et al. (1993) は，CVMを用いて，オーストラリアのビクトリアにある国立公園を保護するためのWTPを評価するために調査を行った．その調査は，全体の評価の35％と36％をそれぞれが構成していた存在価値と遺産価値の相対的な重要性として評価した．サマーセット荒地の環境保護地域（ESA）計画（Garrod et al., 1994）の調査において，非使用価値は使用価値の3倍以上であることが見いだされた．コンティンジェント評価の応用に関連した分野には，公園施設の改善（Combs et al., 1993），藁焼きの禁止（Hanley, 1988），運河の便益（Willis and Garrod, 1993a），森林の性質（Hanley and Ruffen, 1992, 1993），野生動物（Willis and Garrod, 1993b），象の価値（Frown and Henry, 1989），そして観光に関連する交通渋滞（Lindberg and Johnson, 1997）が含まれている．UKにおける都市資源の評価に関する論文において，Willis et al. (1993) は，歴史的建造物へのアクセスを得るための支払い意思を見積るために，CVMの有効性を評価した．彼らの特別な研究において非使用価値は測定されなかったが，CVMは一定していて強力で効率的なWTPの評価手法であると彼らは考えた．CVMの適確性の保証は，本書の240頁で検討されるようにデルハイ技法を同様に用いている国家海洋大気行政（NOAA, 1993）によってなされた．

その他の評価方法

　HPM，TCM，CVMは，実用的な応用の大部分を説明するが，その他の方法も存在する．

生産関数方法

　生産関数方法（PFM）の基礎は，企業と家計と個人が，たとえば，彼らの休暇

のような他の財およびサービスを生産するために，環境サービスにそれぞれの生産要素と商品を結合することである．これは，いくつかは連続的に，そしてその他のものは同時に結合されるべきいくつかの構成要素を含んでいる余暇の追求と旅行の需要の複雑性を認める．その方法は，仮に，環境属性の質と量が変化すると，経済主体は環境属性のこの変化を考慮するので彼らの支出パターンを変化させるために，評価すべき前後の状況を考慮に入れると考えられるので潜在的に有効である．PFMの問題は，その純粋な形式に特有の表現で操作することが難しいことである．多くの筆者（たとえば，Bateman et al., 1992）は，PFM が，TCM，服用反応や回避費用（時々，回避された支出として言及される）のような，他のアプローチの基礎を形成することを議論している．

服用－反応関数

これらは，収穫量に関する環境の質的変化の影響を見積もるために公害に関連して適用されることが一般的である．たとえば，現在の公害のレベルにおける変化は農場生産を変更するかもしれないし，あるいは，建物に対する大気汚染の被害は居住者の効用に影響を及ぼすかもしれないし，建物の視覚的な外観を損なうことで観光客の訪問を阻止するかもしれない．したがって，環境サービスの質的変化の財政的効果は測定や定量化が可能である．

回避費用法

回避費用法の基礎は，経済の代理人が環境の質的低下の効果を最小化するための支出を引き受けることができるかもしれないというものである．たとえば，飲料水の品質が旅行目的地の容認できる基準を下回っていると考えられるならば，地方の当局者は，地方の供給者によって費用が負担される水道フィルターシステムを設置しようとするであろう．すべての影響を受けるグループに関わるこれらの支出の合計は，（最低限の）水質の低下に対する暗黙的な評価とみなすことができる．消費者による直接的な支出の研究において，Hansen and Hallam (1991) は，たとえば，農業用灌漑などの消耗性の河川利用と比較して，淡水の川の流れを改善するレクリエーションとしての釣りの便益を評価するために生産関数アプローチを用いている．

彼らは，川の流れの変化に対する限界的な評価は，レクリエーションとしての釣りの方が，その農業利用よりも高いことを見いだした．しかし，明らかに，回避の支出と過去の環境サービスは，不完全代替財であるといえそうである．たとえば，多くの観光客は，素晴らしい風景価値の独特な場所と同様に，一般的に環境破壊の結果としての厚生の損失を経験するが，（高い閾値を有しているかもしれない）回避の支出を価値があるとは考えない．たとえば，休暇目的地に行くために車を使うよりも，より高い個人的な費用で公共交通機関を利用することや，あるいは駐車した車が視野に進入することで地区の魅力に逆の影響を及ぼすことである．したがって，回避費用法を用いた評価は，過小評価を生みだすかもしれず，そのことは，多くの人びとの生活の評価のケースにおいて見いだされている（Dardin, 1980；Dickie and Gerking, 1991）．しかしながら，健康や生命に危害を及ぼすかもしれない危険な環境にさらされることを避けるために，直接的な支払い意思がないことを示す観光客の特定の証拠はまったくない．

　保護や自然資源に対するこれらの方法の関連は，たとえば，動学的な便益と費用のように，環境において変化しつつある厚生に対するインパクトの測定が潜在的にできることである．環境破壊に関連する多くの文献から引用された例は，この方法に応用されることで，保護がない状況のインパクトを示すことができる．しかしながら，原理的に，それらが，改善のインパクトを測定することができないという理由はない．その主な欠陥は，それらを操作的にすることが困難であるということである．

機会費用

　特定の活動のために使用された資源の価値を機会費用として見積ることは，経済学における標準的な概念であるが，受け入れることが可能な尺度を確立することが困難であるために，実際にはほとんど応用されていない．環境の目的のために，それらを利用することに反対するいかなる制約もなしに，資源の利用に関する価値の相違を確かめることが可能である．たとえば，歴史的な建物の所有者に課せられたリスト化された制約およびそれに伴う維持は，その建物から派生する市場価値あるいは使用料を減らしそうである．その違いは，歴史的価値の指標として捉えること

ができる.問題は,観光者が保護された建築物を見物することを望んでいることから生じる便益のような非使用利益や外部性が無視され,純粋な市場条件において保存が考慮されているので,低い評価がなされることがほぼ確実であることである.この欠落部分の可能な解決は,再取得費用を議論する際に言及される.

再取得費用

再取得費用は,資源の価値を確かめるために受け入れられてきた経済的アプローチの一つとしての機会費用の変形の一つである.それは,特定の資源の代替的な使用を考慮するのではなく,代替財として類似の資源を提供する費用であるという点が異なっている.この費用は,元々の資源の価値を表すことができる.この評価手法には,2つの問題がある.第1は,人工的なボートを漕ぐための湖のように,簡単に再生産可能な資源については妥当であるが,独特な自然環境には適していない.第2は,仮に市場に基づいた再取得費用が考慮されると,非使用便益および外部性は通常では含まれない機会費用アプローチと同様の欠点に陥る.この問題は,CVMのような総経済価値を見積るための方法の一つを適用することで克服できる.このケースでは,全体を評価する問題はこの方法で処理されてもよいので,したがって再取得費用の計算は余分になる.

引当金費用

余暇資源から導かれる便益の供給者による初期の研究は,引当金支出が余暇資源の価値の尺度とすることができると考えられていた.そのような支出は,アメニティや環境財に対する社会的な支払い意思を反映するかもしれないけれど,このアプローチは明らかに非論理的である.事業者は,そのようなプロジェクトにより多くの費用を費やすだけで,より大きな価値を有すると主張できる.この戦略は,提供組織の目的を達成するために採用されるかもしれない.それは,この基礎に基づいてなされた評価が,消費者によって述べられ明らかにされたものと,総経済的価値を確実に測定しない機会費用および再取得費用方法とに,一致することはまったくありそうにないことである.

デルハイ技法

　非合理で衝動的で乏しい情報に基づいているかもしれない個人による環境改善のためのWTPあるいは環境破壊に対するWTAを確認するための試みに代えて，"専門家"のパネルを使用して環境変化の評価に関する彼らの意見を引き出すことが可能である．この技法は，1950年代にランド・コーポレーションによって開発された（Dalkey and Helmer, 1963）ものであり，歴史的なデータが使用不能であるか，あるいは主観的な判断の意味のある水準が求められるケースにおいては，特に有益であることが見いだされている（S.L.J. Smith, 1989）．この技法は，近い将来の問題に関する知識を有していると信じられている研究者の組み合わせによるパネルによって構成される．さまざまなアプローチをもち，したがって，さまざまな視点と主体的な評価を有する，多様な分野からパネルが構成されることが重要である．パネルにおける人数は，4人（Brockhoff, 1975）から900人以上（Shafer et al., 1974）まで広い幅を有している．次の段階で，パネルには研究の情報が与えられ，各人の評価が質問される．回答はすべてのパネルメンバーに戻されて，他の人の回答を考慮して，彼らが，彼ら自身の評価を改訂することを望むかどうか質問される．このプロセスは，専門家の間の意見が，彼らの同僚との議論を考慮して，あるところに収斂するまで続けられる．この技法の利点は，統計の専門家的な知識をほとんど必要としないことと，適切なパネルの選択や質問票の設計や言葉づかいが最終的な結果に重大な影響をもちうるけれども，比較的実行することが簡単であることである．何人かの人びとは，いわゆる"専門家"による評価のプロセスを非民主的で人為的であるという意見をもっている．

　観光の環境へのインパクトとそれを評価する手段に関する議論において，Hunter and Green（1995）は，専門家の意見の調査に加えて，潜在的に重要なインパクトの調査を導いたり，あるいは支援したりすることができる意思決定プロセスと貴重な貢献に，地方のコミュニティが含まれることの必要性を強調している．Korca（1991）は，観光を拡張し続けることのインパクトを識別するために集められた両方のグループの代表者でパネルを構成し，地中海における観光開発の研究において，デルハイ技法を利用する際に専門家と地方の住民の役割を認めた．Green and Hunter（1992）は，イギリスの北部における地区で再開発を評価するためにこの技法を利

用した際に，地方の世論を統合した．Green et al. (1990b) は，また，観光に対するデルハイ技法のより一般的な適用を考えた．

3つの主要な方法論の属性と観光への適用

非市場財の評価を可能にする方法の多くは，余暇や環境の質との関連において，そのほとんどが応用されてきている．それらは，資源ベースとして環境の役割を所与として，観光に等しく関連している．それらの主要な相対的長所と短所が識別され，経済学的な厳格さと応用力の間に，あるトレード・オフが存在するかもしれないことは明らかである．

ヒードニック・プライシング方法（HPD）は，ただ，生産物価格に含まれている限りにおいて，あるいは地価や資産価値に資本化される限りにおいて，すなわち，それは内部化された便益を捕捉している限りにおいて，消費者が環境属性に置く価値を考慮している．したがって，観光における環境要因の文脈におけるその妥当性は，たとえば，浜辺の質，施設，魅力，歴史的な建物の文化協会など，その環境を構成する要素の属性によって観光生産物の価格が決定される範囲に依存する．たとえ，観光における環境属性が市場価格に体化されているとしても，その技法は，存在価値あるいは遺産価値の選択を考慮する上で適切ではないし，また，それが訪問者によって享受される非市場便益を組み込んでもいない．それにもかかわらず，HPM の支持者は，それが厳密性や信頼性，強靱性を有しているという理由によって，経済的観点から容認できると主張している．

非市場財の，現在の文脈では保護の評価のための技法として HPM を利用する際の問題の多くは，文献に述べられてきている．それに加えて，それらを市場価格で表わせるような便益だけを捕らえており，その結果，環境や歴史的建造物の保全の全般的な過小評価の可能性を生じさせている．HPM の枠組みは，すべての可能な立地場所についての価格と属性に関する完全な情報を有する消費者や市場均衡を含む多くの制約的な仮定に基づいている．もし，これらの仮定が成立しなくなれば，HPM に基づく評価は，未知の部分について不正確になるかもしれない．データを必要とすることも，また，煩わしいかもしれない．

ヒードニック方程式の推計に関しては，よりいっそうの困難が生じる．それらは，

省略されてしまったが，関連がある変数からの歪みを含み，それは推計された評価を曲解させるかもしれず，需要関数の不適切な関数形，多重共線性（密接に関連した変数）の存在，無視されたり見落とされて，ゆがんだ結果をもたらしている市場セグメンテーションの存在を含んでいる．たとえば，夏の太陽を楽しむ休暇パッケージ・ホリデーのような，一見したところ均質な観光市場においても，価格や品質，目的地，アクセスの可能性のような変数によるセグメンテーションがある．HPMは，そのようなセグメンテーションを認めなければならないし，個々のセグメントに関する別々の方程式を推計しなければならない．これらは，技術的な水準での重大な欠陥とみなされ，結果の信頼性を損なう．

Willis et al. (1993) は，訪問客の大多数がその地区から大変遠くに住んでいるときに，トラベルコスト法（TCM）は最も良く機能すると論じている．それゆえに，TCMモデルは，観光の便益を測定することに適しているが，旅行の距離が非常に短い都市レクリエーション地区の評価には不適切であるかもしれず，したがってその技法を無効にする傾向にある．しかしながら，TCMは，旅行時間の価値に，レクリエーション地区に徒歩でいく近隣の居住者でさえ費用を負担するということが組み込まれるならば，これらのケースにおいても適切であろう．TCMは，その地区を利用する居住者と旅行者の両者，すなわち，その地域に適応した人びとや遠方から訪問する人びとにとって適切である．しかしながら，遠方からの観光者がより頻繁にそこを訪れるためにその地区の近くに移り住むくらいに，その地域に魅了されているならば，TCMは，旅行費用が低くなることで，便益を過小評価するであろう．

国内観光者と国際観光者の両者が，ある特定のアトラクションを訪問するというただ一つの目的でない限り，アトラクションまでの旅行距離は休暇のための出発地点からの距離を含むはずがないという理由によって，TCMの基礎的で概念的な問題を提起する．もし，観光者が一つの場所に滞在して，そこから彼らがいろいろな地区に旅行するならば，それぞれの小旅行のための距離は使用できるので問題はない．しかしながら，一度の遠出で多くの場所を旅行したり訪問したりする休日の行楽者は，個々の場所への旅行費用についての疑問を引き起こす（Cheshire and Stabler, 1976）．それぞれの場所への旅行費用を配分する方法が考案されなければならない

が，恣意的になるかもしれない．TCM は，強固な経済理論的な支持を有していない（消費者余剰の概念が論争されている）し，ヒードニック・プライシング方法のようによく発達した経済理論でもないので，3つの主要な技術的方法の中でおそらく最も少なく用いられる方法であろう．それは，広範囲の非使用価値を測定する性質をもっていないし，個々の場所の価値を集計することも困難である．

特に統計的属性に関する問題を考察した TCM に関する広範な批判的文献が存在する．たとえば，訪問者の数に従属する変数の選択に関して，所与の距離の地域からの訪問割合と所与の個々人によってなされる訪問数という，2つのアプローチがある (Willis and Garrod, 1991a)．その他の問題は，需要曲線が漸近線的な（軸線を横切っていない）ケースにおいて，選好関数の形式に関して合意がまったくないことである (Common, 1973 ; Hanley, 1989)．これは，訪問回数において，あるいは旅行費用を負担している旅行距離において，極端な野宿者がいる場合に発生する．これは，分割点を用いるかどうか，あるいはどこで用いるかという問題を引き起こす．非利用者あるいは標本抽出された期間内に一度も訪問しなかった人びとによって，定義上，現地調査は，その場所の価値を把握することができないために，消費者余剰の過小評価が生じる (V.K. Smith and Desvouges, 1986)．HPM と TCM は両方とも，時間やデータを集め，処理し，分析するための時間と費用という意味できわめて多くの資源を必要とするという理由によって苦しめられている．それらは，また，欠落した変数や多重共線性や関数形の問題によって疑問視されている．

コンティンジェント評価手法 (CVM) は，たぶん，3つの評価技法の中で最も厳密性に欠けているが，現在，最も人気があるということができよう．それは，民主主義の概念や住民全体による評価に適しているので，政治家に広く受け入れ始めている．それは，単純で柔軟性に富んでいて理解し易いだけではなく，使用価値と非使用価値，住民と訪問者の双方をカバーする最も広範囲なメリットを有している．その主な欠点は，今までのところ，仮説的な状況についてだけ事実上調査してきたことである．しかしながら，特定の資源について，WTP または WTA を確定する必要があり，支払いまたは補償が行われる必要があるような意思決定がなされる際には，実生活の状況にも適用することができる．それは，今のところ，特にアメリカにおいて，環境破壊のケースで補償のための根拠の確かな基礎として，快よく受

け入れられている．しかしながら，それは，環境の質や公害に関してそれを使用した学術的な研究の実質的な主要部分にもかかわらず，自然および人工的な環境の社会的評価を確立する適切な方法として，あるいは資源配分の意思決定に実行可能な手段として，いまだに，広く適用されるには至っていない．

　CVM は，確かに，考察されてきた限りにおいて最小限の技術的な発展である．CVM 研究において固有であるかもしれない多くの偏りと誤差の広範囲な再評価がなされている（Garrod and Willis, 1990）．それらの性質や有意性はここでは詳細に調べられないが，いくつかの最も重要な点について識別され，それらを克服する方法について概観される．戦略的偏りは，彼ら自身の関心に役立たせるために，回答者自身の WTP／WTA を故意に不正確に説明している"ただ乗り"の結果である．したがって，仮に，消費者が，彼らの支払いが調査において彼らが回答した評価に基づくであろうと考えるならば，あるいは彼らの評価に無関係に改善がなされると考えるならば，彼らの真の評価よりも低く回答する動機づけをもっている．この問題は，消費者が平均的な付け値を支払うであろうと述べることで克服できる．仮説的な偏りは，現実の出来事に関する質問とはかなり異なる仮説的な状況についての質問に対する回答がもっともらしいときに生じる．仮に回答者がその状況に関連づけることの難しさを見いだしたり，あるいは，単に調査を真剣に受け止めることに失敗したりするならば，したがって，悪く周到な回答が与えられるならば，誤った評価が生じるであろう．したがって，研究者は，それを扱っている問題と手段を可能なかぎり現実的に見えるようにする必要がある．

　回答者が，ほぼ同様に，環境の質に大きな隔たりのある評価をするようなときには，偏りは明白である．したがって，仮に，個々人が多くの CVM 調査に参加するように依頼されるならば，彼らの合計した WTP が収入の大半を占めたり，収入を超えることさえ起こりうるのである．ある特定の問題について質問された際に，個々人は，彼らが貢献する意志をもつかもしれないその他の可能な環境改善に気づいていないために，その問題にすべての"環境予算"をしばしば配分する（Willis and Garrod, 1991b, 1991c）．そのため，個々人の全体の環境に対する知覚対象を確立するように努力することが必要である．一方では，人がある場所に訪問することを拒否されることに対する WTA 支払いということと，そして他方では，いつも訪問し

ている場所を訪問する可能性を永久的に取り去ってしまうためのWTA支払いということの間の区別を回答者ができないときに，一時的なはめ込み問題と名づけられている問題が生じる．

多くの偏りが，質問の言葉づかいや調査の実施方法に起因しているかもしれない．開始時の価値が回答者によって繰り返し付け値がなされる技法の下で示唆されたときには，もし提示された最終的な付け値が変更されるならば，WTPあるいは平均的か期待された付け値であるはずの合計とみなされる出発点の偏りが生ずる．調査の中で提示された支払いの方法が，WTP／WTAの与えられた数字に影響するかもしれない．たとえば，物品販売税や所得税によるWTPは，入場料によるWTPよりも大きいことが多くの応用において発見されている．Hanley and Spash（1993）は，信頼性を改善するために，実際に最も使われそうな非論争的な支払いシステムを用いることを提案している．

環境目標の達成：政策手段

経済学の文献は，環境目標の追求の2つの側面の考察によって支配される傾向にある．第1は，価格メカニズムの政策提言である．第2は，環境破壊，特に公害の効果の緩和に集中する傾向である．実際，環境問題の政治的社会的な関心において，"汚染者負担の原則"という言葉は行動のキャッチフレーズになってきている．これは，唯一の環境問題は公害であるという暗示を含むことによって誤解を生むだけではなく，第1次および第2次の生産者である経済主体が環境問題の主要な源泉であると推定することによって誤解を生む．それはまた，これらの問題に対処する費用が，加害者に完全にかかってくることを示唆している．より全体的な思考をする環境経済学者は，このような多少単純化しすぎた視野をとらない．彼らは，社会的費用と同様に，たとえば，自然資源の所有者や事業家，公共団体，個人によって，通常の日常的な活動の中で，使用者によって支払われることはないが，全体として社会にもたらされる多くの便益の実例があることを認めている．この主題の分派は，厚生の分配や資源の配分をそれ自体が歪めるかもしれない市場の失敗や不完全性を訂正するどのような介入でも受け入れる．実際，介入の形態，すなわち，用いられる手段が意図せざる効果をもたらし得る．したがって，第7.1図において区別され

た問題として識別されてきているにもかかわらず，手段の性質やそれらの評価を一緒に考察することが適切であるように思われる．

価格メカニズムは，環境問題を扱う費用を低く抑える傾向があり，生産と消費の費用をより明示的にする傾向があり，また，市場における歪みを潜在的に最小限にする誘因と行動を抑制する要因を提供する傾向があるので，経済学者は価格メカニズムに主として賛成する．価格に基づく手段が不適切であると証明された状況下や，それらが補完的であったり，価格や費用にインパクトを有するような状況下では，経済学者はそれが役立つことを認めている．これは，第7.1図において，工業国において実際に優位を占める傾向にある非市場的手段の存在を説明する．たとえば，資本投資に関するような一回限りの手段と，度々用いられる手段とをよりいっそう区別することが適切である．

環境経済学の文献において提案されてきているさまざまな手段を調べる際には，それらの目的やそれらがどのように適用されているのかを単純に記述するよりも，それぞれが取り上げた問題に注意が集中される．基本的な論争は，価格に基づいた方法と規制的な（時には命令や統制とよばれる）方法の相対的な長所と短所に関係している．

価格に基づいた手段

環境問題を扱うための価格に基づいた手段は，2つの形態を採る．一つは，たとえば，税または補助金で既存の市場の働きを修正しようとする形態であり，2つ目は，取引可能な割当や許可などで前もって存在しなかった市場を創造しようとする形態である．価格メカニズムを使うための経済の議論は，さまざまな活動の費用構造を変えるということと，基準への服従を課す規制とはいちじるしく異なり，価格に基づいた環境政策に従うことによって反応をより柔軟にすることができるということの認識から生じている．たとえば，大気汚染物質の排出に課税するケースでは，企業は税を支払うかあるいはその代わりに制御装置を設置するかを選択できるが，その反応は，税手段の相対的な費用と，環境汚染活動を削減または除去するための設備または手順への投資費用によって決定される．その逆が適用できるのはもしそれが，市場を経て前もって価格づけされていない便益を捕捉している費用を

超えているならば，補助金が供給者によって選好される価格づけされていない便益を授与することについてである．たとえば，自然資源の土地所有者の多くは，観光者が利用できるようにするための費用を負担するが，おそらく，入場料を徴集するフェンスを作ったり，あるいは入場料を徴収する人を雇う費用が生みだされる収入を超えるであろうという理由によって，いまだに訪問者を遮断できないでいるようなケースでは，資源を利用可能な状態にしておくことを確保するために，地方自治体が補助金を支払うかもしれない．補助金は，アメニティとしての資源の管理や損害賠償，あるいは農作物や材木などの代替的な生産用途からの収入の損失と関連するかもしれない．重要な別の要因は，公共的な目的への負担に関連して価格に基づいた手段の有効性である．価格メカニズムを通じた規制は，執行費用を下げるかもしれない．実際に，価格に基づいた手段が一度実行され受け入れられたら，市場で活動する企業によって事実上の自己規制ができるかもしれない．価格に基づいた手段を支持している原則は，総生産および消費の費用と便益が，賦課金，税，補助金または助成金の適切な水準，すなわち，限界社会的便益と費用が等しくなる社会的

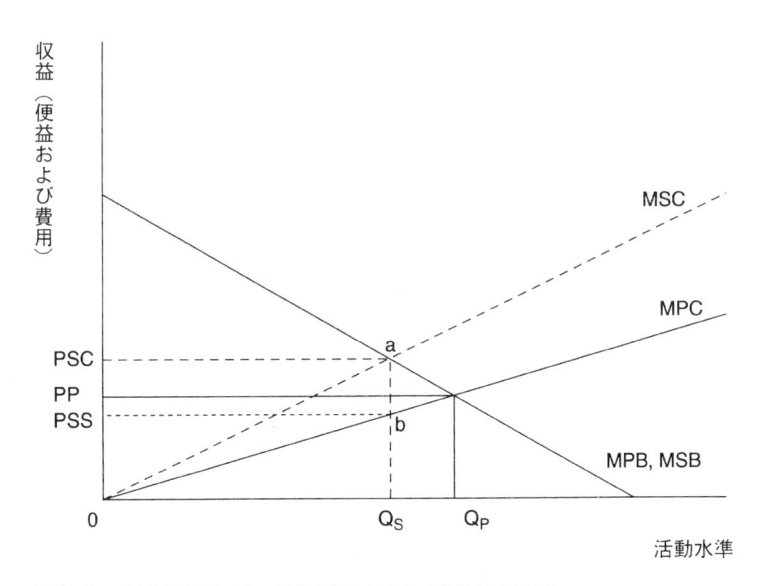

(注)：Q_s＝社会的最適，Q_p＝私的最適，MSC＝限界社会的費用，
MPC＝限界私的費用，MPB＝限界私的便益，MSB＝限界社会的便益

第8.1図　経済的環境的最適の概念

最適状態を達成することを確かめるために見積もられるべきである．すなわち，第8.1図に例示するように，すべての費用または便益が市場価格に反映される．

　第8.1図は本質的に第7.2図の単純化であり，なぜ経済的最適状態が Q_s で得られるかを示している．その図は，限界私的費用（MPC）が限界私的便益および限界社会的便益（MPBとMSBは単純化のために等しいと仮定される）と等しい点である Q_p で私的最適を示している．環境費用を考慮に入れない市場経済における Q_p と価格 PP の活動水準で，限界社会的費用（MSC）は無視されている．その結果，価格は，財またはサービスの生産と消費の社会に対するすべての費用を反映していない．Q_s でMPCとMSCの差（ab）に等しい賦課金または税を徴収することによって，経済的最適が達成されている．すなわち，MSBはMSCに等しくなっている．

　Q_s の左への活動水準の減少は，便益における損失がMSCの減少より大きいので経済的に非効率である．すなわち，MSBはMSCより大きい．供給者に対する賦課金または税を賦課した後のPSCに対する市場価格の増加として，供給者だけでなく消費者もまたその負担の一部を分担することに気づくことに価値がある．供給者は，また，それらの税抜き価格が，以前のPPに対立するものとしてのPSSであるので，その部分を負担する．

　観光に関連して，着陸料またはベッド税は，もしそれが供給者に第一に課されるならば，第8.1図および上記において説明された効果がある．訪問することを妨げるような賦課金の割合は，観光者に回される．結果として，Q_p からの Q_s に需要が減少する．したがって，賦課金または税は，環境保護の費用に見合って使うことができる歳入を上げるだけでなく需要の圧力も減らす．

助成金と補助金

　長期的な環境改善は，資源やエネルギーの使用やゴミの発生を減少させたり，ある活動全体をなくしてさえしまうような，より効率的な最新の技術への投資を促進するための助成金の形式で，インセンティブを付与して促進することができる．補助金は本質的に負の税金であり，投資奨励金の再現形態である．助成金や補助金を用いるときの問題は，もしそれが永久的に行われるとすれば政府にとって極端に費

用がかかるということである．さらに，その補助金等の支給計画が総費用よりも少なく提供されるところでは，十分に大きな受給がなされるという確実性がないことである．そのような介入は，もし受給が不公平であるならば，特定の産業の費用構造を歪める．それはまた，そのような手段が適用されている国と適用されていない国とを比較することによって，産業に比較優位を与えることで国際的な差別化も生みだすことができる．

　補助金について研究している経済学者の態度は，どことなく二律背反的である．その理由は，新規の生産者や既存生産者，さらには，しばしば非効率な生産者，たとえば，過剰生産や資源の過剰使用，環境破壊を引き起こしながら事業を残し続けている生産者を，奨励することの意図しない結果についての識別や評価に利害関係をもち続けていることによって，彼らは条件づけられてきているからである．それにもかかわらず，特に公共財と外部性を含む状況に関連して，助成金と補助金が有益であり得るような環境がある．たとえば，都市に関連して，歴史遺産的な建築物の保護は，そのような建築物の維持管理費用が居住者や所有者にとって近代的な資産よりもより高いことが認識されているため，公共部門の資本補助金や助成金あるいは税制上の優遇措置によって支援されている．補助金や助成金，税制上の優遇措置は，この意味で，人工的環境や自然環境がもたらす社会的便益の暗黙的な認知である．その他の重要な事例は，1980年代の半ば以降からのEUにおける農業政策の変更である．そこでは，助成金および補助金が，より伝統的な方法で農業を行う農家に支払われている．したがって，野生生物や実行可能ならば訪問者のために田舎風の環境を向上させている．

賦課金

　賦課金と税との違いは，常に明らかであるというわけではない．それらは，時として一緒に考えられる．そのことは，それらが，類似した性質をもっていることを示唆している．賦課金は，汚染の除去や，生産物またはサービスの供給，消費者の環境施設の利用に適用することができるので，観光の供給と需要の両サイドに関連している．デポジットや払い戻しの制度は賦課金手段の変形と考えられるかもしれないが，環境の質と対比されるようにリサイクリングを通じて物質的資源を保護す

ることに関係しているので，徐々にそれらは別々のものであると認知されつつある．たとえば，ホスピタリティ部門は，包装または梱包されて供給されている多くの商品を購入している．これらのリサイクリングを促進し基金を積み立てるために，多くの国が，金属製やプラスチック製の飲料水の容器のためにデポジット‐払い戻し制度を開始してきている（Turner et al., 1994）．賦課金は，消費者に対して価格を上げることができるし，生産者の費用をほぼ確実に増加させることができるので，ある程度まで税と同様の効果をもっている．しかしながら，そこには技術的な違いがある．すなわち，経済学者は，賦課金を特殊な活動や環境に有害な生産物の使用を妨げるために徴収するものとして，あるいは産出またはサービス，および設備のすべての費用と一致させるために徴収するものとして，認知しているのである．他方で，税は，消費や生産の確認された水準，特に経済的最適を達成することによって純社会的便益の最大化または（純社会的費用の最小化）に関連している水準に合致するものとして理解されている（第8.1図参照）．その違いは，賦課金のさまざまな形態を簡単に例証することによって最も良く説明できる．

　排出と流出への賦課金は特殊な廃棄物を発生させることを妨げるために徴収できるし，垂れ流しを削減することが可能なところでは，そのために必要な投資の費用よりも賦課金が高いならば効果的にすることもできる．それは，また，廃棄物を処分するための費用，あるいは，排出の影響を相殺するために必要な救済活動の費用を償うために用いることもできる．特別な設備あるいはサービスが排気物質を収集し，処理され，処分され，回復するために公共的に提供されるところでは，使用者料金および廃棄物処理賦課金は，排出賦課金と類似している．これらの賦課金は，設備またはサービスを提供していることの純費用を償うべきである．生産団体が，いくつかの物質をリサイクリングすることから所得を保証させ，したがって総費用を相殺することが可能である．商業組織への賦課金は，通常，そのような費用を回避するために，したがって，環境問題を悪化させ賦課金を効果的でなくするために，非合法で無責任なチップを与える結果になりうる．これまでに地租が導入されてきているUKにおいて，地方自治体によって賦課金の徴収が起こるかもしれないので，相当な不安が増大している．この意味で，そのような反対の行動を強化しないような，その他の賦課金が望まれる．

生産物への賦課金は，有害な環境インパクトを有する財・サービスの需要と供給を阻止するために徴収される．そのような賦課金は，需要と供給を完全に削減するような生産物の価格を効果的に禁止的にさせる水準，あるいは需要と供給を減少させるより低い水準を設定することが可能であろう．それはまた，より環境に優しい物質やサービスに代替するようにさせるかもしれない．生産物賦課金を用いることは，需要が非弾力的で販売量が少ない場合には効果がより少ない．そのような賦課金は，生産者に彼らの活動をある物質を利用させることによって改めさせるならば，産出段階で，あるいは消費を減少させる販売時点で適用することができる．両方のケースで，賦課金は本質的に選択的な間接税であるが，生産によって生じる環境費用に直接的に関係しているにもかかわらず，社会的最適を達成するために消費あるいは生産に影響するようには計画されていない．

税

　税の徴収は，環境改善を達成するための最初の経済的手段である．賦課金と違って，それは理想的であり，活動の私的費用だけよりも，むしろ発生する社会的費用を考慮に入れる水準に設定されるべきである．もし正確に見積もられているならば，純社会的便益を最大化し，環境破壊を削減する経済的最適状態への移動を引き起こす．理論上，税は，たとえば，非効率で汚染排出的な技術，あるいは汚染する生産物または活動の利用を思いとどまらせるために，資本に適用することができる．

　経済学の文献における多くの論争は，規制との比較で，税の利点に関心がある（たとえば，Turner, 1988参照）．根本的な議論は，規制に関して，いかなる場合も恣意的であるかもしれない設定基準以下に，生産者が公害を削減するインセンティブをもたず，かつ社会に生ずる費用に関しては負担しないということである．しかしながら，より低い徴収費用，回避することの困難性，新しい汚染率の低い技術への投資を引き起こす可能性，あるいは汚染することがより少ない生産物あるいはプロセスへの代替といったような税のその他の優位性にもかかわらず，税にはいくつかの不利な点がある．これらは，ほとんど，税を適用することの実施面の困難性，特に，一方では環境費用を，もう一方では財またはサービスの生産によって生じる社会的便益を正確に測定することの問題に関連している．より広い問題さえある．た

とえば，最終的な税の負担や受容可能性に関して，費用および価格に影響するどのような介入の形態にも共通しているのであるが，税の測定がこの問題においてもぐずぐずと引き延ばされている．

税-補助金措置

環境問題を扱う際に税と補助金によるアプローチを用いることは，環境経済学における比較的最近の現象であり，デポジット-払戻し，リサイクリング・クレジットおよび物質の再生を容易にする処分計画によって例証されている．それらの効果は，1次的および2次的な原因の相対的な費用，および，回収業者を通して消費者を製造業者に結びつける計画を実行するために必要な構造を開発する能力に依存している．ヨーロッパの多くの国およびカナダやアメリカの多くの州が，消費者に回わせるかもしれない生産段階での徴収か，あるいは販売時点での生産物への賦課を最も多く用いて，リサイクリング計画を促進している．払い戻しは，公共部門のリサイクリングの場所あるいは供給者のどちらかによってその物質が再生されているものとして行われる．そのような計画が，どの程度効率的で，さらに，少なくとも，製造業者によって受け入れられることがありそうもないリサイクル可能な物質の処分を制限している規制によって支持されている，ということを示す証拠はほとんどない．

準価格手段 ── 市場性のある許可証，認可あるいは割当

産出または資源利用を管理する手段としての割当の設定は，市場がどのように反応したり動いたりしそうかということについてある示唆を与える．たとえば，農業および国際貿易において生産割当の長い経験を有している漁業や捕鯨のケースのように，それらの補充を考慮に入れた，開放的で共通のアクセスがなされる資源に関する割当は，より多くの論争をよんでいる．産出と生産の管理は，生産の残滓，特に汚染を排出するための許可証，認可または割当を与えることによって，いくつかの有益な環境効果とそれらを直接的に管理する短いステップをもつことができる．それらを交換可能にすることは，より柔軟性を与え，市場がそれらの価値を決定することを許し，生産者が一組の基準に応じるための最善の行動経路に近づくことを

可能にする.

　その結果は，その他の価格決定メカニズムとほとんど同様である．もし，特定の生産者が，許可証や認可を購入する費用が排出を減少させる投資に着手することよりも低いことに気づけば，許可証／認可が選ばれるであろう．逆に，認可の費用よりも削減の費用が低いことを発見する事業家は，交付されたかもしれないどのような認可でも売りに出すであろう．初期の配分がなされた基礎に依存するが，企業に対して公害割当の全部ではなく一部を売ることは，もちろん想像可能である．たとえば，もし，残滓の100トンの廃棄物に認可が与えられていて，実際の量は80トンだけであるならば，残りのトン数は取引可能である．

　認可／割当アプローチの優位性は，服従の費用を潜在的に下げることであり，事業の費用構造における変化を反映できることであり，ある産業への参入やそこからの撤退について市場の動きを反映できることである．その手段の欠点は，認可された残滓の総量の設定が，それを吸収する環境の能力という基本的な問題を引き起こすことである．したがって，規制は，最終的には，割り当てるときの認可水準を上げたり下げたりし，企業が服従するかどうか監視を行いながら，経験に照らして行使されなければならない．これは，一般的に社会に費用を課すであろう．その手段がアメリカにおける大気汚染に関してどのように作用したかということについては，いくつかの証拠がある（Tietenberg, 1988）．他の国において，農業と漁業においてすでに実行されていた方針にしたがって，その考えを資源利用に拡張して実施されている．たとえば，イギリスにおいて，その考えは，田舎の地方，特に環境に敏感な地域へのアクセスに対して議論されてきている．

規制 —— 基準と目標

　この形態の手段は，消費者価格と生産費用に影響を有するために，経済学の関心事である．それは，また，多くの国において，大気汚染や排水の垂れ流しや騒音に関して広く適用されてきているので，環境目標を達成する際にその有効性を評価することが可能である．経済の観点から，公害削減または環境改善を達成する便益との比較において，基準と目標の費用の貨幣的評価は，2つのレベルで考慮することができる．最大の経済的効率性の達成は，純社会的便益が最大化されるかどうかに

よって，規制が判断されるべきであるということを必要としている．低いレベルでは，それは，所与の環境目標のために便益が費用を超えなければならないという基準である費用効果度に基づいて評価することができる．

　規制の魅力は，たとえば，公害や資源利用の必要水準を見積る必要性を未然に防ぐであろうということや，特別な目標を達成する確実性，透明性，社会の，特に産業の主要な部門による受容性，監視や服従を強制する相対的な単純性，およびそれらが引き起こしている問題について，確認された基準に適合させるための責任の配置である．他方で，多くの国において，理路整然とした規制の戦略はまったくない．ほとんどの政策は特別な問題を処理するために導入されてきているが，国際的な基準および規制は勿論のこととして，国家の基準および規制の促進は依然として初期の状態にある．たとえば，大気や水や土地に関する環境的な方法は個別に考えられてきており，ようやく最近になって，EUにおいて最善の実行可能な環境オプション（BPEO）が採用された．この例に示されるように，より統合されたアプローチが支持されてきている．これらの基準は，それを満たすために必要な投資費用が考慮されるが，過度になってはならないという技術的に基礎づけられる傾向がある．それにもかかわらず，環境改善に影響するますます厳格な基準と消費者圧力のために，また，より高い生産的価格の形態につながるかもしれない費用の結果によって，生産者の負担は増大しがちである．さらに，より強固な非伸縮性がより統合された規制を導入するであろう．そのため，地方や産業の水準に適合した条件での多様性は反映されない．規制の有効性は，時間とともに減少するであろうということは可能である．なぜならば，規制に服従する人びとは，規制を管理することに責任を負うべき団体に影響を及ぼすからである．両方の団体が規制の実行について協議する必要があるために，これは生じる．類似した事例は，"レントシーキング"という用語で表される，不動産開発業者による計画許可の獲得であり（A.W. Evans, 1982），特に，両方の団体にとって相互の便益のための機会があるとき，たとえば，認可された開発地区内の余暇施設のようにコミュニティが保証する"計画利益"である．

政策手段に関する若干の一般的な観察

　政策手段およびそれらの個々の優位性や劣位性についてのここでの再検討は，徹

底的なものではなかったけれども，環境目標を達成するための手段から発生したより重要な問題のいくつかを強調した．価格かあるいは規制かという手段の考査において，いくつかの共通する経済評価の筋道が認識されている．経済の視点から重要な要因は，その手段が費用効果的か，または有効かという点である．これらの基準は，概念的ではあるが手段の効果を判定することは可能であると述べていることを除いては，この点で詳述されていない．実際に，それはきわめて困難であり，規制に関する場合には特に困難である．一般的に経済学者は，価格に基づいた手段がより費用効果的で有効であると結論づけている．

2番目の重要な問題は，ほとんどすべての考察された手段に関してであり，間違いなく，税，賦課金および取引可能な方策に関してであるが，そこには，超過を防ぐ手段である限界社会的費用（MSC）（あるいは，助成金および補助金が提供されている便益）に対する識別可能な限界に関する暗黙の仮定がある．2つの観察が適切である．第1は，環境目標として容認できる変化に対する限界の概念の根拠，すなわち，さしつかえのない環境被害を確認することの実行上の困難である．第2は，最適状態に向かって，その手段が活動を導くことが意図されているような経済的最適は，生態学のような他の学問分野によって提案された最適状態と一致している必然性はない．たとえば，ヨーロッパ共同体水質管理が確認した基準（環境指針）は，人間の健康と消費者の満足に関連しているが，海洋の生物多様性には関係していない．もし，経済的最適またはいかなるその他の最適についてもまったく言及せずに，本来，環境の損害の削減が望ましいと決定されるならば，規制はより恣意的になるであろう．

明らかになる他の様相は，公平問題，特に，汚染者負担の原則が実際に有効かどうかという別の側面が現われる．生産者よりもむしろ消費者に負担が生ずるかどうかとは無関係に，この問題のさらに先の次元は，手段の逆進性の度合いである（すなわち，低所得グループが，高所得グループよりも，より多く比例的に支払う）．需要と供給の弾力性の基礎的な経済概念は，異なった所得に対する需要の弾力性の変動に関する知識が，特定の手段による逆進性の度合いについての証拠を提供する一方で，可能な負担に関する洞察を与える．明らかに，供給に関連した生産物に対する需要が非弾力的であればあるほど，消費者にかかる環境賦課金あるいは税の負

担は多くなる．価格による手段，特にもしそれらが従価であるというよりもむしろ特定されているならば，すなわち，比率を基礎とするよりもむしろ均一料金で徴収されるならば，事実上それらの効果において間接税のような価格による手段は，通常，逆進的である．それらのインパクトは低所得グループを政府が補償することによって相殺されうるけれども，賦課金および税からの歳入をこのような方法で使うことによって，公共部門の責任である環境改善のために利用可能な基金を減らすであろう．同じような多くの議論が，特定の企業や産業に異なった効果を及ぼす資源配分を歪める手段に応用できる．

手段の実行について大まかな言及を行ってきたが，この点はより十分に判読する必要がある．手段が効率的でかつ使用可能であるかどうかという判断を行うための評価要素は多い．効率性は特別な狙いや目的の達成に関係しているのであるから，手段が使用可能であるという程度は，むしろ費用と実行可能性の関数である．費用は，手段を管理するために要求があったときに発生する．そのような管理が既存の組織を通じて引き受けられるかどうかという質問をすることが，特別な体制や組織を設置することに反対するために必要になってくる．たとえば，賦課金，税，補助金の支払い，税の軽減のための財政当局，規制のための土地利用計画システム，許可証，認可あるいは割当のための専門家による環境団体である．そこには，監視の活動および服従の強制に対する要求もあるかもしれない．さらに，そこには，手段に従わせるために，それらによってもたらされた一般的管理費用がある．特に，市場を背景により確かに設定される費用，たとえば，取引可能な認可と割当を確保する取引費用がある．特別な手段が実行可能であるか否かを決定するその他の要因は，環境問題の性質，原因，起こり得る被害者が確認できることの容易性または困難性であり，それらのインパクトが意図せざるものであり，しかも有害な影響をもたらすものについて，その範囲を確認することや測定することの可能性であり，さらに，それらは一般的に社会がそして特に民間企業部門が考慮している受容性からどのくらいかけ離れているかである．

観光に関連する環境政策および手段

観光は，その他の経済活動と同様に，大量の物質やエネルギーの消費者であり，

廃棄物の発生者である．たとえば，燃焼された航空燃料の成層圏へのインパクトは重大な汚染である．観光行動は，また，特定の地域に集中する傾向があり，しばしば水のような希少資源の過剰搾取および廃棄物処理問題や公害を発生させる．したがって，多くの観光活動は，生産的な産業に適用されている環境政策や手段に従うべきである．それでもなお，観光は異質なものとして生産的産業とは区別される性格を有しているので，それゆえに，潜在的に，環境問題を扱うための異なる方法を必要としている．第1に，観光供給に一般的にみられる断片的な性質は，周期性および季節性が均一でない一時的なインパクトを発生させているので，観光が環境に影響する原因の識別をより困難なものに終わらせる（Sutcliffe and Sinclair, 1980）．第2に，そのインパクトは物理的な傾向がある．たとえば，本当に多くの人びとの数（したがって，交通機関や観光資源の許容量を超えること），視覚的に邪魔になる建物の環境および観光者の形跡（風景の良い地域に駐車された車などのように），破壊を引き起こしている自然環境の過剰な使用，野生生物への妨害，および生物多様性の減少，廃棄物の発生である．第3に，おそらく環境経済学の主流において示されている批判を反映しているが，観光は，多くの他の活動と同じように，かなり大きな便益を生みだす潜在力をもっている．この点は，費用に関してほとんど排他的に強調される政策手段の経済分析において覆い隠される傾向がある．

　物質とエネルギーの使用に関連する有害な環境への影響と戦うことに関して試めされる手段は，たとえば観光のように，自然資源に基づくインプットを相当多量に消費するサービス活動に関する限りにおいて，明らかに適切である．ある政策は，事実上，有形の生産物があり，結果として化学的な廃水や放出を発生している製造業に特有である．そのため，排出と生産への賦課金，認可，割当の包括的な負担は，一見したところ適用可能であるとはみえないであろう．これは，税と補助金，デポジットと払い戻し，および規制は，前述のように確認された特別な性格を反映している観光によって発生する環境問題を扱うための最も適切な手段であるということを示唆するであろう．ジェット機の排気の問題は，排出の原因者が明確に確認できる事例であるが，現在提案されている手段のうちのどれによっても解決されていない．特に，エコ・ツーリズムの主要な部分を含む長距離輸送の市場セグメントにおいて，航空旅行の成長は加速している．したがって，地球環境問題への観光の貢献

は，それに関連して，革新的で汚染の少ない技術を採用することに，より広い選択の幅をもっているいくつかの製造業によって増大しているかもしれない．成層圏へのジェット機の排気という問題と戦うことは極端に難しい．短期的にはドラコニアン環境賦課金が，航空旅行の価格をかなり引き上げることによって，フライトの数は大幅に減少されるであろう．航空機は，単に，技術的にも経済的にも非効率なより低い有料荷重で飛ぶであろう．解決策は，長期的には，排気を減らす技術，あるいはより汚染の少ない燃料の使用を含む技術，あるいは全く新しい推進手段さえ含む技術の開発に依存することがより起こりそうである．

　ある地区における観光の集中は，たとえば，水，ゴミの散乱，騒音，物理的資源の破壊，景観への侵害，文化的社会的妨害などのような地域問題を扱えるように，手段が設計されたことを示唆している．ある意味で，観光に含まれるホスピタリティ活動は，海岸やスキーのリゾート，歴史的都市地域におけるある特定の地区などのように，大規模で空間的な集中を伴っているが，家庭に客を招くこととほぼ同じである．このような文脈では，問題は，ほとんど，物質またはエネルギーの使用および廃棄物の処理の一つであり，求められる手段は，パッケージされた物質の利用の削減あるいはエネルギーの節約を奨励する狙いをもった手段が求められていることである．おそらくパッケージングの量に関係して使用された生産物の製造業者に課せられた生産物賦課金と組み合わされた廃棄物処理のすべての費用と一致する手数料は，消費削減のインセンティブを提供するであろう．同様に，デポジットおよび払い戻しは，それが可能なところでは，リサイクリングを奨励するであろう．エネルギー利用の削減は，より効率的な暖房や照明のシステムを使用すること，あるいは断熱を改善することに対する資本費補助によって刺激することができる．物質とエネルギーの使用および廃棄物の発生は，企業自身によって目標とされてきた環境問題の側面である．そして，これまでみてきたように，潜在的な商業的利益は，そのイニシアティブが成功するかどうかを決定する．実際に使われている改善されたシステムやマネジメントの優位性を実演するというような情報の普及もまた重要である．地方政府レベルの行政に提案しているので，公的に適用された手段とともにそのような市場行動を支持するための勢いは，しばしば地域的である．

　しかしながら，それは，より重要で厄介な観光の2番目の性質である．観光者の

物理的なインパクトおよび彼らのニーズへの対応は，特に自然や傷つきやすい環境が含まれている資源ベースを破壊する危険性がある．このような圧力は，多くの観光の周期性や季節性の性質によって悪化している．たとえば，鳥や動物の繁殖期に，訪問者の数が最高になると，いくつかの環境はしばしば最も無防備になる．他のケースでは，オフピークやオフシーズンの観光を促進することによって，週末あるいは最も旅行の多い季節の観光者の数を減らす試みは，有効ではない．一年中を通じての持続的な利用は，ある資源にとっては悪いかもしれない．たとえば，雨期あるいは冬季のハイキングは小道の土壌浸食をより深刻にするかもしれない．

　観光者の膨大な数が集中する問題は，ある目的においては管理が必要であることを示唆している（Wanhill, 1980）．問題への一つの明確なアプローチは，価格メカニズムの利用に加えて，需要と供給の両面で，訪問者を制限するために規制的な手段を用いることである．再生可能な資源に関する問題の当初の議論において制限的なアクセスの手段に関してすでに若干の言及がなされてきている．土地利用計画システムは，利用可能かもしれない宿泊施設や設備，サービスを制限することによって供給側に働きかけることができる．これは，しかしながら，既存の目的地に対して実行することが大変困難になるであろう．なぜならば，形成された環境の調和を取り払ってしまうことを含むかもしれないからである．その他のアプローチは，たとえば航空便の数を割り当てあるいは管理することによって，ツアーオペレーターへの訪問許可証あるいは観光者への認可（ビザに相当する）を発行する数の制限によって，アクセスをより困難にさせるはずである．この種類の管理の例は，すでに存在する．バハマへの入国，北アメリカの国立公園および狩猟や釣りにおける"猟場料・入漁料"は適切な例である．これらの許可証や認可が取引可能かどうかは状況に依存するかもしれない．よりしっかりと市場に基づいた方法は，制限を超える供給者に，数を制限するために，おそらく過酷な率で税を徴収することであろう．手数料と税はすでに用いられているが，参入を思いとどまらせるような水準ではない．実際に，旅客への空港税のかなり広範囲な運用は，一つの例である．この形態の税は，歳入を上げるための手段として用いられているが，観光の環境的インパクトを補償するために適用されそうにない．その例外として，たとえば，バンクーバーにおける航空旅客への離陸税は，空港とそこに隣接する環境の改善のためであると

明確に述べられている．

　数を管理する物理的または財政上の方法に関連する問題は，非効率性や不公平が結果として生じそうなことである．提供された旅行や宿泊施設，設備およびサービスにおける規模の経済は，供給側において失われるかもしれない．一方で，もし費用の増加が発生し，観光者に回わされるならば，あるいは彼らに直接賦課されるならば，低所得グループの人びとは市場の外で評価されるかもしれない．さらに，観光の受入れ国において観光部門で働いている人びとは，もしその活動の水準が減少させられるならば，不利益を被るであろう．重大な費用を生じさせるかもしれないその他の要因，たとえば，手段の管理または単に費用効果的であるかどうか，という要因もまた存在する．その他の発生する問題は，環境や規制の目的との互換性である．それらの受容可能性および観光者や企業に彼ら自身の解決策をみつけるために，すなわち，一方では，その制限を回避するかもしれず，他方では，公共的な適用手段のための必要性を未然に防ぐ解決策をみつけるために，どのような種類のインセンティブを提供しているかである．数を制限するよりも，一つの代替的なアプローチは，既存の目的地における過剰な混雑の問題を解決するかもしれない手数料を徴収すること，および環境保護ないし修復のために増加した収入を協会に割り当てることである．この戦略は，環境問題の発生を予防することに対抗する苦悩をいやすことを企てている気配があるために，多くの環境経済学者によって好まれていない．

　したがって，物質とエネルギーの使用および廃棄物の発生の削減，および観光者の数を管理することは，調べられ評価されてきた事実上すべての政策手段の応用を含めることができる．現在の政策思考は，認知している限りでは，製造業の活動と同じような知識でサービス活動の運営を進めているとはいえない．その結果，それは，ここで示されたように適用可能な手段の完全な範囲で考察されてきていない．観光の潜在的および現実的に有害な影響があるとすれば，その開発および運営に関する制限がほぼ確実により厳しくならなければならない時期が近づきつつある．

　この点に関して，観光に関連する政策手段の評価は，経済活動の環境費用を強調している文献において繰り返されてきている．しかしながら，観光の数多くの可能な便益のある効果は，現在提案されている手段がそのような効果をなくしてしまう

かもしれないことを意味している．経済学における一般的な合意は，便益のある外部性は強化されるべきであること，その方法は，私的部門あるいは公的部門のどちらにおいてであろうが，そのような準備を行うことに，補償または助成されるべきであるということである．主要な事例は，遺産目録に載せられた建築物または場所を保存するために追加的な費用を招く占有者または所有者である．資本費用に対する贈与および頻発する支出に対する補助金は，両方とも，主要な手段と考えられる．しかしながら，多くの観光資源は自然およびオープンアクセスの環境であるので，所有権は存在しないかあるいは行使することができない．国境を超えた重要性，たとえば，南極大陸，海洋，希少動植物のような地球規模での重要性を有した独特の資源に関連して，割り当てられた贈与または補助金の可能性は，非常に少なく，問題である．そのような資源を監視し管理するために国際的な団体を確立し，合意を得ることが必要である．このことは，国際的規制および行政的な構造を確立することを意味している．

　合意には拘束力があり，資源の向上あるいは取締りのために利用可能な適切な資金供給がある南極大陸の地位はより大きな楽観主義をもたらすけれども，捕鯨および漁業に関する会議における過去の経験は悲観主義をもたらす．国際法を通して実施される，ある種の所有権および財産権が導入される必要があろう．これらの種類の問題は，特殊なおよび運用的なレベルで適用される政策手段の単なる実行を超えている．全般的に，環境経済学において提言されている政策手段は，観光のようなサービス活動に等しく適用可能であろう．しかし，もし手段が制限的か積極的な方法の両方で効果的である必要があるならば，それらの適用は地球環境および戦略的政策決定のより広い文脈の中で評価される必要がある．

結　論

　この章における環境分析の再検討は，一般に，経済学，特に観光において，3つの主要な実際的知識を促進している．第1は，経済学における概念的および理論的発展は，観光の分析に十分に組み込まれてきていないことである．第2は，環境の目標を達成するために経済学において提案されている政策的な切実な要求と，観光において重要であると認識されているそれらとの間に，いくつかの相違があること

である．第3は，実行する際にコミットメントの不確実性を作り出している過剰な市場への介入が，どの程度，持続可能な発展を確実なものとするために必要とされるかに関して，経済学における論争が続いていることである．

したがって，環境経済学者の現実的な処方箋およびその政策含意が，応用研究に関わっている人びとの関心を導くことを確実にするという経済学者へのニーズがある．それにもかかわらず，環境経済学が十分に成熟した包括的な思考体系であるとか，その方法がすべての文脈において応用できるように満足のいく発展を遂げているということを示唆することは適切さを欠くかもしれない．環境経済学のいくつかの要素は，すでに十分に先進的であり応用も可能である．環境保護およびそれを達成するための政策手段としての目的に対して，価格に基づかない需要の水準を確認するための手法，たとえば，総経済的価値の概念，CVM，HPM および TCM の手法は，十分に発展していて使用することも可能である．他方で，環境政策を判断するための分析的枠組みは，依然として，経済学において論争されている．何が便益と費用に含まれるか，そしてその大きさはどうかということに関連して，要するに，そのインパクトが測定を正当に保証しないくらい非常に小さいときには，費用-便益分析（CBA）の限界について確かに論争されている．論争のさらなる目的は，世代間および世代を超えた分配の効果を説明することに対する論理的根拠と方法である．

より基本的な論争の課題は，介入することが必要となる範囲に関してである．最初に示唆したように，市場の失敗の概念は，経済学において普遍的に受け入れられていない．外部性および公共財のような要因の存在は，もし，財産権が適切に定義されて，内部化が生じうるならば，市場によって解決することができる単なる不完全性であると示唆している人びとがいる（たとえば，R. Coase, 1960；Demsetz, 1969；A. Randall, 1993）．

それでもなお，依然として環境経済学が発展し使用できるようになる過程にあるその他の領域は，その概念と分析が科学的基礎に支えられている部分である．たとえば，再生可能資源が自らを再生するために考慮されるべき消費の割合，および環境が汚染を吸収できるような放出または排水の排出水準の確立は，科学的問題である．したがって，最大持続可能な産出物の概念は，利己的な利用の経済的限界は便

益と費用によって決定されるにもかかわらず,生態学的なプロセスを含む物理的・生物的に避けられないものに基づいている.それゆえ,環境経済学の中で提起された議論は,自然科学から発せられた議論と連携させられなければならない (Hohl and Tisdell, 1993).

　環境保護と持続可能性の問題は政治的でもある.市場諸力に問題を任せることは,疑問をよんできている.何人かの経済学者は,この学問分野が,経済成長とそれに続く観光の拡大に,現在,重点を置くことの環境的含意を示すことに,より説得的になるべきであると主張している (D.W. Pearce et al., 1989 ; Cater and Goodall, 1992 ; Goodall and Stabler, 1994).進歩再考機関 (Redefining Progress, 1995) は,出発点として,国民所得勘定は環境に関する経済活動のインパクトを説明すべきであるとする政策提言において,これらの関心事を反映している.地球規模の温暖化,オゾン層の破壊,酸性化,森林伐採,砂漠化,および生物多様性の減少の証拠は,それとなく一般に認められている弱い姿勢から,あるいはせいぜい中間的な持続可能な発展の立場から,強い姿勢に移すことの必要を指摘するために引用される (Turner et al., 1994).弱い姿勢は,自然資本に対する人工的代替物および市場を経た技術革新への信頼を与えており,中間的な立場では,再生可能な投入物の地位が低下することを許さないということによって課された制約は考慮に入れるけれども,技術進歩が問題を解決するであろうとまだ考えている.強い姿勢は,人工的なものに対する自然資本の非代替性を主張するが,不確実性が一般に行き渡っているところで,特に資源利用に関する意思決定が不可逆的な傾向を導くかもしれないときには,用心および安全最小基準原則 (D.W. Pearce et al., 1989) を主張することにおいてさらに先を行く.それは,低い経済成長および活動の範囲を可能な限り拡大しないことを暗示しているかもしれない.

　観光に関して,これらの処方箋を考慮すると,そこには,持続可能な観光がその現在価値を時間を超えて最大化することと矛盾しない範囲,すなわち,その将来の商業的生存能力を維持している範囲を決定するために必要な条件がある.さらに,限界社会的費用 (MSC) が限界社会的便益 (MSB) に等しい最適状態を主張している市場の失敗についての従来の経済分析が,生態学的最適に相反するかもしれず,そして長期的な環境破壊を導くかもしれない.さらに,適用されたどの一つの環境

政策をとっても異なる空間的インパクトを無視することは，物質とエネルギーの利用を増大させるかもしれない．たとえば，ある地域は他の地域よりも公害を吸収するより大きな容量があるかもしれない．したがって，共通の政策手段を賦課することは不必要であり不経済であるかもしれない．より選択的なアプローチが必要である．持続可能な発展および観光の概念および政策は，すでに人工的資本が高い割合になっている産業化された経済から起きている．持続可能性の追求は，より好ましいだけではなく，これらの国ぐににおいて達成される大きな機会でもある．発展途上国の環境問題に同様の社会制度を課すことは，傲慢な手段であるというだけなく不適当でもあろうという非常に異なった感じがするかもしれない(Curry and Morvaridi, 1992)．

持続可能性に向けて移行する企てを必要としている観光についての一般的および特別な研究は，次のように要約できる．

- 地方，地域，国，地球規模で，観光活動の環境的インパクトの規模と性質について体系的な調査を行うこと．
- 商業的利得のための観光企業によって表される見解よりも，むしろ環境保護および持続可能性に対する消費者選好の現実的な理解を確立すること．
- エコシステムの全体的かつ確率的な相互関係において，決定論的な見方や解決策を生み出すことは望ましくないということを認識しながら，持続可能性のための生態学的かつ経済的な概念や処方箋そしてそれらを調和する手段を調査すること．
- 安全最低基準の観念に基づく環境政策を発展させること．

現在，焦点は，その弱い姿勢，中間の立場，強い姿勢のシナリオおよびそれらの政策的含意とともに，どのようにして最も良くそれを測定するかということを考慮して，持続可能な発展を定義することに限定されてきている．環境保護を前進させるための主要な障害は，その経済価値の支配階層であり続けることである．環境主義者が，政府と企業に，環境は使い捨ての商品ではなく，物質およびエネルギーの異なる形態であること，すなわち資源ベースの不可欠な一部であることを納得さ

せることが重要である．さらに，その保護は，常に追加的な費用である訳ではなく，実際には，その逆であり得る．

　観光企業の姿勢は，何が自己満足した政治的姿勢として評され得るかだけを考慮している．現在は，リップサービスとして，持続可能な観光および環境保護に注意を払っている．その哲学は，引き続き，いかなる環境的活動も企業の生存能力の土台を壊すべきではないという哲学のままである．環境的責任に対する要求への反応は，断片的で声を押し殺したものであった．より力強く環境目標を追求するためのインセンティブは，観光企業に，それらの資源ベースを保護し，有害な外部性の発生を減少させるように奨励するために提案される必要がある．それらは，また，いくつかの規制する手段が必要とされているかもしれないということを納得させる必要もある．経済学は，その主義や分析的アプローチを通じて，環境行動の費用と便益およびこれらが低下することを実際に明らかにすることができる．そのような社会における費用と便益の分配を決定する問題は，社会的，政治的，そしておそらく倫理的問題でさえある．

第9章 結 論

　本書の主な目的は，経済理論とその方法が観光の広範にわたる問題を説明し，観光研究の批判的評価のためのより明白でより進んだ理論的基礎を提供し，そしてそれらの経験的研究の含意を示す助けとなる方法を論証することにあった．経済学の方法論は，前の諸章で説明したように，観光現象を説明し，予測し，数量化する能力をもっている．経済分析がこれらの分野でなし得る貢献を論証するために，本書で用いられているアプローチは，あたかも単純な，特化されていない市場で，制約も外部性もなく，多様化されない商品が供給されているかのように観光を考えることから出発し，さらに，観光の複雑な性質の詳細な説明をするために，分析にそれ以上の概念を導入することにあった．したがって，初めは観光需要の文献を辿り，観光を総合財（aggregate product）として扱うことから議論が開始され，観光購入意思決定の個人的性質および社会的性質を考察した．その後の観光供給の調査は，初めは，観光生産物のさまざまな要素，そしてそれらが提供する市場の特性を，市場の動学的性質や市場で運営する企業の相互連関の戦略的性質を検討する分析を展開する前に，同一のものとみなした．さらに，国際的な文脈で，観光需要と供給を調査する利点が示された．最後に，観光供給の一要素としての環境の重要性，市場の失敗や外部性，そして関連する政策介入の可能な事例が考察されたが，それは現在の環境分析の進歩を反映している．単純から複雑へといったやり方で進めることによって，観光分析で用いられる数多くの概念や分析的アプローチを導入することが可能になった．完全に包括的であることは不可能であり，いくつかの省略がある．すなわち，空間理論と労働市場の理論である．これらの分野の考察の欠如は，それらに基づく観光研究への重要な貢献，たとえば，都市経済学者や地理学者による貢献を非難するものではない．本書を通じて追求されたテーマを補強するために，この最後の章の目的は，これまでの章でなされた観光の理解の改善への経済学の主な貢献を検証し，さらなる研究を必要とする多くの問題のいくつかに光を当てることである．

　観光需要のミクロ的基礎は，存在する観光文献の中で，どちらかというと，無視

されてきた．それゆえ，第2章の主な貢献は，それらの理論的分析を提供することであった．休暇の購入，支出のための予算，そして潜在的な観光者の選好との間の関係が検討され，観光需要における代替性と補完性の概念が導入され，さらに所得および価格の変化の需要に及ぼす効果が導入された．これらの概念は観光マーケティングには特に有用であり，観光生産物あるいは目的国が強力な競争相手であることを示し，それとともに連携したマーケティング努力がなされてきている．ミクロ的基礎についての理論的議論は，観光需要を正確に説明し予測するモデルの形成，および現在までに行われている研究を評価するための基礎として役立つであろう．第3章では，観光需要を推計するために用いられてきた2つの主なアプローチに関する重要な議論の中で，主流派の研究からいっそうの洞察とともに以前の分析を用いた．議論は，最初のアプローチ，つまり単一方程式モデルを用いた多くの研究の理論的基礎とそれに絡んだ経験的結果を問題にした．対照的に，第2のアプローチ，すなわち，複数方程式モデルの体系は，個人から観光の全購入へ集計するとき，需要のミクロ的基礎が適切に組み込まれる限り，将来の研究のための有用な基礎を提供することが示された．しかし，単一方程式モデルにあるように，観光は一般に目的地以外では分化されていない商品として，そして国民性以外では特定されていない消費者によって購入されている商品として扱われてきた．

　第2章と第3章での需要の分析は，2つの相関連する問題を提起している．第1は意思決定の社会的文脈である．それは，個人を基礎とした消費者需要の経済理論によって考慮されているものではない．たとえば，第2章の初めの部分での理論的議論は，人の社会的参考グループからは隔離されたものとして個人の休暇決定を考えた．個人の選好は，観光購入に関して，彼らの行動によって顕示される（顕示選好の概念）．しかし，これは人の観念的な欲望が，彼らの所得ばかりでなく，仲間からの圧力や家計内部の力関係のような社会的要素によっても制約されることを認めていない．決定はまた，家族や友人，そして知人から得られる情報のような変数に関連づけられる．したがって，需要のミクロ的基礎は意思決定の社会的基礎を組み込むべきである．これは主流派経済学者による研究の基本的な領域である．そこでは，他の分野からの貢献が啓蒙的であるかもしれない．観光研究の議事録に含まれるのは，個々人による有給労働，無給時間そして他の財・サービスに関する観光

に対する選好形成過程の検討,および動機を支配する個人の心理学的な関係と家族ないし社会的参考グループのより広いそれ,そして観光購入へのそれらの変換の検討である.動機づけ,選好,時間を超えての支出の変化の動きはまた,研究を必要とする.

第2の問題は,合成財としての観光需要と,それを構成するいろいろな要素に対する需要との間の関係である.第3章における観光需要を推定するために用いられたモデルの論評は,消費者がいろいろな特性の混合として休暇を現実に購入する事実を無視して,分析が集計された商品としての観光にいかに焦点を当ててきたかを示した.消費者が特定のタイプの休暇を購入するということは,理想的な場所での交通と宿泊の特定のタイプのような,休暇要素の集合に対する派生需要を含んでいる.それゆえ,全体としての観光需要を説明するためには,要素の各々の需要を検討する必要がある.このアプローチのタイプは,Lancaster (1966) の初期の研究によって例示されている.彼は,属性の集合に対する需要によって財の需要を考えた.そして,ヘドニック・プライシング・モデルのような形で応用された.休暇要素の集合に対する需要の分析は,さまざまな個人,あるいはグループの消費者によって,さまざまな要素間の補完性あるいは代替性の関係を検証するのに役立つであろう.そのアプローチは,相互に関連した産業や市場の集合による観光要素の供給の検討と両立するであろう.これは,第4章と第5章で行われている.

全体として,観光需要研究の焦点は,そのミクロ的基礎と観光生産物の個々の構成要素への派生需要の双方によって,より集計された水準で需要の改善された説明を提供する手段として,より分割された水準でその研究上にあるべきであるように思われる.分割された,そして集計された,双方の水準での研究は,需要モデルそのものから得られる結果ばかりではなく,それに基づく予測モデルによって生みだされるモデルの正確さを増大させるはずである.根底にあるすべての観光需要モデルは,もちろん,経済における所得分配と富の分配である.ミクロ経済的レベルでの個人および社会グループの需要研究は,観光と同時に他の財・サービスの需要水準とパターンが分配の変化にしたがって,たとえば,税や給付構造の変化にしたがって変化するような方法について何らかの示唆を提供しうるであろう.

第4章と第5章で扱われている観光供給の経済分析は,観光企業と市場を検討す

るために用いられる一連の分析上のアプローチを提供するのに革新的なものであった．当初，新古典派理論は，独占から完全競争までにわたる市場構造における企業の運営——価格設定，供給量そして対応した利潤水準——を検討するために用いられた．さまざまな観光成分（宿泊，輸送，仲介業）への理論の応用は，さまざまな市場構造がさまざまな観光成分に当てはまることを示すことによって，分解された分析的アプローチの利点を論証した．さらに，ある国の中で，特定の成分の市場は，パッケージ休暇を提供しているイギリスのツアーオペレーターのように，大企業が寡占的な条件の下で経営するような一つ以上のタイプの構造を示し，小規模なオペレーターは独占的に競争的な特徴を示すであろう．ここに問題が生じる．それは観光需要の，そして供給分析を行うときの集計の水準の文脈の中に現れた．観光供給の場合には，いくつかの成分のために，分析は単一市場構造が支配することを仮定すべきではなく，その代わりに，関連する市場構造の集合を検証し検討すべきである．それゆえ，観光の各々の成分を供給する市場の構造と運営の検討が，その相互連関とともに，必要となる．

　観光供給の鍵となる成分への理論的市場構造モデルの適用は，いろいろな国ぐにと文脈のおける実証的観光研究において，より多方面にかつ厳密に考えられるべき数多くの特徴を示した．いくつかは市場構造の指標であり，それらは企業の数と規模，市場の集中度と参入・退出障壁の水準，規模の経済と規模の不経済，資本の不可分性，経営の固定的能力と固定費用であり，それらは過去の観光の研究では十分に検討されていない．他の特徴はまた，不完全競争的な市場の企業によって追求される戦略に言及し，価格の差別化，生産物分化，そして価格づけ政策——リーダーシップ，戦争および市場シェア戦略——に言及している．これらの特徴の特定の文脈における検討は，特定の観光部門，あるいは準部門に応用できる市場構造のタイプの同定の助けとなるだろう．たとえば，不完全競争的な構造の証左，特に，独占は，市場における企業の経営と消費者に課される価格，およびそれに関連した企業の利潤水準の制限に関する政策介入の必要性について，それ以上の調査の事例を示すだろう．企業が追求する戦略は支配的市場構造に変化をもたらす効果をもつので，市場構造，企業の行動とその成果との間の相互関係に関する研究はより全般的な基盤に基づかせる必要がある．

産業経済学の中で展開されたSCPパラダイムは，構造，行動（運営），成果の間の相互関係を記述しうる広範なアプローチである．第5章では，イギリスのツアーオペレーターへのそのパラダイムの応用が，構造，行動，そして成果の鍵となる特性を識別し，記述するための有用な枠組みをそのアプローチが提供する一方，市場構造を与えられたものと考え，市場の動学的性質と市場内での企業の戦略を説明することができないことを示した．かくして，それが，説明上の工夫として有用である一方，限られた分析上の価値をもつ．同章で産業経済学の発展の論評の中で，供給分析の範囲がその新古典派的基礎を超えて広がっていることが示されたが，進化的，制度的，プリンシパル-エージェントそして取引費用の経済学のような新たな貢献は，より包括的な理論に結合されるよりも，むしろ独立に展開される傾向にある．同様に，経済心理学と供給問題に言及する行動アプローチは多少分離して組み合わされている．こういった最近の展開のほとんどは，観光の文献に取り入れられてはいない．経済学の技法の現状と学問分野の観光の無視を所与とすると，驚くほどのことではない．しかし，供給を説明し予測する新たな方法の導入の比較的初期の段階ですら，経済学は観光分析の改善に役立っている．

　第5章の中核となる特徴は，企業間の相互作用の実行可能な理論を展開するための解決が，ゲームの理論にあるという命題である．それは経済学の中での洗練を必要とするが，ゲーム理論は，企業間の動学的な相互関係を検討し，彼らが，価格形成，産出水準と生産物分化，ならびに市場構造と彼ら自身の成果への可能な効果に関心をもって採用するいろいろな戦術を検討するためには，伝統的な新古典派の比較静学的枠組みよりも明らかに適切である．それは他の学派の考え方からの洞察を組み込み，明らかに，実行可能な戦略とその帰結の範囲を検証する利点をもっている．それゆえ，経済的研究と観光研究両方への大きな挑戦は，サービスならびに製造業部門における供給の実証研究にゲームの理論を応用することである．

　第6章での分析は，主流派国際経済学が多くのサービス活動，とりわけ，観光を無視してきたという事実によって制約されてきた．同様に，観光の文献は，国際経済学の中で検討される問題をほとんど考慮していない．それゆえ，その章の初めの部分では，国際経済学で展開される概念と理論とが観光に洞察を提供する方法を示すための新たな試みがなされた．しかし，その議論は，比較優位の理論が生産およ

び貿易の国際間パターンの幅の広範な説明を与える一方，国際的な水準で不完全競争を考慮に入れる理論が適切であることを示すことによって，完全競争の仮定の中に組み込まれた伝統的な貿易分析の限界を論証した．これらの理論は，以下のような特徴を含んでいる．すなわち，異なる質をもつ休暇に対する観光者の需要，規模および範囲の経済の役割，生産物分化と市場分割，調査を通じた競争，開発，技術革新と模倣，企業の国際的相互依存，そして国際的水準での市場構造への対応した効果である．企業間の経済統合の議論は特に重要であり，観光の文献の中では比較的無視されてきた分野である．企業が市場構造を変えるための戦略としての代替的統合のタイプ，したがって，開放経済の文脈における価格，産出そして利益性を用いることができるということを示すことによって，観光供給の分析をさらに前進させる．さまざまな国際観光の成分を供給する企業間の国境を超えた統合の性質，原因および効果の検討は，別のタイプの統合がもたらしうる厚生上の効果のために重要である．

　第6章の最初の部分における開放経済分析の主な含意は，国際経済理論からの洞察を経験的分析に組み込むことによって，観光のさまざまな成分の需給の分析を拡張し掘り下げることの必要性である．観光企業間の戦略的統合におけるゲーム理論的分析は，特に関連があるが，いまだに実施されてはいない．観光市場の不完全競争の流行は，また，自国籍の企業に利益を得させようとする政府による戦略的観光政策の余地があることを示唆している．このような政策の特性は，たとえば，観光の制度的な文脈における規制の賦課や緩和は，彼らがグローバルな文脈の中で，競争の基本的ルールを変更できるなら，研究を正当化する．

　国際観光のいくつかの鍵となる効果は，第6章の2節で考察されており，関連する研究の意味を確認することが有益である．これらは，観光支出から生じる追加的な所得の，地域，空間，そして社会経済的分配とそれに結びついた厚生へのはね返りに関する追加的な研究を含んでいる．さまざまな観光部門での労働の需給の性質は，たとえば，少数の国にとって詳細にわたって注目される主題であった．そして，存在する雇用構造を変える国際観光の効果はより少数の国に対してのみ検討された．観光雇用の研究は必要であり，主流派労働市場の理論とフェミニストのアプローチの双方を組り込んでいる．観光からの外国通貨獲得の不安定性の影響についての議

論は，ケインジアン，マネタリスト，そして新古典派経済学者の間での主流となる論争に関連している．そしてそれらを前進させる一つの手段は，観光研究に，発展途上国および先進国の消費，貯蓄，そして投資関数を組み込むことであろう．応用研究は，個々の国ぐにか同じような性質をもった国の集団に焦点を当てている．国際的文脈の中で，観光の一連の効果を説明し，予測するための興味ある，かつ包括的な枠組みが計算可能な一般均衡（CGE）モデルによるアプローチであり，それは観光文献の中に持ち込まれたばかりであり，明らかにいっそう注目するに値する．

観光と経済成長との間の関係の新たな分析は，本章の終わりで考察され，マクロ経済的水準での成長に対するミクロ経済的部門の貢献についてより一般的な問題を生じさせた．この問題は，主流派経済学者間の主要な理論的論争に関連づけられる．ケインジアンは，余剰能力と国際収支の制約がないという文脈の中で，より高い成長に貢献するものとして，需要の増加をみている．他方で，新古典派の経済学者たちは，伝統的に，より高い成長を外生的な技術革新から生じるものとしてみなした．最近では，新しい成長理論家たちが，成長は内生的に（システムの中で）決定される事例をつくった．ケインジアンは，需要不足の文脈の中で，需要を押し上げる政府の明らかな役割をみており，その経済の中で，観光需要を増加させる動機の提供がそうするための間接的な手段となるだろう．他方で，新古典派経済学者は，市場が効率的に作動することを保証するための手段として，観光の発展が市場力に委ねられるべきであることを意味するための手段として，政府の適切な役割を見なしている．新しい成長理論家たちは，人的あるいは物的資本を提供することに政府の役割を見いだしている．それは，資本の限界生産物が減少せず，成長が維持されることを保証するために，道路や空港のようなインフラの整備を含んでいる．しかし，彼らは，政府の介入を必ずしも便益を産み出すものとはみていない．これらは，明らかに，国内および国際双方の水準で，経済政策の定式化に影響を与える基本的論争であり，本章は，観光および観光政策立案への関連を最初に議論したものである．

明らかに，観光投資および政策のタイプの研究が必要なのは，もしあるとすれば，経済成長に貢献するかも知れないからである．観光，あるいは他の経済部門における一国の比較優位と経済成長との間の関係の研究も，また，有用であろう．ある国がその比較優位（動学的比較優位）を変えることができ，より高い成長経路に沿っ

て動くという条件の検討は，国際経済理論の中ではほとんど始められてはおらず，その広範なシナリオの中での観光の役割は無視されてきた．依然として，観光生産物のさまざまな成分に特化する理由と効果および，政府が生産パターンの変化を促進するに当たって演じる役割については，実際に，経済分析は存在しない．観光と経済成長の議論の重要な含意は，観光における問題が経済学者間で，市場の完全あるいは不完全な性質を含む運営として経済が概念化される方法と，政府の政策立案に対応した役割との双方について，中心的な議論として考えられるべきであるということである．この含意は，観光と経済成長の特定の分野ばかりではなく，第7章以下で示されたように，より幅広く応用可能ということである．

　第7章と第8章で検討された環境問題は，観光および経済学の双方における現代の関心を反映している．これらのことをある広範な方法で考える試みがなされてきた．すべての経済活動を広範囲に細分化すること，そして観光資源ベースとして活動することとは別に，原材料やエネルギー生活支持システムおよび廃棄物処理場の供給者としての環境の基本的重要性を認めている．この点で，環境は人的，物理的資本のように，他の生産要素に類似した投入物として作用し，かつ観光供給の重要な成分である．

　第7章の初めの部分では，これまで別々に経済学の中で扱われてきた多くの分析の領域，すなわち，生産資源，エネルギーの利用と保全，資源評価，環境保全，そして持続可能な発展のような領域は，持続可能性という包括的領域の中での要素として考えられるべきであると断定された．もう一つの関連した問題は，たとえば，時間にわたる資源の最適利用，最大の持続可能な産出量や汚染の排除に関する経済原理と政策手段が生態学的，社会的，文化的および政治的要因に依存することを所与として，環境問題への学際的なアプローチの必要性であった．資源配分効果に加えて，世代内と世代間の分配効果の査定，そして，利用，非利用便益を産みだす環境に関する活動を見積もるための分析的枠組みは必ずや必要であった．伝統的な費用便益分析，すなわち経済学における基本的なプロジェクト査定方式では，世代内インパクトは，一般に，それらが二重計算の危険性をはらんでいるとして排除され，そして総経済価値の概念および尺度の観念は認められていない．もっと包括的な分析の枠組みの中でより広い学際的アプローチの必要性の確認は，経済学の分野が持

続的発展に達するためにもっと十分に貢献させるために経済学の中での方法論上の発展の必要性を論証している．にもかかわらず，経済学が環境に関心をもつ立場やその保護のための方法のいずれにおいてもいまだ発展過程にあるとしても，第7章では，その主題が観光の特定の問題の理解に役立っていることが示された．たとえば，公共あるいは共同消費財と外部性の存在のために，市場の失敗の概念は，なぜ自然資源および人工資源をベースにした観光のそもそもの活力の源が需要の成長から脅威にさらされており，それをみたすために供給がなされた理由を説明している．この資源の自由に利用できる性質とそれを過度に利用することによって生じる自然破壊は，経済活動の他の分野と同様に，観光において解決されなければならない重要な問題である．

第7章では，経済原理と環境問題へのその潜在的な応用可能性が検証される一方，第8章議論では，持続的発展に関するリオの破壊を例に取って，声名を実行に移すことに集中した．この問題では，環境の保全に議論が集中し，それゆえに，その章では，市場では取引されない資源の評価に関する経済的方法や環境保全，そして究極的には，持続可能性を保証するために取られる政策手段に注意が払われた．環境分析のこれら2つの面を強調する正当性は，第1に，第7章で議論されたものと同様に，それらが経済学ならびに観光の問題を生じさせるということである．第2に，観光の文献の中では，観光の環境問題を解くためにそれらの関連を示すために十分に詳しくは考察されてはいないとの理由から，かなり広範な検討が必要とされる．

経済学における使用便益と非使用便益そして存在便益の評価に対して提唱される方法は，依然として発展しつつある．制限をもつとはいっても，ヘドニック・プライシング法，トラベルコスト法とコンティンジェントバリュエーション法の概念上の受け入れ可能性に関しては広範な同意がある一方，それらを応用する際にはいちじるしい技術上の難しさがある．その上，経験的証拠，研究の量は増えているにも関わらず，いまだつぎはぎだらけで説得力に欠けている．それゆえ，その方法が政策の策定や実施の助けになり，政策的に受け入れ可能な程洗練されたくましくなる以前に，進むべき重要な道が存在する．政策手段評価に関連して，このような問題は，単純に，価格ベースの手段かあるいは市場手段がすでに検証され，その効果が監視されているという理由から，基本的なものではない．それゆえ，観光利用に関

して自然および人工資源の需給をコントロールするための手段としてのそれらの限られた適用にかかわらず，適当な手段に対するそれ以上の研究への要求は弱い．

環境問題の考察で驚くことは，観光の中で現代のトレンドのインパクトがほとんど認められないことである．将来の観光活動水準に対して，長期目的としての持続可能な発展の教義の含意と短期における環境保全目的についての注目の欠如が存在する．ある意味では，このことは，その逆の効果を減らす任意の手段を提案する，その主題をもつ刊行物に示されている．環境経済学とその政策的処方は観光事業部門も観光文献もほとんど感銘を与えない．このことは，ある部分ではより干渉主義者の政策を採用する政策上の意思の欠如を反映したものであり，他の部分では，経済学が要求される治療活動の緊急性と範囲の双方をもたらすことに失敗したことからきたものである．したがって，環境経済学の技法の状態はその理論と方法との関係を示すには不十分であることよりも，重要性は低い．これ自体，応用経済学者が取り組む必要がある問題である．

全体として，本書は，観光の文脈の中で，いっそうの研究を保証する多くの分野の分析に光を当ててきた．単純から複雑へと進むことによって，型破りの生産物としての観光の性質とそれを完全に分析するために必要な経済的概念を論証するための試みがなされてきた．このテキストが観光経済学の完全な分析を提供してはいないことを認めながらも，望みは，将来の研究の出発点を構成することにある．その研究では，外部性，公共財，そしてただ乗りによって特徴づけられる不完全な国内と国際市場で一般に運営されている企業や産業の集団によって供給される合成生産物を観光者が需要するという事実を考慮するであろう．観光は明らかに経済的概念や方法を完全に検証している．だが，サービス部門経済とその中での観光の重要性へのグローバルな構造変化を与えられたものとして，観光現象の説明，予測，そして数量化への貢献がさらに必要とされる．経済学者の責任は，観光の理論および経験的分析の両方で彼らの主題とする概念や方法の妥当性を論証することである．同じように，他の分野における概念や方法も経済的視点から考慮すべきである．

参　考　文　献

(冒頭の番号の文献については末尾に訳本を呈示)

Aaronovitch, S. and Sawyer, M. (1975) *Big Business*, London: Macmillan.
Abowd, J. and Card, D.A. (1989) 'On the covariance structure of earnings and hours changes', *Econometrica*, 57: 411–445.
Adams, P.D. and Parmenter, B.R. (1995) 'An applied general equilibrium analysis of the economic effects of tourism in a quite small, quite open economy', *Applied Economics*, 27, 10: 985–994.
Adkins, L. (1995) *Gendered Work: Sexuality, Family and the Labour Market*, Buckingham and Philadelphia: Open University Press.
Aghion, P. and Howitt, P. (1992) 'A model of growth through creative destruction', *Econometrica*, 60, 2: 323–351.
—— (1995) 'Research and development in the growth process', *Journal of Economic Growth*, 1, 1: 49–74.
Aislabie, C.J. (1988a) 'Tourism issues in developing countries', in C.A. Tisdell, C.J. Aislabie and P.J. Stanton (eds) *Economics of Tourism: Case Study and Analysis*, University of Newcastle, New South Wales: Institute of Industrial Economics, 346–378.
—— (1988b) 'Economics and tourism: major issues in the literature', in C.A. Tisdell, C.J. Aislabie and P.J. Stanton (eds) *Economics of Tourism: Case Study and Analysis*, University of Newcastle, New South Wales: Institute of Industrial Economics, 15–38.
Alam, A. (1995) 'The new trade theory and its relevance to the trade policies of developing countries', *The World Economy*, 23, 8: 367–385.
Anderson, L.G. (1995) 'Privatizing open access fisheries: individual transferable quotas', in D.W. Bromley (ed.) *Handbook of Environmental Economics*, Oxford: Blackwell, 453–474.
Andronikou, A. (1987) 'Cyprus: management of the tourist sector', *Tourism Management*, 7, 2: 127–129.
Archer, B. (1973) *The Impact of Domestic Tourism*, Occasional Papers in Economics, no. 2, Bangor: University of Wales Press.
Archer, B.H. (1976) *Demand Forecasting in Tourism*, Occasional Papers in Economics, no. 9, Bangor: University of Wales Press.
—— (1977a) *Tourism Multipliers: The State of the Art*, Occasional Papers in Economics, no. 11, Bangor: University of Wales Press.
—— (1977b) *Tourism in the Bahamas and Bermuda: Two Case Studies*, Occasional Papers in Economics, no. 10, Bangor: University of Wales Press.
—— (1989) 'Tourism and island economies: impact analyses', in C.P. Cooper (ed.) *Progress in Tourism, Recreation and Hospitality Management*, vol 1, London: Belhaven.

—— (1995) 'Importance of tourism for the economy of Bermuda', *Annals of Tourism Research*, 22, 4: 918–930.
Archer, B.H. and Fletcher, J. (1996) 'The economic impact of tourism in the Seychelles', *Annals of Tourism Research*, 23, 1: 32–47.
Arrow, K.J. (1962) 'The economic implications of learning by doing', *Review of Economic Studies*, 29: 155–173.
—— (1975) 'Vertical integration and communication', *Bell Journal of Economics*, 6: 173–183.
Artus, J.R. (1972) 'An econometric analysis of international travel', *IMF Staff Papers*, 19: 579–614.
Asabere, P.K., Hachey, G. and Grubaugh, S. (1989) 'Architecture, historic zoning, and the value of homes', *Journal of Real Estate, Finance and Economics*, 2: 181–195.
Asian Development Bank (ADB) (1995) *Indonesia–Malaysia–Thailand Growth Triangle Development Project*, Regional Technical Assistance 5550, vol. VI Tourism, Manila: Asian Development Bank.
Ayres, R.U. and Kneese, A.V. (1989) 'Externalities: economies and thermodynamics', in F. Archibugi and P. Nijkamp (eds) *Economy and Ecology: Towards Sustainable Development*, Dordrecht: Kluwer.
Bachmann, P. (1988) *Tourism in Kenya: Basic Need for Whom?*, Berne: Peter Lang.
Bagguley, P. (1990) 'Gender and labour flexibility in hotels and catering', *Service Industries Journal*, 10: 737–747.
Bain, J.S. (1956) *Barriers to New Competition*, Cambridge, Mass.: Harvard University Press.
Balchin, P.N., Kieve, J.L. and Bull, G.H. (1988) *Urban Land Economics and Public Policy*, 4th Edn, London: Macmillan.
Barbier, E.B. (1992) 'Community-based development in Africa', in T.M. Swanson and E.B. Barbier (eds) *Economics for the Wilds*, London: Earthscan.
Baretje, R. (1982) 'Tourism's external account and the balance of payments', *Annals of Tourism Research*, 9, 1: 57–67.
—— (1987) 'La contribution nette du tourisme international a la balance des paiements', *Problems of Tourism*, 10, 4: 51–88.
—— (1988) 'Tourisme international de tiers monde l'enjeu des devises', *Teoros*, 7, 3: 10–14.
Barnett, H. (1979) 'Scarcity and growth revisited', in V.K. Smith (ed.) *Scarcity and Growth Reconsidered*, Baltimore, Md: Johns Hopkins University Press.
Barnett, H. and Morse, C. (1963) *Scarcity and Growth: The Economics of Natural Resource Availability*, Baltimore: Johns Hopkins University Press.
BarOn, R.R. (1979) 'Forecasting tourism – theory and practice', TTRA (Travel and Tourism Research Association) Tenth Annual Conference Proceedings, University of Utah.
—— (1983) 'Forecasting tourism by means of travel series over various time spans under specified scenarios', Third International Symposium on Forecasting.
Barro, R.J. (1990) 'Government spending in a simple model of endogenous growth', *Journal of Political Economy*, 98: S103–S125.
—— (1991) 'Economic growth in a cross-section of countries', *Quarterly Journal of Economics*, 106: 409–443.
Barro, R.J. and Sala-i-Martin, X. (1992) 'Public finance in models of economic growth', *Review of Economic Studies*, 54: 646–661.
Barry, K. and O'Hagan, K. (1971) 'An econometric study of British tourist expenditure in Ireland', *Economic and Social Review*, 3, 2: 143–161.
Basu, K. (1993) *Lectures in Industrial Organization Theory*, Oxford: Basil Blackwell.
Bateman, I.J., Willis, K.G., Garrod, G.D., Doktor, P., Langford, I. and Turner, R.K. (1992) 'Recreation and environmental preservation value of the Norfolk Broads:

a contingent valuation study', Unpublished Report, Environmental Appraisal Group, University of East Anglia.
Bateman, I.J., Willis, K.G. and Garrod, G. (1994) 'Consistency between contingent valuation estimates: a comparison of two studies of UK National Parks', *Regional Studies*, 28, 5: 457–474.
Baum, T. and Mudambi, R. (1995) 'An empirical analysis of oligopolistic hotel pricing', *Annals of Tourism Research*, 22, 3: 501–516.
Baumol, W.J. (1982) 'Contestable markets: an uprising in the theory of industry structure', *American Economic Review*, 72: 1–15.
Bechdolt Jr, B.V. (1973) 'Cross-sectional travel demand functions: US visitors to Hawaii, 1961–70', *Quarterly Review of Economics and Business*, 13: 37–47.
Beioley, S. (1995) 'Green tourism – soft or sustainable?', *Insights*, May: B75–B89.
Bennett, M.M. (1993) 'Information technology and travel agency: a customer service perspective', *Tourism Management*, 14,4: 259–66.
Berkes, F. (ed.) (1989) *Common Property Resources: Ecology and Community-Based Sustainable Development*, London: Belhaven.
Bird, R.M. (1992) 'Taxing tourism in developing countries', *World Development*, 20, 1145–1158.
Blackwell, D. (1996) 'Airtours chief will cut stake to aid carnival', *Financial Times*, 20 March.
Blinder, A.S. and Deaton, A.S. (1985) 'The time-series consumption revisited', *Brookings Papers on Economic Activity*, 465–521.
Blundell, R. (1991) 'Consumer behaviour: theory and empirical evidence – a survey', in A.J. Oswald (ed.) *Surveys in Economics*, vol. 2, Oxford: Basil Blackwell.
Blundell, R., Pashardes, P. and Weber, G. (1993) 'What do we learn about consumer demand patterns from micro data?', *American Economic Review*, 83, 3: 570–597.
Board, J., Sinclair, M.T. and Sutcliffe, C.M.S. (1987) 'A portfolio approach to regional tourism', *Built Environment*, 13, 2: 124–137.
Bockstael, N.E., McConnell, K.E. and Strand, I.E. (1991) 'Recreation', in J.B. Braden and C.D. Kolstad (eds) *Measuring the Demand for Environmental Quality*, New York: North-Holland.
Bote Gómez, V. (1988) *Turismo en espacio rural: rehabilitación del patrimonio sociocultural y de la economía local*, Madrid: Editorial Popular.
—— (1990) *Planificación económica del turismo: de una estrategia masiva a una artesanal*, Mexico: Editorial Trillas.
—— (1993) 'La necesaria revalorización de la actividad turística española en una economía terciarizada e integrada en la CEE', *Estudios Turísticos*, no. 118: 5–26.
Bote Gómez, V. and Sinclair, M.T. (1991) 'Integration in the tourism industry', in M.T. Sinclair and M.J. Stabler (eds) *The Tourism Industry: An International Analysis*, Wallingford: CAB International.
—— (1996) 'Tourism demand and supply in Spain', in M. Barke, M. Newton and J. Towner (eds) *Tourism in Spain: Critical Perspectives*, Wallingford: C.A.B. International.
Bote Gómez, V., Sinclair, M.T., Sutcliffe, C.M.S. and Valenzuela, M. (1989) 'Vertical integration in the British/Spanish tourism industry', in *Leisure, Labour and Lifestyles: International Comparisons, Tourism and Leisure. Models and Theories*, Proceedings of the Leisure Studies Association Second International Conference, Brighton, Conference Papers no. 39, 8, 1: 80–96.
Bote Gómez, V., Huescar, A. and Vogeler, C. (1991) 'Concentracíon e integración de las agencias de viajes españolas ante el Acta Unica Europea', *Papers de Turisme*, no. 5, 5–43, Instituto Turístico Valenciano, Valencia.
Boulding, K.E. (1966) 'The Economics of the coming Spaceship Earth', in H. Jarrett (ed.) *Environmental Quality in a Growing Economy*, Baltimore: Johns Hopkins University Press.

Brander, J.A. (1981) 'Intra-industry trade in identical commodities', *Journal of International Economics*, 11: 1–14.
Brander, J.A. and Krugman, P.R. (1983) 'A reciprocal dumping model of international trade', *Journal of International Economics*, 15: 313–321.
Braun, P.A., Constantinides, G.M. and Ferson, W.E. (1993) 'Time nonseparability in aggregate consumption: international evidence', *European Economic Review*, 37, 5: 897–920.
Breathnach, P., Henry, M., Drea, S. and O'Flaherty, M. (1994) 'Gender in Irish tourism employment', in V. Kinnaird and D. Hall (eds) *Gender: A Tourism Analysis*, Chichester: John Wiley.
Brierton, U.A. (1991) 'Tourism and the environment', *Contours*, 5, 4: 18–19.
Britton, S.G. (1980) 'A conceptual model of tourism in a peripheral economy', in D.G. Pearce (ed.) *Tourism in the South Pacific: the Contribution of Research to Development and Planning*, Christchurch: University of Canterbury.
—— (1982) 'The political economy of tourism in the third world', *Annals of Tourism Research*, 9, 3: 331–358.
Brockhoff, K. (1975) 'The performance of forecasting groups in computer dialogue and face to face discussion', in H.A. Limestone, and M. Turoff (eds) *The Delphi Method Techniques and Applications*, Reading, Mass.: Addison-Wesley.
Brooks, C., Cheshire, P.C., Evans, A.W. and Stabler, M.J. (1995) *The Economic and Social Value of the Conservation of Historic Buildings and Areas*, Report prepared for English Heritage, Department of National Heritage and Royal Institution of Chartered Surveyors, University of Reading: Department of Economics.
Brookshire, D., Eubanks, L. and Randall A. (1983) 'Estimating option price and existence values for wildlife resources', *Land Economics*, 59, 1: 1–15.
Brown, G. Jr., and Henry, W. (1989) *The Economic Value of Elephants*, London Environmental Economics Centre Paper 89–12, University College London.
Brozen, Y. (1971) 'Bain's concentration and rates of return revisited', *Journal of Law and Economics*, 14: 351–369.
Bryden, J.M. (1973) *Tourism and Development: A Case Study of the Commonwealth Caribbean*, Cambridge: Cambridge University Press.
Buchanan, J.M. (1968) *Demand and Supply of Public Goods*, Chicago, Ill.: Rand McNally.
Buckley, P.J. (1987) 'Tourism: an economic transactions analysis', *Tourism Management*, 8: 190–204.
Bull, A. (1991) *The Economics of Travel and Tourism*, Melbourne: Pitman.
Burkart, A.J. and Medlik, S. (1989) *Tourism: Past, Present and Future*, 2nd edn, London: Heinemann.
Burns, A.C. and Ortinau, D.J. (1979) 'Underlying perceptual patterns in husband and wife purchase decision influence assessments', *Advances in Consumer Research*, 6: 372–376.
Burns, P. and Cleverdon, R. (1995) 'Destination on the edge? The case of the Cook Islands', in M.V. Conlin and T. Baum (eds) *Island Tourism*, Chichester: John Wiley.
Burns, P. and Holden, A. (1995) *Tourism: A New Perspective*, London: Prentice Hall.
Burt, O. and Brewer, D. (1974) 'Estimation of net social benefits from outdoor recreation', *Econometrica*, 39: 813–827.
Butler, R.W. (1980) 'The concept of a tourist area cycle of evolution: implications for management of resources', *Canadian Geographer*, 14: 5–12.
Buttle, F. (1988) *Hotel and Food Science Marketing: A Managerial Approach*, London: Cassell.
Button, K. (ed.) (1991) *Airline Deregulation*, London: David Fulton.
Caballero, R.J. (1993) 'Durable goods: an explanation for their slow adjustment', *Journal of Political Economy*, 101, 2: 351–384.
Campbell, C.K. (1967) 'An approach to research in recreational geography', British Columbia Occasional Papers no. 7, Department of Geography, Vancouver: University of British Columbia.

Campbell, J.Y. and Mankiw, N.G. (1991) 'The response of consumption to income: a cross-country investigation', *European Economic Review*, 35: 715–721.
Carlton, D.W. (1979) 'Vertical integration in competitive markets under uncertainty', *Journal of Industrial Economics*, 27: 189–209.
Carson, R. (1963) *The Silent Spring*, London: Hamish Hamilton.
Casson, M.C. (1987) *The Firm and the Market*, Oxford: Basil Blackwell.
Castelberg-Koulma, M. (1991) 'Greek women and tourism: women's co-operatives as an alternative form of organization', in N. Redclift and M.T. Sinclair (eds) *Working Women: International Perspectives on Labour and Gender Ideology*, London and New York: Routledge.
Cater, E. (1993) 'Ecotourism in the third world: problems for sustainable tourism development', *Tourism Management*, 14, 2: 85–90.
Cater, E. and Goodall, B. (1992) 'Must tourism destroy its resource base?', in A.M. Mannion and S.R. Bowlby (eds) *Environmental Issues in the 1990s*, Chichester: John Wiley.
Cater, E. and Lowman, G. (eds) (1994) *Ecotourism: A Sustainable Option?*, Chichester: John Wiley.
Cazes, G. (1972) 'Le rôle du tourisme dans la croissance économique: reflexions a partir de trois examples antillais', *The Tourist Review*, 27, 3: 93–98 and 144–148.
Chadha, B. (1991) 'Wages, profitability and growth in a small open economy', *IMF Staff Papers*, 38, 1: 59–82.
Chakwin, N. and Hamid, N. (1996) 'The economic environment in Asia for investment', in C. Fry and C. Oman (eds) *Investing in Asia*, Paris: Organization for Economic Cooperation and Development.
Chamberlin, E.H. (1933) *The Theory of Monopolistic Competition*, Cambridge, Mass.: Harvard University Press.
Chant, S. (1997) 'Gender and tourism employment in Mexico and the Philippines', in M.T. Sinclair (ed.) *Gender, Work and Tourism*, London and New York: Routledge.
Cheshire, P.C. and Sheppard, S. (1995) 'On the price of land and the value of amenities', *Economica*, 62: 247–268.
Cheshire, P.C. and Stabler, M.J. (1976) 'Joint consumption benefits in recreational site "surplus": an empirical estimate', *Regional Studies*, 10: 343–351.
Chevas, J.P., Stoll, J. and Sellar, C. (1989) 'On the commodity value of travel time in recreational activities', *Applied Economics*, 21: 711–722.
Civil Aviation Authority (CAA) (1994) *Business Monitor*, July.
Clark, C.W. (1973) 'The economics of overexploitation', *Science*, 181: 630–634.
—— (1990) *Mathematical Bioeconomics: The Optimal Management of Renewable Resources*, 2nd edn, New York: Wiley.
Clarke, C.D. (1981) 'An analysis of the determinants of the demand for tourism in Barbados', Ph.D. thesis, Fordham University, USA.
Clarke, R. and Davies, S.W. (1982) 'Market structure and price-cost margins', *Economica*, 49: 277–288.
Clawson, M. and Knetsch, J.L. (1966) *Economics of Outdoor Recreation*, Baltimore: Johns Hopkins University Press.
Cleverdon, R. and Edwards, E. (1982) *International Tourism to 1990*, Cambridge: Abt Books.
Clewer, A., Pack, A. and Sinclair, M.T. (1990) 'Forecasting models for tourism demand in city-dominated and coastal areas', *European Papers of the Regional Science Association*, 69: 31–42.
—— (1992) 'Price competitiveness and inclusive tour holidays in European cities', in P. Johnson and B. Thomas (eds) *Choice and Demand in Tourism*, London: Mansell.

Coase, R.H. (1937) 'The nature of the firm', *Economica* (new series), 4: 386–405.
Coase, R. (1960) 'The problem of social cost', *Journal of Law and Economics*, 3: 1–44.
Cohen, E. (1978) 'Impact of tourism on the physical environment', *Annals of Tourism Research*, 5, 2: 215–237.
Combs, J.P., Kirkpatrick, R.C., Shogren, J.F. and Herriges, J.A.(1993) 'Matching grants and public goods: a closed-ended contingent valuation experiment', *Public Finance Quarterly*, 21, 2: 178–195.
Commission of the European Communities (1994) *Report by the Commission to the Council, to the European Parliament and the Economic and Social Committee on Community Measures affecting Tourism*, Council Decision 92/421/EEC, Brussels: Commission of the European Communities.
—— (1995a) *The Role of the Union in the Field of Tourism*, Commission Green Paper, COM (95)97, Brussels: Commission of the European Communities.
—— (1995b) *Consultation on the basis of the Green Paper: A Step further towards Recognition of Community Action to Assist Tourism, Forum on European Tourism*, Brussels: Commission of the European Communities.
—— (1996) *Proposal for a Council Decision on a First Multiannual Programme to Assist European Tourism 'Philoxenia' (1997–2000)*, COM(96)168, Brussels: Commission of the European Communities.
Common, M. (1973) 'A note on the use of the Clawson method', *Regional Studies*, 7: 401–406.
Conlin, M.V. and Baum, T. (1995) *Island Tourism*, Chichester: John Wiley.
Conrad, J.M. (1995) 'Bioeconomic models of the fishery', in D.W. Bromley (ed.) *Handbook of Environmental Economics*, Oxford: Blackwell.
Cook, S.D., Stewart, E. and Repass, K. (1992) *Discover America: Tourism and the Environment*, Washington, DC: Travel Industry Association of America.
Cooper, C.P. (ed.) (1989) *Progress in Tourism, Recreation and Hospitality Management*, vol. 1, London: Belhaven.
—— (ed.) (1990) *Progress in Tourism, Recreation and Hospitality Management*, vol. 2, London: Belhaven.
—— (ed.) (1991) *Progress in Tourism, Recreation and Hospitality Management*, vol. 3, London: Belhaven.
—— (1992) 'The life cycle concept and tourism', in P. Johnson and B. Thomas (eds) *Choice and Demand in Tourism*, London: Mansell.
Cooper, C.P. and Lockwood, A. (eds) (1992) *Progress in Tourism, Recreation and Hospitality Management*, vol. 4, London: Belhaven.
Cooper, C.P., Fletcher, J., Gilbert, D. and Wanhill, S. (1993) *Tourism: Principles and Practice*, London: Pitman.
Copeland, B.R. (1991) 'Tourism, welfare and de-industrialization in a small open economy', *Economica*, 58, 4: 515–529.
Cowling, K. and Waterson, M. (1976) 'Price-cost margins and market structure', *Economica*, 43: 267–274.
Crompton, J.L. (1979) 'Motivations for pleasure vacation', *Annals of Tourism Research*, 6, 4: 408–424.
Crutchfield, J.A. and Zellner, A. (1962) 'Economic aspects of the Pacific halibut fishery', *Fisher Industrial Research*, 1, 1.
Curry, S. (1982) 'The terms of trade and real import capacity of the tourism sector in Tanzania', *Journal of Development Studies*, 18, 4: 479–496.
Curry, S. and Morvaridi, B. (1992) 'Sustainable tourism: illustrations from Kenya, Nepal and Jamaica', in C.P. Cooper and A. Lockwood (eds) *Progress in Tourism, Recreation and Hospitality Management*, vol. 4, London: Belhaven.
Cyert, R.M. and March, J.G. (1963) *A Behavioural Theory of the Firm*, Englewood Cliffs, NJ: Prentice Hall.

Cyert, R.M. and Simon, H.A. (1983) 'The behavioural approach: with emphasis on economics', *Behavioural Science*, 28: 95–108.
Dalkey, N. and Helmer, O. (1963) 'An experimental application of the Delphi method of the use of experts', *Management Science*, 9, 3: 458–467.
Daly, H. (1977) *Steady State Economics*, San Francisco: Freeman.
D'Amore, L.J. (1992) 'Promoting sustainable tourism: the Canadian approach', *Tourism Management*, 13, 3: 258–262.
Daneshkhu, S. (1996) 'Inter-Continental gains four hotels in Malaysia', *Financial Times*, 9 September.
—— (1997) 'Travel agents join forces', *Financial Times*, 13 January.
Dann, G.M.S. (1981) 'Tourist motivation: an appraisal', *Annals of Tourism Research*, 8, 2: 187–219.
Dardin, R. (1980) 'The value of life: new evidence from the marketplace', *American Economic Review*, 70: 1077–1082.
Darnell, A., Johnson, P. and Thomas, B. (1992) 'Modelling visitor flows at the Beamish Museum', in P. Johnson and B. Thomas (eds) *Choice and Demand in Tourism*, London: Mansell.
Dasgupta, P. and Stiglitz, J. (1980) 'Industrial structure and the nature of innovative activity', *Economic Journal*, 90: 266–293.
Davidson, J.E., Hendry, D.F., Srba, F. and Yeo, S. (1978) 'Econometric modelling of the aggregate time-series relationship between consumers' expenditure and income in the United Kingdom', *Economic Journal*, 88: 661–92.
Davies, S. (1989a) 'Concentration', in S. Davies *et al.* (eds) *Economics of Industrial Organisation*, London and New York: Longman.
—— (1989b) 'Technical change, productivity and market structure', in S. Davies *et al.* (eds) *Economics of Industrial Organisation*, London and New York: Longman.
Davies, S., Lyons, B. with Dixon, H. and Gerowski, P. (1989) *Economics of Industrial Organisation*, London and New York: Longman.
Davis, H.L. (1970) 'Dimensions of marital roles in consumer decision-making', *Journal of Marketing Research*, 7: 168–177.
Davis, O.A. and Whinston, A.B. (1961) 'The economics of urban renewal', in J.Q. Wilson (ed.) *Urban Renewal: The Record and the Controversy*, Cambridge, Mass.: MIT Press.
Deaton, A.S. (1992) *Understanding Consumption*, Oxford: Clarendon Press.
Deaton, A.S. and Muellbauer, J. (1980a) 'An almost ideal demand system', *American Economic Review*, 70, 3: 312–26.
—— (1980b) *Economics and Consumer Behaviour*, Cambridge: Cambridge University Press.
Debbage, K.G. (1990) 'Oligopoly and the resort cycle in the Bahamas', *Annals of Tourism Research*, 17, 4: 513–527.
de Kadt, E. (1979) *Tourism: Passport to Development*, Oxford: Oxford University Press.
Delos Santos, J.S., Ortiz, E.M., Huang, E. and Secretario, F. (1983) 'Philippines', in E.A. Pye and T-b. Lin (eds) *Tourism in Asia: The Economic Impact*, Singapore: Singapore University Press.
de Mello Jr, L.R. and Sinclair, M.T. (1995) *Foreign Direct Investment, Joint Ventures and Endogenous Growth*, Studies in Economics no. 95/13, University of Kent at Canterbury.
Demsetz, H. (1969) 'Information and efficiency: another viewpoint', *Journal of Law and Economics*, 12, 1: 1–22.
—— (1974) 'Two systems of belief about monopoly', in H.J. Goldschmid, H.M. Mann and J.F. Weston (eds), *Industrial Concentration: The New Learning*, Boston, Mass.: Little, Brown.

Desvousges, W.S., Smith, V.K. and McGivney, M.P. (1983) *Comparison of Alternative Approaches for Estimating Recreation and Related Benefits of Water Quality Improvements*, US Environmental Protection Agency, EPA-230-05-83-001, Washington, DC.

Dharmaratne, G.S. (1995) 'Forecasting tourist arrivals in Barbados', *Annals of Tourism Research*, 22, 4: 804–818.

Diamond, D. and Richardson, R. (1996) *The Economic Significance of the British Countryside*, London: The Countryside Business Group.

Diamond, J. (1974) 'International tourism and the developing countries: a case study in failure', *Economica Internazionale*, 27, 3–4: 601–615.

—— (1977) 'Tourism's role in economic development: the case reexamined', *Economic Development and Cultural Change*, 25, 3: 539–53.

di Benedetto, C.A. and Bojanic, D.C. (1993) 'Tourism area life cycle extensions', *Annals of Tourism Research*, 20, 3: 557–570.

Dickie, M. and Gerking, S. (1991) 'Willingness to pay for ozone control: inferences from the demand for medical care', *Journal of Environmental Economics and Management*, 21; 1–16.

Dieke, P.U.C. (1993a) 'Tourism and development policy in The Gambia', *Annals of Tourism Research*, 20, 3: 423–449.

—— (1993b) 'Tourism in The Gambia: some issues in development policy', *World Development*, 21, 2: 277–289.

—— (1995) 'Tourism and structural adjustment programmes in the African economy', *Tourism Economics*, 1: 71–93.

Dietrich, M. (1994) *'Transaction Cost Economics and Beyond: Towards a New Economics of the Firm'*, Routledge: London.

Dingle, P.A.J.M. (1995) 'Practical green business', *Insights*, March: C35–C45.

Dixit, A.K. (1982) 'Recent developments in Oligopoly Theory', *American Economic Review Papers and Proceedings*, 72: 12–17.

Domar, E.D. (1946) 'Capital expansion, rate of growth and employment', *Econometrica*, 14: 137–147.

—— (1947) 'Expansion and employment', *American Economic Review*, 37, 1: 34–55.

Douglas, N. (1997) 'Applying the life cycle model to Melanesia', *Annals of Tourism Research*, 24, 1: 1–22.

Drexl, C. and Agel, P. (1987) 'Tour operators in West Germany: survey of the package tour market, the operators and how they sell', *Travel and Tourism Analyst*, May: 29–43.

Drobny, A. and Hall, S.G. (1989) 'An investigation of the long run properties of aggregate non-durable consumers' expenditure in the United Kingdom', *Economic Journal*, 99: 454–460.

Duesenberry, J.S. (1949) *Income, Saving and the Theory of Consumer Behavior*, Cambridge, Mass.: Harvard University Press.

Dunning, J.H. and McQueen, M. (1982a) *Transnational Corporations in International Tourism*, New York: United Nations Centre for Transnational Corporations.

—— (1982b) 'Multinational corporations in the international hotel industry', *Annals of Tourism Research*, 9, 1: 69–90.

Dwyer, L. and Forsythe, P. (1994) 'Foreign tourism investment: motivation and impact', *Annals of Tourism Research*, 21, 3: 512–537.

Eadington, W.R. and Redman, M. (1991) 'Economics and tourism', *Annals of Tourism Research*, 18, 1: 41–56.

East, M. (1994) 'Second tier operators strengthen the industry', *Travel Weekly*, 12 January.

Eber, S. (ed.) (1992) *Beyond the Green Horizon: Principles for Sustainable Tourism*, Godalming: World Wide Fund for Nature.

Economist, The (1996) 'Go to dreamland, forget the mosques', *The Economist*, 17 August.
Eggertson, T. (1990) *Economic Behaviour and Institutions*, New York: Cambridge University Press.
Elkington, J. and Hailes, J. (1992) *Holidays That Don't Cost the Earth*, London: Victor Gollancz.
Englin, J. and Mendelsohn, R. (1991) 'A hedonic travel cost analysis for valuation of multiple components of site quality: the recreational value of forest management', *Journal of Environmental Economics and Management*, 21: 275–290.
English, E.P. (1986) *The Great Escape? An Examination of North–South Tourism*, Ottawa: North–South Institute.
Evans, A.W.E. (1982) 'Externalities, rent seeking and town planning', Discussion Papers in Urban and Regional Economics no. 10, University of Reading: Department of Economics.
—— (1985) *Urban Economics. An Introduction*, Oxford: Basil Blackwell.
Evans, N. and Stabler, M.J. (1995) 'A future for the package tour operator in the 21st century?', *Tourism Economics*, 1, 3: 245–263.
Fairbairn-Dunlop, P. (1994) 'Gender, culture and tourism development in Western Samoa', in V. Kinnaird and D. Hall (eds) *Tourism: A Gender Analysis*, Chichester: John Wiley.
Farver, J.A.M. (1984) 'Tourism and employment in The Gambia', *Annals of Tourism Research*, 11, 2: 249–265.
Ferguson, P.R. and Ferguson, G.J. (1994) *Industrial Economics: Issues and Perspectives*, 2nd edn, London: Macmillan.
Figuerola Palomo, M. (1991) *Elementos para el Estudio de la Economía de la Empresa Turística*, Madrid: Editorial Sistesis.
Filiatrault, P. and Ritchie, J.R.B. (1980) 'Joint purchasing decisions: a comparison of influence structure in family and couple decision-making unit', *Journal of Consumer Research*, 7: 131–140.
Fish, M. (1982) 'Taxing international tourism in West Africa', *Annals of Tourism Research*, 9, 1: 91–103.
Fishbein, M. (1963) 'An investigation of the relationships between beliefs about an object and the attitude toward that object', *Human Relationships*, 16: 233–240.
Fitch, A. (1987) 'Tour operators in the UK: survey of the industry, its markets and product diversification', *Travel and Tourism Analyst*, March: 29–43.
Flavin, M. (1981) 'The adjustment of consumption to changing expectations about future income', *Journal of Political Economy*, 89: 974–1009.
Fletcher, J.E. (1986a) *The Economic Impact of International Tourism on the National Economy of the Republic of Palau*, Madrid: World Tourism Organization/United Nations Development Programme.
—— (1986b) *The Economic Impact of Tourism on Western Samoa*, Madrid: World Tourism Organization/United Nations Development Programme.
—— (1987) *The Economic Impact of International Tourism on the National Economy of the Solomon Islands*, Madrid: World Tourism Organization/United Nations Development Programme.
Fletcher, J.E. and Archer, B.H. (1991) 'The development and application of multiplier analysis', in C.P. Cooper (ed.) *Progress in Tourism, Recreation and Hospitality Management*, vol. 1, London: Belhaven.
Ford, D.A. (1989) 'The effect of historic district designation on single-family home prices', *AREUEA Journal*, 17, 3: 353–362.
Forrester, J.W. (1971) *World Dynamics*, Cambridge, Mass.: Allen Press.

Forsyth, T. (1995) 'Business attitudes to sustainable tourism: responsibility and self regulation in the UK outgoing tourism industry', Paper presented at the Sustainable Tourism World Conference, Lanzarote.
Foster, D. (1985) *Travel and Tourism Management*, London: Macmillan.
Freeman, C. (1979) 'Technical innovation and British trade performance', in F. Blackaby (ed.) *Deindustrialisation*, London: Heinemann International.
Friedman, M. (1957) *A Theory of the Consumption Function*, Princeton: Princeton, NJ: University Press.
—— (1968) 'The role of monetary policy', *American Economic Review*, 38: 1–17.
Fritz, R.G., Brandon, C. and Xander, J. (1984) 'Combining the time-series and econometric forecast of tourism activity', *Annals of Tourism research*, 11, 2: 219–229.
Fujii, E., Khaled, M. and Mak, J. (1985) 'The exportability of hotel occupancy and other tourist taxes', *National Tax Journal*, 38, 2: 169–177.
—— (1987) 'An empirical comparison of systems of demand equations: an application to visitor expenditure in resort destinations', *Philippine Review of Business and Economics*, 24, 1–2: 79–102.
Garrod, G. and Willis, K. (1990) 'Contingent valuation techniques: a review of their unbiasedness, efficiency and consistency', *Countryside Change Unit Working Paper*, no. 10, Newcastle-upon-Tyne: University of Newcastle.
—— (1991a) 'The environmental economic impact of woodland: a two-stage hedonic price model of the amenity value of forestry in Britain', *Applied Economics*, 24: 715–728.
—— (1991b) 'Some empirical estimates of forest amenity value', *Countryside Change Unit Working Paper*, no. 13. Newcastle-upon-Tyne: University of Newcastle.
—— (1991c) 'The hedonic price method and the valuation of the countryside characteristics', *Countryside Change Unit Working Paper*, no. 14. Newcastle-upon-Tyne: University of Newcastle.
Garrod, G., Pickering, A. and Willis, K. (1991) 'An economic estimation of the recreational benefit of four botanic gardens', *Countryside Change Unit Working Paper*, no. 25, Newcastle-upon-Tyne: University of Newcastle.
Garrod, G., Willis, K. and Saunders, C.M. (1994) 'The benefits and costs of the Somerset levels and moors ESA', *Journal of Rural Studies*, 10, 2: 131–145.
Getz, D. (1986) 'Models in tourism planning', *Tourism Management*, 7, 1: 21–32.
—— (1992) 'Tourism planning and destination life cycle', *Annals of Tourism Research*, 19, 4: 752–770.
Geurts, M.D. (1982) 'Forecasting the Hawaiian tourist market', *Journal of Travel Research*, 11, 1: 18–21.
Geurts, M.D. and Ibrahim, I.B. (1975) 'Comparing the Box-Jenkins approach with the exponentially smoothed forecasting model: application to Hawaii tourists', *Journal of Marketing Research*, 12: 182–188.
Global Environmental Management Initiative (GEMI) (1992) '*Environmental self-assessment based on the International Chamber of Commerce's Business Charter for Sustainable Development*', Washington, DC: GEMI.
Go, F. (1988) 'Key problems and prospects in the international hotel industry', *Travel and Tourism Analyst*, 1: 27–49.
—— (1989) 'International hotel industry: capitalizing on change', *Tourism Management*, 10, 3: 195–200.
Godbey, G. (1988) 'Play as a model for the study of tourism', Paper presented at the Leisure Studies Association 2nd International Conference, Leisure, Labour and Lifestyles: International Comparisons, June, Brighton: University of Sussex.
Gonzalez, P. and Moral, P. (1996) 'Analysis of tourism trends in Spain', *Annals of Tourism Research*, 23, 4: 739–754.

Goodall, B. (1987) 'Tourism and jobs in the United Kingdom', *Built Environment*, 15, 2: 78–91.

—— (1992) 'Environmental auditing for tourism', in C.P. Cooper and A. Lockwood (eds) *Progress in Tourism, Recreation and Hospitality Management*, vol. 4, London: Belhaven.

Goodall, B. and Ashworth, G.J. (eds) (1988) *Marketing in the Tourism Industry*, Beckenham: Croom Helm.

Goodall, B. and Stabler, M.J. (1994) 'Tourism-environment issues and approaches to their solution', in H. Voogd (ed.) *Issues in Environmental Planning*, London: Pion.

Gordon, H.S. (1954) 'The economic theory of a common property resource: the fishery', *Journal of Political Economy*, 62: 124–142.

Gordon, I.R. (1994) 'Crowding, competition and externalities in tourism development: a model of resort life cycles', *Geographical Systems*, 1: 289–308.

Gordon, I.R. and Goodall, B. (1992) 'Resort cycles and development processes', *Built Environment*, 18: 41–56.

Graburn, N.H.H. (1983) 'Tourism and prostitution', *Annals of Tourism Research*, 10: 437–443.

Gray, H.P. (1966) 'The demand for international travel by the United States and Canada', *International Economic Review*, 7, 1: 83–92.

—— (1970) *International Travel – International Trade*, Lexington, Mass.: D.C. Heath.

—— (1982) 'The contributions of economics to tourism', *Annals of Tourism Research*, 9, 1: 105–125.

—— (1984) 'Tourism theory and practice: a reply to Alberto Sessa', *Annals of Tourism Research*, 11: 286–289.

Green, H. and Hunter, C. (1992) 'The environmental impact assessment of tourism development', in P. Johnson and B. Thomas (eds) *Perspectives on Tourism Policy*, London: Mansell.

Green, H., Hunter, C. and Moore, B. (1990a) 'Application of the Delphi technique in tourism', *Annals of Tourism Research*, 17, 2: 270–279.

—— (1990b), 'Assessing the environmental impact of tourism development: Use of the Delphi technique', *Tourism Management*, 11, 2: 111–120.

Greenaway, D., Bleaney, M. and Stewart, I. (1996) *Guide to Modern Economics*, London and New York: Routledge.

Greenwood, D.J. (1976) 'Tourism as an agent of change', *Annals of Tourism Research*, 3: 128–142.

Grinstein, A. (1955) 'Vacations: a psycho-analytic study', *International Journal of Psycho-Analysis*, 36, 3: 177–185.

Grossman, G.M. and Helpman, E. (1990a) 'Comparative advantage and long run growth', *American Economic Review*, 80: 796–815.

—— (1990b) 'Trade, innovation, and growth', *American Economic Review*, 80: 86–91.

—— (1991) *Innovation and Growth in the Global Economy*, Cambridge, Mass.: MIT Press.

—— (1994) 'Endogenous innovations in the theory of growth', *Journal of Economic Perspectives*, 8: 23–44.

Grünthal, A. (1960) 'Foreign travel in the balance of payments', *The Tourist Review*, 1: 14–20.

Guerrier, Y. (1986) 'Hotel manager: an unsuitable job for a woman?', *The Service Industries Journal*, 6, 2: 227–240.

Gunadhi, H. and Boey, C.K. (1986) 'Demand elasticities of tourism in Singapore', *Tourism Management*, 7, 4: 239–253.

Gunn, C.A. (1988) *Tourism Planning*, New York: Taylor & Francis.

Hall, D.C. and Hall, J.V. (1984) 'Concepts and measures of natural resource scarcity', *Journal of Environmental Economics and Management*, 11: 369–370.

Hanley, N. (1988) 'Using contingent valuation to value environmental improvements', *Applied Economics*, 20: 541–549.
—— (1989) 'Problems in valuing environmental improvements resulting from agricultural policy changes: the case of nitrate pollution', *Discussion Paper* no. 89/1, University of Stirling: Economic Department.
Hanley, N. and Ruffell, R. (1992) 'The valuation of forest characteristics', *Queen's Discussion Paper*, 849.
—— (1993) 'The contingent valuation of forest characteristics: two experiments', *Journal of Agricultural Economics*, 44: 218–229.
Hanley, N. and Spash, C.L. (1993) *Cost Benefit Analysis and the Environment*, Aldershot, Hants: Edward Elgar.
Hannah, L. and Kay, J.A. (1977) *Concentration in Modern Industry: Theory, Measurement and the UK Experience*, London: Macmillan.
Hansen, L.T. and Hallam, A. (1991) 'National estimates of the recreational value of streamflow', *Water Resources Research*, 27, 2: 167–175.
Harrigan, K.R. (1985) 'Exit barriers and vertical integration', *Academy of Management Journal*, 28: 686–697.
Harrison, A.J.M. and Stabler, M.J. (1981) 'An analysis of journeys for canal-based recreation', *Regional Studies* 15, 5 : 345–358.
Harrison, D. (1992) 'International tourism and the less developed countries: the background', in D. Harrison (ed.) *Tourism and the Less Developed Countries*, London: Belhaven.
—— (1995) 'Development of tourism in Swaziland', *Annals of Tourism Research*, 22, 1: 135–156.
Harrod, R.F. (1939) 'An essay in dynamic theory', *Economic Journal*, 49: 14–33.
Hawkins, D.E., Shafer, E.L. and Rovelstad, J.M. (eds) (1980) *Tourism Marketing and Management Issues*, Washington, DC: George Washington University.
Hay, D.A. and Morris, D.J. (1991) *Industrial Economics and Organization: Theory and Evidence*, Oxford: Oxford University Press.
Hayashi, F. (1985) 'The effect of liquidity constraints on consumption: a cross-sectional analysis', *Quarterly Journal of Economics*, 100: 183–206.
Hayek, F.A. (1949) *Individualism and Economic Order*, London: Routledge & Kegan Paul.
Haberlein, T. and Bishop, R. (1986) 'Assessing the validity of contingent valuation: three experiments', *Science of the Total Environment*, 56: 99–107.
Heckman, J.J. (1974) 'Life-cycle consumption and labor supply: an exploration of the relationship between income and consumption over the life cycle', *American Economic Review*, 64: 188–194.
Helpman, E. and Krugman, P.R. (1993) *Market Structures and Foreign Trade*, Cambridge, Mass.: MIT Press.
Helu Thaman, K. (1992) 'Beyond Hula, hotels and handicrafts', *In Focus*, 4, Summer: 8–9.
Hemming, C. (1993) *Business Success from Seizing the Environmental Initiative*, London: Business and the Environment Practitioner Series, Technical Communications (Publishing).
Henderson, D.M. and Cousins, R.L. (1975) *The Economic Impact of Tourism: A Case Study of Greater Tayside*, Tourism and Recreation Research Unit, Research Report no. 13, University of Edinburgh.
Hendry, D.F. (1983) 'Econometric modelling: the "consumption function" in retrospect', *Scottish Journal of Political Economy*, 30: 193–220.
Hendry, D.F. and Mizon, G.E. (1978) 'Serial correlation as a convenient simplification, not a nuisance', *Economic Journal*, 88: 549–563.
Heng, T.M. and Low, L. (1990) 'The economic impact of tourism in Singapore', *Annals of Tourism Research*, 17, 2: 246–269.
Hennessy, S. (1994) 'Female employment in tourism development in south-west England', in V. Kinnaird and D. Hall (eds) *Tourism: A Gender Analysis*, Chichester: John Wiley.

Hicks, L. (1990) 'Excluded women: how can this happen in the hotel world?', *The Service Industries Journal*, 10, 2: 348–363.
Hill, J. (1992) *Towards Good Environmental Practice: A Book of Case Studies*, London: Institute of Business Ethics.
Hill, J., Marshall, I. and Priddey, C. (1994) *Benefiting Business and the Environment: Case Studies of Cost Savings and New Opportunities from Environmental Initiatives*, London: Institute of Business Ethics.
Hirschman, A.O. (1964) 'The paternity of an index', *American Economic Review*, 54: 761–762.
Hirshleifer, J. (1982) *Research in Law and Economics*, vol. 4, *Evolutionary Models in Economics and Law*, London: JAI Press.
Hodgson, A. (ed.) (1987) *The Travel and Tourism Industry*, Oxford: Pergamon.
Hohl, A. and Tisdell, C.A. (1993) 'How useful are environmental safety standards in economics? The example of safe minimum standards for protection of species', *Biodiversity and Conservation*, 2, 2: 168–181.
Holloway, J.C. (1994) *The Business of Tourism*, 4th edn, London: Pitman.
Holloway, J.C. and Plant, R.V. (1988) *Marketing for Tourism*, London: Pitman.
Horwath Consulting (1994) *United Kingdom Hotel Industry 1994*, London: Horwath International.
Hotelling, H. (1949) 'The economics of public recreation', *The Prewitt Report*, Land and Recreation Planning Division, National Park Service, US Department of the Interior, Washington, DC.
Hough, D.E. and Kratz, C.G. (1983) 'Can "good" architecture meet the market test?', *Journal of Urban Economics*, 14: 40–54.
Hughes, H.L. (1981) 'A tourism tax: the cases for and against', *International Journal of Tourism Management*, 2, 3: 196–206.
Hunter, C. and Green, H. (1995) *Tourism and the Environment: A Sustainable Relationship?*, London: Routledge.
Hymer, S.H. (1976) *The International Operations of National Firms: A Study of Direct Investment*, Cambridge, Mass.: MIT Press.
Inskeep, E. (1991) *Tourism Planning: An Integrated and Sustainable Approach*, The Hague: Van Nostrand Reinhold.
Institute of Business Ethics (IBE) (1994) *Benefiting Business and the Environment*, London: IBE.
Instituto Español de Turismo (1980) 'La balanza de pagos turística de España en 1977', *Estudios Turísticos*, 65: 91–115.
—— (1983) 'Balanza de pagos turística de España: años 1979 y 1980', *Estudios Turísticos*, 77–78: 133–157.
International Chamber of Commerce (ICC) (1991) *ICC Business Charter for Sustainable Development: Principles of Environmental Management*, Paris: ICC.
International Hotels Environment Initiative (IHEI) (1993) *Environmental Management for Hotels: The Industry Guide to Best Practice*, Oxford: Butterworth Heinemann.
International Union for Conservation of Nature (IUCN) (1980) *World Conservation Strategy*, Gland, Switzerland: IUCN.
Iso-Ahola, S.E. (1982) 'Towards a social psychological theory of tourism motivation: a rejoinder', *Annals of Tourism Research*, 9, 2: 256–261.
Jafari, J. (1987) 'Tourism models: the sociocultural aspects', *Tourism Management*, 8, 2: 151–159.
Jappelli, T. and Pagano, M. (1988) 'Liquidity constrained households in an Italian cross-section', Centre for Economic Policy Research Discussion Paper no. 257.
—— (1989) 'Consumption and capital market imperfections: an international comparison', *American Economic Review*, 79: 1088–1105.

Jefferson, A. (1990) 'Marketing in national tourist offices', in C.P. Cooper, (ed.) *Progress in Tourism, Recreation and Hospitality Management*, vol. 2, London: Belhaven.
Jefferson, A. and Lickorish, L. (1988) *Marketing Tourism: A Practical Guide*, Harlow: Longman.
Jeffrey, D. and Hubbard, N.J. (1988) 'Foreign tourism, the hotel industry and regional economic performance', *Regional Studies*, 22, 4: 319–329.
Jenner, P. and Smith, C. (1992) 'The tourism industry and the environment', Special Report 2453, London: Economist Intelligence Unit.
Johnson, P. and Ashworth, J. (1990) 'Modelling tourism demand: a summary review', *Leisure Studies*, 9, 2: 145–160.
Johnson, P. and Thomas, B. (1990) 'Measuring the local employment impact of a tourist attraction: an empirical study', *Regional Studies*, 24, 5: 395–403.
—— (1992a) *Choice and Demand in Tourism*, London: Mansell.
—— (1992b) *Perspectives on Tourism Policy*, London: Mansell.
Jong, H.W. de and Shepherd W.G. (eds) (1986) *Mainstreams in Industrial Organization*, Boston, Mass.: Kluwer.
Jundin, S. (1983) 'Barns uppfattning om konsumtion, sparande och arbete (Children's conceptions about consumption, saving and work)', Stockholm, The Stockholm School of Economics, EFI (doctoral dissertation, English summary).
Kahneman, D., Slovic, P. and Tversky, A. (1982) *Judgment under Uncertainty: Heuristics and Biases*, Cambridge: Cambridge University Press.
Kalecki, M. (1939) *Essays in the Theory of Economic Fluctuations*, London: Allen & Unwin.
Keane, M.J. (1997) 'Quality and pricing in tourism destinations', *Annals of Tourism Research*, 24, 1: 117–130.
Keogh, B. (1990) 'Public participation in community tourism planning', *Annals of Tourism Research*, 17, 3: 449–465.
Kent, P. (1990) 'People, places and priorities: opportunity sets and consumers' holiday choice', in G. Ashworth and B. Goodall (eds) *Marketing Tourism Places*, London: Routledge.
—— (1991) 'Understanding holiday choices', in M.T. Sinclair and M.J. Stabler (eds) *The Tourism Industry: An International Analysis*, Wallingford: CAB International.
Khan, H., Seng, C.F. and Cheong, W.K. (1990) 'Tourism multiplier effects in Singapore', *Annals of Tourism Research*, 17, 3: 408–418.
Kinnaird, V., Kothari, U. and Hall, D. (1994) 'Tourism: gender perspectives', in V. Kinnaird and D. Hall (eds) *Tourism: A Gender Analysis*, Chichester: John Wiley.
Kirchler, E. (1988) 'Household economic decision-making', in W.F. van Raaij, G.M. van Veldhoven and K-E. Wärneryd, *Handbook of Economic Psychology*, Dordrecht: Kluwer.
Kirker, C. (1994) 'Standardisation or specialistation: a happy medium?', Presentation to the Third Symposium on Tourism, Barcelona, 21 January.
Kirzner, I.M. (1973) *Competition and Entrepreneurship*, Chicago, Ill.: Chicago University Press.
Kliman, M.L. (1981) 'A quantitative analysis of Canadian overseas tourism', *Transportation Research*, 15A, 6: 487–497.
Kneese, A., Ayres, R. and d'Arge, R. (1970) *Economics and the Environment: A Materials Balance Approach*, Washington, DC: Resources for the Future.
Knudsen, O. and Parnes, A. (1975) *Trade Instability and Economic Development*, Lexington, Mass.: D.C. Heath.
Korca, P. (1991) 'Assessment of the environmental impacts of tourism', proceedings of an *International Symposium on the Architecture of Tourism in the Mediterranean*, Istanbul, Turkey: Yildiz University Press.

Kotler, P. (1991) *Marketing Management: Analysis, Planning, Implementation and Control*, London: Prentice Hall.
Kotler, P., Haider, D.H. and Rein, I. (1993) *Marketing Places*, New York: The Free Press.
Krippendorf, J. (1987) *The Holiday Makers*, London: Heinemann.
Krugman, P.R. (1980) 'Scale economies, product differentiation and the pattern of trade', *American Economic Review*, 70: 950–959.
—— (1989a) 'Industrial organization and international trade', in R. Schmalensee and R.D. Willig (eds) *Handbook of Industrial Organization*, Amsterdam: North Holland.
—— (1989b) 'New trade theory and the less developed countries', in G. Calvo and World Institute for Development Economics Research (eds) *Debt, Stabilization and Development*, Oxford: Basil Blackwell.
Lakatos, I. and Musgrave, A. (eds) (1970) *Criticism and the Growth of Knowledge*, Cambridge: Cambridge University Press.
Lancaster, K.J. (1966) 'A new approach to consumer theory', *Journal of Political Economy*, 84: 132–157.
Laws, E. (1991) *Tourism Marketing: Service and Quality Management Perspectives*, Cheltenham: Stanley Thornes.
Layard, R. (ed.) (1972) *Cost Benefit Analysis*, Harmondsworth: Penguin.
Lea, J. (1988) *Tourism and Development in the Third World*, London and New York: Routledge.
Lee, C-K., Var, T. and Blaine, T.W. (1996) 'Determinants of inbound tourist expenditures', *Annals of Tourism Research*, 23, 3: 527–542.
Lee, G. (1987) 'Tourism as a factor in development cooperation', *Tourism Management*, 8, 1: 2–19.
Lee, W. (1991) 'Prostitution and tourism in South-East Asia', in N. Redclift and M.T. Sinclair (eds) *Working Women: International Perspectives on Labour and Gender Ideology*, London and New York: Routledge.
Leiper, N. (1984) 'Tourism and leisure: the significance of tourism in the leisure spectrum', Proceedings of the twelfth New Zealand Geography Conference, Christchurch: New Zealand Geography Society.
Leontidou, L. (1994) 'Gender dimensions of tourism in Greece: employment, subcultures and restructuring', in V. Kinnaird and D. Hall (eds) *Tourism: A Gender Analysis*, Chichester: John Wiley.
Lerner, A.P. (1934) 'The concept of monopoly and the measurement of monopoly power', *Review of Economic Studies*, 1: 157–175.
Levine, M.E. (1987) 'Airline competition in deregulated markets: theory, firm strategy and public policy', *Yale Journal on Regulation*, 4: 393–494.
Lichfield, N. (1988) *Economics of Urban Conservation*, Cambridge: Cambridge University Press.
Liebenstein, H. (1950) 'Bandwagon, snob and Veblen Effects in the theory of consumers' demand', *Quarterly Journal of Economics*, 64, 2: 183–201.
Liebermann, M.B. and Montgomery, D.B. (1988) 'First-mover advantages', *Strategic Management Journal*, 9: 41–58.
Lin, T-b. and Sung, Y-W. (1983) 'Hong Kong', in E.A. Pye and T-b Lin (eds) *Tourism in Asia: The Economic Impact*, Singapore: Singapore University Press.
Lindberg, K. and Johnson, R.L. (1997) 'The economic values of tourism's social impacts', *Annals of Tourism Research*, 24, 1: 90–116.
Linder, S.B. (1961) *An Essay on Trade and Transformation*, London: John Wiley.
Liston, K. (1986) 'David and Goliath', *Courier*, November/December: 19–21.
Little, I.M.D. and Mirlees, J.A. (1974) *Project Appraisal and Planning for Developing Countries*, London: Heinemann.

Little, J.S. (1980) 'International travel in the UK balance of payments', *New England Economic Review*, May: 42–55.
Littlechild, S.C. (1986) *The Fallacy of the Mixed Economy*, 2nd edn, London: Institute of Economic Affairs.
Lockwood, M., Loomis, J. and DeLacy, T. (1993) 'A contingent valuation survey and benefit-cost analysis of forest preservation in East Gippsland, Australia', *Journal of Environmental Managment*, 38: 233–243.
Loeb, P.D. (1982) 'International travel to the United States: an econometric evaluation', *Annals of Tourism Research*, 9, 1: 7–20.
Loewenstein, G. (1987) 'Anticipation and the value of delayed consumption', *Economic Journal*, 97: 666–684.
Lombardi, P. and Sirchia, G. (1990) 'Il quarterre 16 IACF di Torino', in R. Roscelli (ed.) *Misurare Nell'Incertezza*, Turin: Celid.
Long, V.H. (1991) 'Government–industry–community interaction in tourism development in Mexico', in M.T. Sinclair and M.J. Stabler (eds) *The Tourism Industry: An International Analysis*, Wallingford: CAB International.
Long, V.H. and Kindon, S.L. (1997) 'Gender and tourism development in Balinese villages', in M.T. Sinclair (ed.) *Gender, Work and Tourism*, London and New York: Routledge.
Loomis, J.B., Creel, M. and Park, T. (1991) 'Comparing benefit estimates from travel cost and contingent valuation using confidence intervals from Hicksian welfare measures', *Applied Economics*, 23: 1725–1731.
Lozato, J.P. (1985) *Géographie du tourisme*, Paris: Masson.
Lucas Jr, R.E. (1972) 'Expectations and the neutrality of money', *Journal of Economic Theory*, 90: 103–124.
—— (1977) 'Understanding business cycles', in *Stabilization of the Domestic and International Economy*, Carnegie-Rochester Series on Public Policy, vol. 5: 7–30.
—— (1988) 'On the mechanics of economic growth', *Journal of Monetary Economics*, 22: 3–42.
Lundberg, D.E. (1989) *The Tourism Business*, New York: Van Nostrand Reinhold.
Lundberg, D.E., Krishnamoorthy, M. and Stavenga, M.H. (1995) *Tourism Economics*, New York: John Wiley.
Lundgren, J.O.J. (1982) 'The tourist frontier of Nouveau Quebec: functions and regional linkages', *Tourist Review*, 37, 2: 10–16.
Lyons, B. (1989) 'Barriers to entry', in S. Davies *et al.* (eds) *Economics of Industrial Organisation*, London and New York: Longman.
MaCurdy, T.E. (1982) 'The use of time-series processes to model the error structure of earnings in longitudinal data analysis', *Journal of Econometrics*, 18: 83–114.
Mak, J. and Nishimura, E. (1979) 'The economics of a hotel room tax', *Journal of Travel Research*, spring: 2–6.
Makridakis, S. (1986) 'The art and science of forecasting: an assessment and future directions', *International Journal of Forecasting*, 2, 1: 15–39.
March, J.G. (1962) 'The business firm as a political coalition', *Journal of Politics*, 24: 662–678.
March, J.G. and Simon, H.A. (1958) *Organizations*, New York: John Wiley.
Marglin, S.A. (1967) *Approaches to Dynamic Investment Planning*, Amsterdam: North Holland.
Martin, C.A. and Witt, S.F. (1987) 'Tourism demand forecasting models: choice of appropriate variable to represent tourists' cost of living', *Tourism Management*, 8, 3: 233–246.
—— (1988) 'Substitute prices in models of tourism demand', *Annals of Tourism Research*, 15, 2: 255–268.

—— (1989) 'Forecasting tourism demand: a comparison of the accuracy of several quantitative methods', *International Journal of Forecasting*, 5, 1: 1–13.
Martin, S. (1993) *Advanced Industrial Economics*, Cambridge, Mass.: Basil Blackwell.
Marx, K. (1967) *Capital* (centennial edition of *Das Kapital*, 1867), New York: International Publishers.
Maslow, A.H. (1954) *Motivation and Personality*, New York: Harper & Row.
—— (1968) *Towards a Psychology of Being*, 2nd edn, New York: Van Nostrand Reinhold.
Mason, E.S. (1957) *Economic Concentration and the Monopoly Problem*, Cambridge, Mass.: Harvard University Press.
Mathieson, A. and Wall, G. (1982) *Tourism: Economic, Physical and Social Impacts*, London: Longman.
McConnell, K.E. (1985) 'The economics of outdoor recreation', in A.V. Kneese and J.L. Sweeney (eds) *Handbook of Natural Resource and Energy Economics*, Amsterdam: North Holland, Elsevier Science.
McIntosh, R.W. and Goeldner, C.R. (1990) *Tourism Principles, Practices, Philosophy*, 6th edn, New York: John Wiley.
McVey, M. (1986) 'International hotel chains in Europe: survey of expansion plans as Europe is "rediscovered"', *Travel and Tourism Analyst*, September: 3–23.
Meadows, D.H., Meadows, D.L., Randers, J. and Behrens III, W.W. (1972) *The Limits of Growth: A Report for the Club of Rome's Project on the Predicament of Mankind*, London: Earth Island.
Means, G. and Avila, R. (1986) 'Econometric analysis and forecasts of US international travel: using the new TRAM model', *World Travel Overview, 1986/87*: 90–107.
—— (1987) 'An econometric analysis and forecast of US travel and the 1987 TRAM model update', *World Travel Overview, 1987/88*, 102–123.
Melville, J.A. (1995) 'Some empirical results for the airline and air transport markets of a small developing country', Ph.D. thesis, University of Kent at Canterbury.
Middleton, V.T.C. (1988) *Marketing in Travel and Tourism*, London: Heinemann.
Middleton, V.T.C. and Hawkins, R. (1993) 'Practical environmental policies in travel and tourism', *Travel and Tourism Analyst*, 6: 63–76, London: Economic Intelligence Unit.
Mill, R.C. and Morrison, A.M. (1985) *The Tourism System: An Introductory Text*, Englewood Cliffs, NJ: Prentice Hall.
Miossec, J.M. (1976) *Eléments pour une théorie de l'espace touristique*, Aix-en-Provence: Cahiers du Tourisme C–36, CHET.
Mishan, E.J. (1971) *Cost Benefit Analysis*, London: Allen & Unwin.
Mitchell, F. (1970) 'The value of tourism in East Africa', *East Africa Economic Review*, 2, 1: 1–21.
Mitchell, R.C. and Carson, R.T. (1989) *Using Surveys to Value Public Goods: The Contingent Valuation Method*, Washington, DC: Resources for the Future.
Mody, A. (1990) 'Institutions and dynamic comparative costs', *Cambridge Journal of Economics*, 14: 291–314.
Moeller, G.H. and Shafer, E.L. (1987) 'The Delphi technique: a tool for long-range tourism and travel planning', in J.R.B. Ritchie and C.R. Goeldner (eds) *Travel, Tourism and Hospitality Research*, New York: John Wiley.
Momsen, J. Henshall (1994) 'Tourism, gender and development in the Caribbean', in V. Kinnaird and D. Hall (eds) *Tourism: A Gender Analysis*, Chichester: John Wiley.
Monopolies and Mergers Commission (1989) *Thomson Travel Group and Horizon Travel Ltd.*, London: HMSO.
Moorhouse, J.C. and Smith, M.S. (1994) 'The market for residential architecture: 19th century row houses in Boston's South End', *Journal of Urban Economics*, 35: 267–277.

Mudambi, R. (1994) 'A Ricardian excursion to Bermuda: an estimation of mixed strategy equilibrium', *Applied Economics*, 26: 927–936.
Muroi, H. and Sasaki, N. (1997) 'Tourism and prostitution in Japan', in M.T. Sinclair (ed.) *Gender, Work and Tourism*, London and New York: Routledge.
Murphy, P.E. (1985a) *Tourism: A Community Approach*, New York: Methuen.
—— (1985b) 'Tourism and sustainable development', in W. Theobald (ed.) *Global Tourism: The Next Decade*, Oxford: Butterworth-Heinemann.
National Oceanic and Atmospheric Administration (NOAA) (1993) 'Report of the NOAA panel on contingent valuation', mimeo dated 12 January 1993, National Oceanic and Atmospheric Administration.
Nelson, C.R. and Plosser, C.I. (1982) 'Trends and random walks in macroeconomic time series', *Journal of Monetary Economics*, 10, 2: 139–162.
Nelson, R.R. and Winter, S.G. (1982) *An Evolutionary Theory of Economic Change*, Cambridge, Mass.: Harvard University Press.
Newbould, G. (1970) *Management and Merger Activity*, Liverpool: Guthstead.
Nijkamp, P. (1975) 'A multicriteria analysis for project evaluation: economic–ecological evaluation of a land reclamation project', *Papers of the Regional Science Association*, 35: 87–111.
—— (1988) 'Culture and region: a multidimensional evaluation of movements', *Environment and Planning B: Planning and Design*, 15: 5–14.
North, D.C. (1990) *Institutional Change and Economic Performance*, Cambridge: Cambridge University Press.
Norton, G.A. (1984) *Resource Economics*, London: Edward Arnold.
Obstfeld, M. (1990) 'Intertemporal dependence, impatience, and dynamics', *Journal of Monetary Economics*, 26: 45–75.
O'Hagan, J.W. and Harrison, M.J. (1984) 'Market shares of US tourist expenditure in Europe: an econometric analysis', *Applied Economics*, 16, 6: 919–931.
Oi, W.Y. and Hurter, A.P. (1965) *Economics of Private Truck Transportation*, Dubuque, Iowa: William C. Brown.
Oppermann, M. (1993) 'Tourism space in developing countries', *Annals of Tourism Research*, 20, 3: 535–556.
Opschoor, J.B. and Pearce, D.W. (eds) (1991) *Persistent Pollutants: Economics and Policy*, Dordrecht: Kluwer.
Opschoor, J.B. and Turner, R.K. (eds) (1993) *Environmental Economic and Policy Instruments: Principles and Practice*, Dordrecht: Kluwer.
Opschoor, J.B. and Vos, J. (1989) *Economic Instruments for Environmental Protection*, Paris: OECD.
Organization for Economic Co-operation and Development (OECD) (1981a) *The Impact of Tourism on the Environment*, Paris: OECD.
—— (1981b) *Case Studies of the Impact of Tourism on the Environment*, Paris: OECD.
O'Riordan, T. (1992) 'The precautionary principle in environmental management', GEC 92–103, CSERGE Working Paper, University of East Anglia and University College London.
Outbound Travel Industry Digest (1994) 4 February.
Pack, A. and Sinclair, M.T. (1995a) *Tourism, Conservation and Sustainable Development, Indonesia*, Report for the Overseas Development Administration, London.
—— (1995b) *Tourism, Conservation and Sustainable Development, India*, Report for the Overseas Development Administration, London.
Pack, A., Clewer, A. and Sinclair, M.T. (1995) 'Regional concentration and dispersal of tourism demand in the UK', *Regional Studies*, 29, 6: 570–576.
Paelinck, J.H.P. (1976) 'Qualitative multiple criteria analysis, environmental protection and multiregional development', *Papers of the Regional Science Association*, 36: 59–74.

Page, S.J. (1993) 'Highlight on the Channel Tunnel', *Tourism Management*, 14, 6: 419–423.
—— (1994) *Transport for Tourism*, London and New York: Routledge.
Page, S.J. and Sinclair, M.T. (1989) 'Tourism and accommodation in London: alternative policies and the Docklands experience', *Built Environment*, 15, 2: 125–137.
—— (1992a) 'The Channel Tunnel and tourism markets in the 1990s', *Travel and Tourism Analyst*, February: 5–32.
—— (1992b) 'The Channel Tunnel: an opportunity for London's tourism industry?', *Tourism Recreation Research*, 17, 2: 57–70.
Pattison, T. (1992) *The Future for the Coach Industry*, Insights, no. 5 London: English Tourist Board.
Pawson, I.G., Stanford, D.D., Adams, V.A. and Nurbu, M. (1984) 'Growth of tourism in Nepal's Everest region: impact on the physical environment and structure of human settlements', *Mountain Research and Development*, 4, 3: 237–246.
Pearce, D.G. (1987) *Tourism Today: A Geographical Analysis*, Harlow: Longman.
—— (1989) *Tourist Development*, 2nd edn, Harlow: Longman.
Pearce, D.G. and Butler, R.W. (eds) (1993) *Tourism Research: Critiques and Challenges*, London: Routledge.
Pearce, D.W. (1976) *Environmental Economics*, London: Longman.
—— (1993) 'Sustainable development', in D.W. Pearce (ed.) *Ecological Economics: Essays in the Theory and Practice of Environmental Economics*, London: Edward Elgar.
Pearce, D.W. and Nash, C.A. (1981) *The Social Appraisal of Projects*, London: Macmillan.
Pearce, D.W. and Turner, R.K. (1990) *Economics of Natural Resources and the Environment*, London and New York: Harvester Wheatsheaf.
Pearce, D.W., Markandya, A. and Barbier, E.B. (1989) *Blueprint for a Green Economy*, London: Earthscan.
Pearce, P.L. (1982) *The Social Psychology of Tourist Behaviour*, Oxford: Pergamon.
Peltzman, S. (1977) 'The gains and losses from industrial concentration', *Journal of Law and Economics*, 20: 229–263.
Pischke, J-S. (1991) 'Individual income, incomplete information and aggregate consumption', Industrial Relations Section working paper no. 289, Princeton University, NJ.
Pizam, A. and Calantone, R. (1987) 'Beyond psychographics: values as determinants of tourist behaviour', *International Journal of Hospitality Management*, 6, 3: 177–181.
Plog, S.C. (1973) 'Why destination areas rise and fall in popularity', *Cornell HRA Quarterly*, November: 13–16.
—— (1987) 'Understanding psychographics in tourism research', in J.R. Brent Ritchie and C.R. Goeldner (eds) *Travel, Tourism and Hospitality Research: A Handbook for Managers and Researchers*, New York: John Wiley.
Pollard, H.J. (1976) 'Antigua, West Indies: an example of the operation of the multiplier process arising from tourism', *Revue de Tourisme*, 3: 30–34.
Poon, A. (1988) 'Innovation and the future of Caribbean tourism', *Tourism Management*, 9, 3: 213–220.
Posner, M.W. (1961) 'International trade and technical change', *Oxford Economic Papers*, 13: 323–341.
Prais, S.J. (1976) *The Evolution of Giant Firms in Britain*, National Institute of Economic and Social Research, Economic and Social Studies, 30, Cambridge: Cambridge University Press.
Puhipan (1994) 'Boycott paradise', *In Focus*, 12, summer: 10–11.
Purcell, K. (1997) 'Women's employment in UK tourism: gender roles and labour markets', in M.T. Sinclair (ed.) *Gender, Work and Tourism*, London and New York: Routledge.

Pyo, S.S., Uysal, M. and McLellan, R.W. (1991) 'A linear expenditure model for tourism demand', *Annals of Tourism Research*, 18: 443–454.
Qualls, W.J. (1982) 'Changing sex roles: its impact upon family decision making', *Advances in Consumer Research*, 9: 151–162.
Quayson, J. and Var, J. (1982) 'A tourism demand function for the Okanagan, BC', *Tourism Management*, 3, 2: 108–115.
Randall, A. (1993) 'The problem of market failure', in R. Dorfman and N.S. Dorfman (eds) *Economics of the Environment*, 3rd edn, New York: Norton.
Randall, J. (1986) 'European airlines move into hotels. survey of the leading carriers' expanding hotel interests', *Travel and Tourism Analyst*, July: 45–54.
Rao, A. (1986) *Tourism and Export Instability in Fiji*, Occasional Papers in Economic Development no. 2, Faculty of Economic Studies, University of New England, Australia.
Redefining Progress (1995) *The Genuine Progress Indicator: Summary of Data and Methodology*, San Francisco: Redefining Progress.
Reekie, W.D. (1984) *Markets, Entrepreneurs and Liberty: An Austrian View of Capitalism*, Brighton: Wheatsheaf.
Reinganum, J. (1989) 'The timing of innovation: research development and diffusion', in R. Schmalensee and R.D. Willig (eds) *Handbook of Industrial Organization*, vol. 1, Amsterdam: North Holland.
Richardson, H.W. (1972) *Input–Output and Regional Economics*, London: Weidenfeld & Nicolson.
Ritchie, J.R.B. and Goeldner, C.R. (eds) (1987) *Travel, Tourism and Hospitality Research: A Handbook for Managers and Researchers*, New York: John Wiley.
Rivera-Batiz, L.A. and Romer, P.M. (1991) 'Economic integration and endogenous growth', *Quarterly Journal of Economics*, 106: 531–555.
Robinson, H. (1976) *A Geography of Tourism*, London: MacDonald & Evans.
Rodrik, D. (1995) 'Getting intervention right: how South Korea and Taiwan grew rich', *Economic Policy*, 20: 53–107.
Romer, P.M. (1986) 'Increasing returns and long-run growth', *Journal of Political Economy*, 94: 1002–1037.
—— (1994) 'The origins of endogenous growth', *Journal of Economic Perspectives*, 8: 3–22.
Romeril, M. (1989) 'Tourism and the environment: accord or discord', *Tourism Management*, 10, 3: 204–208.
Roscelli, R. and Zorzi, F. (1990) 'Valutazione di progetti di riqualificazione urbana', in R. Roscelli (ed.) *Misurare Nell'Incertezza*, Turin: Celid.
Rosen, S. (1974) 'Hedonic prices and implicit markets: production differentiation in pure competition', *Journal of Political Economy*, 82, 1: 34–55.
Rosenberg, M. (1956) 'Cognitive structure and attitudinal effect', *Journal of Abnormal and Social Psychology*, 53: 367–372.
Ryan, C. (1991) 'UK package holiday industry', *Tourism Management*, 12, 1: 76–77.
Saaty, R.W. (1987) 'The analytic hierarchy process: what it is and how it is used', *Mathematical Modelling*, 9: 161–176.
Sadler, P., Archer, B.H. and Owen, C. (1973) *Regional Income Multipliers*, Occasional Papers in Economics, no. 1, Bangor: University of Wales Press.
Sakai, M.Y. (1988) 'A micro-analysis of business travel demand', *Applied Economics*, 20: 1481–1496.
Salop, S.C. (1979a) 'Monopolistic competition with outside goods', *Bell Journal of Economics*, 10: 141–156.
—— (1979b) 'Strategic entry deterrence', *American Economic Review Papers and Proceedings*, 69: 335–338.
Samuelson, P. (1948) 'International trade and the equalization of factor prices', *Economic Journal*, 58: 163–184.

—— (1949) 'International factor price equalization once again', *Economic Journal*, 59: 181–197.
Sargent, T. and Wallace, N. (1976) 'Rational expectations and the theory of economic policy', *Journal of Monetary Economics*, 2: 169–183.
Schaeffer, P.V. and Millerick, C.A. (1991) 'The impact of historic district designation on property values: an empirical study', *Economic Development Quarterly*, 5, 4: 301–312.
Scherer, F.M. (1967) 'Research and development resource allocation under rivalry', *Quarterly Journal of Economics*, 81: 359–394.
—— (1970) *Industrial Pricing: Theory and Evidence*, Chicago, Ill.: Rand McNally.
Schmalensee, R. (1972) *The Economics of Advertising*, Amsterdam: North Holland.
Schmalensee, R. and Willig, R.D. (eds) (1989) *Handbook of Industrial Organization*, vols 1 and 2, Amsterdam: North Holland.
Schmoll, G.A. (1977) *Tourism Promotion*, London: Tourism International Press.
Schumacher, E.F. (1973) *Small is Beautiful: A Study of Economics as if People Mattered*, London: Blond & Briggs.
Schwaninger, M. (1989) 'Trends in leisure and tourism for 2000 to 2010: scenario with consequences for planners', in S.F. Witt and L. Moutinho (eds) *Tourism Marketing and Management Handbook*, Hemel Hempstead: Prentice Hall.
Scott, A.D. (1955) 'The fishery: the objective of sole ownership', *Journal of Political Economy*, 63: 124–142.
Scott, J. (1997) 'Chances and choices: women and tourism in Northern Cyprus', in M.T. Sinclair (ed.) *Gender, Work and Tourism*, London and New York: Routledge.
Scottish Tourist Board (1993) *Going Green: Guideline for the Scottish Tourism Industry*, Edinburgh: Scottish Tourist Board.
Seaton, A.V. (ed.) (1994) *Tourism: The State of the Art*, Chichester: John Wiley.
Seely, R.L., Iglarsh, H.J. and Edgell, D.L. (1980) 'Utilizing the Delphi technique at international conferences: a method for forecasting international tourism conditions', *Travel Research Journal*, 1: 30–35.
Sen, A. (1979) 'Rational fools', in F. Hahn and M. Hollis (eds) *Philosophy and Economic Theory*, Oxford: Oxford University Press.
Sessa, A. (1983) *Elements of Tourism Economics*, Rome: Catal.
—— (1984) 'Comments on Peter Gray's "The contribution of economics to tourism"', *Annals of Tourism Research*, 11: 283–302.
Shafer, E.L., Moeller, G.H. and Getty, R.E. (1974) *Future Leisure Environment*, Forest Research Paper NE-301, USDA Forest Experiment Station, Pennsylvania.
Shaw, G. and Williams, A.M. (1994) *Critical Issues in Tourism*, Oxford: Basil Blackwell.
Shaw, S. (1987) *Airline Marketing and Management*, London: Pitman.
Shelby, B. and Heberlein, T.A. (1984) 'A conceptual framework for carrying capacity determination', *Leisure Sciences*, 6, 4: 433–451.
Sheldon, P.J. (1986) 'The tour operator industry: an analysis', *Annals of Tourism Research*, 13, 3: 349–365.
—— (1990) 'A review of tourism expenditure research', in C.P. Cooper (ed.) *Progress in Tourism, Recreation and Hospitality Management*, vol. 2, London: Belhaven.
—— (1994) 'Tour operators', in S.F. Witt and L. Moutinho (eds) *Tourism Management and Marketing Handbook*, 2nd edn, Hemel Hempstead: Prentice Hall.
Simon, H.A. (1955) 'A behavioural model of rational choice', *Quarterly Journal of Economics*, 69: 99–118.
—— (1957) *Models of Man*, New York: Wiley.
—— (1979) 'Rational decision making in business organizations', *American Economic Review*, 69: 493–514.
Sinclair, M.T. (1990) *Tourism Development in Kenya*, Washington, DC: World Bank.
—— (1991a) 'The economics of tourism', in C.P. Cooper (ed.) *Progress in Tourism, Recreation and Hospitality Management*, vol. 3, London: Belhaven.

—— (1991b) 'The tourism industry and foreign exchange leakages in a developing country', in M.T. Sinclair and M.J. Stabler (eds) *The Tourism Industry: An International Analysis*, Wallingford: CAB International.
—— (1991c) 'Women, work and skill: economic theories and feminist perspectives, in N. Redclift and M.T. Sinclair (eds) *Working Women: International Perspectives on Labour and Gender Ideology*, London and New York: Routledge.
—— (1992a) 'Tourism, economic development and the environment: problems and policies', in C.P. Cooper and A. Lockwood (eds) *Progress in Tourism, Recreation and Hospitality Management*, vol. 4, London: Belhaven.
—— (1992b) 'Tour operators and tourism development policies in Kenya', *Annals of Tourism Research*, 19, 3: 555–558.
—— (1997a) *Tourism and Economic Development: A Survey*, Studies in Economics, 97/3, University of Kent at Canterbury.
—— (ed.) (1997b) *Gender, Work and Tourism*, London and New York: Routledge.
—— (1997c) 'Issues and theories of gender and work in tourism', in M.T. Sinclair (ed.) *Gender, Work and Tourism*, London and New York: Routledge.
Sinclair, M.T. and Bote Gómez, V. (1996) 'Tourism, the Spanish economy and the balance of payments', in M. Barke, M. Newton and J. Towner (eds) *Tourism in Spain: Critical Perspectives*, Wallingford: CAB International
Sinclair, M.T. and Page, S.J. (1993) 'The Euroregion: a new framework for tourism and regional development', *Regional Studies*, 27, 5: 475–483.
Sinclair, M.T. and Stabler, M.J. (eds) (1991) *The Tourism Industry: An International Analysis*, Wallingford: CAB International.
Sinclair, M.T. and Sutcliffe, C.M.S. (1978) 'The first round of the Keynesian income multiplier', *Scottish Journal of Political Economy*, 25, 2: 177–186.
—— (1988a) 'The estimation of Keynesian income multipliers at the sub-national level', *Applied Economics*, 20, 11: 1435–1444.
—— (1988b) 'Negative multipliers: a case for disaggregated estimation, *Tijdschrift Voor Economische en Sociale Geografie*, 79, 2: 104–107.
—— (1989a) 'Truncated income multipliers and local income generation over time', *Applied Economics*, 21, 12: 1621–1630.
—— (1989b) 'The economic effects on destination areas of foreign involvement in the tourism industry: a Spanish application', in B. Goodall and G. Ashworth (eds) *Marketing in the Tourism Industry: The Promotion of Destination Regions*, Beckenham: Croom Helm.
Sinclair, M.T. and Tsegaye, A. (1990) 'International tourism and export instability', *Journal of Development Studies*, 26, 3: 487–504.
Sinclair, M.T. and Vokes, R. (1992) 'The economics of tourism in Asia and the Pacific', in M. Hitchcock, V.T. King and M. Parnwell (eds) *Tourism in South-East Asia: Theory and Practice*, London and New York: Routledge.
Sinclair, M.T., Alizadeh, P. and Atieno Adero Onunga, E. (1992) 'The structure of international tourism and tourism development in Kenya', in D. Harrison (ed.) *Tourism and the Less Developed Countries*, London: Belhaven.
Sinclair, M.T., Clewer, A. and Pack, A. (1990) 'Hedonic prices and the marketing of package holidays', in G. Ashworth and B. Goodall (eds) *Marketing Tourism Places*, London and New York: Routledge.
—— (1994) 'Estrategias del turismo metropolitano: el caso de Londres', *Estudios Turísticos*, 124: 15–30.
Sindiyo, D.M. and Pertet, F.N. (1984) 'Tourism and its impact on wildlife in Kenya', *Industry and Environment*, 7, 1: 14–19.
Slovic, P., Fischoff, B. and Lichtenstein, S. (1977) 'Behavioural decision theory', *Annual Review of Psychology*, 28: 1–39.

Smeral, E. (1988) 'Tourism demand, economic theory and econometrics: an integrated approach', *Journal of Travel Research*, 26, 4: 38–43.
Smeral, E. and Witt, S.F. (1996) 'Econometric forecasts of tourism demand to 2005', *Annals of Tourism Research*, 23, 4: 891–907.
Smith, A. (1994) 'Imperfect competition and international trade', in D. Greenaway and L.A. Winters (eds) *Surveys in International Trade*, Oxford: Basil Blackwell.
Smith, C. and Jenner, P. (1984) 'Tourism and the environment', *Travel and Tourism Analyst*, 5: 68–86.
Smith, S.L.J. (1983) *Recreation Geography*, London: Longman.
—— (1989) *Tourism Analysis: A Handbook*, Harlow: Longman.
Smith, V.K. and Desvouges, W. (1986) *Measuring Water Quality Benefits*, Boston, Mass.: Kluwer.
Smith, V.K., Palmquist, R.B. and Jakus, P. (1991) 'Combining Farrel frontier and hedonic travel cost models for valuing estuarine quality', *Review of Economics and Statistics*, 63, 4: 694–699.
Smith, V.L. (1968) 'Economics of production from natural resources', *American Economic Review*, 58, 3: 409–431.
—— (ed.) (1989) *Hosts and Guests: The Anthropology of Tourism*, Philadelphia: University of Pennsylvania Press.
Socher, K. (1986) 'Tourism in the theory of international trade and payments', *The Tourist Review*, 3: 24–26.
Solow, R.M. (1956) 'A contribution to the theory of economic growth', *Quarterly Journal of Economics*, 70: 65–94.
Song, B-N. and Ahn, C-Y. (1983) 'Korea', in E.A. Pye and T-b. Lin (eds) *Tourism in Asia: The Economic Impact*, Singapore: Singapore University Press.
Spence, A.M. (1977) 'Entry, capacity, investment and oligopolistic pricing', *Bell Journal of Economics*, 8: 534–544.
Stabler, M.J. (1995a) 'Research in progress on the economic and social value of conservation' in P. Burman, R. Pickard and S. Taylor (eds) *The Economics of Architectural Conservation*, York: Institute of Advanced Architectural Studies, University of York.
—— (1995b) 'Sustainability? What is in it for us? An economic view of how to encourage heritage and tourism enterprises to change their management strategies and methods to attain environmental goals', Paper presented at the Heritage Interpretation Fourth International Global Conference, Barcelona, March.
—— (1996a) 'The emerging new world of leisure quality: does it matter and can it be measured?', in M. Collins (ed.) *Leisure in Different Words*, vol. 2, *Leisure in Industrial and Post-Industrial Societies*, Eastbourne: Leisure Studies Association.
—— (1996b) 'Managing the leisure natural resource base: utter confusion or evolving consensus?' Paper presented at the World Leisure and Recreation Association Fourth World Congress, Free Time and the Quality of Life for the 21st Century, Cardiff, July.
—— (1996c) 'The role of land-use planning in sustaining tourism natural resources: an economic perspective', Paper presented at the Sixth International Symposium on Society and Resource Management: Social Behaviour, Natural Resources and the Environment, Pennsylvania State University, May.
Stabler, M.J. and Goodall, B. (1992) 'Environmental auditing in the quest for sustainable tourism: the destination perspective', Papers and proceedings of conference, Tourism in Europe, University of Durham, July.
—— (1996) 'Environmental auditing in planning for sustainable island tourism', in L. Briguglio, B. Archer, J. Jafari and G. Wall *Sustainable Tourism in Islands and Small States: Issues and Policies*, London: Pinter (Cassell).

—— (1997) 'Environmental awareness, action and performance in the tourism industry: a case study of the hospitality sector in Guernsey', *Tourism Managment*, 18, 1: 19–33.
Stacey, B.G. (1982) 'Economic socialization in the pre-adult years', *British Journal of Social Psychology*, 21: 159–173.
Stavins, R. (ed.) (1988) *Project 88: Harnessing Market Forces to Protect Our Environment*, Public Policy Study sponsored by Senators Wirth and Heinz, Washington, DC.
Stiglitz, J.E. (1989) 'Imperfect information in the product market', in R. Schmalensee and R.D. Willig (eds) *Handbook of Industrial Organization*, vol. 1, Amsterdam: North Holland.
Stoneman, P. (1983) *The Economic Analysis of Technological Change*, Oxford: Oxford University Press.
Stronge, W.B. and Redman, M. (1982) 'US tourism in Mexico: an empirical analysis', *Annals of Tourism Research*, 9, 1: 21–35.
Sutcliffe, C.M.S. and Sinclair, M.T. (1980) 'The measurement of seasonality within the tourist industry: an application of tourist arrivals in Spain', *Applied Economics*, 12, 4: 429–441.
Swain, M. Byrne (ed.) (1995) 'Gender in Tourism', special issue, *Annals of Tourism Research*, 22, 2.
Syriopoulos, T. (1995) 'A dynamic model of demand for Mediterranean tourism', *International Review of Applied Economics*, 9, 3: 318–336.
Syriopoulos, T. and Sinclair, M.T. (1993) 'An econometric study of tourism demand: the AIDS model of US and European tourism in Mediterranean countries', *Applied Economics*, 25, 12: 1541–1552.
Tan, L. (1992) 'A Heckscher-Ohlin approach to changing comparative advantage in Singapore's manufacturing sector', *Weltwirtschaftliches Archiv*, 128: 288–309.
Taylor, P. (1997) 'Mixed strategy pricing behaviour in the UK package tour industry', *International Journal of the Economics of Business*, 4: 3.
Telfer, D.J. and Wall, G. (1996) 'Linkages between tourism and food production', *Annals of Tourism Research*, 23, 3: 635–653.
Teye, V.B. (1988) 'Prospects for regional tourism cooperation in Africa', *Tourism Management*, 9, 3: 221–234.
Theuns, H.L. (1991) *Third World Tourism Research 1950–1984: A Guide to the Literature*, Frankfurt: Peter Lang.
Thurot, J.M. (1980) *Capacité de chargé et production touristique*, Etudes et Memoires, 43, Centre de hautes etudes touristiques, Aix-en-Provence.
Tietenberg, T. (1988) *Environmental and Natural Resource Economics*, 2nd edition, Glenview, Ill.: Scott, Foresman.
Tirole, J. (1988) *The Theory of Industrial Organization*, Cambridge, Mass.: MIT Press.
Tisdell, C.A., Aislabie, C.J. and Stanton, P.J. (eds) (1988) *Economics of Tourism: Case Study and Analysis*, University of Newcastle, New South Wales: Institute of Industrial Economics.
Tooman, L.A. (1997) 'Applications of the life-cycle model in tourism', *Annals of Tourism Research*, 24, 1: 214–234.
Tourism Concern (1995) 'Our holidays, their homes', special issue on people displaced by tourism, *In Focus*, 15, spring: 3–13.
Travel Trade Gazette (1994) 2 March.
Tremblay, P. (1989) 'Pooling international tourism in Western Europe', *Annals of Tourism Research*, 16, 4: 477–491.
Tribe, J. (1995) *The Economics of Leisure and Tourism*, Oxford: Butterworth-Heinemann.
Troyer, W. (1992) *The Green Partnership Guide*, Toronto: Canadian Pacific Hotels and Resorts.

Turner, R.K. (ed.) (1988) *Sustainable Environmental Management: Principles and Practice*, London: Belhaven.
Turner, R.K., Pearce, D.W. and Bateman, I. (1994) *Environmental Economics: An Elementary Introduction*, London: Harvester Wheatsheaf.
Tyler, C. (1989) 'A phenomenal explosion', *Geographical Magazine*, 61, 8: 18–21.
Ungson, G.R., Braunstein, D.N. and Hall, P.D. (1981) 'Managerial information processing: a research review', *Administrative Science Quarterly*, 26: 116–134.
United Nations Conference on Trade and Development (UNCTAD) (1973) *Elements of Tourism Policy in Developing Countries*, Report by the Secretariat of UNCTAD, TD/B/C.3/89, Add.3, Geneva: UNCTAD.
—— (UNCTAD) (1988) *Trade and Development Report*, Geneva: UNCTAD.
Uysal, M. and Crompton, J.L. (1984) 'Determinants of demand for international tourist flows in Turkey', *Tourism Management*, 5, 4: 288–297.
Van der Ploeg, F. and Tang, P. (1994) 'Growth, deficits and research and development in the global economy', in F. van der Ploeg (ed.) *The Handbook of International Macroeconomics*, Oxford: Basil Blackwell.
Van Doorn, J.W.M. (1984) 'Tourism forecasting and the policymaker: criteria of usefulness', *Tourism Management*, 5, 1: 24–39.
Van Doren, C.S., Koh, Y.K. and McCahill, A. (1994) 'Tourism research: a state of the art citation analysis', in A.V. Seaton (ed.) *Tourism: The State of the Art*, Chichester: John Wiley.
Varley, R.C.G. (1978), *Tourism in Fiji: Some Economic and Social Problems*, Occasional Papers in Economics, no. 12, Bangor: University of Wales Press.
Vaughan, D.R. and Long, J. (1982) 'Tourism as a generator of employment: a preliminary appraisal of the position in Great Britain', *Journal of Travel Research*, 21, 2: 27–31.
Veblen, T. (1899) *The Theory of the Leisure Class*, New York: Mentor.
Vellas, F. (1989) 'Tourisme et economie internationale', *Teoros*, 7, 5: 36–39.
Vernon, R. (1966) 'International investment and international trade in the product cycle', *Quarterly Journal of Economics*, 80: 190–207.
Vickerman, R.W. (1993) 'Tourist implications of new transport opportunities: the Channel Tunnel', in S. Glyptis (ed.) *Leisure and the Environment*, London: Belhaven.
Voogd, H. (1988) 'Multicriteria evaluation: measures, manipulation and meaning: a reply', *Environment and Planning B: Planning and Design*, 15, 1: 65–72.
Wahab, S.E.A. (1975) *Tourism Management*, London: Tourism International Press.
Walsh, R.G. (1986) 'Recreation economic decisions: Comparing benefits and costs', State College, Pa.: Venture.
Wandner, S.A. and Van Erden, J.D. (1980) 'Estimating the demand for international tourism using time series analysis', in D.E. Hawkins, E.L. Shafer and J.M. Rovelstad (eds) *Tourism Planning and Development Issues*, Washington, DC: George Washington University.
Wanhill, S.R.C. (1980) 'Charging for congestion at tourist attractions', *International Journal of Tourism Management*, 1, 3: 168–174.
Wanhill, S.R.C. (1982) 'Evaluating the resource costs of tourism', *Tourism Management*, 3, 4: 208–211.
—— (1986) 'Which investment incentives for tourism?', *Tourism Management*, 7, 1: 2–7.
—— (1988) 'Tourism multipliers under capacity constraints', *Service Industries Journal*, 8: 136–142.
Welford, R. and Gouldson, A. (1993) *Environmental Management and Business Strategy*, London: Pitman.
Weston, R. (1983) 'The ubiquity of room taxes', *Tourism Management*, 4, 3: 194–198.
Wheeller, B. (1994) 'Ecotourism, sustainable tourism and the environment – a symbiotic or shambolic relationship', in A.V. Seaton (ed.) *Tourism: The State of the Art*, Chichester: John Wiley.

White, K.J. (1982) 'The demand for international travel: a system-wide analysis for US travel to Western Europe', Discussion Paper no. 82–28, University of British Columbia, Canada.

White, K.J. and Walker, M.B. (1982) 'Trouble in the travel account', *Annals of Tourism Research*, 9, 1: 37–56.

Wight, P. (1993) 'Ecotourism: ethics or eco-sell?', *Journal of Travel Research*, 31: 3–9.

—— (1994) 'The greening of the hospitality industry: economic and environmental good sense', in A.V. Seaton (ed.) *Tourism: The State of the Art*, Chichester: John Wiley.

Williams, A.M. and Shaw, G. (1988) 'Tourism: candy floss industry or job generator?', *Town Planning Review*, 59: 81–104.

Williamson, O.D. (1989) 'Transaction cost economics', in R. Schmalensee and R.D. Willig (eds) *Handbook of Industrial Organization*, vol. 1, Amsterdam: North Holland.

Williamson, O.E. (1985) *The Economic Institutions of Capitalism*, New York: Free Press.

—— (1986) *Economic Organization: Firms, Markets and Policy Control*, Brighton: Wheatsheaf.

Willis, K.G. (1989) 'Option value and non-user benefits of wildlife conservation', *Journal of Rural Studies*, 5, 3: 245–256.

Willis, K.G. and Benson, J.F. (1988) 'A comparison of user benefits and costs of nature conservation at three nature reserves', *Regional Studies*, 22, 5: 417–428.

Willis, K.G. and Garrod, G. (1991a) 'An individual travel cost method of evaluating forest recreation', *Journal of Agricultural Economics*, 42: 33–42.

—— (1991b) 'Valuing open access recreation on inland waterways: on-site recreational surveys and selection effects', *Regional Studies*, 25, 6: 511–524.

—— (1991c) 'Landscape values: a contingent valuation approach and case study of the Yorkshire Dales National Park', *Countryside Change Unit Working Paper 21*, Newcastle-upon-Tyne: University of Newcastle.

—— (1993a) 'The value of waterside properties: estimating the impact of waterways and canals on property values through hedonic price models and contingent valuation methods', *Countryside Change Unit Working Paper 44*, Newcastle-upon-Tyne: University of Newcastle.

—— (1993b) 'Valuing wildlife: the benefits of wildlife trusts', *Countryside Change Unit Working Paper 46*, Newcastle upon Tyne: University of Newcastle.

Willis, K.G., Garrod, G. and Dobbs, I.M. (1990) 'The value of canals as a public good: the case of the Montgomery and Lancaster Canals', *Countryside Change Unit Working Paper 5*, Newcastle-upon-Tyne: University of Newcastle.

Willis, K.G., Garrod, G., Saunders, C. and Whitby, M. (1993) 'Assessing methodologies to value the benefits of environmentally sensitive areas', *Countryside Change Unit Working Paper 39*, Newcastle upon Tyne: University of Newcastle.

Witt, C.A., Witt, S.F. and Wilson, N. (1994) 'Forecasting international tourist flows', *Annals of Tourism Research*, 21, 3: 612–628.

Witt, S.F. (1980) 'An econometric comparison of UK and German foreign holiday behaviour', *Managerial and Decision Economics*, 1, 3: 123–131.

Witt, S.F. and Martin, C.A. (1987) 'Econometric models for forecasting international tourism demand', *Journal of Travel Research*, 25, 3: 23–30.

—— (1989) 'Demand forecasting in tourism and recreation', in C.P. Cooper (ed.) *Progress in Tourism, Recreation and Hospitality Management*, vol. 1, London: Belhaven.

Witt, S.F. and Moutinho, L. (1994) *Tourism Management and Marketing Handbook*, 2nd edn, Hemel Hempstead: Prentice Hall.

World Commission on Environment and Development (WCED – the Brundtland Commission) (1987) *Our Common Future*, Oxford: Oxford University Press.

World Tourism Organization (WTO) (1992) *Tourism Trends to the Year 2000 and Beyond*, Madrid: World Tourism Organization.

World Travel and Tourism Council (WTTC) (1994) *Green Globe: An Invitation to Join*, London: World Travel and Tourism Council.

Yokeno, N. (1968) 'La localisation de l'industrie touristique: application de l'analyse de Thunen-Weber', *Les Cahiers du Tourisme*, vol. C-9, Aix-en-Provence.

Young, A. (1991) 'Learning by doing and the dynamic effects of international trade', *Quarterly Journal of Economics*, 106: 369–405.

Zahedi, F. (1986) 'The analytic hierarchy process: a survey of the method and its application', *Interfaces*, 16: 96–108.

Zeldes, S.P. (1989) 'Consumption and liquidity constraints: an empirical investigation', *Journal of Political Economy*, 97: 305–46.

Zhou, D., Yanagida, J.F., Chakrovorty, U. and Leung, P. (1997) 'Estimating economic impacts from tourism', *Annals of Tourism Research*, 24, 1: 76–89.

① 菊池・小沢他訳『旅行・観光の経済学』文化書房博文社　1998年
② 山上徹監訳『観光・リゾートのマーケティング：ヨーロッパの地域振興策について』白桃書房　1989年
③ 大橋泰二訳『観光のコミュニティ・アプローチ』青山社　1996年
④ 安村克巳訳『観光研究の批判的挑戦』青山社　1993年

監訳者　あとがき

　本訳書は，M.T. Sinclair and M. Stabler, *The Economics of Tourism*, Routledge, London and New York, 1997, （x+267pp.）の全訳である（ただし，人名索引は，本文中に英文のまま表記したために，割合したことをお断りしておきたい）．

　M. Thea Sinclair 博士は，英国の Department of Economics, University of Reading 博士号（博士論文のタイトルは "The Keynesian Income Multiplier and Its Application to Changes in Tourist Expenditure in the Spanish Province of Malaga" であり，British Thesis Service から入手可能）を取得し，現在はケント大学で経済学と観光学の Senior Lecturer の職にある．一方，M. Stabler 教授は，University of Reading で Visiting Fellow の職についている．また，Stabler 教授には，監訳者の突然の e-mail によるぶしつけなお願いに対しても Sinclair 教授と連絡を取りながら，快く対応していただき，かつ本書の内容に関する質問や疑問点がある場合にはメイルを頂きたいとの御返事を頂戴した．ここに訳者を代表し，原著者お二人に，厚く御礼申し上げる次第である．

　周知のように，原著者お二人は，すでに，観光，観光経済学および観光の経済分析に関する数多くの書物を刊行し，論文を専門雑誌等に多数投稿されているので，これ以上お二人について語ることは蛇足の誇りを免れないであろう．

　さて，本書『観光の経済学』は，Routledge Advances in Tourism Series の 1 冊として刊行された書物であり，本シリーズの編者を務めれらた B. Goodall（University of Reading）教授が「編者まえがき」のなかで述べておられるように，経済学の観点から観光事象を分析しようとしたものであり，しかも観光経済学の入門書を意図したものではなく，いわば，観光経済学あるいは観光の経済分析を専門的に研究している（あるいは研究しようとしている）大学院生や研究者を対象に著されたという点において，これまでに出版された類書とは著しく趣を異にする書物である．

　本書の真髄は，観光経済学の第一級の研究者二人が観光の経済分析に関わる先行

研究の詳細なサーベイと経済理論のフロンティアが観光の経済分析にどう生かされてきたのかを各章の表題ごとに言及し，これまでの研究の長所と短所そして不足ないし欠落している部分を指摘し，他の研究者に向けて今後の研究の方向性やあり方を提示しようとした意欲的な著作であるという点に求められるといっても過言ではないであろう．

　しかし，たとえ本書が研究者を対象に著した書物であるとしても，経済学部や観光学部の3～4年生や大学院生にとっては経済理論的にはそれほど難しさを感じずに読み進めることができるような配慮が随所に見られること，そして研究者には，これまで十分に観光の経済分析のなかで消化されなかったあるいは十分に取りこめなかった研究課題や研究領域について有益な示唆ないしヒントを提供してくれるということも，本書の特色といってよい点であろう．

　本書を通読して実感させられることは，恐らく，原著者お二人もそう感じておられるのではないかと推察するのであるが，観光事象を経済学的に分析することがいかに難しいかということである．というのは，ややもすると，観光事象の経済分析あるいは観光経済学は，説明し実証すべき課題としての「観光」が欠落していまい，あえて「観光」の冠を付する必要がなくなってしまう場合を多々見かけるからである．本書が契機となり，若い研究者諸氏が観光研究の発展にいっそう貢献されることを期待するのは，決して監訳者一人ではないはずである．

　本訳書は，監訳者を含め8名でまず担当章の下訳を行い，それを監訳者が校正の段階で3回ほど語句や訳語・訳文の修正・統一を全章にわたって行った．各訳者の訳文に監訳者が手を入れすぎたために，訳者の意図に沿わない訳文となってしまった部分や思わぬ誤訳が存在するかもしれないことを恐れるものであるが，その責任は監訳者一人にあることを予めお断りしておきたい．訳語や訳文に関しては，識者のご叱正を請う次第である．

　本訳書の分担は，次の通りである．
　第1章・第9章　池田輝雄（川村学園女子大学人間文化学部教授）
　第2章　小沢健市（立教大学観光学部教授）
　第3章　池上博宣（岡山商科大学商学部助教授）

第4章　麻生憲一（奈良県立大学地域創造学部助教授）

第5章　長橋　透（浜松大学国際経済学部助教授）

第6章　城前奈美（桜美林大学大学院〈ドクターキャンディデイト〉）

第7章　中崎　茂（流通経済大学社会学部助教授）

第8章　池田　誠（東洋大学国際地域学部教授）

ところで，本訳書がどうにか日の目を見，ここに上梓するに至ったのは，監訳者が所属する立教大学観光学部学部長　岡本伸之教授が出版社をご紹介してくださったこと，そして先生からご紹介いただいた学文社代表取締役　田中千津子氏が本訳書の出版を快くお引き受け下されたことである．お二人のご好意がなければ，本訳書は決して日の目を見ることはなかったと言っても過言ではない．ここに，立教大学観光学部学部長　岡本伸之教授ならびに学文社代表取締役　田中千津子氏のお二人に，訳者を代表して，厚く御礼申し上げる次第である．

　　　　　　　　　　　　　　　　　　21世紀早春の新座キャンパス研究室にて

　　　　　　　　　　　　　　　　　　　　　　　監訳者　小沢　健市

索　引

あ　行

アジア開発銀行（ADB）　186
新しい古典派マクロ経済学　180
新しい産業組織論　122
新しい産業の経済学　122,123
新しい成長理論　183,184,185,272
アロセントリック　50
イギリスの航空包括旅行市場　73
イギリスのツアーオペレーター　127
遺産価値　227,241
EC委員会　186
異時点間意思決定　38
異時点間消費　32
異時点間選択　30
異時点間　31,44,58,61
異時点間選択理論　45
イノベーション（革新）　76,120,121,125,126,128, 142,162,163,164,182,184,185,263
EUにおける農業政策　249
イールド・マネジメント　95,98
インフレ　170,172
インフレーション　18,32,88
インフレ率　32,33,40
運輸市場　93
運輸部門　124,127
HPM　233,236,262
AIDS　55
AIDSモデル　57,59
エコ　206
エコツーリズム　8,41,196,257
SCPパラダイム　116,117,125,138,139,140,151, 152
SCPモデル　129,138
ST→ 持続可能な観光　208
オーストリー学派　2,116,152
汚染　1,16,273

か　行

海外直接投資　166,168,170,186
海外の目的地　49
外貨　155,166,180,188,197
外貨獲得　153
外貨準備局　180
外貨稼得　166-167,179,180
外国通貨　49
回避費用　231,237
回避費用法　237,238
外部性　1,60,164,175,193,199,209,214,221,222,223, 225,227,239,249,261,262,265,266,274,275
価格競争　57,58,89,113,136
価格効果　28
価格差別化　137,269
価格指数　47
価格設定　141,142
価格弾力性　60
価格弾力性および所得弾力性　14
価格づけ　3
価格づけ政策　95,106,109,269
価格に基づく手段　13,246,247
価格の差別化　99,106,107,108
価格ベースの手法　274
価格または市場に基づいた手段　225
価格メカニズム　245,246,247,259
革新 → イノベーション
過去の所得　45,47,61
可処分所得　173
課税　9
寡占　69,77,79,83,84,99,101,106,110,111,115,131, 140,164,269
寡占的競争　164,188
寡占理論　122
可変費用　162
為替相場　10,15,40,44,48,49,56,58,61,88
環境　1,4,6,7,9,12,13,15,16,18,60,69,175,177,182, 225,226,227,228,229,230,232,233,235,237,238,240, 241,244,245,246
環境経済　222
環境経済学　12,190,191,192,194,198,200,203,218, 219,229,230,231,246,25,261,262,275
環境財　239
環境政策　191,256,257
環境の破壊　190,231,238,240,243,245
環境保護地域（ESA）　236
観光　1,2,3,4,5,6,7,11,12,13,15,16,18
観光開発　9,11,176,216
観光拡大　175
観光関連的政策　64
観光供給　10,11,15,16,82,100,111,113,115,116,118, 124,126,127,138,140,142,150,151,153,154,157,159, 187,257,266,268,269,273
観光形態　181
観光行動　36
観光市場　15,16,81,100,111,113,116,123,124,140, 150,151,152,153,159
観光支出　43,47,54,55,56,58,172,174
観光者の（動機や）行動　7,8
観光者のタイプ　24,25,41,64
観光需要　10,11,15,40,41,42,43,44,45,47,48,49,50, 51,52,53,54,55,56,57,58,59,61,62,63,64,65,66,172, 174,175,180,266,267,268,272
観光需要のミクロ的基礎　18

307

観光政策　170,171,185,272
観光成長　175
観光生産物の分化　16
観光の拡大　8,11,263
観光の供給と需要　249
観光の経済分析　10
観光の雇用効果　11
観光の発展　272
観光分析　2,3,4,5,14,15,266,270
観光文献　4,7,9,26,82,275
観光目的地　25,26
観光目的地域　18
間接税　180,256
完全競争　69,72,73,74,77,79,83,87,116,183
完全競争市場　71,72,73
企業　124,125,167,268,269
企業および市場　15
企業（の）規模　111,112,
企業の数　99,101
企業の数や規模　100
企業行動　68
企業の行動モデル　123
企業数・規模　125,126,128,129,132,133,134,146,269
企業理論　112
機会費用　238,239
技術革新　271,272
規制　12,13,126,128,251,252,253,254,255,257
規制緩和　75,76,95,96,97,98,109,110,113,127
期待将来所得　44,45,46,61
規模　139 → 範囲
規模の経済（性）　16,72,75,76,84,88,90,92,95,97,98,99,103,105,112,128,129,130,131,132,135,137,147,149,150,160,161,162,167,182,260,269
規模の不経済(性)　91,99,102,104,129,269
Cournot複占モデル　142,146
休暇観光　83
休暇旅行　42,87,100,109
許可証　199,252,256,259
グリーンツーリズム　8,10
経済学（関連）文献　10,13,19,127,190,197,23,245,246,251
経済活動　175,181,191,230,260,263,273,274
経済心理学　2,15,19,34,35,36,123,124,151
経済成長　3,8,9,153,154,182,188,192,205,263,272,273
経済的最適　248,250,251
経済発展　4,12,150,197
経済分析　1,15,64,86,115,119,198,200,201,213,223,257,263
経済理論　1,18,19,38,41,64,102,123,130,131,197
計算可能な一般均衡（CGE）モデル　12,272
計量経済学的（予測）モデル　61,62,63,64,66
ケインジアン所得集数モデル　173
ゲームの理論　16,37,81,115,116,117,119,122,131,140,142,143,146,147,150,151,152,153,171,218,270,271
限界私的費用（MPC）　210,247,248
限界私的便益（MPB）　210,247,248
限界社会的費用（MSC）　210,222,247,248,255,263
限界社会的便益（MSB）　210,222,247,263
限界収入（MR）　74,210
限界収入曲線　80
限界費用　75,76,78,131
限界費用曲線MC　108
研究・開発　16,120,125,146,152,162,184
現在所得　47
現在消費　32,45,47
顕示された選好　199,267
公害　193,201,231,237,244,245,253,254,257,264
公共財　60,193,199,219,220,221,222,223,249,262,275
公共政策　10,14,125,127
公共部門　17,18,40,170,199,207,256
　――の経済学　10,13
広告　122,125,126,128,130,141,142,143,144
航空包括旅行(AIT)市場　100
航空旅行　257
交叉価格弾力性　58
厚生　18,60,122,125,154,156,180,187,190,200,223,271
構造-行動-成果（SCP）パラダイム　115,126
構造的モデル　63
交通　194,268
交通部門　214
公的部門　261
効用最大化理論　35
小売価格指数　47,51
合理的期待　172
枯渇性（資源）　190,194,199,207,214,215,216,225
国際観光　16,38,48,153,154,181,182,197,271
国際経済学　154,188,270
国際経済理論　271,273
国際貿易　156,158,160,252
　――の理論　12,159
国内観光　154,194
個人　268
国家海洋大気行政（NOAA）　236
固有価値　227,228
雇用　11,16,18,46,154,155,177,198,
　――の発生　197
　――の性差構造　177,178
雇用乗数効果　171,175
雇用創出　188
コンティンジェント・バリュエーション（評価）方式（手法）(CVM)　13,231,235,236,239,243,244,262,274
コンテスタブル市場（マーケット）の理論（概念）

69,117
コンテスタブル・マーケット 72,77
コンピュータ予約システム 91,163,184

さ 行

サイコセントリック 50
再生可能な資源 192,194,199,205,207,214,215,216,
　225,259,262
最善の実行可能な環境オプション（BPEO） 254
最大持続可能なイールド（産出物） 208,211,213,
　214,215,217,262,273
歳入 248,256,259
サービス部門 175,176
産業経済学 68,69,81,86,87,100,102,114,154,164,
　187,188
産業内貿易 159,160,187
産業の経済学 116,117,118,119,121,122,124,125,
　151,153
サンクコスト 102,104,131,132,148,149
参入および退出障壁 72,78,129,269
参入条件 140
参入障壁 126,128,130,132,139,140,167
参入阻止 131,141,142,146,147,149,150
参入・退出障壁 99,102
参入・退出の条件 15,82,102,125,126,132
参入・退出率 112
CIE 202
CIA 202
CVM →コンティンジェント・バリュエーション
　（評価）方式（手法）
シカゴ学派 116,151
時間選好率 45
資源 192,194,215,219,220
嗜好 159,228
自己価格弾力性 57
支出弾力性 58
市場（諸）力 263,272
市場の失敗 16,60,119,193,200,207,214,219,220,
　221,222,223,224,225,245,262,266,274
市場構造 68,69,81,83,85,86,97,99,112,116,117,269,
　270,271
自然 68,261,275
自然資源 1,16,157,158,187,191,195,206,213,214,
　215,216,220,222,225,228,245,247,257,274
自然資本 189,205,263
持続可能なイールド 218
持続可能な開発・発展（SD） 3,8,194,204,206,
　214,218,262,264,273,275
持続可能な観光（ST） 196,205,207,214,225,263,
　265
持続可能性 3,8,16,191,192,197,200,204,205,206,
　207,214,217,221,225,274
失業 39,157
実行為替相場 48,49
実質所得 28,29,32,172

実質利子率 32
私的 199
私的最適 210
私的費用 251
私的費用便益 191,208,209,222
私的部門 40,184,201,219,220,261
ジニ係数 101
CBA 202,204,220
支払い意思 219
資本 11,103,104,138,141,156,157,158,182,188
資本-産出比率（ICOR） 157
社会的最適 193,207,210,222,248,251
社会的費用 198,209,231,245,251
社会的便益 207,251
収益 88,199,206
重回帰分析 41,55,181
集計 52,53,58,65
集合財 227
集合的消費財 226
集中 11,15,77,82,86,90,112,125,126,127,128,133,
　134,137,138,176,258
集中化 163,164,166,167
収入 18,68,95,97,107,134,167,235,247,260
収容力 88,89,93,97,98,99,103,104,106,129,172,
　217
宿泊 1,15,41,66,68,69,82,83,84,85,86,88,163,172,
　185,268
宿泊施設 87,105,159,161,163,164,165,166,170,176,
　177,178,182,185,194,213,260
宿泊部門 75,78,79,85,89,101,103,104,105,108,109,
　110,111,124,150,162
需要 10,73,78,79,107,158,272
　——の価格弾力性 42,58,107,108,
　——の交叉弾力性 58
　——の所得弾力性 42,182,186
需要予測 6,11,15
主流派経済モデル 35
主流派経済学 19,37,119,123
使用価値 226,227,228,235,236
乗数 10,11
乗数-加速度分析 230
消費 20,21,22,23,24,30,31,32,36,38,44,45,46,47,
　49,52,54,59,60,62,65
消費者行動 1,6,18,44,47,59
消費者需要 267
消費者の厚生 69,76,99
消費者余剰 107,227,231,234,236,243
情報技術 6,91,137,163,170
商用観光 17
商用旅行 41,42,66,89,94,
将来消費 32,45
将来所得 32,37,45,46,47
助成 261
助成金 13,199,247,248,249,255
所得 10,11,15,16,18,26,27,28,29,30,39,52,60,62,

索引　309

153,154,177,181,197,199
──の革新　46,62
所得効果　22,28,29,33
所得創出　155,188
所得弾力性　48,60,126
所得分配　118,177,268
進化経済学　118,121
進化経済学派　118,151,152
人工資源　3,12,68,204,215,220,228,275
新古典派　272
新古典派成長理論　188
新古典派理論　119
人的資源　6
人的資本　183,185,186
垂直的な統合　35,88,105,111,165,166,167
水平的-横断的-垂直的　126
水平統合　165,167
Stackelberg（寡占）モデル　122,146
税（金）　184,199,217,250,251,252,255,256,257,259,268
静学　139,152,228,229,230,231
政策　207,225,245,254,260,261,262
政策手段　220,224, 273,274
生産関数　231,237
生産関数方法（PFM）　236,237
生産物サイクル　10
生産物分化　84,86,99,109,112,159,160,161,187,269,271
生態学的最適　210,263
成長　9,272
成長理論　187
制度の経済学　118,119,121,127
製品差別化　123,125,128,129,131,137,141,142
先進国　155,160,169,170,174,175,181,182,187,188,224
戦略　58,82
戦略的政策　170,171,187
──決定　261
選好　21,22,23,24,26,29,33,34,35,37,38,39,50,59,60,123,156,176,228,264,267,268
選択価値　199,227,228,236
選択権　29
総経済的価値（TEV）　226,227,229,239,262,273
相互依存　16
相互依存性　79,106,164
総収入　212,213
相対価格　10,15,19,23,25,26,27,28,29,30,33,39,44,47,48,49,61
相対的インフレ率　48
相対的為替相場　48
総費用　212,234,249,250
贈与　170
租税　126
存在　199
存在価値　227,228,235,236,241

た　行

大衆パッケージ市場　111
大衆パッケージ・ツアー市場　132
退出障壁　166
対称性　59
代替　19,25,26,59
代替効果　22,28,29,32,33
代替性　267,268
タイプ　91
多国籍企業（MNCs）　12,16,168
多変量解析法　63
単一変量解析　63
単一変量解析法　62
単一方程式　33,41
単一方程式モデル　40, 53, 61,267
短期限界収入 SMR　78
短期的限界費用 SMR　74
地域経済学　86
仲介業　87,100,104,105,113
仲介業者　69,83,100
長期限界費用　75
長期平均費用　77
ツアーオペレーター　15,68,69,72,,73,82,87,88,89,100,102,105,111,113,120,127,129,130,131,132,133,134,135,136,137,138,142,143,144,145,146,147,165,166,167,168,169,170,171233,259,269,
　ドイツの──　165
TEV　228,230
TCM　→　トラベル・コスト法
手数料　258,260
鉄道　93,98,108,111,114
鉄道ネットワーク（網）　74,76
鉄道市場　97
鉄道部門　150
鉄道輸送方式　98
デルハイ　63
デルハイ技術（法）　137,231,240
動学　2,58,61,69,114,115,116,117,122,139,228,229,230,231,238,266,270
統合　120,125,128,138,153,165,167,168,188
同化能力　210
同時性　59
動態の比較優位　182
投入産出モデル　173
道路　93
独占　73,74,75,76,77,83,87,99,101,111,118,131,164,221,222,269
独占化　101
独占的競争　69,77,78,83,87,101,106,112
独占的に競争的な　269
都市観光　6,229
都市経済　229
都市経済学　85,86
トラベル・コスト法（TCM）　13,233,234,235,

242,243

な 行

内生的　272
　──成長理論　188
認可　76,92,199,252,253,256,257,259
能力　269

は 行

バイオエコノミック・モデル　213
バス　75,79,93,97,98,100,103,105
パッケージ休暇（ホリデー）　11,120,133,233,242
パッケージ旅行　142
発展途上国　11,14.150,155,170,175,177,179,180,181,182,185,187,188,195,221,224,
範囲の経済　16,90,128,129,130,131,132,160,161,162,168,271
範囲の経済性　99,103,104,109,111
PFM→ 生産関数方法　237
比較優位　185,186,187,272
比較優位の理論　158
非加度的インフレ失業率（NAIRU）　172
ヒードニック形式　234
ヒードニック・プライシング手法（HPD）　231,235,241268,274
非使用価値　226,227,228,235,236,243
非使用利益　239
費用　68,74,76,79,95,96,99,102,103,104,105,119,120,121,131,149,159,165,225,246,247,249,250,252,253,254,256,260,261,262,265
費用便益分析（CBA）　262,273
評価　12
富　268
フェリー　97,103,108,110,112141,142,150
フェリーオペレーター　75,79
不可分性　93,99,103,104,129
不完全に競争的な市場　154,158,159
不完全競争　106,109,115,170,183,269,271
不完全競争市場　72,100,106,187
複占　111,142
文献　44,222,196
平均収入（需要）曲線（SAR）　78,80,108
平均費用　75
平均費用曲線　103
プロダクトサイクル理論　163,164
Heckscher‐Ohlin（HO）の定理　156,158,160
ヘドニック・プライシング → ヒードニック・プライシング
Bertrand 寡占モデル　122
便益　193
方程式モデル体系　33,54,55,56
報復的ダンピング・モデル　164

補完　19,24,25,47,51,58,59,85,158
補完性　11,93,267,268
補助金　13,122,127,170,171,199,216,217,246,,247,248,249,252,255,256,261
保全の経済学　190,192,193,194
ホスピタリティ　6,7,88,196,214,250

ま 行

マーケティング　4,6,7,14,26,38,59,82,125,267
ミクロ的基礎　268
民間航空局（CAA）　88,100
民間部門　6,7,9
無給時間　19,20,21,22,52
無差別曲線　21,23,24,25,26,28,31
名目為替相場　49
目的地　40,43,47,48,49,50,51,55,56,65,66,87
模倣　162,163

や 行

有給労働　20,21,22,52
輸出稼得額　155,180,181
輸出収入　9
輸送　1,7,68,83,93
輸送市場　94
輸送部門　79,177
余暇　229
余暇とレクリエーション　9
予測　4,5,10,18,40,60,61,62,63,66
要素価格均等化の定理　156

ら 行

ライセンス　126,128,130,133,137
ラーナー独占度　102
Ricardo の比較優位の理論　156
リサイクリング　192,207,208,209,210,214,249,250,252,258
利潤　18,68,70,71,74,76,78,79,80,8176,85,107,131,134,136,138,149,150,160,172,183,206,211,212,214,269
利子率　49,184
流動性制約　39,46,47
旅行代理店　7,15,69,73,88,89,90,91,92,100,111,113,120,128,129,134,135,140,147,165,170
　イギリスの──　167
旅行動機　34
レクリエーション　6
連立方程式モデル　40
労働市場　10,16
　──の理論　266
労働市場分析　177
ローレンツ曲線　101

監訳者略歴

小沢 健市（おざわ　けんいち）
1948年　東京生まれ
1972年　東洋大学経済学部卒業
1977年　成城大学大学院経済学研究科博士課程満期退学
1981年　東洋大学大学院経済学研究科
　　　　博士後期課程満期退学
1988年　経済学博士（東洋大学）
現　在　立教大学観光学部教授
著　書　『観光を経済学する』（1994年）文化書房博文社
　　　　『観光学辞典』（共著）（1997年）同文舘
訳　書　A.ブル著『旅行・観光の経済学』（共訳）（1998年）文化書房博文社

観光の経済学

2001年4月20日　第一版第一刷発行
2011年1月31日　第一版第二刷発行

著　者　M.T.シンクレア
　　　　M.スタブラー

監訳者　小　沢　健　市

発行所　株式会社　学　文　社

発行者　田　中　千　津　子

東京都目黒区下目黒3-6-1 〒153-0064
電話 03(3715)1501　振替 00130-9-98842

落丁・乱丁本は，本社にてお取替えいたします。
定価は売上カード，カバーに表示してあります。

印刷／新灯印刷株式会社
ISBN978-4-7620-1046-0　　・検印省略